초기불교사상

마성 지음

初期佛敎思想

빠알리문헌연구소
Research Institute for Pāli Literature

초기불교사상

마성 지음

初期佛教思想

빠알리문헌연구소
Research Institute for Pāli Literature

차 례

부록2: 재가신자의 실천윤리

머리말

모름지기 불교도라면 '붓다가 우리들에게 무엇을 가르쳤는가?'에 대해, 알고자 하는 간절한 마음을 일으켜야 한다. 그러한 궁금증과 호기심이 불교공부의 시작이기 때문이다. 이 책은 "붓다의 가르침은 무엇이며, 그것을 어떻게 실천해야 궁극의 목적인 열반을 증득할 수 있는가?"라는 의문에서 출발한 것이다.

이 책은 초기불교사상의 전체적인 윤곽을 파악할 수 있도록 기획된 개론서이다. 그렇지만 불교용어는 물론 인명과 지명에도 원어를 삽입했다. 또 문헌의 출처도 각주에서 자세히 밝혀 놓았다. 이것은 이 분야 연구자들에게 편의를 제공하기 위한 것이다. 이 때문에 읽는 데 불편함을 느끼는 독자들도 있겠지만, 그 대신 이 책에 대한 신뢰성을 높여줄 것이다.

많은 사람들이 초기불교를 접하면서도 쉽게 받아들이지 못하는 것은 그 사람이 기존에 갖고 있던 불교에 대한 잘못된 지식이나 고정관념에서 벗어나지 못하기 때문이다. 또 초기경전에서 말하는 붓다의 가르침과 현재 자신이 처해 있는 삶과의 괴리에서 생기는 갈등을 극복하지 못하고, 초기불교에 대한 공부를 중도에 포기하는 사람들도 많다. 따라서 초기불교사상을 공부하고자 하는 사람은 기존의 고정관념이나 대승불교의 시각에서 벗어나 오직 초기경전에 기록된 붓다의 가르침을 있는 그대로 받아들이겠다는 자세가 요구된다.

붓다의 가르침은 지적 만족이나 이론을 위한 이론이 아니다. 아무리 훌륭한 붓다의 가르침이라 할지라도 자신이 직접 실천하지 않으면 아무런 소용이 없다. 마치 남의 소를 세는 목동이나 종일토록 남의 돈을 세는 은행원과 다를 바 없다. 초기불교를 공부하는 목적은 앎과 삶이 일치하는 성자(聖者, 아라한)가 되기 위함이다. 이 궁극의 목적을 잊어버려서는 안 된다.

이 책은 크게 세 부분으로 나누어져 있다. 제1부 불교 이전의 인도사상에서는 불교흥기(興起) 시대의 역사적 배경에 대해 살펴보았다. 초기불교사상을 바르게 이해하기 위해서는 붓다시대의 역사적 배경, 즉 자연환경과 사회환경은 물론 당시 종교·사상계의 현황에 대한 이해가 선행되어야 한다. 어떤 사상이든 당시의 시대적 상황과 무관하지 않기 때문이다. 제2부 초기불교의 기본교설에서는 초기불교의 핵심사상인 여러 교설들을 다루었다. 제3부 초기불교의 실천수행론에서는 초기불교의 수행론과 초기불교에서 본 깨달음, 초기승가의 조직과 운영체계에 대해 논술했다.

서론과 결론을 포함하여 모두 13장으로 편집했으며, 부록으로 초기불교의 경제사상과 재가신자의 실천윤리를 추가했다. 각 장에서 다루고 있는 핵심 내용은 다음과 같다.

제1장 서론에서는 불교란 무엇인가? 진리에 대한 접근 방법, 초기불교의 정의와 범위, 초기불교 자료론 등을 다루었다.

제2장 붓다시대의 역사적 배경에서는 불교라는 종교가 어떤 역사적 배경에서 탄생하게 되었는가에 대해 논술했다.

제3장 붓다시대의 종교사상계에서는 붓다시대에 유행하고 있던 바라문 계통과 사문 계통의 사상 전반에 대해 개략적으로 살펴보았다. 초기불교사상을 정확히 이해하기 위해서는 붓다시대의 종교사상계는 물론 정치 · 경제 · 사회 등 제반 분야에 대한 사전 지식이 요구되기 때문이다.

제4장 삼법인설(三法印說)에서는 불교의 특징을 나타내는 교의(教義) 가운데 가장 대표적인 교설인 삼법인설에 대해 살펴보았다. 삼법인설은 인도에서 발생한 다른 종교 · 철학과 구별되는 불교만의 고유한 사상이다.

제5장 연기법(緣起法)에서는 연기의 의의(意義)와 십이연기의 연원(淵源)을 밝히고, 십이연기 각지에 대해서는 경전을 중심으로 해석했다. 특히 여기서는 십이연기를 삼세양중인과(三世兩重因果)로 해석하는 것에 대한 문제점을 지적했다.

제6장 사성제(四聖諦)에서는 붓다의 근본 교설이 사성제이고, 이것은 불교의 기본 골격이며, 불교의 세계관과 인생관을 설명하는 중요한 교설임을 논증했다. 사성제를 제외해 놓고 불교를 논한다는 것은 있을 수 없기 때문이다.

제7장 오온설(五蘊說)에서는 붓다가 오온을 설한 본래 의도가 무엇이었는가에 초점을 맞춰 논의를 전개했다.

제8장 중도사상(中道思想)에서는 초기경전에 나타나는 두 가지 종류의 중도사상을 다루었다. 즉 초기경전에 나타나는 실천적 중도와 이론적 중도의 차이점과 이론적 중도가 나중에 어떻게 전개

되었는가에 대해 살펴보았다.

제9장 무아와 윤회의 문제에서는 불교에서 가장 해결하기 어려운 난제 가운데 하나인 무아와 윤회의 문제를 다루었다. 무아설과 윤회설은 상호 모순적이지 않다는 결론을 도출해 내었다. 가장 심혈을 기울인 부분이다.

제10장 초기불교의 수행론에서는 초기불교의 수행론과 관련된 몇 가지 사항에 초점을 맞춰 논의를 전개했다. 이 장에서는 초기불교의 수행체계, 다양한 수행법과 수행의 단계, 불교수행의 궁극적 목적 등의 순서로 고찰했다.

제11장 초기불교에서 본 깨달음에서는 초기성전에 나타난 붓다의 깨달음, 즉 붓다의 깨달음이란 무엇인가에 대해 논의했다.

제12장 초기승가의 조직과 운영 체계에서는 초기승가는 어떻게 성립되었고, 어떻게 조직되었으며, 어떻게 운영되었는가에 대해 살펴보았다.

제13장 결론에서는 붓다의 신격화와 바라문화에 대해 다루었다. 왜냐하면 이것이 인도 불교의 쇠퇴 원인 가운데 하나이기 때문이다. 끝으로 이 책의 마지막 결론으로 무아(無我)의 실천행을 제시했다.

부록1 초기불교의 경제사상에서는 출가자가 아닌 재가신자들이 어떻게 경제생활을 영위해야 하는가에 대해 살펴보았다. 부록2 재가신자의 실천윤리에서는 인간관계의 윤리를 비롯한 재가신자가 실천해야 할 덕목들을 자세히 다루었다.

하지만 이 책에서 다루지 못한 주제들도 있고, 내용 중에 잘못된 부분이 있을지도 모르겠다. 그럼에도 불구하고 부끄러움을 무릎쓰고 이 책을 세상에 내놓는다. 저자의 한계에 대한 독자 제현의 아낌없는 질정(叱正)을 바란다.

끝으로 이 책을 집필하는 동안 든든한 버팀목이 되어 주었던 일승회(一乘會) 회장 박충남, 총무 한용복 거사님께 감사드린다. 그리고 발행 경비를 보시해 주신 경기도 화성시 서신면 상안리 464번지 용화사(龍華寺) 주지 마니(摩尼) 스님, 박병욱 사무장님을 비롯한 최성호, 박건우, 한상덕, 이현숙, 양명숙, 배은경, 박기명, 이동현, 이현수 신도님들께 감사드린다. 그 외에도 물심양면으로 협조해 주신 많은 분들께 머리 숙여 감사를 표한다. 또한 지금까지 팔리문헌연구소를 후원해 주신 회원님들께 심심한 감사의 말씀을 드리며, 이 책을 팔리문헌연구소 후원 회원님들께 바친다.

2021년 2월 9일

팔리문헌연구소에서

저자 마성(摩聖) 합장

제1부

불교 이전의 인도사상

제1장 서론

I. 불교란 무엇인가?

불교란 '붓다의 가르침'이다. 빨리어 '붓다-사사나(Buddha-sāsana)'는 '붓다의 가르침'이라는 뜻이다.[1] 붓다(Buddha)는 '깨달은 자[覺者]'라는 뜻이고, 사사나(sāsana)는 명령, 메시지, 가르침이라는 뜻이다. 붓다시대 붓다의 가르침은 붓다-와짜나(Buddha-vacana, 붓다의 말씀), 붓다-사사나(Buddha-sāsana, 붓다의 가르침), 삿투-사사나(Satthu-sāsana, 스승의 가르침), 사사나(Sāsana, 메시지 혹은 가르침), 담마(Dhamma, 法) 등으로 알려져 있었다.

불교를 영어로 Buddhism이라고 부르지만, 동남아시아의 테라와다(Theravāda, 上座部) 전통에서는 Buddhism이라는 영어 대신에 '붓다-사사나(Buddha-sāsana)'라는 빨리어를 그대로 사용한다. 붓다는 무슨 주의를 제창한 이가 아니기 때문이다.

어떤 사람은 '불교는 종교가 아니라 과학'이라고 말한다. 이런 표현은 어제오늘의 일이 아니다. 서구의 불교학자들이 이미 100여 년 전에 사용했던 말이다. 그러나 이러한 표현은 불교의 어느 한 부분의 특성을 드러낸 것 일뿐, 전체 불교의 모습을 완

---

1 Vin.I.12; DN.I.110; DN.II.206; AN.I.294; Dh.381; Sn.482 etc.; Jātaka I.116.

전혀 드러낸 것이라고 할 수 없다. 이러한 단정적 표현은 자칫 불교의 본질을 왜곡시킬 염려가 있다.

스리랑카의 승려학자였던 월폴라 라훌라(Walpola Rahula, 1909-1997)에 따르면, "불교를 무엇이라고 부르든 상관이 없다. 우리가 무엇이라고 명명(命名)하든 불교의 본질은 그대로다. 명칭은 대수롭지 않다. 우리가 붓다의 가르침에 대해 부여한 '불교'라는 명칭조차 중요한 것이 아니다. 누군가 부여한 이름은 비본질적인 것이다. 이름 속에 무엇이 있는가? 우리가 장미라고 부르는 것에, 다른 이름을 부여하더라도 냄새는 향기로울 것이다."[2]

우리가 불교를 무엇이라고 부르든 아무런 상관이 없다. 그저 불교는 불교일 뿐이다. 불교 이상도 불교 이하도 아니다. 붓다의 가르침에는 정치 · 경제 · 사회 · 윤리 등 제반 분야에 해당되는 내용들이 모두 포함되어 있다. 불교를 어느 한 가지 측면에서만 바라보고, '불교는 철학이다', '불교는 심리학이다', '불교는 과학이다' 등으로 단정하는 것은 마치 장님이 코끼리를 만지는 것과 다를 바 없다. 붓다의 가르침 속에는 세상에서 말하는 온갖 학문의 영역이 다 용해되어 있다. 불교의 방대한 문헌, 즉 대장경(大藏經) 속에는 인간 세상에서 일어나는 제반 문제들을 다 다루고 있다고 해도 과언이 아니다. 따라서 불교의 어느 한 특정 부분만을 드러내어 강조하는 것은 붓다의 본회(本懷)를 훼손시킬 염려가 있다.

일찍이 서구의 불교학자들은 불교가 합리성 · 논리성 · 과학

---

2 W. Rahula, *What the Buddha taught*, London: Gordon Fraser, 1959, p.5.

적 실증주의에 토대를 두고 있다는 사실을 발견했다. 그래서 그들은 불교는 마치 과학과 같다고 생각했던 것이다. 오늘날 서구인들이 불교에 대해 호감을 갖는 이유도 바로 여기에 있다. 이처럼 원래의 불교는 합리적이고 현실적이며, 과학적이고 논리적인 성격을 띠고 있다.

필자는 개인적으로 '불교는 인간형성의 길'이라고 이해하고 있다. 붓다가 일생동안 제자들에게 가르친 것이 바로 '인간형성의 길'이기 때문이다. 붓다는 제자들에게 먼저 가르침의 진수(眞髓)를 정확히 이해할 것을 요구했다. 그런 다음 바르게 이해한 것을 바탕으로 수행함으로써 열반을 체득할 수 있도록 인도했다. 이것이 바로 '인간형성의 길'이다. 다른 말로 표현하면 범부(凡夫)에서 성자(聖者)로의 전환이다.

『앙굿따라 니까야(Aṅguttara Nikāya)』(AN4:36)에서 붓다는 도나(Doṇa)라는 바라문으로부터 "존자께서는 신(神)이 되실 것입니까?"라는 질문을 받고, 자신은 데와(deva, 神)도 아니고, 간답바(gandhabba, 乾達婆)도 아니며, 약카(yakkha, 夜叉)도 아니고, 마눗사(manussa, 人間)도 아니며, 오직 붓다(Buddha, 佛陀)일 뿐이라고 답변했다.[3]

그러나 후대 인도에서 붓다를 신격화시킴으로써 불행하게도 불교가 힌두교 속에 습합되어 버렸다. 이것은 매우 안타까운 일이 아닐 수 없다. 역사적으로 실존했던 사꺄무니 붓다를 신과 같은 존재, 즉 전지자(全知者, The Omniscience)로 이해하게 되면, 붓

---

3 AN.II.37-39.

다의 가르침에 위배될 뿐만 아니라 붓다의 가르침을 바르게 이해할 수도 없다.

불교는 붓다를 신으로 믿고 받드는 종교가 아니다. 불교는 믿음과 수행[信行]의 종교이다. 불교는 다른 종교처럼 맹신적 믿음[信仰]을 강조하는 종교가 아니다. 불교에서는 믿음과 더불어 수행을 병행해야 한다고 강조한다. 불교는 수행을 통해 인격을 완성해 나가는 것을 중요한 목적으로 삼는다. 필자가 '불교는 인간형성의 길'이라고 강조하는 까닭도 바로 여기에 있다.

초기경전에서는 "자기 자신을 보호하는 것이 곧 남을 보호하는 것[自護護他]"임을 일깨워주고 있다.[4] 이것이 나중에 "위로 깨달음을 구하고[上求菩提], 아래로 중생을 교화한다[下化衆生]"고 하는 대승불교의 이념이 되었다. 따라서 붓다의 제자인 비구 · 비구니 · 우바새 · 우바이는 수행과 교화를 위해 헌신해야 한다. 왜냐하면 수행과 교화는 불교도의 본분이자 사명이기 때문이다.

II. 진리에 대한 접근 방법

붓다의 가르침은 모든 사람들에게 개방되어 있다. 붓다는 처음부터 어떤 특정한 사람에게만 법을 설하거나 전한 것이 아니다. 붓다는 자신의 가르침을 하나도 남김없이 설했다. 별도로 숨겨둔 비장(秘藏)의 무기는 없다. 붓다는 「마하빠리닙바나-숫따

4 『잡아함경』 제24권 제619경(T 2, p.173b); SN47:19 Sedaka-sutta(SN. V.168-169).

(Mahāparinibbāna-sutta, 大般涅槃經)」(DN16)에서 "아난다여, 나는 안과 밖이 없이 법을 설했다. 아난다여, 여래가 [가르친] 법들에는 스승의 주먹[師拳, ācariya-muṭṭhi]과 같은 것이 따로 없다"[5]고 분명히 밝혔다. 여기서 '안과 밖이 없이 법을 설했다'는 것은 사람을 차별하지 않고 법을 설했다는 뜻이고, '스승의 주먹이 없다'는 것은 비밀리에 법을 전한 것[祕傳]이 없다는 것을 의미한다. 반면 인도의 우빠니샤드(Upaniṣad) 전통에서는 대중에게 공개하지 않는 신비적이고 비밀스러운 전수(傳授)를 고수하고 있다. 우빠니샤드란 문자 그대로 upa(가까이)-ni(아래로)-sad(앉는다)는 것이다. 즉 '제자가 스승 가까이 앉아 전수받는 가르침'이라는 뜻이다. 중국 선종(禪宗)의 전법계보(傳法系譜), 즉 법통설(法統說)은 붓다의 전통이라기보다는 우빠니샤드의 전통에 더 가깝다.

또한 붓다는 자신이 깨달은 법을 당시의 사문(沙門, samaṇa)이나 바라문(婆羅門, brāhmaṇa)에게도 설했다. 더욱이 붓다는 제자들에게 자신의 가르침을 무조건 믿으라고 강요하지도 않았다. 그 반대로 붓다는 제자들에게 어떤 사람의 주장이라도 무턱대고 받아들이지 말고 신중하게 검토한 후에, 그것이 진리라고 확증되었을 때에만 받아들이라고 충고했다.

붓다는 「깔라마-숫따(Kālāma-sutta)」(AN3:65)[6]에서 대대로 전해져 온 전승(傳承)이나 성전의 권위는 물론 그것을 가르치는 사문

---

5 DN.II.100, "desito Ānanda mayā dhammo anantaraṃ abāhiram karitvā, na tatth' Ānanda Tathāgatassa dhammesu ācariya-muṭṭhi."

6 이 경을 「께사뿟띠야-숫따(Kesaputtiya-sutta)」라고 부르기도 한다. '께사뿟띠야'는 께사뿟따(Kesaputta) 마을에 사는 사람들이라는 뜻이다. 이들을 다른 말로 깔라마(Kālāma)라고 부른다. 여기서는 이미 널리 통용되고 있는 「깔라마-숫따」로 표기했다.

이나 바라문의 주장에 전적으로 의존해서도 안 되며, 그것이 진리임을 검증한 다음에 받아들여야 한다고 가르쳤다. 이것이 바로 '진리에 대한 접근 방법'이다. 이 진리에 대한 접근 방법은 오늘날의 학문 연구 방법으로 그대로 적용해도 전혀 손색이 없다. 이 때문에 이 경의 내용은 지금도 널리 인용되고 있다.

한때 세존께서는 많은 비구승가와 함께 께사뿟따(Kesaputta)라는 마을에 도착했다. 그때 께사뿟따에 사는 깔라마(Kālāma)들이 붓다를 찾아와서 이렇게 여쭈었다.

> 존자시여,[7] 어떤 사문이나 바라문들이 이곳 께사뿟따에 옵니다. 그들은 자신들의 교설만 설명하고 자랑할 뿐, 다른 사람의 주장은 경멸하고 비난하고 낮추어보고 일축합니다. 존자시여, 또 나중에 다른 사문이나 바라문들도 께사뿟따에 옵니다. 그들도 자신들의 교설만 설명하고 자랑할 뿐, 다른 사람의 주장은 경멸하고 비난하고 낮추어보고 일축합니다. 존자시여, 저희들은 그런 존경하는 사문이나 바라문들 가운데 누가 진리를 말하고, 누가 거짓을 말하는지 미심쩍고 의심스럽습니다.[8]

---

7 깔라마들은 붓다를 '존자시여(bhante)'라고 호칭했다. '반떼(bhante)'라는 존칭은 수행자를 부를 때 쓰는 일반적인 호칭이다. 깔라마들이 붓다를 극존칭인 '세존이시여!(Bhagavato)'라고 호칭하지 않고, '반떼'라고 호칭한 것은 께사뿟따를 방문했던 다른 사문이나 바라문들과 붓다를 동격으로 대하고 있었음을 의미한다.

8 AN.I.188-189, "santi bhante eke samaṇabrāhmaṇā kesaputtaṃ āgacchanti. te sakaṃ yeva vādaṃ dīpenti jotenti, paravādaṃ pana khuṃsenti vambhenti paribhavanti opapakkhiṃ karonti. apare pi bhante eke samaṇabrāhmaṇā kesaputtaṃ āgacchanti. te pi sakaṃ yeva vādaṃ dīpenti jotenti paravādaṃ pana khuṃsenti vambhenti paribhavanti opapakkhiṃ karonti. tesaṃ no bhante amhākaṃ hot' eva kaṅkha hoti vicikicchā—ko si nāma imesaṃ bhavantānaṃ samaṇānaṃ saccaṃ āha ko musā ti?"

위 인용문은 이 경을 설하게 된 배경에 대한 설명이다. 깔라마들은 평소 자신들이 갖고 있던 의문을 께사뿟따를 방문한 붓다에게 여쭈었던 것이다. 그들은 누가 진리를 말하고 누가 거짓을 말하는지 붓다로부터 직접 듣고 싶었던 것이다. 그러나 붓다는 누구의 주장이 옳고 그름을 판가름하기보다는 깔라마들이 스스로 판단할 수 있도록 다음과 같이 답변했다.

> 깔라마들이여, 그대들이 미심쩍어 하고 의심스러워 하는 것은 당연합니다. 의심스러운 것은 미심쩍은 일에서 생겨나기 때문입니다. 깔라마들이여, 전문(傳聞)이나 소문(所聞)이나 풍문(風聞)에도 이끌리지 말고, 성전의 권위에도 이끌리지 말고, 추론이나 논리에도 이끌리지 말고, 양상에 대한 숙고나 견해에 대한 이해에도 이끌리지 말고, 외관상의 가능성에도 이끌리지 말고, '이 사문은 우리의 스승이다'라는 생각에도 이끌리지 마십시오.[9]

위 인용문의 내용은 매우 파격적이다. 현대인도 쉽게 받아들이기 어려운 것들이다. 하물며 당시의 깔라마들에게는 얼마나 큰 충격이었겠는가? 붓다가 깔라마들에게 설한 가르침의 내용을 하나하나 분석해 보자.

첫째, '전문(傳聞)이나 소문(所聞)이나 풍문(風聞)에도 이끌리지

---

9 AN.I.189, "alaṃ hi vo kālāmā kaṅkhituṃ alaṃ vicikicchituṃ. kaṅkhāniye va pana vo ṭhāne vicikicchā uppannā. etha tumhe kālāmā mā anussavena mā paramparāya mā itikirāya mā piṭakasampadānena mā takkahetu mā nayahetu mā ākāraparivitakkena mā diṭṭhinijjhānakkhantiyā mā bhavyarūpatāya mā samaṇo no garū ti."

말라(mā anussa-vena mā paramparāya mā itikirāya)'고 했다. 빨리어 anussava, paramparā, itikirā는 모두 '전하여 들은 것[傳聞]'이라는 뜻의 동의어다. 다른 경[10]에서는 anussava 하나만 언급하고 있는데, 이 경에서는 세 가지로 나누어 강조하고 있는 것이다. 여기서 '전문이나 소문이나 풍문에도 이끌리지 말라'는 것은 대대로 구전(口傳)으로 전해진 '전승(傳承)의 권위'를 부정한 것이다. 당시의 바라문들은 '전하여 들은 것(傳聞, anussava)'을 중요한 진리의 근거로 삼았다. 그러나 붓다는 바라문들이 전승해온 것을 진리로 인정하지 않았다. 붓다는 진리에 접근함에 있어서 당시 사문이나 바라문들과는 확연히 다른 입장을 취했던 것이다.

둘째, '성전의 권위에도 이끌리지 말라(mā piṭakasampadānena)'고 했다. 이것은 성전, 즉 베다(veda)의 권위를 부정한 것이다. 당시의 바라문들은 자신들이 전승해온 성전에 기록된 것이면 무조건 진리라고 믿었다. 그러나 붓다는 성전에 기록되어 있다고 해서 모두 진리가 아니라는 것이다. 이처럼 붓다는 '성전의 권위' 자체를 인정하지 않았다.

셋째, '추론이나 논리에도 이끌리지 말라(mā takkahetu mā nayahetu)'고 했다. 이것은 추론이나 논리적으로 타당하다고 해서 모두 진리가 아님을 말한 것이다. 일반적으로 추론이나 논리적으로 타당하면 진리로 받아들일 가능성이 높다. 그러나 붓다는 아무리 추론이나 논리적으로 타당한 가르침이라 할지라도 자기와 다른 사람에게 탐욕(貪欲, lobha) · 성냄(瞋恚, dosa) · 어리석음

---

10 MN.II.170, 218, 234; SN.II.115, IV.138.

(愚癡, moha)을 일으키게 하거나 그것을 더욱 증장시키는 것이라면 진리가 아니라고 보았던 것이다. 다시 말해서 추론이나 논리적으로 타당한 가르침이라 할지라도 윤리적으로 인간을 타락하게 하거나 해로움을 가져다주는 주장이라면 진리로 인정할 수 없다는 입장이다. 이처럼 붓다는 이론보다는 윤리적 실천을 더 중요하게 여겼다.

넷째, '양상에 대한 숙고나 견해에 대한 이해에도 이끌리지 말라(mā ākāra-parivitakkena mā diṭṭhinijjhānakkhantiyā)'고 했다. 이 정형구를 전재성은 "상태에 대한 분석이나 견해에 대한 이해에도 끄달리지 말고"[11]라고 옮겼고, 대림 스님은 "이유가 적절하다고 해서, 우리가 사색하여 얻은 견해와 일치한다고 해서"[12]라고 옮겼다. ākāra-parivitakka는 양상(樣相), 즉 사물이나 현상의 모양이나 상태를 숙고한 다음 진리라고 받아들이는 것을 뜻하고, diṭṭhi-nijjhāna-khanti는 견해에 대해 사색한 다음 진리라고 받아들이는 것을 의미한다. 대림 스님은 이 정형구를 다른 곳에서는 '이론적 추론'과 '사색하여 얻은 견해'로 번역했다.[13] 그러나 추론(takkahetu)은 바로 앞에서 언급하고 있다. ākāra는 행상(行相), 상(相), 상모(相貌: 얼굴 생김새), 양상(樣相: 사물이나 현상의 모양이나 상태)이라는 뜻이고,[14] parivitakka는 심려(審慮: 자세히 살펴 생각함), 편심(遍

---

11 전재성 역주, 『앙굿따라 니까야』 제3권(서울: 한국빠알리성전협회, 2007), p.193.

12 대림 옮김, 『앙굿따라 니까야』 제1권(울산: 초기불전연구원, 2006), p.461.

13 대림 옮김, 『맛지마 니까야』 제3권(울산: 초기불전연구원, 2012), p.484.

14 水野弘元, 『パーリ語辭典』, 二訂版(東京: 春秋社, 1981), p.47.

尋: 두루 살펴 찾음)이라는 뜻이다.[15] diṭṭhi-nijjhāna-khanti는 사색하여 얻은 견해라는 뜻이다. 따라서 견해에 대한 이해로 번역할 수 있다. 한역에서는 이 정형구를 "행상(行相)에 대한 지각과 생각[行覺想], 견해와 진리에 대한 깊은 이해[見審諦認]"[16]로 번역했다. 따라서 여기서는 이 정형구를 '양상에 대한 숙고'와 '견해에 대한 이해'로 번역했다.

「짱끼-숫따(Caṅkī-sutta)」(MN95)에서 붓다는 '양상에 대한 숙고'와 '견해에 대한 이해'가 진리가 될 수 없는 이유를 다음과 같이 밝히고 있다.

> 바라드와자(Bhāradvāja)여, 충분히 숙고했더라도 … 철저하게 사색했더라도 그것이 공허하고 텅 비고 거짓으로 판명되기도 하고, 철저하게 사색하지 않았더라도 그것이 사실이고 진실이고 다르지 않은 것으로 판명되기도 한다. 바라드와자여, 진리를 수호하는 지자가 '이것만이 진리이고 다른 것은 헛된 것이다'라고 결정적인 결론에 도달하는 것은 옳지 않다.[17]

이러한 이유 때문에 붓다는 '양상에 대한 숙고나 견해에 대

---

15 水野弘元, 『パーリ語辭典』, p.181.

16 『잡아함경』 제14권 제351경(T 2, p.98c).

17 MN.II.171, "bhāradvāja, … suparivitakkitaṃ yeva hoti — pe — sunijjhāyitaṃ yeva hoti, tañ ca hoti rittaṃ tucchaṃ musā; no ce pi sunijjhāyitaṃ hoti, tañ ca hoti bhūtaṃ tucchaṃ anaññatha. saccam anurakkhatā, bhāradvāja, viññunā purisena nālam ettha ekaṃsena niṭṭhaṃ gantuṃ; idam eva saccaṃ, mogham aññan ti."; 대림 옮김, 『맛지마 니까야』 제3권, p.485 참조.

한 이해에도 이끌리지 말라'고 했던 것이다. 바라문들은 진리임을 주장하는 근거로 다섯 가지를 제시하고 있다. 이른바 믿음(saddha), 좋아함(ruci), 전문(anussava), 양상에 대한 숙고(akara-parivitakka, 行覺想), 견해에 대한 이해(diṭṭthi-nijjhāna-khanti, 見審諦認)가 그것이다.[18] 이 다섯 가지를 주석서에서는 다음과 같이 해석하고 있다.

> (1) 어떤 사람은 남을 믿고 그 '믿음(saddha)'을 통해서 그가 말한 것을 사실(bhūta)이라고 받아들인다. (2) 어떤 사람은 앉아서 생각하면서 그가 좋아하는 이론(kāraṇa)에 대해서 '이것이 옳다'라고 하면서 '좋아함(ruci)'을 통해서 받아들인다. (3) 어떤 사람은 '오랫동안 이것이 사실이라고 전해 들었다'라고 하면서 '전문(傳聞, anussava)'을 통해서 받아들인다. (4) 어떤 사람은 심사숙고(vitakka)를 통해서 어떤 이론을 확립한다. 이렇게 하여 '이것이 옳다'라고 하면서 '양상에 대한 숙고(akara-parivitakka)'를 받아들인다. (5) 어떤 사람은 사색을 하다가 어떤 견해가 떠오르면 그 이론을 사색하기를 좋아한다. 그는 '이것이 옳다'라고 하면서 그 '견해에 대한 이해(diṭṭthi-nijjhāna-khanti)'를 받아들인다.[19]

이와 같이 바라문들은 이 다섯 가지를 진리라고 판단하는 근거로 삼았다. 그러나 붓다는 이 다섯 가지가 진리임을 증명하는

18 MN.II.170, 218, 234; SN.II.115, IV.138.

19 SA.II.122; 각묵 옮김, 『상윳따 니까야』 제2권(울산: 초기불전연구원, 2009), p.332, n.391을 참조했다.

근거가 될 수 없다고 부정한다. 그런데 붓다의 제자 중에서도 이 다섯 가지가 진리의 기준이 된다고 믿는 사람이 있었다.

「꼬삼비-숫따(Kosambī-sutta)」(SN12:68)에 의하면 사윗타(Saviṭṭha) 존자가 무실라(Musīla) 존자에게 바라문들이 진리의 근거로 삼고 있는 다섯 가지가 없어도 자기 스스로의 지혜로 '태어남을 조건으로 늙음과 죽음이 있다'는 것을 알 수 있느냐고 묻는다. 이에 대해 무실라 존자는 사윗타 존자에게 '알 수 있다'고 답한다.[20] 이 경과 대응하는 『잡아함경』 제14권 제351경에서는 나라(那羅, Nārada) 존자가 무사라(茂師羅, Musīla) 존자에게 묻는 것으로 되어 있다. 그러나 그 나머지 내용은 니까야와 거의 일치한다.[21] 이것은 그만큼 고정관념을 버리기 어렵다는 것을 의미한다.

다섯째, '외관상의 가능성에도 이끌리지 말라(mā bhavya-rūpatāya)'고 했다. 이것은 그럴 듯한 가능성이나 외형적인 모양, 즉 외모 등에 이끌리지 말라는 것이다. 주석서에서는 '유력한 인물의 발언은 받아들이기에 적당하다'고 여기는 것을 의미한다고 했다.[22] 대림 스님은 주석서의 해석에 따라 "유력한 사람이 한 말이라고 해서"[23]로 옮겼다. 그러나 이 문장은 문자 그대로 '가능성이나 형상(形相)에 이끌리지 말라'는 뜻이다. 다시 말해서 어떤

---

20 SN.II.115, "aññatreva āvuso saviṭṭha saddhāya aññatra ruciyā aññatra anussavā aññatra ākāraparitakka aññatra diṭṭhinijjhānakhantiyā aham etaṃ jānāmi aham etaṃ passāmi jātipaccayā jarāmaraṇanti."

21 『잡아함경』 제14권 제351경(T 2, p.98c), "尊者茂師羅言: 有異信 · 異欲 · 異聞 · 異行覺想 · 異見審諦忍[認], 有如是正自覺知見生. 所謂有生故有老死, 不異生有老死. 如是說有."

22 AA.II.305.

23 대림 옮김, 『앙굿따라 니까야』 제1권, p.461.

사람의 외형적인 모습만 보고 그 사람이 주장하는 것이 진리하고 받아들여서는 안 된다는 것이다. 대부분의 사람들은 그럴 듯한 가능성이나 외모가 출중한 사람의 말은 진리일 것이라고 믿는다. 그래서 붓다는 그럴 듯한 가능성이나 외모에 이끌려서는 안 된다고 강조했던 것이다. 이른바 유명인이 한 말이라고 해서 진리가 아니라 그가 한 말이 진리와 부합될 때 비로소 진리인 것이다. 이 문장은 외모로 그 사람을 판단해서는 안 된다는 의미로 해석할 수 있다.

여섯째, '이 사문은 우리의 스승이다'라는 생각에도 이끌리지 말라(mā samṇo no garū ti)고 했다. 이것은 우리의 스승이 말한 것이라고 해서 진리로 받아들여서는 안 된다는 것이다. 대부분의 사람들은 자기 스승이 말한 것이니까 진리일 것이라고 믿는다. 그러나 붓다는 스승이 말한 것일지라도 철저히 검증한 뒤에 받아들여야 한다고 가르쳤다.

요컨대 붓다는 깔라마들에게 전문 · 소문 · 풍문이나, 성전의 권위, 추론이나 논리, 양상에 대한 숙고나 견해에 대한 이해, 외관상의 가능성, '이 사문은 우리의 스승이다'라는 생각에도 이끌리지 말라고 가르쳤다. 이러한 것들은 모두 진리에 대한 올바른 접근 방법이 아니기 때문이다. 붓다가 깔라마들에게 설한 가르침은 누구의 말이 진리이고, 누구의 말이 거짓인가를 판가름할 수 있는 근본적인 잣대라고 할 수 있다.

또한 붓다는 깔라마들에게 어떤 가르침이든 그것을 실행했을 때, 자기와 다른 사람에게 유익함을 가져다주는지 아니면 해로움을 가져다주는지 자신의 지식과 경험에 비추어 철저히 검증한 뒤에 그것을 받아들여야 한다고 일러주었다.

> 깔라마들이여, 그대들은 참으로 '이러한 법들은 해로운 것이고, 이러한 법들은 비난받아 마땅하고, 이러한 법들은 지자(智者, viññū)들의 비난을 받을 것이고, 이러한 법들을 전적으로 받들어 행하면, 손해와 괴로움이 있게 된다'라고 스스로 알게 되면, 그때 그것들을 버리십시오.[24]
>
> 깔라마들이여, 그대들은 참으로 '이러한 법들은 유익한 것이고, 이러한 법들은 비난받지 않을 것이며, 이런 법들은 지자들의 비난을 받지 않을 것이고, 이러한 법들을 전적으로 받들어 행하면 이익과 행복이 있게 된다'라고 스스로 알게 되면, 그때 그것들을 구족하여 머무십시오.[25]

이와 같이 어떤 가르침이든 탐욕(貪欲, lobha) · 성냄(瞋恚, dosa) · 어리석음(愚癡, moha)을 일으키게 하거나 증장시킨다면, 그것은 해로운 법들[不善法, akusala-dhamma]이다. 이러한 해로운 법들은 비난받는다. 특히 지자(智者, viññū)들로부터 비난받는 법들을 받들어 행하면 손해와 괴로움이 있게 된다. 따라서 그러한 법들은 버려야 한다.

반대로 어떤 가르침이든 무탐(無貪, alobha) · 무진(無瞋, adosa) · 무

---

24 AN.I.189, "yadā tumhe kālāmā attanā va jāneyyāthaime dhammā akusalā ime dhammā sāvajjā ime dhammā viññugarahitā ime dhammā samattā samādinnā ahitāya dukkhāya saṃvattantī tiatha tumhe kālāmā pajaheyyātha."

25 AN.I.190, "yadā tumhe kālāmā attanā va jāneyyāthaime dhammā kusalā ime dhammā anavajjā ime dhammā viññuppasatthā ime dhammā samattā samādinnā hitāya sukhaṃ saṃvattantī tiatha tumhe kālāmā upasampajja vihareyyatha."

치(無癡, amoha)로 나아가게 한다면, 그것은 유익한 법[善法, kusala-dhamma]이다. 이러한 유익한 법들은 비난받지 않는다. 특히 지자들로부터 비난받지 않는 법들을 받들어 행하면 이익과 행복이 있게 된다. 따라서 그러한 법들은 구족하여 머물러야 한다. 이것이 붓다가 깔라마들에게 들려준 교훈이다. 이 가르침은 오늘날에도 유효한 '진리에 대한 접근 방법'이다.

더욱이 붓다는 「위망사까-숫따(Vīmaṃsaka-sutta, 思察經)」(MN47)에서 제자는 붓다 자신조차 시험해 보아야만 그가 따르는 스승의 진정한 가치를 완전히 확신할 수 있을 것이라고 말했다.[26] 맹목적인 믿음으로 어떤 것을 받아들이는 것은 불교의 정신이 아니다. 마치 "현명한 사람이 금의 순도를 측정하기 위해 그것을 태우고 잘라 보고 문질러 보듯이, 너희들도 단순히 나에 대한 존경심 때문이 아니라 내 말을 면밀히 검토해 보고 난 뒤에 그것을 받아들여야 한다."[27]

불교에서는 추종자들에게 맹목적인 믿음을 요구하지 않는다. 의심이 많은 사람들은 면밀히 검토해 보라고 권한다. 이성적이고 논리적인 사람들은 불교의 이러한 성격을 환영할 것이다. 불교는 처음부터 끝까지, 볼 수 있는 눈과 이해할 수 있는 마음을 가진 모든 사람들에게 열려 있다.

비록 어떤 교의(教義)나 계율(戒律)에서 유래된 근거나 자료일지라도, 반드시 그 출처를 조사하고, 전체 불교 교리와 비교해 볼 필요가 있다. 만일 이와 같이 실행했을 때, 어떤 교설이든 법(法, dhamma)

---

26 MN.I.317 f.

27 Jñānasāra-samuccaya, 31.

과 율(律, vinaya)에서 벗어났다면, 이것은 붓다의 가르침이 아니라는 결론에 이르게 된다. 그때는 그것을 과감히 버려야 한다.

요컨대 진리에 대한 접근 방법은 비록 붓다나 자신의 스승이 한 말일지라도 그대로 믿어서는 안 된다. 먼저 의심해 보고 자신의 경험에 비추어 확인해 보는 절차를 거친 뒤 받아들여야 한다. 진리는 누가 말했느냐가 중요한 것이 아니고, 그것이 진리인가만을 문제 삼아야 한다. 이러한 자세야말로 진리에 접근하는 올바른 태도인 것이다.

III. 초기불교의 정의와 범위

일반적으로 인도불교는 그 특징에 따라 시대적으로 구분하여 설명한다. 시대적 구분은 학자에 따라 서로 다르다. 일본의 미즈노 고겐(水野弘元, 1901-2006)은 원시불교, 부파불교, 초기대승불교(大小乘併立佛教), 중기대승불교(大小乘學派佛教), 후기대승불교(眞言密教) 등으로 구분했다.[28] 이 구분은 대승불교를 초기 · 중기 · 후기로 구분한 것이 특징이다. 그러나 이러한 시대적 구분은 편의상 인도불교의 특징을 드러내기 위한 것일 뿐, 부파불교가 끝나고 대승불교가 흥기(興起)한 것이 아니다. 역사적으로 인도에서 각 부파와 대승불교는 약 1,000년간 서로 논쟁하면서 공존하고 있었다.

'초기불교' 혹은 '원시불교'라는 명칭과 관련된 정의와 범위

28 水野弘元,『原始佛教』(京都: 平樂寺書店, 1956), p.3.

에 대해서는 크게 두 가지로 정리할 수 있다. 하나는 학자에 따라서 명칭만 다를 뿐 둘 이상의 명칭이 지시하는 영역이 같은 경우이고, 다른 하나는 명칭에 따라서 그 연구 범위가 달라지는 경우이다.[29]

전자의 명칭만 다를 뿐 지시하는 영역이 같은 경우는 '원시불교'와 '초기불교', '빨리불교'와 '상좌부불교'이다. 그리고 의미는 약간 다르지만 '근본불교'와 '최초기불교'도 명칭은 다르지만 지시하는 영역은 유사하다.

후자의 명칭에 따라서 연구의 범위가 달라지는 경우는 두 가지가 있다. 하나는 '근본불교'와 '원시불교' 혹은 '최초기불교'와 '초기불교'로 구분하는 경우이다. 다른 하나는 '원시불교'와 '빨리불교' 혹은 '초기불교'와 '상좌부불교'로 구분하는 경우이다. 두 가지 모두 전자가 후자에 포함되는 관계이다. 특히 '빨리불교' 혹은 '상좌부불교'의 영역은 '원시불교' 혹은 '초기불교'의 자료에 이른바 상좌부의 독특한 교리적 해석이 제시되어 있는 논장이나 주석 문헌까지 포함시킨 것이다.

1. 원시불교와 초기불교

대부분의 학자들은 '원시불교(原始佛教, Primitive Buddhism)' 혹

---

29 金宰晟(正圓), 「일본의 초기불교 및 남방상좌부 불교 연구의 역사와 현황」, 한국유학생인도학불교학연구회 편, 『일본의 인도철학 · 불교학 연구』(서울: 아세아문화사, 1996), pp.198-202.

은 '초기불교(初期佛教, Early Buddhism)'라는 명칭을 사용한다. 그러나 명칭은 서로 다르더라도 지시하는 의미는 동일하다. 두 명칭 가운데 굳이 '원시불교'라는 명칭을 사용하는 것에 대해 반대하고, '초기불교'라는 명칭을 써야 한다고 주장하는 학자도 있다.[30] 예전에는 '원시불교'라는 명칭을 많이 사용했으나 지금은 거의 대부분 '초기불교'라는 명칭을 사용한다. 왜냐하면 '원시불교'라고 하면 미발달된 원시적인 불교라는 이미지가 떠오르기 때문이다. 영어 primitive는 ①원시의, 원시시대의, 태고의, ②원시적인, 소박한, 미발달의, 유치한, ③야만의, ④본원적인, 근본의 등의 뜻을 갖고 있다. 따라서 가치중립적인 '초기불교'라는 명칭이 더 타당한 것 같다.[31]

한편 초기불교의 범위에 대해서는 학자에 따라 견해가 서로 다르다. 현재 초기불교의 범위로서 가장 일반적으로 쓰이고 있는 것은 붓다의 성도(成道)에서 시작하여 불멸후(佛滅後) 상좌부와 대중부 두 부파로 분열되기까지의 불교를 가리킨다고 보는 학설이다. 이것은 인도불교사의 시대적 구분에서 볼 때 초기불교에서 부파불교로 이행하기까지의 불교를 의미한다. 다시 말해서 불교가 성립하여 그 초기교단에서 아직 분파가 생겨나지 않은 시대의 불교를 '초기불교'라고 보는 것이다.[32]

---

30 일본의 불교학자 사이구사 미츠요시(三枝充悳) 박사는 그의 저서 『初期佛教の思想』(東京: 東洋哲學研究所, 1978)에서 이러한 명칭의 뜻을 밝히고 있다.

31 金剛秀友, 『根本佛教』(東京: 佼成出版社, 1976), pp.217-273; 平川彰, 『インド佛教史(上)』(東京: 春秋社, 1974), '원시불교' 항목; 三枝充悳, 『初期佛教の思想』(東京: 東洋哲學研究所, 1978), p.129f. 참조.

32 후지타 고타츠 外, 권오민 옮김, 『초기 · 부파불교의 역사』(서울: 민족사, 1989), p.58.

미즈노 고겐(水野弘元)에 의하면, 초기불교 시대란 붓다가 전도를 시작한 때로부터 불멸후 100년 내지 200년 사이에 부파분열이 일어날 때까지의 2-3백년간을 말한다. 그것은 붓다에서부터 아쇼까왕(Aśoka, B.C. 268-232년 재위)때까지이다. 남전(南傳)의 전승에 따라 아쇼까왕의 출세를 불멸 200여 년 후라고 한다면 초기불교 시대는 250년간이 된다. 그러나 북전(北傳)의 전승에 따라 아쇼까왕의 출세를 불멸 100여 년 후라고 한다면 초기불교 시대는 150년간이 된다. 어쨌든 부파불교가 분립하기까지 붓다 이후 동일한 보조를 취해 온 것을 '초기불교'라고 부른다.[33] 다시 말해서 초기불교란 붓다 재세시(在世時)부터 입멸(入滅) 후 승가에서 근본분열이 일어나기까지의 약 150년에서 250년 사이의 불교를 일컫는다.

그러나 부파분열의 연대를 언제쯤으로 보는가. 그리고 아쇼까왕과의 관계에 따라 초기불교의 시기가 달라진다. 부파분열의 연대를 붓다 입멸 후 100년(또는 110년)으로 보는 것은 거의 모든 전승에서 일치하고 있다. 그러나 그것과 아쇼까왕과의 관계에 대해서는 전승에 따라 크게 다르다. 즉 북전에 의하면 아쇼까왕의 즉위를 불멸 100년이라 하고, 부파분열은 아쇼까왕 시대에 이루어졌다고 한다. 그러나 남전에 의하면 아쇼까왕의 즉위는 불멸 218년이지만 부파분열은 불멸 100년 깔라쇼까(Kālāśoka, 사이슈나가 왕조 제2대 왕)의 치세에 이루어졌다고 보기 때문에 아쇼까왕 시대는 이미 부파분열 후 100년 정도 지난 이후가 된다. 즉 북전과 남전 사이에는 약 100년의 차이가 있다. 어

---

33 水野弘元.『原始佛教』, pp.3-4.

쨌든 초기불교의 범위는 붓다의 재세시부터 부파분열에 이르기까지의 불교를 가리킨다.[34]

2. 근본불교와 최초기불교

초기불교의 범위에 해당하는 시기를 다시 '근본불교(根本佛教)'와 '초기불교(初期佛教)' 둘로 나누는 학설도 있다. 근본불교라는 말은 아네자키 마사하루(姉崎正治)가 그의 저서 근본불교(根本佛教) (1910)에서 처음으로 사용했다.[35] 그 후 우이 하쿠주(宇井伯壽)도 넓은 의미에서 초기불교를 근본불교와 좁은 의미의 초기불교로 구분했다.[36] 즉 붓다와 그 직제자가 생존하여 활동하던 시기까지를 '근본불교'라 하고, 그 이후부터 근본분열이 일어나기 직전인 아쇼까왕 즉위까지를 좁은 의미에서의 '초기불교'라고 정의했다.[37] 우이 하쿠주의 설은 아카누마 지젠(赤沼智善), 니시 기유(西義雄) 등에게 이어졌다.[38] 특히 아네자키의 제자인 마스타니 후미오(增谷文雄)는 '원시'라는 용어를 쓰지 않고 '근본'이라는 용어를 사용했다. 그 이유는 '근본' 또는 '뿌리'를 의미하는 빨리어의 물라(mūla)라는 단어가 사용되고 있기 때문이라는 것이다.[39] 그 밖의 대부분의 학자들은 '원시불교' 혹은 '초기불교'라 부르고 있다.[40]

---

34 후지타 고타츠 外, 『초기 · 부파불교의 역사』, pp.58-59.

35 姉崎正治, 『根本佛教』(東京: 博文館, 1910).

36 宇井伯壽, 「原始佛教資料論」, 『印度哲學研究』 第二卷(東京: 岩波書店, 1926), p.125f.

37 宇井伯壽, 「原始佛教資料論」, 『印度哲學研究』 第二卷, p.117.

38 赤沼智善, 「原始佛教之研究」(名古屋: 破塵閣書房, 1939), p.1; 西義雄, 『原始佛教に於ける般若の研究』(大倉山文化科學研究所, 1953, p.107.

39 增谷文雄, 『根本佛教と大乘佛教』(東京: 僑成出版社, 1989), p.16.

40 木村泰賢, 『原始佛教思想論』(東京: 丙午出版社, 1922); 和辻哲郎, 『原始佛教の實踐哲

이론상으로는 초기불교를 근본불교와 좁은 의미의 초기불교로 나누는 것이 타당해 보인다. 하지만 오늘날 남아있는 문헌은 모두 부파불교 시대에 편찬된 것이기 때문에 근본불교의 특징을 가려내는 것은 무리라고 보는 것이 학계의 일반적인 통설이다.

또한 대부분의 학자들은 '근본불교'라는 명칭은 종교적 신념에서 비롯된 것이기 때문에 학문적인 용어가 될 수 없다고 보고 있다. 엄격히 말하면 근본불교는 이 땅에 존재하지 않는다. 현존하는 불교의 성전에서도 근본불교의 흔적을 찾아보기 어렵다. 근본불교는 우리의 상상 속에만 존재한다. 따라서 객관적인 증거에 토대를 두고 있는 학문의 세계에서는 통용될 수 없음은 지극히 당연하다.

한편 나카무라 하지메(中村元)도 우이 하쿠주가 말하는 '근본불교'와 비슷한 개념으로 '최초기불교(最初期佛教, the earliest Buddhism)'라는 용어를 사용했다. 하지만 현존 문헌에는 부파불교 교단에 의해 증광(增廣)된 부분도 포함되어 있기 때문에 우이 하쿠주가 말하는 '근본불교'를 밝히는 것은 거의 불가능하다.

3. 빨리불교와 상좌부불교

'빨리불교(Pāli Buddhism)'라는 명칭은 빨리 삼장 및 기타 빨리 문헌에 의해 알려진 불교를 가리키는 용어로서, 남방 상좌부불

學』(東京: 岩波書店, 1927).

교와 같은 의미로 사용된다. 이른바 스리랑카 · 미얀마 · 태국 · 캄보디아 · 라오스 등의 남아시아 및 동남아시아 국가들에 전해져온 불교를 말한다. '빨리불교'라는 용어는 상좌부불교의 전적(典籍)이 빨리어로 전승해온 문헌들이기 때문에 붙여진 이름이다. '빨리불교'라고 하면 부파불교 가운데 가장 보수적인 입장에 서 있으면서 가장 정통적이라고 주장해온 상좌부불교와 같은 의미로 이해해도 무리가 없다. 빨리불교, 상좌부불교, 남방 상좌부불교는 모두 같은 의미로 사용한다. 한편 북전에서는 초기불교의 문헌이 한역 아함경과 여러 부파의 율장이기 때문에 '초기불교'라는 의미로 '아함불교(阿含佛教)'라는 말도 사용되었다.

여기서 유의할 점은 현재의 '상좌불교'와 '초기불교'를 혼동해서는 안 된다는 점이다. 현재의 상좌불교(Theravāda)는 전래 이후 그 나라 고유의 민간신앙과 습합된 부분도 있고, 후대에 성립된 다른 부파의 사상과 대승불교의 영향을 받은 부분도 많이 포함되어 있다. 따라서 현재의 상좌불교는 초기불교가 아니다. 현재의 상좌불교는 원래 붓다의 가르침에서 많이 벗어나 있음도 사실이다. 이러한 상좌불교를 리처드 곰브리치(Richard F. Gombrich)는 '변모한 불교(Buddhism Transformed)'라고 표현했다. 그는 현재의 상좌불교는 '경전의 불교(Textual Buddhism)'와 '행동의 불교(Behavioral Buddhism)' 사이에 현격한 차이가 있음을 지적하고 있다.[41]

---

41 Richard F. Gombrich, *Buddhist Precept and Practice: Traditional Buddhism in the Rural Highlands of Ceylon*, Second edition, Delhi: Motilal Banarsidass, 1991, p.372.

Ⅳ. 초기불교 자료론

1. 율장과 경장의 이전 단계

현존하는 초기불교 자료는 오부(五部, pañca-nikāyā), 사아함(四阿含) 및 여러 부파에서 전승해온 율장(律藏)들이다. 그런데 현존하는 율장과 경장이 편집되기 이전에 복잡한 성립사가 있었다고 한다. 율장도 처음부터 현존의 형태로 정비되었던 것이 아니고, 시간이 경과하면서 여러 단계를 거쳐 현존의 형태로 조직된 것으로 추정하고 있다.[42] 이에 반해 경장은 붓다 및 그 제자들이 그때그때 언급한 설법을 집성한 것인데, 현재와 같은 형태로 종합되기 이전에 먼저 제자들이 기억하기 편리한 형태로 정리되었을 것으로 추정된다. 이를테면 시구(詩句)라든가 짧은 산문(散文)과 같은 여러 가지 형식으로 전승되었으며, 그 가운데 가장 조직적인 형식으로 나타난 것이 '구분교(九分教)' 혹은 '십이분교(十二分教)'라고 하는 분류이다.[43] 먼저 구분교는 다음과 같다.

(1) 숫따(sutta) : 계경(契經)으로 번역되며, 붓다의 교설을

---

42 H. Oldenberg, ed. *Vinaya Piṭakaṃ*, London: PTS, 1969, Vol.I, pp.XVII-XL.

43 후지타 코타츠 外, 『초기 · 부파불교의 역사』, p.53.

간결하게 정리한 산문이다.

(2) 게이야(geyya) : 응송(應頌) 또는 중송(重頌)으로 번역되며, 숫따의 내용을 다시 시(詩)로써 반복하여 설한 양식이다.

(3) 베이야까라나(veyyākaraṇa) : 기설(記說) 또는 수기(授記)로 번역되며, 간결한 문답 형식이다.

(4) 가타(gāthā) : 게송(偈頌)으로 번역되며, 산문에 대한 운문(韻文)이다.

(5) 우다나(udāna) : 자설(自說) 또는 감흥어(感興語)로 번역되며, 붓다가 느낀 감응을 그대로 표현한 시(詩)이다.

(6) 이띠붓따까(itivuttaka) : 여시어(如是語)로 번역되며, 게이야(geyya, 重頌)의 특수한 형식이다. 이것은 정형문구(定型文句)를 사용하는 것이 특징이다.

(7) 자따까(jātaka) : 본생담(本生譚)으로 번역되며, 붓다의 전생(前生) 이야기이다.

(8) 웨달라(vedalla) : 방광(方廣)으로 번역되며, 중층적인 교리문답이다.

(9) 앗부따 담마(abbhuta-dhamma) : 미증유법(未曾有法)으로 번역되며, 희유한 공덕 · 기적에 관한 교설이다.

여기에 다시 세 가지를 더한 것이 '십이분교(十二分敎)'이다.

(10) 니다나(nidāna) : 인연담(因緣譚)으로 번역되며, 특히 계율 조문의 성립 배경에 대한 이야기이다.

(11) 아바다나(avadāna) : 비유(譬喩)로 번역되며, 과거세(過去世)에 관한 이야기이다.

(12) 우빠데사(upadesa) : 논의(論議)로 번역되며, 숫따의 해

설과 주해(註解)이다.[44]

일반적으로 구분교와 십이분교 가운데 구분교가 더 오래된 분류라고 추정되며, 또 구분교 가운데 처음 다섯 가지 형식이 뒤의 네 가지 형식보다 더 오래된 것이라고 추정된다. 구분교와 십이분교는 '율'에 관한 내용도 포함하고 있지만 주로 '법'에 관한 분류이며, '경장'의 오부(五部) · 사아함(四阿含)의 분류보다도 더 오래되었다고 보는 것이 일반적인 견해이다.[45]

다만 구분교와 십이분교가 오부 · 사아함보다 먼저 성립되었다고 하더라도 구체적인 경전의 분류로는 생각되지 않는다. 이러한 분류는 불제자들이 정리한 붓다 교설의 줄거리를 형식적으로 정리하여 기억하기 쉽게 하려는 동시에 성전으로서의 체계를 갖추기 위해서였다. 따라서 구분교나 십이분교처럼 간결하고도 개략적인 형식만으로는 붓다가 실제로 설법할 때의 상황이나 내용을 상세히 설명할 수 없기 때문에 이러한 내용을 갖춘 형식의 경전이 필요하게 되었다. 또한 구분교나 십이분교의 분류에 적용되지 않는 새로운 경전의 작성이 요구되었다. 이렇게 하여 점차 현재 볼 수 있는 것과 같은 형식의 경전이 형성되었고, 이들 다수의 경전을 새롭게 분류하고 집성한 '경장'이 성립되었던 것이다.[46]

율장과 경장이 현재와 같은 형태로 완성되기까지는 오랜 기

---

44 鄭承碩 編,『佛典解說事典』(서울: 민족사, 1989), p.234 참조.

45 후지타 코타츠 外,『초기 · 부파불교의 역사』, p.54.

46 후지타 코타츠 外,『초기 · 부파불교의 역사』, p.54.

간이 걸렸는데, 일반적으로 그 일단의 원형이 이루어진 것은 붓다 입멸 후 100년경이라고 한다. 붓다의 입멸 직후 제일결집 무렵부터 붓다의 전체 교설을 정리하고 편집하려는 관심이 높아져, 그 후 약 100년 사이에 '율'에 관한 것은 '율장'으로 집성되고, '법'에 관한 것은 '경장'으로 집성되었다. 여기서 '장(藏, piṭaka)'이라고 하는 것은 '바구니'라는 의미로, 각각의 율이나 법을 담는 그릇이나 창고를 의미한다.

현존하는 '율장'으로서는 빨리어로 씌어진 세일론 상좌부(分別說部)[47]의 빨리율과 한역으로 전해지고 있는 법장부(法藏部)의 사분율(四分律), 화지부(化地部)의 오분율(五分律), 설일체유부(說一切有部)의 근본설일체유부비나야(根本說一切有部毘奈耶)가 있으며, 근본설일체유부비나야는 티베트역(譯)도 전하고 있다. 산스끄리뜨로 씌어진 완전한 형태의 율장은 남아 있지 않다. 그러나 일부이기는 하지만 설일체유부, 근본설일체유부, 대중부에 속하는 율장의 단편은 상당한 분량이 발견되었으며, 그 밖에 서역어(西域語, 꾸짜 Kucā어 등)로 씌어진 단편도 중앙아시아에서 발견되고 있다.[48]

오늘날 한 부파의 '경장'으로 완전하게 전해지고 있는 것은 남방 상좌부의 빨리어로 씌어진 '오부(五部)'[49]뿐이며, 그 밖의 다른 부파에서 전승한 대부분의 경장은 산실(散失)되었다. 한역으

---

47 세일론 상좌부(上座部)를 '분별설부(分別說部, Vibhajyavādin)'라고 부른다.

48 후지타 코타츠 外, 『초기 · 부파불교의 역사』, p.55.

49 '부(部)'는 nikāya의 역어(譯語)로서 '부류(部類)'라는 뜻이다.

로 전하는 '경장'에는 '아함경(阿含經)' 혹은 '아함(阿含)'[50]이라 일컬어지는 네 가지 아함경이 있는데, 그것은 단일한 부파의 소전(所傳)이 아니다. 몇 개의 부파에서 전하는 아함이 따로따로 번역되어 우연히 하나로 갖추어지게 된 것이다. 즉 법장부 소속이라고 하는 『장아함경(長阿含經)』, 설일체유부 계통의 『중아함경(中阿含經)』과 『잡아함경(雜阿含經)』, 대중부(大衆部) 계통이라고 하지만 소속 부파가 분명하지 않은 『증일아함경(增一阿含經)』 등의 네 가지가 모여 사아함(四阿含)의 형태로 이루어지게 된 것이다. 이 사아함 이외에 여기에 속하는 각각의 경전 중 하나만 별도로 한역된 것도 있고, 또 여러 가지 산스끄리뜨 경전의 단편도 중앙아시아에서 발견되고 있다. 간다라어로 씌어진 『법구경』 등도 있으며, 또 티베트어로 번역된 경전도 약간 남아 있다. 그러나 이러한 개별적인 경전은 일찍이 존재했던 여러 부파에 소속된 아함경 전체에서 볼 때 그 일부에 지나지 않는다.[51]

한편 티베트어 역 대장경 안에는 대부분 설일체유부 계통으로 생각되는 아함의 단경(單經)이 일부 실려 있고, 또 중앙아시아 각지로부터 대다수 단편적이기는 하지만 상당수의 산스끄리뜨(Sanskrit, 梵語) 혹은 쁘라끄리뜨(Prākrit, 俗語) 단경이 발견되고 있다.

이처럼 오늘날 우리들이 볼 수 있는 아함경은 모두 초기 승단이 여러 부파로 분열하면서 그 누군가의 손에 의해 전승되어진 것이다. 이를 다른 부파가 전승한 아함경과 비교해 보면 여기에는 많은 차이가 있음을 알 수 있다. 따라서 이것들은 그 공통적인 원천, 즉 최초의

---

50 아함(阿含)이란 Āgama의 음사(音寫)로 '전승된 가르침'이라는 뜻이다.

51 후지타 코타츠 外, 『초기 · 부파불교의 역사』, p.56.

경장으로 종합 정리된 것에서 본다면 각기 어느 정도 변화된 것이다. 그 단적인 예로, 상좌부가 전승한 『맛지마 니까야(Majjhima Nikāya, 中部)』는 152경(經)이다. 이에 반해 설일체유부가 전승한 한역 『중아함경』은 222경이다. 양쪽 모두에 공통되는 경전은 100경에도 미치지 못한다. 공통되는 경전이라 해도 대개는 대강의 줄거리가 일치하는 정도이고, 문구(文句)까지 일치하는 정도의 경(經)은 매우 드물다.[52]

2. 현존하는 다섯 니까야

'니까야(nikāya)'는 ni(아래로)+√ci(*to gather*)에서 파생된 명사로 초기불전에서는 '모임, 화합, 무리'의 의미로 쓰이고 있다. 그러므로 '니까야'는 '모은(collected)[가르침]'이라는 뜻이다.[53] 남방 상좌부에서는 경장을 '다섯 모음집'으로 나누고 있다. 이것을 '빤짜 니까야(pañca-nikāyā, 五部)'라고 부른다. 따라서 '오부(五部)'라고 하면 남방 상좌부에서 전승한 경장 전체를 총칭하는 말이다. 빨리어로 전해진 '오부'는 다음과 같이 구성되어 있다.

(1) 『디가 니까야(Dīgha Nikāya, 長部)』는 내용이 긴 경전 34경을 모은 것으로, 세 편으로 분류되어 있다. 이에 해당하는 한역 『장아함경』은 22권 30경이다.

(2) 『맛지마 니까야(Majjhima Nikāya, 中部)』는 중간 정도 길이의 152경을 모은 것으로, 약 50경씩 세 편으로 분류되어

---

52 후지타 코타츠 外, 『초기 · 부파불교의 역사』, p.210.

53 각묵, 『초기불교이해』(울산: 초기불전연구원, 2010), p.21.

있으며, 다시 각 편은 다섯 품으로 나누어지고, 각 품은 대개 10경 단위로 구성되어 있다. 이에 해당하는 한역『중아함경』은 60권 222경이다.

(3)『상윳따 니까야(Saṃyutta Nikāya, 相應部)』는 비교적 짧은 경전을 주제별로 분류한 것으로, 전체 5품 56상응 2,889경으로 구성되어 있다. 쉰여섯 가지 주제별 모음집이다. 이에 대응하는 한역『잡아함경』은 50권 1,362경이다.

(4)『앙굿따라 니까야(Aṅguttara Nikāya, 增支部)』는 법수(法數)에 따라 분류하여 집성한 것이다. 2,198경이 1법에서부터 11법까지 순서대로 배열되어 있다. 이에 해당하는 한역『증일아함경』은 51권 472경이다.

(5)『쿳다까 니까야(Khuddaka Nikāya, 小部)』는 다음과 같은 열다섯 부(部)로 구성되어 있다. 남방 상좌부의 주석서들에 의하면 다음과 같은 순서로 열거하고 있다.

① 쿳다까빠타(Khuddakapāṭha) — 소송(小誦).
② 담마빠다(Dhammapada) — 법구경(法句經).
③ 우다나(Udāna) — 감흥게(感興偈).
④ 이띠붓따까(Itivuttaka) — 여시어(如是語).
⑤ 숫따니빠따(Suttanipāta) — 경집(經集).
⑥ 위마나왓투(Vimānavatthu) — 천궁사(天宮事).
⑦ 뻬따왓투(Petavatthu) — 아귀사(餓鬼事).
⑧ 테라가타(Theragāthā) — 장로게(長老偈).
⑨ 테리가타(Therīgāthā) — 장로니게(長老尼偈).
⑩ 자따까(Jātaka) — 본생담(本生譚).

⑪ 닛데사(Niddesa) — 의석(義釋).

⑫ 빠띠삼비다막가(Paṭisambhidāmagga) — 무애해도(無礙解道).

⑬ 아빠다나(Apadāna) — 비유(譬喩).

⑭ 붓다방사(Buddhavaṃsa) — 불종성(佛種姓).

⑮ 짜리야삐따까(Cariyāpiṭaka) — 소행장(所行藏).

『쿳다까 니까야(小部)』의 발달 과정을 살펴보면 대략 세 단계로 구분된다. 가장 먼저 성립되었다고 생각되는 것은 ②③④⑤⑧⑨⑩인데, 그 기원은 아쇼까왕(기원전 3세기) 이전으로 거슬러 올라간다. 제2단계는 ⑥⑦⑪⑫인데, 아쇼까왕 시대 또는 그 후대쯤에 성립된 것으로 보인다. 그리고 가장 나중에 성립된 제3단계는 ①⑭⑮이다. 이 소부에 해당하는 경전들을 잡장(雜藏)이라 칭하는 부파도 있었다.[54] 이처럼 빨리어 경장 가운데 '소부'는 특이한 특징을 갖고 있기 때문에 초기불교 연구에 있어서 사아함(四阿含)·사부(四部)에 못지않게 중요한 자료이다.

빨리 니까야는 현재 스리랑카·미얀마·태국 등 동남아시아에서 크게 번성하고 있는 상좌불교(Theravāda)에서 전승한 것이다. 이 니까야는 1881년 리스 데이비스(T. W. Rhys Davids)가 영국 런던에서 설립한 팔리성전협회(The Pali Text Society)에서 로마자로 표기한 빨리어 원전과 영역본(英譯本)을 출판하면서 전 세계에 널리 알려지게 되었다. 일본은 빨리 삼장을 1936년부터 1941년까지 일본어로 완역하여 『남전대장경』(65권 70책)으로 출판했다.

현존하는 율장과 경장의 내용은 대부분 출가자를 위한 것이다. 율장은 출가 승단에서만 필요한 것이고, 경장은 출가자를 위

---

54 鄭承碩 編, 『佛典解說事典』, p.236.

해 설해진 법문이 주류를 이루고 있다. 이러한 현상은 출가자들이 법과 율을 전승해왔기 때문에 자신들과는 크게 관련이 없는 재가신자에게 설한 법문을 암송하여 전승하지 않았다. 또 성전을 편찬하던 부파불교 시대에는 출가중심주의에 기울어 출가승단의 계율이나 학문 수행을 첫째로 하고, 민중 교화의 측면은 그다지 중요하게 생각하지 않았다. 이 때문에 재가자에게 설한 법문이 많이 남아 있지 않게 되었던 것이다.

3. 현존하는 사아함

'아함(阿含)'이란 산스끄리뜨 아가마(āgama)를 음역한 것이다. '아가마(āgama)'는 (이쪽으로)+√gam(*to go*)에서 파생된 명사다. 이쪽으로 전해져 온 것이라는 일차적인 의미를 가지고 있으며, '전승된(handed down)[가르침]'이라는 뜻이다. 이것을 중국의 역경승들은 '아함(阿含)', '아급마(阿笈摩)', '아가마(阿伽摩)' 등으로 음역했다. 그러나 아급마나 아가마가 경의 이름으로는 쓰이지 않았고, '아함'만이 경의 이름으로 사용되었다. 우선 현존하는 한역 사아함의 역경에 관해 살펴보자.

(1) 『장아함경(長阿含經)』은 412년에서 413년 사이에 불타야사(佛陀耶舍)와 축불념(竺佛念)이 공동으로 번역했는데, 총 22권 30경이다.

(2) 『중아함경(中阿含經)』은 397년에서 398년 사이에 구담승가제바(瞿曇僧伽提婆)가 한역했는데, 총 60권 222경이다.

(3) 『잡아함경(雜阿含經)』은 436년에서 443년 사이에 구나발타라(求那跋陀羅)[55]가 한역했는데, 총 50권 1,362경이다. 이외에도 번역자를 알 수 없는 『별역잡아함경』 16권 364경과 『잡아함경』 1권 27경이 있다.

(4) 『증일아함경(增一阿含經)』은 397년에서 398년 사이에 구담승가제바(瞿曇僧伽提婆)가 한역했는데, 총 51권 472경이다.

위에서 언급한 한역 사아함의 원본은 어떤 것이었을까? 우리는 인도에서 '아가마'가 언제 누구에 의해 어떻게 편찬되었는지 정확히 알지 못한다. 그리고 중국에 전해졌던 원본도 범본(梵本)이었는지 아니면 호본(胡本)이었는지조차 불명확하다. 라모뜨(É. Lamotte)는 "중아함경의 원본은 산스끄리뜨였던 것 같고, 장아함경과 증일아함경의 원본은 중기 인도어였던 것 같다"[56]고 추정했다.

어쨌든 4세기에서 5세기 전반에 중국에서 사아함이 모두 한문으로 번역되었다. 그러나 이것은 빨리어 니까야와 같이 어느 한 부파의 아함경을 번역한 것이 아니다. 앞에서 언급했듯이, 아함경은 여러 부파가 전승한 것을 여러 사람에 의해 번역되어 우연히 사아함이라는 한 세트로 갖추어지게 되었던 것이다.

각각의 단경(單經)이 별도로 한역된 경우도 많으며, 『잡아함

55 구나발타라는 범어 구나바드라(guṇabhadra, 394-468)의 음역이다. 그는 중인도 출신의 승려로서, 스리랑카를 경유하여 435년에 광동성(廣東城) 광주(廣州)에 도착했다. 그는 건강(建康) 기원사(祇洹寺), 동안사(東安寺), 형주(荊州) 신사(辛寺) 등에 머물면서 『잡아함경(雜阿含經)』, 『대법고경(大法鼓經)』, 『승만경(勝鬘經)』, 『능가아발다라보경(楞伽阿跋多羅寶經)』, 『과거현재인과경(過去現在因果經)』 등 52종 34권을 번역했다.

56 É. Lamotte, *History of Indian Buddhism*, Louvain: Peeters Press, 1988, 1988, p.154.

경』에는 불완본(不完本)이면서 이역(異譯)도 있어, 이중으로 혹은 삼중, 사중으로 중복 번역된 것도 상당수 있다. 그렇지만 반대로 빨리어 경장에는 나타나지만, 한역에는 그에 상당하는 것이 전혀 나타나지 않는 경도 있다. 우연히 갖추어지게 된 사아함 가운데 『중아함경』과 『잡아함경』은 분명히 설일체유부(說一切有部) 계통에서 전한 것이지만, 『장아함경』과 『증일아함경』은 소속 부파가 확실하지 않다. 『장아함경』은 법장부(法藏部)의 소전(所傳)이라고 하지만 확실한 증거가 없으며, 『증일아함경』은 대중부(大衆部) 소전으로 알려져 왔지만, 근래에는 이에 대한 반대 의견도 나오고 있다. 한역 『증일아함경』은 그것이 어느 부파에 속하였든 간에 거기에 대승의 사상이 일부 삽입되었다는 것은 분명하다.

한역 『장아함경』은 412년에서 413년 사이에 불타야사(佛陀耶舍, Buddhayaśas)와 축불념(竺佛念)이 공동으로 번역했다. 라모뜨는 불타야사가 번역한 것이라고 했다.[57] 그러나 「장아함경서(長阿含經序)」에는 불타야사와 축불념이 후진(後秦) 홍시(弘始) 15년(413)에 공동으로 번역[共譯]하고, 도함(道含)이 필수(筆受)한 것으로 되어있다.

『장아함경』은 법장부(法藏部)에서 전승한 것이라고 한다. 하지만 확실한 것은 아니다. 동국역경원에서 발행한 『장아함경』 해제에 의하면 "장아함경은 설일체유부(說一切有部)에 속하면서 다른 부분적 색채를 많이 섭취하고 있는 경전이라고 하지 않으면 안 될 것"[58]이라고 했다. 『장아함경』의 소속 부파에 대해서는 분명한 증거가 나오기 전에는 속단하기 어렵다.

---

57 É. Lamotte, *History of Indian Buddhism*, p.154.

58 譯經委員會 編, 『長阿含經』(서울: 東國譯經院, 1993), p.2.

한역 『중아함경』은 397년에서 398년 사이에 구담승가제바(瞿曇僧伽提婆, Gautama Saṃghadeva)가 한역했다. 설일체유부(說一切有部)에서 전승한 것이라고 한다. 라모뜨는 승가제바와 승가라차(僧伽羅叉, Saṃgharakṣa)의 공동 번역이라고 했다.[59] 그러나 중아함경』은 동진(東晉) 효무(孝武)와 안제(安帝) 때인 융안(隆安) 원년(397) 11월부터 융안 2년(398) 6월까지 동정사(東亭寺)에서 계빈삼장(罽賓三藏) 구담승가제바(瞿曇僧伽提婆)가 번역하고 도조(道祖)가 필수(筆受)한 것으로 되어 있다.

현존하는 『잡아함경』은 436년에서 443년 사이에 구나발타라(求那跋陀羅, Guṇabhadra)가 한역했다. 설일체유부에서 전승한 것이라고 한다. 이 외에도 번역자를 알 수 없는 『별역잡아함경』 16권 364경과 잡아함경 1권 27경이 있다. 라모뜨는 "별역잡아함은 음광부(飮光部, Kāśyapīya)의 원본을 근거로 해서 400년경에 미지의 사람이 한역했다"[60]고 했으나 그 출처를 밝히지 않았다.

현존하는 『증일아함경』은 397년에서 398년 사이에 구담승가제바(瞿曇僧伽提婆)가 한역한 것으로 알려져 있다. 그러나 현존하는 『증일아함경』을 누가 번역했는가에 대해서는 아직도 논란이 계속되고 있다. 『증일아함경』은 『중아함경』과 마찬가지로 전 · 후 두 가지 종류의 번역이 있다. 첫 번째 번역은 부진(符秦)의 건원(建元) 20년(384)에 도거륵국(兜佉勒國)의 담마난제(曇摩難提)가 장안(長安)에서 번역한 것으로서 모두 50권이다. 두 번째 번역은 동진(東晉) 융안(隆安) 원년(397)에 계빈국(罽賓國) 삼장 승가제

59 É. Lamotte, *History of Indian Buddhism*, p.154.

60 É. Lamotte, *History of Indian Buddhism*, p.154.

바(僧伽提婆)가 건린(建鄰) 동정사(東亭寺)에서 번역한 것으로서 모두 51권이다. 첫 번째 번역은 현존하지 않고, 두 번째 번역만이 현재 남아 있다.

초기불교 연구자 중에는 빨리 니까야가 한역 아가마보다 그 성립이 오래된 것이라고 생각하는 사람들이 많다. 그러나 현존하는 아함경이 니까야보다 성립이 늦다고 가정하더라도, 아함경의 원본을 니까야에서 찾을 수 없다. 때로는 아함이 니까야보다 더 오래된 형태인 경우도 있다.[61] 이를테면 『장아함경』 제27 「사문과경(沙門果經)」이 Dīgha Nikāya No.2 Sāmaññaphala-sutta보다 더 오래된 형태의 경이다.

따라서 초기불교의 어떤 교설이든 한역본과 빨리본의 대조 작업은 필수적이다. 그래야 좀 더 오래된 교설의 형태를 확인할 수 있기 때문이다. 그래서 이 책에서는 아무리 널리 알려져 있는 교설이라도 한파(漢巴) 대조 작업을 실시했다. 이러한 작업을 실시한 것은 후학들의 연구에 도움을 주기 위함이다.

한편 현존하는 초기불교의 성전에 대한 학자들의 연구 태도는 크게 세 가지로 분류할 수 있다.

첫 번째 부류의 학자들은 최소한 빨리어로 전승된 니까야의 상당한 부분에서 근본적인 동질성과 실질적인 신뢰성을 얻을 수 있다는 입장을 취하고 있다. 즉 빨리 니까야의 연구를 통해 붓다의 가르침을 성공적으로 드러내거나 재건할 수 있다는 입장이다. 노만(K.R. Norman), 곰브리치(Richard F. Gombrich) 등이

---

61 和辻哲郎, 『原始佛教の實踐哲學』(東京: 岩波書店, 1973), p.25.

이에 속한다.

두 번째 부류의 학자들은 첫 번째 입장과는 정반대로, 현존하는 초기불교의 문헌으로는 최초의 붓다의 가르침을 복원할 수 없다는 회의적인 입장을 취하고 있다. 현재 우리에게 전해진 빨리 문헌들은 기원 전 1세기경에 비로소 문자로 기록되었다. 문자로 기록되기 이전이나 문자로 기록된 이후의 전승 과정에서 얼마나 개변되었는지 알 수 없다. 따라서 현존하는 빨리 문헌으로는 붓다의 친설(親說)이라고 확신하기 어렵다는 입장이다.

세 번째 부류의 학자들은 고도의 원전비평(原典批評)의 방법을 통해서 초기불교 문헌 가운데 오래된 층[古層]과 새로운 층[新層]을 가려내고, 보다 고층의 경전을 연구해서 붓다의 원음을 찾아내려는 입장을 취하고 있다. 슈미트하우젠(L. Schmithausen), 아라마키 노리토시(荒牧典俊), 페터(T. Vetter) 등이 이에 속한다.

첫 번째는 초기불교의 문헌에 기록된 것은 모두 붓다의 친설(親說)이라는 절대적인 신뢰를 바탕으로 접근하는 학자들이다. 두 번째는 비록 초기불교의 문헌에 기록된 것일지라도 진짜 붓다의 말씀이라고 믿기 어렵다는 회의론적 입장에서 접근하는 학자들이다. 세 번째는 현존하는 초기불교의 문헌 중에는 붓다의 진설(眞說)이 어느 정도는 남아있다고 보고, 초기불교의 문헌 가운데 신(新)·고층(古層)을 구분해서 철저한 문헌비평과 해석학적으로 접근하는 학자들이다. 오늘날 초기불교에 대한 연구자들은 대부분 세 번째 부류의 학자들의 견해를 따른다.

와쓰지 데쓰로우(和辻哲郎)는 "역사적인 혹은 교조로서의 붓다의 사상을 진실로 올바르게 확정하고자 한다면, 오래된 층과 새로운 층을 판별하고 그곳에 나타난 사상적 발전을 이해하는 것은 필수적인 전제이다. 따라서 원전비평이 올바르게 이루어진 상태가 아니라면 역사적 붓다를 언급할 수 없는 것"[62]이라고 했다. 이처럼 그는 원전비평을 거치지 않은 것은 바른 이해가 될 수 없다고 강하게 어필하고 있다. 와쓰지 데쓰로우의 견해는 지금도 유효하다. 왜냐하면 원전비평을 거치지 않은 초기불교사상의 연구는 사상누각에 불과하기 때문이다. 어떤 학자가 논증의 증거로 제시한 경전이나 문헌이 후대에 삽입된 것이 밝혀지면, 그 학자의 주장은 곧바로 무너져 버린다. 그럼으로 초기불교사상에 대한 연구는 모름지기 원전비평과 해석학에 토대를 두어야 한다.

62 和辻哲郎,『原始佛教の實踐哲學』, p.11.

제2장 붓다시대의 역사적 배경

I. 붓다시대의 인도와 인도문화

1.인도의 자연환경

인디아(India, 印度)라는 말은 본래 대수(大水), 대해(大海), 대하(大河) 또는 인더스(Indus)강을 뜻하는 산스끄리뜨(Sanskrit, 梵語) '신두(Sindhu)'에서 유래한 말이다. 신두가 페르시아어의 영향을 받아 힌두(Hindhu)로 변하고, 다시 그리스어의 영향을 받아 인더스(Indus)로 바뀌고, 인더스에서 현재의 인디아(India)라는 영어가 파생되었다.[1] 하지만 인도인들은 자신의 나라를 '인디아'라고 부르는 것을 좋아하지 않는다. 오히려 그들은 본래 산스끄리뜨나 힌디어로 된 인도의 호칭인 '바라뜨-칸다(Bhārat-khaṇḍa)' 또는 '바라뜨-와르샤(Bhārat-varṣa)'[2]라고 부르기를 더 좋아한다. 이것은 '영원히 번영하는 사람들' 또는 '영원히 번영하는 땅'이라는 뜻이다.[3] 이 명칭은 바라따(Bhārata) 족의 서사시 『마하바라따

---

1 원의범, 『인도철학사상』(서울: 집문당, 1977), p.11, p.81, p.361.

2 '바라뜨 와르샤(Bhārat-varṣa)'를 『두산세계대백과』 사전에서는 '바라타-바르샤'라고 표기하고 있다. 『두산세계대백과』 '바라타' 항 참조.

3 원의범, 『인도철학사상』, p.11.

(Mahābhārata)』에 처음으로 나타나며, 자이나교의 성전(聖典)에서도 사용되었다. 일찍이 리그베다(Ṛgveda) 시대에 갠지스(Gaṅgā)강 상류의 광활한 지역을 통일하여 성세를 이룬 전설적인 바라따 족에 대한 자긍심을 갖고 있기 때문이다.

인도는 히말라야(Himālaya) 산계(山系)의 남쪽에 가로놓인 유라시아 대륙의 반도로서 그 면적은 서유럽의 전 지역에 필적하는 약450만 제곱킬로미터이며, 현재는 인도, 파키스탄, 방글라데시, 네팔, 부탄 등으로 나뉘어졌다. 인도의 북쪽은 세계의 지붕이라 불리는 히말라야 산계와 힌두쿠시(Hindukush) 산맥을 경계로 아시아 대륙과 구분된다. 동서는 그 지맥(支脈)인 아라칸 산맥과 술라이만 산맥으로 구분되며, 남쪽으로는 코모린 곶(Comorin cape)을 꼭지점으로 하는 광활한 역삼각형의 모양으로 펼쳐져 인도양(印度洋)에 돌출되어 있다.

아라칸(Arakan) 산맥은 미얀마의 서부 아라칸 지방에서 인도의 북동부에 위치한 아삼 지방에 이르는 습곡 산맥을 말한다. 길이는 950킬로미터에 이르고 최고봉은 3,094미터인 빅토리아산이다. 연안에는 치타공(Chittagong), 시트웨(Sittwe) 등의 도시가 있다.

술라이만(Sulaiman) 산맥은 파키스탄 북부에 있는 산맥으로 길이는 약 450킬로미터이다. 펀자브와 신드 등 인더스강 유역의 저지대와 발루치스탄 산지를 갈라놓은 큰 산맥이다. 기후가 건조하지만 소나무, 떡갈나무, 올리브나무가 자라며 소수의 발루치스탄 민족이 농업과 목축에 종사한다.

또한 인도는 그 지리적 특색에 따라 ①히말라야 지역, ②힌두

스탄(Hindustan) 평원(平原), ③인도반도 또는 데칸(Decan)고원 지역 등 크게 세 지역으로 나누기도 한다. 이러한 분류 외에도 인도를 ①인더스강 유역, ②갠지스강 유역, ③빈드야산맥 이남 지역 등 세 지역으로 나누는 경우도 있다.[4]

이처럼 인도의 국토는 광활하기 때문에 기후도 매우 다양하다. 남쪽은 북위 8도에서 북쪽은 37도까지 이르러, 대부분은 아열대(亞熱帶)에 속하나, 그 기후는 몬순(moon soon, 계절풍)에 의해서 큰 영향을 받는다. 그 때문에 우기(雨期)와 건기(乾期)가 뚜렷이 구분되고, 하천(河川)의 수량도 연중 크게 변화한다. 또 몬순의 도래 시기가 일정하지 않아 뭄바이(Mumbai)[5]가 며칠씩 큰비로 시달려도 델리(Delhi)는 건조한 날이 계속되기도 한다. 강수량도 아삼(Assam)의 실롱(Shillong) 구릉(丘陵)이 세계에서 최대량을 기록하는 데 반해 라자스탄(Rājasthān)의 서부는 사막으로 되어있다.[6]

이러한 자연환경의 차이는 곧 생활 문화의 차이로 연결된다. 아직도 원시림이 남아 있는 히말라야 산록의 계곡이나 분지 지역에 거주하는 사람들과 더위가 극심한 평야 지대에 사는 사람들의 생활 습관이 같을 수 없다. 라자스탄의 모래 먼지와 열풍이 몰아치는 지방과 벵갈(Bengal)이나 아삼(Assam)처럼 다습한 지방과는 자연의 모습도 사람들의 의식주나 기질도 전혀 다르다. 데

4 박경준, 「원시불교의 사회 · 경제사상 연구」(박사학위논문, 동국대 대학원, 1992), pp.11-12.

5 뭄바이(Mumbai)는 서(西)고츠 산맥에서부터 아라비아 해로 반도 모양으로 뻗어난 인도 최대의 도시이며, 국제무역항과 국제공항이 있다. 1995년 11월에 봄베이(Bombay)를 뭄바이로 개칭했다.

6 박경준, 「원시불교의 사회 · 경제사상 연구」, p.13.

칸고원 지대에는 그 나름의 정신적 · 문화적 풍토가 존재한다. 다양한 인도의 자연은 참으로 다양한 생활 문화를 산출하며, 거기에 인종이나 언어 상황마저 결부하게 되면 그 다양성은 더욱더 심화된다.[7]

이러한 자연환경에서 다양한 인도의 종교와 철학들이 발생했다. 인도에서 발생한 종교와 철학은 짜르와까(Cārvāka, 唯物論)를 제외하고 인간이 당면한 실존적 괴로움의 문제를 해결하기 위해 성립되었다. 따라서 인도의 종교와 철학의 궁극적 목적은 괴로움에서 벗어나 해탈하는 것이다. 이런 측면에서 보면 인도의 종교와 철학의 출발점과 종착점은 동일하다고 할 수 있다. 이를테면 불교의 사상체계는 괴로움의 원인과 괴로움의 소멸이라는 두 가지 구조로 이루어져 있다. 괴로움의 원인에 대한 전개과정을 유전문(流轉門)이라 하고, 괴로움의 소멸에 대한 전개과정을 환멸문(還滅門)이라 한다.

인도의 육파철학 가운데 상캬(Sāṃkhya, 數論)와 요가(Yoga, 瑜伽)철학의 사상체계도 두 가지 구조로 이루어져 있다. 이와 같이 불교와 상캬 · 요가철학의 사상체계가 유전과 환멸의 구조로 이루어져 있다는 점에서는 동일하다. 그러나 불교와 요가철학은 근본적으로 다른 차이점을 갖고 있다. 이를테면 상캬와 요가철학에서는 뿌루샤(puruṣa)와 같은 절대적인 존재를 인정하지만, 불교에서는 뿌루샤와 같은 불생불멸의 존재를 인정하지 않는다. 불교의 연기(緣起, paṭiccasamuppāda)와 상캬의 전변설(轉變說,

---

7 나카무라 하지메, 김지견 역, 『불타의 세계』(서울: 김영사, 1984), p.85.

pariṇāmavāda), 인중유과론(因中有果論, satkārya-vāda)은 서로 양립할 수 없다.

따라서 인도의 정통철학에서 말하는 불변하는 아뜨만(ātman, 自我)의 존재를 인정할 경우, 불교와 힌두교는 하나가 되어 버린다. 실제로 인도에서 불교가 유아론(有我論)을 받아들임으로 해서 힌두교 속에 습합되어 버렸다. 사실 불교의 외형적인 제도나 문화 따위는 중요한 것이 아니다. 붓다가 강조한 무아론을 유아론으로 잘못 받아들이면 불교는 그 존재 의미를 상실하고 만다. 이 점을 간과해서는 안 된다.

2. 언어의 다양성

인도의 자연환경이 각 지역마다 서로 다를 뿐만 아니라 인종과 언어도 매우 다양하다. 특히 인도의 언어는 세계에서 그 유례를 찾아볼 수 없을 정도로 다양한 언어들이 사용되고 있다. 이 때문에 인도의 언어에 대한 전모를 파악한다는 것은 여간 어려운 일이 아니다.

인도에서 1961년 시행된 국세 조사에 의하면 인도에서 '모국어'로 보고된 언어가 실로 1,652종에 이른다고 한다. 이 가운데는 기본적으로는 같은 언어이지만 부족에 따라 명칭이 다른 것도 포함되어 있기 때문에 그것을 정리해보면 방언을 포함하여 826종의 언어가 존재하는 것으로 조사되었다. 1971년의 조사에서 사용자가 100만 명을 넘는 언어는 33종이 있고, 5천명 이상의 언어는 281종을 헤아린다. 이 가운데서 14개 언어는 헌법에 의해서 '특히 발전 · 보급시켜야 할 언어'로 지정되었다. 이 언어들을 사용 인구가 많은 순서로 나열하면 다음과 같다.

①힌디어(Hindi), ②텔루구어(Telugu), ③벵골어(Bengali), ④마라타어(Marathi), ⑤타밀어(Tamil), ⑥우르두어(Urdu), ⑦구자라트어(Gujarati), ⑧칸나다어(Kannada), ⑨말라얄람어(Malayalam), ⑩오리야어(Oriya), ⑪펀자브어(Panjabi, Punjabi), ⑫아삼어(Assmese), ⑬카슈미르어(Kashmiri), ⑭산스끄리뜨어(Sanskrit) 순이다.[8]

14개 언어 중에서 ①힌디어(Hindi)는 인도유럽어족의 인도이란어파에 속하는 언어로, 영어와 함께 1965년 1월 26일 이후로 인도의 공용어이다. 힌디어는 데바나가리 문자로 쓰인다. 많은 언어학자들은 힌디어와 우르두어를 같은 언어로 간주한다. 그러나 이 둘의 근본적인 차이는 힌디어는 산스끄리뜨에서 기원한 단어들을 차용해서 쓰는 데 반해 우르두어는 페르시아어와 아랍어 어휘를 많이 빌려다 쓴다. 힌디어는 데바나가리 문자로 표기하고, 우르두어는 아랍 문자의 변형된 형태를 쓴다.

②텔루구어(Telugu)는 인도의 안드라프라데시 주(州)와 타밀나두 주 북부 일대에서 쓰이는 언어이다. 인도의 안드라프라데시 주의 공용어이다. 드라위다어족에 속한다. ③벵골어(Bengali)는 방글라데시와 인도의 트리푸라 주, 서벵골 주의 공용어이다.

---

8 나카무라 하지메, 『불타의 세계』, p.85.

벵골 문자로 표기된다. ④마라타어(Marathi)는 인도의 마하라스트라 주의 공용어이다. 마라타어(Marathi)는 인도유럽어족에 속하며 데바나가리 문자를 사용한다. ⑤타밀어(Tamil)는 드라위다어족에 속하는 고전 언어이다. 공용어로 쓰는 국가는 인도의 타밀나두 주와 스리랑카, 싱가포르 등이다. 그 외에도 말레이시아, 모리셔스, 남아프리카 공화국에서도 사용되고 있다.

⑥우르두어(Urdu)는 술탄 및 무굴 제국의 통치기 동안 인도 대륙에서 페르시아의 영향을 받아 발달한 인도-아리안계의 인도-유럽어족의 하나이다. ⑦구자라트어(Gujarati)는 인도의 구자라트 주에서 쓰이는 공용어이다. ⑧칸나다어(Kannada)는 인도의 카르나타카(Karnataka) 주의 공용어이다. ⑨말라얄람어(Malayalam)는 인도의 케랄라 주에서 사용되는 공용어이다. ⑩오리야어(Oriya)는 인도의 오리사 주에서 사용되는 공용어이다. 인도유럽어족에 속한다.

⑪펀자브어(Panjabi, Punjabi)는 인도의 펀자브 주에서 사용되는 공용어이다. 각각 데바나가리 문자와 아랍 문자를 변형한 구르무키 문자와 샤무키 문자를 사용한다. 인도유럽어족 소속이다. 시크교도들이 주로 사용한다. ⑫아삼어(Assmese)는 인도의 아삼 주의 공용어이다. 방글라데시와 부탄에서도 인도유럽어족인 이 언어가 비공식적으로 사용된다. ⑬카슈미르어(Kashmiri)는 인도의 아자드 잠무 카슈미르(Azad Jammu and Kashmir) 주와 파키스탄의 아자드 카슈미르(Azad Kashmir) 주에서 사용되는 언어이다. 데바나가리 문자와 아랍 문자를 사용하며 인도유럽어족에 속한다.

⑭산스끄리뜨(Sanskrit)는 인도의 옛 언어로, 힌두교, 불교, 자이나교의 경전이 이 언어로 기록되어 있다. 한자 문화권에서는 범어(梵語, 브라만에서 왔음)라고도 한다. 지금은 산스끄리뜨를 기록하는 데에 데바나가리 문자를 쓰지만, 예전에는 나가리, 그란타, 샤라다, 모디 등 여러 가지 문자가 쓰였다.

특히 산스끄리뜨는 고대로부터 문학과 사상을 담당해 온 문장어인데, 그래도 2,544명이 이를 모국어로 사용하는 것으로 보고되어 있다. 인도 문화의 담당자라는 의미에서 인도 정부는 이 산스끄리뜨를 '특히 발전 · 보급시켜야 할 언어' 속에 포함시켰다. 현재 인도에는 21개 주가 있는데, 이는 대체로 언어 지역에 따라 구분되어 있다. 그러나 비하르(Bihar) 주나 라자스탄(Rājasthān) 주와 같이 일반적으로는 힌디어가 통용이 되고, 그 지역의 고유 언어는 위에서 언급한 공용어로 인정되지 않고 있는 것도 존재한다. 반면에 우르두어나 산스끄리뜨와 같이 특정의 주를 가리지 않는 언어도 있지만, 이들을 제외하면 열두 개 언어가 이른바 공용어로서 통용되고 있다.

이러한 인도의 언어는 크게 몇 가지 계통으로 분류할 수 있다. 즉 인도-유럽어족의 인도-아리야어계가 있고, 주로 남인도에서 통용되는 드라위다어계가 있으며, 이 밖에 티베트-버마어계와 호주-아시아어계가 있다. 그런데 지금까지는 인종과 어계(語系)를 같이 보려고 했다. 하지만 현재의 문화인류학이나 언어학에서 보여주고 있는 주목할 만한 성과는 어계와 인종이 꼭 일치하지 않는다는 사실이다. 즉 인종적으로 같은 집단이라 할지라도 단일한 어계(語系)로만 구성되어 있지 않고 여러 어계의 다양한 종류의 언어를 사용하고 있다. 아무튼 인도의 언어는 종족과 분리할 수 없는 어떤 깊은 관계가 있는 것만은 사실이다.

3. 힌두 문화의 형성

이와 같이 광대한 인도의 자연환경에서 다양한 종족에 의해 그들만의 독특한 인도문화, 즉 힌두문화를 형성하게 되었다. 이러한 힌두문화는 오랜 세월동안 여러 종족들에 의해 형성된 다양한 문화가 하나로 어우러진 혼합 문화라고 할 수 있다.

역사적으로 아리야(Ārya)인들이 힌두쿠시 산맥을 넘어 인도에 침입한 것은 기원전 1,500년경이다. 그러나 그 이전에 이미 인도에는 선주민족(先住民族)이 거주하고 있었다.[9] 그들이 바로 '인더스 문명(Indus civilization)'을 이룩한 비(非) 아리야계로 알려진 드라위다(Draviḍa)인(人)이었다. 이들이 이룩했던 인더스 문명은 인더스강 유역의 모헨조다로(Mohenjodaro)나 하랍빠(Harappā) 등의 유적 발굴에 의해 그 실체가 하나하나 드러나고 있다.

그런데 이러한 드라위다인보다 먼저 인도에 들어온 종족들도 있었다고 한다. 인도에는 일찍이 네그로이드(Negroid)인이 거주했던 것으로 추정된다. 그들은 아프리카에서 이란 연안을 거쳐 남인도 및 서인도에 정착했다. 그들은 곧 북인도에도 나아갔

---

9 平川彰, 李浩根 譯, 『印度佛教의 歷史(上)』(서울: 민족사, 1989), p.27.

으며, 후에는 안다만 제도(Andaman Is.)[10]에서 말레이(Malay)[11] 방향으로 이주했다. 그러나 이들은 후세의 인도 문화에는 거의 영향을 미치지 못했다고 한다.[12]

그 후에 이주해 온 사람들은 호주-아시아(Austro-Asia)계의 사람들이었다. 그들은 현재 중인도의 콜(Kol) 족과 문다(Muṇḍa) 족, 아삼의 카시(Khasī) 족의 조상이라고 한다. 또한 벵갈(Bengal)에서 비하르(Bihar)에 이르는 지방에 거주하는 산탈(Santal) 족도 마찬가지이다. 미얀마와 타일랜드의 몬(Mon) 족, 캄보디아의 크메르(Khemer) 족도 동일한 계통에 속한다. 그들은 당시 전 인도에 유포되어 있었으며, 그 후 인도 문화의 여러 형태에 상당한 영향을 끼쳤다.[13]

다시 그 후에 유입된 사람들이 바로 드라위다(Draviḍa)인이었다. 그들은 지중해 지역 및 소아시아 방면에서 이주해왔다고 하며, 현재의 남인도 사람들은 주로 이 계통에 속한다. 드라위다계의 언어를 사용하는 사람은 총인구의 20퍼센트가 넘는다. 이외에 현재의 벵갈(Bengal) 지방에서 비하르(Bihar), 오릿사(Orissa) 일대에는 티베트 · 버마어 계통의 언어를 사용하는 사람들이 거주

---

10 안다만 제도(Andaman Is.)는 벵골만(灣)의 동부에 있는 제도를 말한다. 총면적 6,475제곱킬로미터. 중심 도시는 포트블레어이다. 인도의 안다만니코바르 연방직할 주에 속한다. 미얀마의 네그라이스 곶(串) 남쪽에 남북으로 길게 놓인 열도로서, 북(北)안다만 · 중(中)안다만 · 남(南)안다만의 세 개 섬이 커서 대(大)안다만 제도로 부르는데, 이들을 비롯하여 이백네 개의 섬으로 이루어져 있다.

11 말레이(Malay)는 말레이반도와 주변 여러 섬을 총칭한다.

12 나라 야스아키, 정호영 옮김, 『인도불교』(서울: 민족사, 1990), p.29.

13 나라 야스아키, 『인도불교』, p.29.

하고 있었음이 확인되고 있다.[14]

이와 같이 인도에는 여러 이민족(異民族)들이 들어와 각자 고유한 문화를 형성해나갔다. 하지만 인도의 문화는 대체로 바라문 문화가 과거 3천 년 동안 그 중심을 이루었다. 이러한 바라문 문화를 형성한 주체는 바로 아리야인들이었다. 아리야인들은 피부가 희고 금발이며 코가 높은 것이 특색이다. 민족학이나 비교언어학적 입장에서 보면 이란인, 희랍인, 로마인, 게르만인들과 역사적으로 관련이 깊다.[15] 이들이 인도 아대륙(亞大陸)에 침입해온 시기는 대략 기원전 15세기 이후라고 한다. 그들은 먼저 힌두쿠시 산맥을 넘어 서북인도의 빤잡(Pañjāb, 五河) 지방으로 침입했는데, 그곳은 지금의 파키스탄에 해당된다. 이곳에는 인더스강을 이루는 다섯 지류가 있다. 빤잡은 이와 같은 '다섯 갈래 물의 흐름'(pañca ap)이라는 명칭에서 비롯되었다. 보통 오하(五河) 지방으로 불리는 이곳에 아리야인들이 침입하여 원주민을 무력으로 정복했다. 그리고 그들은 점차 동진(東進)하여 북인도의 중앙으로 확장해 나갔다. 물론 단일 민족이 한 차례 침입한 것이 아니라, 여러 집단이 파상적으로 이 지방으로 침범해 들어왔을 것으로 추정한다.[16]

서북인도에 침입한 아리야인들은 인더스강 상류의 빤잡 지방에 정착하여 리그베다(Ṛgveda)를 토대로 종교를 탄생시켰다. 시기는 대략 기원전 1,200년경이다. 이들은 주로 천공(天空) · 비 ·

---

14 나라 야스아키, 『인도불교』, p.29.

15 와타나베 쇼코, 법정 옮김, 『불타 석가모니』(서울: 동쪽나라, 2002), p.56 참조.

16 나라 야스아키, 『인도불교』, pp.29-32.

바람 · 우뢰 및 기타 자연계의 힘을 신으로 숭배하는 다신교(多神教)였다. 그 후 기원전 1,000년경부터 아리야인들은 다시 동쪽으로 진출하여 야무나(Yamunā)강과 갠지스(Gaṅgā)강 중간에 위치한 비옥한 땅을 차지하여 문화의 꽃을 피웠다. 이 땅은 토질이 매우 비옥해서 항상 풍성한 결실을 거둘 수 있었고, 외부에서 침입해 들어오는 외적도 없어서 태평한 가운데 풍요로운 문화를 발전시킬 수 있었다. 후세의 인도 문화의 특징을 이루는 갖가지 제도는 대개 이 시대(대략 B.C. 1,000-500)에 확립되었다.[17]

당시에 아리야인들은 여러 부족으로 나뉘어 농경과 목축을 위주로 한 생활을 하고 있었다. 그러나 대도시는 아직 성립되지 않았는데 상공업은 상당히 발달했다. 직업의 분화도 이루어져 신에게 제사 지내는 제식을 담당하는 사제계급인 브라흐마나(Brāhmaṇa, 婆羅門), 군대를 통솔하고 정치를 담당하는 왕족계급인 끄샤뜨리야(Kṣatriya, 刹帝利), 그 밑에서 농경 · 목축 · 상업 · 수공업 등에 종사하는 서민계급인 바이샤(Vaiśya, 毘舍), 위의 세 계급에 봉사하는 것이 의무로 부여된 노예계급인 슈드라(Śūdra, 首陀羅)라는 사성(四姓, varṇa)의 구별도 이 시대에 확립되었다. 이것이 나중에 여러 갈래로 복잡하게 분화된 카스트(Caste) 제도의 모태가 되었다.[18]

한편 정치적으로는 아리야인들이 발전함에 따라 부족 간의 대립이나 통합이 생기고, 점차 군소 부족이 통합되어 통치권을 가진 라잔(Rājan, 王)을 지도자로 받드는 왕국으로 발전해갔다.[19]

---

17 平川彰, 『印度佛教의 歷史(上)』, p.28.

18 平川彰, 『印度佛教의 歷史(上)』, pp.28-29.

19 平川彰, 『印度佛教의 歷史(上)』, p.29.

그리고 아리야인들의 문화와 토착민의 문화가 접촉하는 과정에서 상호 융합과 변용 작용을 거쳐 정착된 것이 곧 힌두교 혹은 힌두 문화이다. 초기의 힌두 문화는 바라문 문화라고 할 요소가 많았지만, 이는 결코 정체적 · 고정적이었던 것은 아니다. 아리야인들의 생활 문화가 표면화되면서도 내면으로는 아리야인들과 원주민들의 인종적 · 문화적 혼혈이 착실히 진행되어 갔던 것이다. 경제적 · 사회면으로도 다양한 변화가 있었으며, 점차 기원전 6-5세기, 이른바 인도고대사의 격동기로 이어져갔다.[20]

요컨대 인도는 자연환경과 민족, 그리고 종교와 언어가 각기 다르기 때문에 많은 문제점들을 안고 있다. 사실 한 국가 내에서 이처럼 많은 수의 언어가 일반적으로 사용되고 있다는 사실은 매우 심각한 문제가 아닐 수 없다. 그리하여 민족이 다르고 자연이 다르며, 이에 덧붙여 언어도 다르다. 인도라는 광대한 지역에는 사막도 있고 기름진 평야도 있다. 산악 지대가 있는가 하면 고원도 있다. 이러한 자연 조건의 차이에 따라서 사람들의 사고방식도 다르고 생활 문화도 다르다. 실제로 인도에 가보면 사람들의 용모나 체격 또는 의복이나 식생활, 그리고 생활 풍습 등이 지방에 따라 크게 다르다는 사실을 확인할 수 있다. 이처럼 다양한 문화가 하나로 통합되어 있는 것이 바로 인도라는 세계다.[21] 이러한 나라, 인도에서 기원전 6세기경 '사꺄무니 붓다(Sakyamuni Buddha, 釋迦牟尼佛)'가 탄생했다.

---

20 나라 야스아키, 『인도불교』, p.37.

21 나카무라 하지메, 『불타의 세계』, p.86 참조.

II. 붓다 이전의 인도 사회

1. 베다 종교의 출현

인도 아대륙(亞大陸)에는 여러 인종들이 들어와 널리 퍼져 살면서 인도 역사를 이루어왔다. 특히 그 중에서도 인더스 문명의 주도자였던 드라위다인과 호주-아시아계 이후 인도 아대륙의 새로운 주인공은 인도-아리야인이었다. 인도-아리야인들은 인도-유럽인 가운데에서도 인도-이란인(Indo-Iranian)의 지파(支派)에 속하는 것으로 보고 있다. 그래서 과거에는 아리야인이라는 말이 모든 인도-유럽인을 나타내는 포괄적인 개념으로 사용되었으나, 현재는 인도 아대륙의 인도-유럽계 사람들만을 한정해서 쓰고 있다.[22]

이들은 원래 인도 아대륙에 살았던 사람들이 아니라 유럽과 인도 아대륙의 어느 중간 지점에서 각기 다른 방향으로 분산 · 이동했던 것으로 추정된다. 이들 중 일부가 힌두쿠시 산맥을 넘어 인도의 서북부를 통해 인더스강과 야무나강[23] 사이의 빤잡 지방에 침입하여 원주민들을 정복하고 살기 시작한 것은 기원전 1,600-1,300년경으로 알려져 있다.[24] 그 시기는 정확한 것이 아니

---

22 조준호, 「석가족의 인도-유럽인설에 대한 반박」, p.89.

23 야무나(Yamunā)는 인도 북부에 있는 강으로 갠지스강의 최대 지류이다. 길이는 약 1,370km이다. 자무나(Jamuna)강 또는 줌나(Jumna)강이라고도 불린다. 히말라야산맥 북쪽의 야무노트리(Yamunotri)에서 발원하여, 델리(Delhi) 주 · 하리야나(Haryana) 주 · 웃따르 쁘라데시(Uttar Pradesh) 주를 통과한 후 알라하바드(Allahabad)에서 갠지스강으로 흘러들어간다.

24 박경준, 「원시불교의 사회 · 경제사상 연구」, p.14.

고 학자들에 따라 약간씩 다르게 추정되고 있다.

그들은 자신들을 아리야(Ārya)라고 부르면서 다른 원주민들과 엄격히 구별했다. 아리야란 고결한(noble), 명예로운(honorable) 등의 의미를 지니고 있는데, 리그베다 등에 나오는 이 말의 기원은 근본적으로 선주민(先住民)에 대한 우월의식이 반영된 것이다. 아리야인들은 처음에는 인더스강 유역을 중심으로 활동하다가 수백 년 동안 동쪽으로 나아가면서 갠지스강 유역에 이르렀고, 거기에서 다시 남인도 쪽으로도 뻗쳤다. 현대에 이르는 동안 예전부터 그 땅에 살고 있던 민족과 혼혈하고 문화적으로도 복잡한 발전을 이룩했다.[25]

인도에 들어온 아리야인들은 『베다(Veda)』라는 오래된 성전을 가지고 있었다. 이 『베다』에 의지해 세습적인 바라문이 얀냐(yañña, 供犧)[26]와 같은 종교의식을 집행함으로써 사람들의 안전과 행복을 지키려 했다. 그렇기 때문에 『베다』는 절대 신성하며, 바라문은 태어나면서부터 최고라고 결정되어 있었다. 아리야인들의 생활은 주로 목축이었다. 따라서 우유나 유제품(乳製品)에 많이 의존했기 때문에 바라문과 함께 소를 신성한 것으로 여겼다. 이와 같이 아리야인들은 목축을 주로 하는 민족이라 농경(農耕)은 그렇게 발전하지 못했다.[27]

---

25 와타나베 쇼코, 『불타 석가모니』, pp.55-56.

26 얀냐(yañña, 供犧)를 산스끄리뜨로는 야즈냐(yajña)라고 한다. 희생제(犧牲祭), 제식(祭式) 등으로 번역된다. 붓다 당시 인도 사회에서는 수백 마리의 소나 양, 말 등을 제물로 바쳐 신에게 제사지내는 관습이 행해지고 있었다. 붓다는 이러한 공희(供犧)를 적극적으로 반대했다.

27 와타나베 쇼코, 『불타 석가모니』, p.56.

그러나 아리야인들은 빤잡 평원에서 점차 동진(東進)하면서 농경생활에 적합한 문화와 종교를 발전시켰다. 따라서 그들의 종교는 주로 농경과 관계가 깊은 신(神)들을 모시는 제의종교(祭儀宗敎)의 성격을 강하게 띠었다. 이를 일컬어 '베다 종교' 또는 '브라흐마니즘(Brahmanism, 婆羅門敎)'이라고 한다.[28]

그들은 기원전 1,100년-900년경에는 이미 갠지스강 상류지역까지 진출했으며, 다시 동쪽과 남쪽으로 전진하면서 자연환경에 힘입어 농업을 더욱 발전시켜 나갔다. 이런 과정에서 본래는 사제(司祭)였던 바라문들이 점차 하나의 사회계급을 형성하게 되었다. 그들은 주술의 힘을 기조(基調)로 하는 제식(祭式) 효과를 강조하는 한편 이 제식을 독점함으로써 종교 권력을 장악했다. 여기에 바라문 지상주의(至上主義), 제식 만능주의(萬能主義)를 특징으로 하는 바라문 중심의 문화가 형성되었다. 이른바 '바라문중국(中國)'을 중심으로 바라문 문화가 꽃피게 되었다.[29]

이러한 바라문 문화는 기원전 10-6, 5세기경에 성립되었다. 그 본거지는 남북으로는 빈드야 산맥과 히말라야 산맥으로 한정되며, 동으로는 쁘라야가(Prayāga),[30] 서(西)로는 비나사나

---

28 박경준, 「원시불교의 사회 · 경제사상 연구」, p.14.

29 박경준, 「원시불교의 사회 · 경제사상 연구」, p.15.

30 프라야가(Prayāga)는 '공희의 장소(place of sacrifice)'라는 뜻을 지닌 고대 도시 이름이다. 바라문들은 이곳이 세계 창조 후 최초로 범천(Brahma)에게 제사를 지낸 곳으로 믿고 있다. 예전의 알라하바드(Allahabad)를 말한다. 알라하바드는 2018년 프라야그라지(Prayag)로 바뀌었다. 이곳은 갠지스강과 야무나강이 합류하는 웃따르 프라데시(Uttar Pradesh) 주에 속하는 도시로 고대에는 프라야가(Prayāga)로 알려져 있었다.

(Vinasana)[31]에 이르는 지역이다. 현재의 웃따르 쁘라데시(Uttar Pradesh) 주를 중심으로 하는 지역을 말한다. 그들은 이곳을 '중국'으로 불렀다. 이른바 '바라문중국'이다. 그런데 붓다가 활약했던 비하르 주의 동방은 이곳에 포함되지 않았다. 그곳은 아직 변방이었다.[32]

2. 정치적 과도기

아리야인들이 점점 강대해짐에 따라 부족 간의 대립이나 통합이 생기고 점차 군소 부족이 통합되어 통치권을 가진 라잔(Rājan, 王)을 지도자로 받드는 왕국으로 발전해갔다. 부족 간의 전쟁으로서는 당시 최강의 부족이었던 바라따(Bhārata) 족과 뿌루(Pūru) 족[33] 간의 전쟁이 유명한데, 그 과정과 결말은 『마하바라따(Mahābhārata)』라는 장편의 서사시로 구전되고 있다.[34]

붓다 당시의 사회는 정치적으로 격변기였다. 종래의 군소 부족국가들은 점차 통합되어 강력한 국가 체계로 형성되어갔다. 초기경전에는 이른바 '마하자나빠다(Mahājanapadā, 16대국)'의 이름이 나오는데, 그것을 열거하면 다음과 같다.

---

31 비나사나(Vinasana)는 지금의 사라스와띠(Sarasvati)강을 말한다. 산스끄리뜨로 사라스와띠 나디(Sárasvatī nadī)라고 하는데, 고대 힌두 성전에 언급된 최고의 리그베다의 강 가운데 하나이다.

32 나라 야스아키, 『인도불교』, p.37 참조.

33 뿌루(Pūru) 족은 사라스와띠 강기슭에 위치에 있던 종족이었다. 『리그베다』에 자주 언급되며, 바라따(Bhārata) 족과 수차례 전쟁을 했다고 한다.

34 平川彰, 『印度佛教의 歷史(上)』, p.29.

앙가(Aṅga, 鴦伽), 마가다(Magadha, 摩揭陀), 까시(Kāsi, 迦尸), 꼬살라(Kosala, 憍薩羅), 왓지(Vajjī, 跋耆), 말라(Mallā, 末羅), 쩨띠(Cetī, 支提), 방사(Vaṃsā, 跋蹉), 꾸루(Kuru, 俱盧), 빤짤라(Pañcāla, 般遮羅), 맛차(Macchā, 婆蹉),[35] 수라세나(Surāsenā),[36] 앗사까(Assaka), 아완띠(Avanti, 阿槃提), 간다라(Gandhāra, 健陀羅), 깜보자(Kamboja, 劍浮闍) 등이다.[37]

이상과 같은 16대국을 포함한 붓다 당시의 여러 나라에서는 공화정(共和政)과 군주정(君主政)의 두 가지 형태의 통치가 행해졌고, 이들은 상호 대립적인 관계에 있었다. 전제군주(專制君主) 국가들은 주로 야무나강과 갠지스강 유역에 분포되어 있었고, 공화정은 히말라야 산기슭에 인접해 있었다. 전제군주 국가의 팽창에 맞서 공화국들(gaṇa-saṅghas)은 존립을 위한 전쟁을 치러야 했다. 또한 군주국들 간에 큰 전쟁도 빈발했고, 공화국들 사이의 작은 싸움도 끊이지 않았다. 이런 상황에서 공화국들은 점점 쇠퇴해졌고, 군주국들은 영토와 국력을 증대시켜나갔다.[38]

『증일아함경』 제26권에 의하면, 붓다시대의 석가족은 이미 꼬살라(Kosala, 憍薩羅)국에 의해 멸망되었다.[39] 『장아함경』의 「유행경」에는 마가다(Magadha, 摩揭陀)국의 아자따삿뚜(Ajātasattu,

---

35 맛차(Macchā, 婆蹉)는 일반적으로 수나세나(Sūnasenā)와 함께 언급되고 있다. Burmese MS에서는 'Majjha'로 표기되어 있다.[DN.II.200, n.5]

36 '수나세나'의 빨리어 표기는 'Sūnasenā'(DPPN.II.415)와 'Surasena'(DPPN.II.1254) 등으로 혼용되고 있다. Burmese, Kambojian MS에는 'Surasena'로 되어 있고, Simhalese MS에는 'Sūrasenā'로 표기되어 있기 때문이다.[DN.II.200, n.6]

37 AN.I.213; IV.252, 256, 260; DPPN.II. 496 참조.

38 박경준, 「원시불교의 사회 · 경제사상 연구」, pp.18-19.

39 『증일아함경』 제26권 제2경(T 2, pp.690a-693c).

阿闍世王)가 왓지(Vajjī, 跋耆)를 정복하고자 하여 대신(大臣) 왓사까라(Vassakāra, 禹舍)로 하여금 붓다에게 자문을 구하도록 했다는 기록이 나온다. 또한 마가다국의 빠딸리가마(Pāṭaligāma)를 대신 왓사까라가 왓지국의 공격을 방어하기 위해 구축했다는 등의 내용이 나온다.[40] 또 『사분율』 권39에는 꼬살라의 빠세나디(Pasenadi, 波斯匿王)왕과 마가다의 아자따삿뚜왕이 서로 싸워 많은 사람이 죽었는데 비구들이 그 죽은 사람들의 옷을 가져오려고 했다는 기록이 있다. 그런가 하면 웨살리(Vesāli, 毘舍離)[41]의 릿차위(Licchavī, 離車族) 족과 아자따삿뚜왕이 싸워 많은 사람이 죽었다는 기록도 보인다.[42] 이 밖에도 붓다시대의 정치 상황을 알려주는 내용은 상당히 많다.

그런데 본래 고대 인도의 공화제는 종족 사회를 기초로 하여 발전하였고, 전제군주제는 이러한 공화제 국가 및 그 주변에 잔존(殘存)하고 있던 종족들을 정복함으로써 발전했다. 붓다시대에 존재하고 있던 종족은 사꺄(Sakyā, 釋迦族)를 비롯하여 말라(Mallā, 末羅), 릿차위(Licchavī), 위데하(Videhā), 박가(Bhagga), 불리(Buli), 꼴리야(Koliyā, 拘利族), 모리야(Moriyā), 브라흐마나(Brāhmaṇa), 깔라마(Kāḷāma), 띠와라(Tivarā), 빤다라(Paṇḍara), 까깐다(Kākanda) 등이 알려지고 있다.[43]

원래 종족 사회란 경제적으로 자립하고 정치적으로 독립한 사

40 『장아함경』 제2「遊行經」(T 1, pp.11a-12c).

41 웨살리(Vesāli, 毘舍離)를 산스끄리뜨로는 '와이샬리(Vaiśālī)'로 표기한다.

42 『四分律』 권39(T22, p.850a-b).

43 박경준, 「원시불교의 사회 · 경제사상 연구」, p.19.

회를 말한다. 당시 종족 사회는 원시공동체 사회의 최고 조직 형태였다. 그러나 결국 공화제 국가의 기초를 이루는 과정에서 해체될 수밖에 없었다. 전제군주제 국가든 공화제 국가든 모든 국가는 종족 사회가 붕괴한 폐허 위에 건설되었다. 더욱이 강력한 전제군주제 국가는 다른 약소국가를 정치적 · 경제적으로 종속시켜 나갔다. 꼬살라국에 의한 석가족의 멸망, 그리고 마가다국에 의한 꼬살라국의 멸망은 그 좋은 예가 될 것이다.

이러한 과정에서도 강력한 군주제 국가에 종속되는 것을 거부하고 끝까지 종족끼리 연합하여 종족의 독립과 민주주의를 쟁취하기도 했는데, 왓지족이 그런 경우에 해당된다. 왓지 족은 릿차위 족과 위데하 족의 연합 종족으로서, 고대인도 최후의 민주제 사회로 알려져 있다.[44]

3. 상업 발달과 도시화

붓다시대에 있었던 사회기구의 변동 가운데 특기할 만한 것은 경제적 사회를 확립했다는 점이다. 그렇게 되는데 바탕을 이룬 근본기조는 촌락사회 기구로부터 도시국가 기구에로의 변동이다. 그리고 이것과 병행해서 직업의 분화, 생산기술의 향상, 대상(隊商)들의 출현, 동서교통로, 특히 서방제국(西方諸國)과의 교통로의 확립 등 종래의 사제자(司祭者) 바라문에 의한 농촌사회에

44 박경준, 「원시불교의 사회 · 경제사상 연구」, p.20.

서는 보이지 않던 현저한 사회변동을 가져왔다.[45]

그러한 사회 변경의 요인으로는 대략 기원전 800년경에 철기를 사용하기 시작했다는 점을 들 수 있다. 철의 사용에 의해 농기구와 그 이외의 도구가 개량되었으며, 이는 숲의 개간과 농업 생산의 증대에 크게 공헌했다. 또한 다양한 수공업 제품의 증산에도 도움이 되었다. 이에 따라 토지가 증가하고, 많은 토지를 소유한 부유한 농민이 나타나게 되었다. 풍부하게 생산된 제품은 자급자족의 범위를 넘어 상품으로 취급되었으며, 이에 따라 그것을 사고파는 상인계층이 출현하게 되었다. 그들은 도적과 교통의 불편함 등의 난관을 극복하고 시골과 도시 사이를 왕래하며 교역했다. 그들은 점차로 이 교역로의 안전을 위해 무력을 지닌 왕족과 관계를 맺었다. 그들은 무력에 의해 보호받았고 교역의 이익을 확장했고, 동시에 왕족은 재정적인 혜택을 받을 수 있었다. 육로와 하천을 이용한 교통로가 개척되고, 시장이 생기면서 시장을 중심으로 하는 거리와 도시가 나타났다. 이에 따라 폐쇄적인 농촌의 부족사회는 서서히 붕괴되어갔다.[46]

특히 상업의 발달은 자연히 교환의 매개체로써 화폐를 사용하게 되었다. 육로와 수로의 무역에서 제일 먼저 취급된 것은 금·은·보석 등의 사치품과 특산물이었다. 상인들은 먼 지역을 운반하기에 부피가 작으면서 값이 나가는 물건들을 취급하다가 점점 다양한 품목을 취급하게 되었다. 그리고 당시는 물물교환이 주로 행해지고 있었으나, 점차 금속통화(金屬通貨)의 이동이 확산

---

45 박경준,「원시불교의 사회 · 경제사상 연구」, p.32.

46 나라 야스아키,『인도불교』, pp.37-38.

되었다. 이 시대에는 이미 주조(鑄造) 동화(銅貨)나 타각인(打刻印)을 지닌 방형, 원형의 은화, 금화, 동화를 이용한 교환 경제가 행해지고 있었다. 그 후 오늘날과 마찬가지로 화폐의 발행권은 국정의 최고 수반인 국왕의 손으로 옮겨진 것으로 보인다.[47]

이와 같이 군주제 국가가 신장됨에 따라 국가의 장벽을 넘는 통상, 경제 행위가 발전했다. 이는 불가분 왕권의 강화와 결부되어갔다. 화폐경제가 일반화되고, 도시에는 상공업자의 길드도 생겼다. 조합장과 대상(隊商)들의 자본가와 왕족은 도시를 중심으로 사회의 상층계급을 형성했다. 그들은 바라문들이 주장하는 사성제도(varṇa)에 구속되지 않았다. 재래의 농촌과는 다른 새로운 기운과 새로운 가치관의 새로운 문화가 발생했다. 이에 따라 바라문의 종교적 권위는 점차 퇴색되어가고 있었다.[48]

III. 반바라문 사상운동의 태동

당시 바라문이 독점했던 얀냐(yañña, 供犧)는 현세의 이익을 기원하는 의례였다. 현세 이익은 어느 시대를 막론하고 변하지 않는 서민의 종교적 요청이지만, 이 시대에는 그 제식에 부수된 동물의 희생을 혐오스럽게 여겼으며, 그 효과도 의문시되기 시작했다. 이에 따라 뿌자(pūja)라는 새로운 예배의식이 시작되었다. 옛날의 신들은 몰락하고, 쉬바(Śiva) 또는 비슈누(Viṣṇu)와 같은

47 박경준, 「원시불교의 사회 · 경제사상 연구」, pp.36-37.

48 나라 야스아키, 『인도불교』, p.39.

신들이 대두되기 시작했던 것도 이 시기부터였다.[49]

동시에 인간의 지식 발달은 종교적으로도 보다 고차원적인 '해탈'의 경지를 희구하게 되었다. 해탈에 관한 수행법과 사상이 정비되고, 그 가치는 일반인에게도 알려지게 되었다. 윤회(輪迴)와 업(業)의 사상도 이 시대에 일반화되었는데, 당시의 문헌은 왕족이 이러한 새로운 설을 바라문에게 가르쳤던 것으로 기록되어 있다. 경제, 사회, 지성, 종교성 등 여러 면에 걸쳐 바라문 지상주의가 붕괴되기 시작했다. 초기의 불교성전에서 사성(四姓)을 언급할 때, 끄샤뜨리야(Kṣatriya, 刹帝利)를 바라문보다 앞에 열거하고 있는 것도 그런 사회 상황을 반영하고 있는 것으로 간주된다.[50]

초기의 힌두 문화는 이렇게 변화의 과정을 겪으면서 급격히 동인도와 남인도로 확대되어 갔다. 어쩌면 힌두 문화의 지역적 확산이 필연적으로 변화를 수반했던 것인지도 모른다. 이러한 경향은 특히 동인도에서 두드러지게 나타났다. '바라문중국(中國)'의 입장에서 보면 동인도는 변방 지역이었기 때문에 전통적인 바라문 문화의 속박을 상대적으로 덜 받았다. 그래서 인지 힌두 세계에 동화되어가면서도 상당 부분은 독자적인 생활양식과 관행을 따랐다. 그런 탓에 비바라문적 또는 반바라문적 분위기가 강했다. 이렇게 볼 때, 이 지역에서 새로운 사상 운동이 꽃핀 것은 어쩌면 당연한 것이었다. 이런 사상 운동을 주도적으로 이끈 사람들은 사마나(samaṇa, 沙門)[51]라는 출가 유행자 그룹이었다.

---

49 나라 야스아키, 『인도불교』, p.39.

50 나라 야스아키, 『인도불교』, p.39.

51 사마나(samaṇa, 沙門)를 산스끄리뜨로는 '슈라마나(śramaṇa)'로 표기한다.

그들은 반바라문적 색채를 감추려 하지도 않고 다양한 학설을 제시했다.[52] 붓다도 그런 사문(沙門) 가운데 한 사람이었다. 불교는 정치, 경제, 사회, 그리고 종교 문화 등 인간 생활의 여러 면에서 재래의 전통이 의심되었던 격동의 시대에 태어난 신흥 종교의 하나로서 새로운 가치관을 제시했던 것이다.[53]

52 나라 야스아키, 『인도불교』, p.40.

53 나라 야스아키, 『인도불교』, p.40.

제3장 붓다시대의 종교사상계

I. 사문과 바라문

붓다시대의 인도는 강력한 신흥왕국의 출현과 도시의 형성 등으로 급격한 정치 · 사회적 변화가 일어났다. 이러한 사회 변동에 따라 사상계에도 새로운 움직임이 나타나기 시작했다. 당시의 철학 · 종교에 관한 사상가는 크게 바라문(婆羅門, brāhmaṇa)과 사문(沙門, śramaṇa) 두 부류로 구분된다. 전통적인 종교인은 바라문이었다. 그들은 베다의 종교를 신봉하고 제사를 지내면서, 동시에 범아일여(梵我一如)의 철학에 심취하여 거기서 불사(不死)의 진리를 획득하려고 했다. 이 시대에는 이러한 수행자 외에 전혀 새로운 형태의 수행자가 나타났다. 그들을 사문이라고 한다. 사문이란 '노력하는 사람'이라는 뜻인데, 고(古)『우빠니샤드(Upaniṣad)』에는 나타나지 않는 새로운 수행자 집단이었다.

바라문은 예로부터 전승되어 온 베다(Veda) 성전을 신봉하는 사제자(司祭者)로서 농촌사회를 중심으로 전과 다름없이 사상계의 중요한 위치를 차지하고 있었다. 이들은 주술적 마술적인 제사를 주관하고 종교적 지도자로서의 지위를 갖고 있었다. 바라문 계급은 세습이었으며 특히 혈통의 순수성을 존중했다. 정통 바라문교에서는 인간의 내면 깊숙이 잠재해 있는 아뜨만(ātman, 自我)이 바로 우주의 근본원리로서의 브라흐만(brahman, 梵)과 동일하다고 하는 이른바 '범아일여(梵我一如)'의 철학을 고수했다.

초기불교 성전에 의하면 바라문 가운데 어떤 자는 국왕의 스승, 즉 왕실에 부속된 바라문으로서 국왕으로부터 존경을 받았고, 혹은 많은 제자를 거느리고 베다를 가르쳤다고 한다. 그러나 다른 한편으로 타락한 바라문도 있었으며, 다른 직업으로 전향한 바라문도 있었다고 한다. 바라문 가운데 매우 부유한 생활을 영위하는 자도 있었지만, 반면 모든 것을 버리고 유행(遊行)의 생활로 들어간 출가자도 있었다. 이 출가유행의 바라문은 훗날 바라문교의 법전(法典)에서 규정한 네 가지 생활단계(āśurama)의 네 번째 시기에 해당된다. 네 가지 생활단계란, 즉 (1) 학생으로서 스승 밑에서 베다를 학습하는 범행기(梵行期, brahmacārin), (2) 가정에서 생활하며 가장으로서의 사회적 의무를 다하는 가주기(家住期, gṛhastha), (3) 가정과 재산을 자식에게 물려주고 숲속에 들어가 단식과 고행에 전념하는 임서기(林棲期, vānaprastha), (4) 세속적인 모든 소유와 속박을 버리고 완전히 무소유로 걸식 · 편력의 생활에 들어가는 유행기(遊行期, sannyāsa)[1] 이다. 네 번째 단계를 '빅슈(bhikṣu, 乞食)'로 표기한 곳도 있다.[2] 이미 초기의 고(古)『우빠니샤드』에서 언급한 바와 같이 철인(哲人) 야즈냐발카

---

1 라다크리슈난, 이거룡 옮김,『인도철학사(1)』, (서울: 한길사, 1996), pp.189-190 참조.

2 Surendra Dasgupta, *A History of Indian Philosophy*, Vol. II, London: Cambridge University Press, 1932, p.505, "There is also a division of the stages of life into that of Brahma-cārin - student, gṛha-stha - householder, vāna-prastha - retired in a forest, and bhikṣu - mendicant, and each of these had its own prescribed duties."

(Yājñavalkya)처럼 출가 편력의 여행을 떠난 바라문이 있었다는 사실을 전하고 있다. 하지만 이 시대에 이르면 이러한 경향은 한층 더 두드러지게 나타난다.

이러한 바라문에 반해 새로운 정신적 지도자로서 등장한 것이 사문이다. 이들은 바라문과는 달리 예로부터 내려오던 계급제도를 무시하고 어떠한 계급에서도 사문이 될 수 있었다. 또한 모든 베다 성전의 권위를 부정하는 등 바라문교에 대해 비판적이었다. 언어적으로도 바라문의 언어인 산스끄리뜨(Sanskrit, 梵語)를 사용하지 않고 일반 민중의 말에 근거한 빠라끄리뜨(Prākrit, 俗語)를 사용했다. 그들은 바라문교에서 규정한 네 가지 생활단계에 따르지 않고 자유로운 시기에 출가하여 한곳에 머물지 않는 유행생활에 들어가 여러 가지 수행을 하면서 사람들에게 새로운 사상을 펼쳤다. 바라문을 정통적 사상가라고 한다면 사문은 혁신적 사상가 혹은 이단적인 사상가라고 할 수 있다.[3]

이러한 사문의 새로운 사상을 받아들인 것은 주로 신흥도시의 사람들이었다. 도시의 새로운 분위기에 젖은 사람들은 종전처럼 바라문을 추종하지 않았으며 오히려 사문이 설하는 바에 더 공감했다. 특히 국왕이나 자산가와 같은 새로운 실력자들은 대부분 사문들을 존경하고 지지했다. 당시 편력 유행하며 걸식생활을 영위하는 사문들이 아무리 많이 배출되어도 그들은 생활을 지탱할 만큼의 경제적 기반을 갖추고 있었다. 더욱이 당시 언론의 자유는 보장되어 있었다. 사문들이 무엇을 주장하더라

---

3 후지타 코타츠 外, 『초기 · 부파불교의 역사』, pp.25-26.

도 그 때문에 처벌받는 일은 없었다. 이렇게 갠지스강 중류지방에 자유로이 출가유행하고 자유로운 사상활동을 실행하는 사문들이 나타나게 되었다. 붓다 역시 이와 같은 사문 가운데 한 사람이었다.[4]

II. 유파와 무파

인도철학의 여러 가지 학설들은 유파(有派, sāstika-darśana)와 무파(無派, nāstika-darśana)로 크게 둘로 구분할 수 있다. 이러한 분류의 기준은 베다(Veda) · 이쓰와라(Īśvara, 自在神 또는 創造神) · 빠라로까(paraloka, 來世 또는 靈魂不滅)의 세 가지이다. 이를테면 이 세 가지가 절대로 있다고 보는가, 그렇지 않으면 없다고 보는가, 또는 있기는 있어도 절대적 존재는 아니라고 보는가 등이다. 어떤 학파이든 이 세 가지가 절대적으로 있다고 인정하면 그 학파는 유파에 속하고, 반대로 이 세 가지가 없다든가 또는 있기는 있어도 절대적인 것은 아니라고 본다면 그 학파는 무파에 속한다.[5]

유파는 비교적 유신론적(有神論的) · 전통적(傳統的) · 정통적(正統的) · 보수학파(保守學派)라고 할 수 있고, 무파는 무신론적(無神論的) · 이단적(異端的) · 혁신적학파(革新的學派)라고 할 수 있다. 상고시대(上古時代)의 바라문교(婆羅門教, Brahmanism)와 육파철학(六派哲學, ṣaḍ-darśana), 힌두교(印度教, Hinduism)는 유파에 속하고, 상고시대의

---

4 후지타 코타츠 外, 『초기 · 부파불교의 역사』, pp.24-26.

5 원의범, 『인도철학사상』, pp.30-31.

육사외도(六師外道)와 불교(佛教)와 자이나교(耆那教, Jaina), 유물론파(唯物論派, Cārvāka) 혹은 순세파(順世派, Lokāyata)는 무파에 속한다.

유파에서는 베다 · 이쓰와라 · 빠라로까의 셋이 부분적으로든 전적으로든 절대적으로 있다고 본다.

첫째, '베다가 절대적으로 있다(Vedāsti)'고 함은 베다의 말은 그것이 합리적이든 비합리적이든 모두 진리일 뿐만 아니라 다른 모든 말들의 진위(眞僞)를 거기에 의해 미루어 볼 수 있는 기준이라고 절대적으로 믿는 것을 뜻한다.

둘째, '이쓰와라가 절대적으로 있다(Īśvarāsti)'고 함은 중성적(中性的)이며 비인격적(非人格的)이면서 최고유일(最高唯一)한 우주적 원리로서의 진리인 브라흐만(Brahman)이 무명(無明, avidyā)과 환(幻, māyā)의 힘에 의해 의욕적(意欲的) 인격신(人格神)으로 화(化)하여 버린 것이다. 이른바 이쓰와라가 마야의 힘, 즉 환력(幻力)에 의해 이 세상 모든 것을 창조했다고 절대적으로 믿는 것을 뜻한다. 이 이쓰와라(Īśvara)는 어원적으로는 '가능성(可能性)' 혹은 '자재성(自在性)'을 뜻한다. 관세음보살의 원어인 아와로끼떼쓰와라(Avalokiteśvara)는 아와로끼따(Avalokita, 觀 혹은 觀世의 뜻)와 이쓰와라(Īśvara, 自在)의 합성어이다.

셋째, 'Paraloka(來世)가 절대적으로 있다(paralokāsti)'고 함은 사람이 이 세상에서 죽으면 그것으로써 모든 것이 끝나 버리고 무(無)로 돌아가 버리고 마는 것이 아니고 반드시 또 다시 어느 한 세상에 태어나는데, 그렇게 또 다시 태어나는 그 세상이 절대적으로 있다고 믿는 것을 뜻한다. … 여러 생이 반복 또는 연속된다는 것을 절대적으로 믿는 것을 뜻한다. 이와 같은 생(生)의 연속을 윤회전생(輪廻轉生)이라고 한다. 이렇게 연속되는 여러 생은 다 똑같은 내용이나 형태의 생이 아니라 인생으로서의 지금의 일생에서 행동한 그 행동 여하에 따라서 내생에는 축생으로도 귀신으로도 또는 천상의 선인으로도 태어나는 등 얼마든지 지금 이 세상에 여러 가지 생의 형태가 있는 그만큼 여러 가지로 달리 나면서 인간 이상으로 향상하여 태어날 수도 있고 인간 이하로 떨어져서 태어날 수도 있다는 것이다.

유파에서는 이상과 같은 세 가지가 있다고 믿지만, 무파에서는 아무리 베다의 말일지라도 합리적이 아니라든가 또는 이 세상에서 우리가 경험할 수 있는 사실적인 근거가 없는 말이라든가 하는 따위는 옳지 못한 말이라고도 보고 또 이 세상은 어떤 인격적 창조신의 조작이나 화현(化現)이 아니라 본래부터 있는 어떤 요소(paramāṇu)나 원리(dharma)들에 따라서 생겨난 자연 그대로에 지나지 않는다고도 본다. 그래서 무파 계통에서는 영혼의 실재를 인정하는 경우에도 영혼이라는 것이 본래부터 사람 자신에게 있는 어떤 그 무엇이지 결코 창조신이 인간에게 불어넣어준 그런 것은 아니라고 본다. 가령 자이나교의 경우에 영혼은 초자연적인 어떤 영적실재(靈的實在)이기보다는 오히려 자연적인 어떤 물질적 요소(物質的要素)와 같은 것으로 본다. 이런 경향은 인도철학 전반에 걸친 하나의 특징이라고도 할 수 있다. 내세는 있기도 하지만 그렇다고 해서 반드시 무한히 연속되는 것은 아니며, 또한 내세는 없을 수도 있다고 본다. 가령 자이나교나 불교에서는 그들이 말하는 어떤 깨달음이나 수행과정이 완성되면 다시는 생을 받지 않고 열반(nirvāṇa)에 드는데 열반에 들면 누구도 다시는 죽지도 않고 나지도 않는다고 한다.

인도철학사상의 역사적 흐름은 한마디로 전통적이며 정통적인 유파와 그에 대립되는 외도적이고 혁신적인 무파와의 이대사조(二大思潮)가 오랜 세월을 두고 이론적으로나 실천적으로나 서로 변증적(辨證的)으로 반발도 하고 또 타협도 하면서 발전해 온 과정이라고 해도 과언이 아니며, 이 이대사조는 항상 인도철학사상사의 저류(低流)에 흐르고 있다.[6]

III. 육사외도 사상

붓다시대의 바라문들과 사문들이 주장한 사상은 매우 다양하고 복잡하다. 그것을 불교에서는 62견(見)으로, 자이나교에서는 363견(見)으로 분류 정리했다. 이것은 불교나 자이나교의 입장에서 각각 이단적 견해라고 생각되는 것을 62종 또는 363종으로 열거한 것이다. 이러한 분류 방법은 기계적으로 맞추어 놓은 것도 포함하고 있어, 이것이 당시 사상계의 실태라고 보기는 어렵다. 다만 이를 통해 당시 사상계에 얼마나 많은 견해가 제시되었는가를 짐작해 볼 수 있다.[7]

불교의 62견에 대한 설명은 크게 과거에 관한 견해(18종)와 미래에 관한 견해(44종)로 나누어진다.(『범망경(梵網經)』) 여기서 과거라고 하는 것은 전세(前世)의 생존을 가리키고, 미래라고 하는 것

6 원의범, 『인도철학사상』, pp.30-33.

7 불교교재편찬위원회 편, 『불교사상의 이해』(서울: 불교시대사, 1997), p.46.

은 사후(死後)의 생존을 의미하고 있기 때문에, 62견은 모두 윤회 전생의 사상을 배경으로 한 교설임을 알 수 있다. 인간은 자신의 행위(karma, 業)에 의해 윤회의 생존을 되풀이한다고 하는 사상은 이미 초기의 고(古)『우빠니샤드』시대에서부터 점차 성숙되어 온 관념인데, 이 시대에 이르면 바라문 · 사문을 포함한 모든 사상계 일반에 널리 유포되어 정착하게 되었다.

윤회의 생존을 인정한다면 윤회하는 중심적 존재가 문제되기 때문에 윤회의 주체로서 아뜨만(ātman, 我, 靈魂)과 그 생존의 장소로서 세계(loka)에 대한 여러 가지 다양한 견해가 모색되었다. 또한 윤회의 생존으로부터 벗어난 해탈 · 열반의 경지에 대해서도 여러 가지 문제가 제기되었다. 나아가 이러한 윤회나 해탈의 사상을 완전히 부정하는 학설도 나타났으며, 모든 사물에 대해 회의적 궤변을 늘어놓는 학설도 출현했다. 이러한 다양한 견해를 분류한 것이 62견인 것이다.[8]

자이나교의 363견 역시 크게 행위론(行爲論, kriyavāda, 업과 윤회를 인정하는 교설 180종), 무행위론(無行爲論, akriyavāda, 업과 윤회를 부정하는 교설 84종), 불가지론(不可知論, ajñānavāda, 회의론 67종), 지율론(持律論, vinayavāda, 도덕론 32종) 등으로 나눌 수 있다.(『수야가다(Sūyagaḍa)』) 이것은 62견과는 좀 다른 분류 방법이지만 내용적으로는 동일한 것으로, 이를 통해 당시 사문 · 바라문 사이에 어떤 견해가 행해지고 있었는가를 알 수 있다.[9]

이와 같이 붓다시대에는 바라문들과 사문들의 사상은 62견

---

8 후지타 코타츠 外,『초기 · 부파불교의 역사』, p.27.

9 후지타 코타츠 外,『초기 · 부파불교의 역사』, p.27.

혹은 363견이 있었다. 그만큼 다양한 사상들이 전개되고 있었음을 의미한다. 그러나 각각의 견해를 주장한 사람들의 이름은 어디에서도 전하고 있지 않다. 사상가의 이름과 그를 결부시켜 전하고 있는 것으로 불교에서는 개조(開祖) 붓다를 별도로 한 이른바 육사외도(六師外道)의 설이 있으며, 자이나교에서는 개조 마하위라(Mahāvīra)를 포함한 45명의 성선(聖仙)의 설이 있다. 이 가운데 특히 육사외도는 불교에서 볼 때 이단(外道)인 여섯 명의 사문을 가리키지만 모두 특징 있는 견해를 표명한 자유사상가들이었다. 그들은 붓다와 마찬가지로 각각 교단을 이끈 교조로서 많은 사람들로부터 존경을 받았다고 한다. 육사외도의 사상을 알 수 있는 불교의 문헌으로는 「사문과경(沙門果經, Sāmaññaphala-sutta)」이 있다.[10] 여섯 명의 이름을 빨리어 성전의 순서에 따라 열거하면 다음과 같다. 즉 (1) 뿌라나 깟사빠(Pūraṇa Kassapa), (2) 막칼리 고살라(Makkhali Gosāla), (3) 아지따 께사깜발린(Ajita Kesakambalin 또는 Kesakambala), (4) 빠꾸다 깟짜야나(Pakudha Kaccāyana), (5) 산자야 벨랏티뿟따(Sañjaya Belaṭṭhiputta), (6) 니간타 나따뿟따(Nigaṇṭha Nātaputta) 등이다.

1. 뿌라나 깟사빠(Pūraṇa Kassapa)

뿌라나 깟사빠(Pūraṇa Kassapa)는 도덕 부정론자로 알려져 있다. 그는 살생 · 절도 · 간음 · 거짓말 등을 해도 악(惡)을 행한다

---

10 DN.I.47-86;『長阿含經』, 제27「沙門果經」(T 1, pp.107-109).

고 할 수 없으며 악의 과보(果報)도 생기지 않는다고 주장했다. 또 제사 · 보시 · 극기 · 진실한 말 등을 행해도 선(善)을 행한다고 할 수 없으며 선의 과보도 생기지 않는다고 주장했다. 그는 당시 사회에서 인정되고 있던 선악의 행위와 그 행위에 대한 과보를 모두 부정했다. 그는 노예 출신이었다고 한다.[11]

> 다른 사람의 신체를 절단하거나, 고통스럽게 하거나, 생명을 빼앗거나, 도둑질을 하거나, 간음하거나, 거짓말을 하거나, 또는 남에게 그러한 나쁜 일을 명령하거나 정려한다고 해도 그것은 결코 죄가 되지 않는다. 또 만약 어떤 사람이 다른 사람이나 짐승을 살육하여 그 시체가 산처럼 쌓였다 해도, 그것은 죄악이 되지 않으며, 그 악에 대한 과보도 따르지 않는다. 또 어떤 사람이 갠지스강의 남쪽 강기슭에서 다른 사람의 오체(五體)를 절단하여 살육하고, 다른 사람을 고통스럽게 했다 해도 그것은 죄악이 되지 않으며, 그에 대한 과보도 오지 않는다. 또 어떤 사람이 갠지스강의 북쪽 강기슭에서 시여(施輿)를 행하고, 제사를 드렸다고 해도 그것은 선한 일이 되지 않으며, 그 보상도 생겨나지 않는다. 이웃 사람이나 빈곤한 자에게 재물을 베풀어 주어도, 스스로 수행 노력을 기울여도, 계율을 지켜도, 그것은 공덕이 되지 않으며, 공덕에 대한 보상도 있지 아니한다.[12]

이것은 단순히 업보를 부정한 것일 뿐만 아니라, 선악이라고

---

11 불교교재편찬위원회 편, 『불교사상의 이해』, p.46.

12 水野弘元, 『原始佛教』(京都: 平樂寺書店, 1956), pp.54-55.

하는 것 자체를 인정하지 않는 완전한 도덕 파괴의 사상이다. 미즈노 고겐(水野弘元)은 이러한 허무주의적 사상을 주장함에도 불구하고 많은 지지자를 얻었던 것은 당시의 타락한 바라문들이 실제로는 방탕하기 짝이 없는 생활을 하면서, 겉으로만 그럴 듯한 도학자류의 설법을 하는 것에 대한 반항으로써, 일부러 이러한 극단적인 주장을 한 것인지도 모른다는 견해를 피력했다.[13]

2. 막칼리 고살라(Makkhali Gosāla)

막칼리 고살라(Makkhali Gosāla)는 숙명론자였다. 그는 윤회의 생존을 끊임없이 반복하는 것, 혹은 청정하게 되고 해탈하는 것, 그 모두는 원인이 없다고 주장했다. 또 그는 살아가는 데는 지배력도 의지력도 없으며 다만 자연의 정해진 상황과 본성에 의해 결정될 뿐이라고 주장했다. 그는 인간의 의지에 근거한 행위를 인정하지 않았고, 업(業)에 의한 윤회전생을 부정하는 등 일종의 결정론적인 숙명론을 주장했다.

> 사람들이 선을 행하는 것도, 악을 행하는 것도, 정결하게 되는 것도, 더럽게 되는 것도 필연적으로 그렇게 되는 것이지, 노력이나 나태 때문에 그렇게 되는 것은 아니다. 이 세상에 선인선과 · 악인악과라고 하는 인과관계는 전혀 존재하지 않는다. 선악(善惡)을 스스로 행하

---

13 水野弘元, 『原始佛教』, 55p

> 는 것도 다른 사람으로 하여금 행하게 하는 것도 없고, 정진 노력이라는 것도 자유의지라는 것도 없다. 인간 세계에서는 모든 것의 운명이 예정되어 있다. 그 가운데 인간의 자유의지라는 것은 존재하지 않는다. 인간의 운명 · 환경 · 천성은 그가 태어나는 순간부터 흑(黑) · 청(靑) · 적(赤) · 황(黃) · 백(白) · 순백(純白)의 여섯 종류의 계급으로 결정되어 있어서, 그것에 의해 고(苦)를 받고 낙(樂)을 받는 것이다. 현명한 삶도 어리석은 사람도 똑같이 팔백사십만(八百四十萬) 대겁(大劫)이라고 하는 긴 세월 동안 윤회유전(輪廻流轉)한 이후에 자연히 고(苦)를 해탈하게 된다. 따라서 선한 행위를 하거나 계율을 지키거나 해도 결코 예정되어진 윤회의 과정을 변경시킬 수 없다. 정해진 고락은 윤회 도중에 증가하지도 감소하지도 않는다. 마치 실을 엮어 만든 공에서 실이 풀리기 시작하여 결국에는 공이 없어지는 것과 같이 현명한 사람도 어리석은 사람도 예정된 유전윤회(流轉輪廻)를 마쳐야 비로소 고(苦)에서 벗어나게 되는 것이다.[14]

이 주장은 일종의 윤회설이기는 하지만, 결정론적인 윤회설로 업보를 부정하는 것이다. 그의 주장에 공감한 자도 꽤 있었던 듯하지만, 붓다는 그를 사람의 머리털로 짠 의복과 같은 자라고 평했다. 머리털로 짠 의복은 여름에는 땀을 흡수하지 못해 끈적끈적하여 무덥고 기분 나쁘며, 겨울에는 보온력이 없기 때문에 추위를 막는 데에도 도움이 되지 못한다. 도저히 처리 곤란한 것

---

14 水野弘元, 『原始佛教』, pp.55-56.

이다.[15]

막칼리 고살라의 주장도 마치 머리털로 짠 옷과 같이 무엇 하나 취할 것이 없고, 단지 세상에 미혹과 해악을 퍼뜨릴 뿐이라는 것이다. 그래도 이 파는 사명파(邪命派, Ājīvika)라고 불려졌으며 아쇼까왕 시대에도, 그의 후손 십차왕(十車王)의 시대에도 국왕의 귀의와 지지를 받았고, 그 후에도 오랫동안 명맥을 유지했다. 그것으로 보아 불교에서 말한 만큼 유해무익한 것은 아니고, 세인의 공감을 받을 점도 있었던 듯하다. 그의 학설은 차치하고라도, 그들의 계율이나 고행의 실천면에는 사람들을 감동시키는 진실된 면이 있었으리라고 생각된다.[16]

그는 윤회의 주체로서 영혼(jīva, 命我)을 인정하였지만 이것을 상주(常住)하는 물질적 존재라고 생각하여 지(地)·수(水)·화(火)·풍(風)·허공(虛空) 등의 원소와 같은 원리로 파악했다. 또 득(得)·실(失)·고(苦)·낙(樂)·생(生)·사(死)라고 하는 추상관념을 하나의 원리로서 상정하고 이것들을 실체로 보려고 했다. 고살라의 숙명론적 입장에서 볼 때 도덕은 성립하지 않으며 실천생활의 지도이념은 생겨날 수 없다고 생각된다. 그러나 그는 많은 제자를 거느린 한 교단의 우두머리였다. 그가 속한 교단을 아지위까(Ājīvika) 또는 아지와까(Ājīvaka)라고 한다. 이 명칭은 원래 단순히 각각의 '생활법(生活法)에 따르는 자'라는 의미이지만 교단의 명칭으로 사용하여 '생활법의 규정을 엄격히 지키는 자'를 의미하게 되었다. 그러나 다른 종교사상에서는 '생활을 영위하기 위한

15 水野弘元, 『原始佛教』, pp.56-57.

16 水野弘元, 『原始佛教』, p.57.

수단으로서 고행하는 자'로 이해되었고, 훗날 한역경전(漢譯經典)에서는 '사명외도(邪命外道)'로 폄칭되었다. 아지위까는 고행도 자연의 정해진 이치(결정)로 보았다거나 고행 그 자체를 목적시 하였다거나, 혹은 고행에 어떤 실천적 의의를 인정하였을 것이라는 등 여러 가지 학설이 제시되고 있다. 아지위까 교단은 붓다시대에 상당한 세력을 가지고 있었고, 그 후 아쇼까왕 비문에서도 불교나 자이나교와 함께 독립된 종교로 인정되고 있으며 훨씬 후대인 14세기 무렵에는 남인도에서 번성하였다는 기록도 전하고 있다.[17]

막칼리 고살라는 인간의 도덕적 그리고 인격적 상태에는 아무런 원인이나 이유가 없으며 인간을 포함한 모든 중생의 상태는 단지 운명(運命, niyati)과 그들이 속한 종(種, saṃgati), 그리고 그들의 천성(天性, bhāva)에 의해 결정되기 때문에 자신의 행위나 노력은 아무런 소용이 없다는 운명론(運命論) 혹은 결정론(決定論)을 주장했다. 그는 본성론적(本性論的)인 결정론자(決定論者, svabhāvavāda)로서 인간은 자신의 현재와 미래에 대하여 아무런 책임을 질 필요가 없다고 주장했다. 그는 윤회와 업을 인정했지만 지혜로운 자나 어리석은 자를 막론하고 누구나 다 똑같이 일정기간 동안 생사의 세계에서 정해진 양(量)의 고통과 즐거움을 맛보기 마련이며 아무도 이것에 영향을 주거나 바꿀 수 없다고 주장했다.

해탈이란 이 주어진 기간이 끝나는 것을 말하고 그때서야 비

17 후지타 코타츠 外, 『초기 · 부파불교의 역사』, p.29.

로소 괴로움의 종식이 가능하다고 주장했다. 그는 운명과 천성의 절대적인 지배를 믿는 철저한 결정론자였으며 동시에 이러한 요소들 이외에는 인간의 상황에 대해 다른 아무런 원인도 인정하지 않았기 때문에 무인론자(無因論者, ahetuvādin)로 불리기도 했다. 막칼리 고살라의 주장을 따르는 자들을 사명파(邪命派, Ājīvika)라고 한다. 그의 견해나 경력은 자이나교 경전에도 전해지고 있다. 자이나교의 개조(開祖)인 니간타 나따뿟따(Nigaṇṭha Nātaputta)와 한때 수행을 같이한 적도 있었다고 한다. 사명파는 제법 오랫동안 명맥을 유지해 온 흔적이 남아 있다.[18]

3. 아지따 께사깜발린(Ajita Kesakambalin)

세 번째 아지따 께사깜발린(Ajita Kesakambalin)[19]은 인도에서 알려진 가장 오래된 유물론자이다. 그는 지(地) · 수(水) · 화(火) · 풍(風)의 네 가지 물질적 원소만이 참된 실재라 하여 영혼의 존재를 부정했다. 인간은 죽음으로써 단멸(斷滅)하고 신체는 모두 네 가지 원소로 환원된다. 내세와 같은 것은 있을 수 없고, 현세가 인생의 전부이며, 선악의 행위를 짓더라도 죽은 후 그 과보를 받는 일이 없다고 했다. 그는 감각적 유물론 내지는 쾌락주의의 입장에

---

18 A. L. Basham, *History and Doctrines of the ājīvikas: a vanished Indian Religion*, London: Luzac and Co. Ltd. 1951 참조.

19 아지따 께사깜발라(Ajita Kesakambala) 혹은 아지따 께사깜발리(Ajita Kesakambalī)라고도 한다.

섰던 것으로 추정된다. 그 후 인도에서 이와 같은 유물론의 사상은 어느 시대를 막론하고 존재했는데, 일반적으로 이를 로까야따(Lokāyata)라고 했고, 한역 불전에서는 '순세외도(順世外道)'로 번역했다. 이것을 또 짜르와까(Cārvāka, 唯物論)라고도 하는데, 짜르와까라는 유물론자의 이름에서 유래된 명칭이다.

> 자비 박애의 행위를 해도, 신(神)에게 제사지내고 기도를 올려도 그것은 아무런 쓸모가 없다. 선악업(善惡業)이라는 것도 그 과보(果報)라는 것도 없다. 금세(今世)도 내세(來世)도 없으며, 어머니나 아버지도 없다. 올바른 수행을 해도 깨달음을 얻을 수 없다. 해탈한 성자라는 것도 없다. 세상에는 단지 지(地)·수(水)·화(火)·풍(風)의 물질적 네 가지 원소가 있을 뿐이며, 이 네 가지 원소의 집합에 의해 인간과 동물이 태어나고 발육하며 운동 변화한다. 그리고 이러한 사람이나 동물이 죽으면 네 가지 원소는 다시 흩어진다. 지(地)의 원소는 대지로, 수(水)의 원소는 물의 세계로, 화(火)의 원소는 불의 세계로, 풍(風)의 원소는 바람의 세계로, 감각 기관은 공간으로 환원되어 버린다. 그의 시체를 사람들이 화장장으로 운반하여 불태워도 마찬가지로 공무(空無)의 것으로 되어 버린다. 그러므로 사람이나 동물의 사후에는 이산·환원하는 네 가지 원소 이외에 아무것도 남아 있지 않다. 선악업의 과보도 없고, 내세도 없고, 윤회전생(輪廻轉生)이라고 하는 것도 없다. 업보윤회의 설은 완전히 망령된 말에 지나지 않는다.[20]

---

20 水野弘元, 『原始佛教』, pp.57-58.

아지따 케사캄발린은 감각적 유물론을 내세웠다. 그에 의하면 인간은 지 · 수 · 화 · 풍의 사대로부터 생겼으며 현명한 자나 어리석은 자나 누구든지 죽으면 신체가 파멸되고 아무것도 남는 것이 없다는 단멸론(斷滅論, ucchedavāda)을 주장했다. 그는 감각만이 인식의 유일한 원천이며 업의 법칙을 부정하는 무업론(無業論, 說無業, natthikavāda)을 주장하고 사후의 세계를 부정했다.

4. 빠꾸다 깟짜야나(Pakudha Kaccāyana)

빠꾸다 깟짜야나(Pakudha Kaccāyana)도 유물론적인 경향을 가진 사상가이다. 그는 지(地) · 수(水) · 화(火) · 풍(風) 네 가지 원소 이외에 고(苦) · 낙(樂) · 영혼(命我) 등 세 가지 원소를 더하여 일곱 가지 요소의 실재를 주장했다. 영혼을 인정하고 있다는 점에서 본다면 그의 사상은 아지따와 다른 이원론(二元論)의 입장처럼 보이지만, 빠꾸다가 인정하는 영혼은 물질적인 것으로 지극히 유물론적이다. 칠요소는 독립적인 것이고 불변하는 것이기 때문에, 이를테면 사람을 죽여도 다만 날카로운 칼날이 일곱 가지 요소 사이를 관통하는 데 지나지 않는다고 주장했다. 이는 빠꾸다 역시 실천적으로 도덕을 부정하는 입장에 섰다는 사실을 시사하고 있다. 또한 그는 아지위까교와도 관계가 있었던 것으로 보인다.

> 지 · 수 · 화 · 풍 · 고 · 낙 · 영혼의 일곱 가지 요소는 영원불멸의 존재이다. 그것은 다른 것에서 만들어지

> 거나 형성된 것이 아니고, 그 밖의 것을 생산 · 창조하는 것도 아니며, 단지 고립 · 부동 · 상존하는 것이다. 동요도 변화도 없고, 서로 간에 다른 것을 침범하는 일도 다른 것에 영향을 주는 일도 없으며, 남을 고통스럽게 하거나 즐겁게 하는 것도 없다. 따라서 다른 사람을 죽이는 자도, 죽게 하는 자도, 죽는 자도 없다. 듣는 자, 아는 자, 듣게 하는 자, 알게 하는 자도 없다. 칼을 가지고 다른 사람의 머리를 절단하여도 그것은 그 사람의 생명을 빼앗는 것이 아니다. 그것은 칼이 신체의 요소 사이에 들어간 것에 지나지 않는다.[21]

빠꾸다 깟짜야나는 세계는 지 · 수 · 화 · 풍 · 고 · 낙 · 명아(命我)의 불변하고 영원한 일곱 요소로 구성되어 있으며, 행위의 주체가 되는 존재란 없다고 하는 물질주의적이며 무인격적인 세계관을 주장했다. 그는 어떤 사람이 예리한 칼로 남의 머리를 둘로 쪼개도 사실 아무도 그의 생명을 앗아간 자가 없으며 단지 칼이 일곱 가지 요소의 틈 사이로 지나간 것에 불과하다는 것이다. 행위와 사건을 철저히 비인격적인 과정으로 설명하는 세계관을 갖고 있었다.

5. 산자야 벨랏티뿟따(Sañjaya Belaṭṭhiputta)

다섯 번째 산자야 벨랏티뿟따(Sañjaya Belaṭṭhiputta)는 대표적

21 水野弘元, 『原始佛教』, p.59.

인 회의론자이다. 이를테면 그는 '내세는 존재하는가?'라는 물음에 대하여 '그렇다고는 생각할 수 없다. 그렇다고도, 그것과 다르다고도, 그렇지 않다고도, 그렇지 않는 것도 아니라고도 생각할 수 없다'고 주장했다. 즉 형이상학적 문제에 대하여 애매한 대답을 하여 판단을 중지한 것이다. 그가 주장하는 바는 '뱀장어처럼 미끈미끈하여 좀처럼 붙잡을 수 없는 교설', 즉 포만론(捕鰻論, amarāvikhepavāda)으로 일컬어진다. 불교의 62견론(見論) 속에는 네 가지 회의론이 포함되어 있는데, 이것은 산자야의 학설 또는 그와 비슷한 학설로 보인다. 자이나교에서는 이와 같은 주장을 확정적인 지식을 가져다 줄 수 없다고 하는 점에서 불가지론(不可知論, ajñānavāda)이라 하는데, 363견(見)에서는 이 불가지론을 다시 예순일곱 가지로 분류하고 있다. 이러한 숫자[數]는 그대로 믿기 어렵다고 할지라도 당시 회의론적인 입장에 섰던 사상가가 많이 존재하였음을 시사한다. 붓다의 상수제자였던 사리뿟따(Sāriputta, 舍利弗)와 목갈라나(Moggallāna, 目犍連)도 원래는 산자야의 제자였다. 붓다의 무기설(無記說)은 산자야의 회의론을 딛고, 이를 뛰어넘은 주장이라고 볼 수 있다.

산자야 벨라티뿟따는 내세와 업보에 대하여 회의론을 주장했다. 즉 '업이란 것이 존재하는가?'라고 물으면 그는 '그렇다고도 그렇지 않다고도, 그렇지 않은 것도 아니라고, 그렇지 않지 않은 것도 아니다'라고 대답하였다. 그는 마가다의 수도 라자가하(Rājagaha, 王舍城)에 살았다고 한다.

앞에서 살펴본 다섯 가지 이론들은 대체적으로 물질주의적인 인간관을 지녔고 우빠니샤드에서 말하는 인간의 깊은 영적인 자아, 즉 아뜨만이나 우주의 궁극적 실재인 브라흐만 등의 개념을 인정하지 않았다. 따라서 사후의 세계에 대해서도 회의적이고 심지어는 도덕적 가치와 법칙마저 부정했다. 종래 바라문주의에 의해 정립된 사회윤리 질서와 종교 사상에 대한 반발 혹은 비판에서 나온 것이라고 할 수 있다.[22] 산자야 벨랏티뿟따는 자기만의 교리를 갖고 있지 않았던 회의론자(āmarā-vikkhepavādin)였다.[23] 그러므로 그는 옳음과 그름, 혹은 선과 악의 문제에 대해 대답을 제시해 줄 수가 없었다.

6. 니간타 나따뿟따(Nigaṇṭha Nātaputta)

니간타 나따뿟따(Nigaṇṭha Nātaputta)는 자이나교의 개조 마하위라(Mahāvīra)를 불교도들이 부르는 이름이다. 니간타(Nigaṇṭha, 속박을 벗어난 자)라고 하는 것은 그 이전에 존재했던 종교 단체의 명칭이며, 나따뿟따(Nātaputta)는 나따(Nāta)족 출신의 사람이라는 뜻이다. 본명은 밧다마나(Vaddhamāṇa, Vardhamāṇa, 增長, 번영하는 자)인데, 크게 깨쳤으므로 마하위라(Mahāvīra, 大雄, 위대한 영웅) 혹은 지나(jina, 勝者, 수행을 완성한 자)로 존칭되었다.

---

22 길희성, 『인도철학사』(서울: 민음사, 1984), pp.44-46.

23 회의론(懷疑論)을 불결정설(不決定說)이라고도 하는데, 육사(六師) 중의 산자야나 사리불(舍利弗)의 숙부인 장조범지(長爪梵志) 등이 주장한 것이다. 이들의 주장은 마치 장어를 잡을 때처럼 미끌미끌 빠져 나가는 것과 같아서 포만론(捕鰻論, amarā-vikkhepa, 不死矯亂論)이라고 불렀는데, 오늘날의 말로 표현하면 궤변론(詭辯論)이다. DN. Ⅰ.59; 水野弘元, 『原始佛教』, p.93.

그의 가르침과 가르침을 따르는 사람들을 일반적으로 자이나(Jaina)라고 부른다. 그는 붓다와 같은 시대 왓지(Vajjī)국의 수도 웨살리(Vesāli) 부근에서 왕족의 아들로 태어났다. 32세에 출가하여 12년간 고행한 끝에 마침내 완전지(完全智)를 얻었다. 그는 그 후 30년간 교화활동을 하다가 72세에 입멸했다.

그의 생애는 붓다와 매우 유사하며 활약했던 지역도 거의 같으며, 교리의 용어나 교단의 구성에 있어서도 공통된 점이 많다. 자이나교 성전도 빨리어와 같은 계통인 아르다 마가디(Ardha māgadhi, 半마가다語)라고 하는 속어(俗語)로 씌어져 있다.

이처럼 자이나교는 여러 가지 면에서 불교와 유사하고 가깝지만 사상적으로는 매우 다르다. 마하위라는 붓다와는 달리 자연세계나 물질에 대한 관찰에 관심을 나타내 매우 색다른 형이상학적 고찰을 모색했다. 우주는 많은 요소로 구성되어 있는데, 그것들을 크게 영혼(jīva, 命我)과 비영혼(ajīva, 非命我)으로 나눌 수 있다. 영혼은 우빠니샤드의 아뜨만(ātman)처럼 상주편재(常住遍在)하는 자아가 아니라 다수의 실체적 개아(個我)로서 지(地) · 수(水) · 화(火) · 풍(風) 네 가지 원소나 동물 · 식물에도 내재되어 있다고 한다. 비영혼은 담마(dhamma, 法, 운동의 조건)와 아담마(adhamma, 非法, 정지의 조건) · 허공(ākāśa) · 물질(pudgala) 등 네 가지로 이루어져 있으며, 이것과 영혼을 합해 '다섯 가지 실재체(實在體)'를 이루고 있다고 한다. 이 다섯 가지 실재체는 모두 점(點, 空間)이 집합하여 이루어진 실체이며, 세계의 구성은 이것에 의해 통일적으로 설명된다.

비영혼 가운데 담마와 아담마는 자이나교의 독자적인 용법이며, 또 물질은 지각되지 않고 분할할 수 없는 원자(aṅu)로 이루어졌다고 보는 것도 특이한 점이다. 그리고 어떤 경우에는 시간을 하나의 실체로 보아 육원리(六原理)라고 하는 경우도 있다. 또한 세계와 세계 밖에 있는 비세계(非世界)를 합쳐 전 우주로 보고 우주는 이러한 실재체로 구성되어 있다고 하여, 바라문교에서 주장하는 우주를 창조한 주재신의 존재를 인정하지 않았다.

마하위라는 윤회와 해탈의 문제에 대해서도 독자적인 교설을 세우고 있다. 그는 업(業, karma)을 미세한 물질로 보고, 이 업(業)이 외부로부터 신체 내부의 영혼에 유입(流入, āsrava) 부착하여 영혼을 속박(束縛, bandha)하기 때문에 윤회의 생존이 되풀이된다고 생각했다. 마하위라가 업을 물질로 간주한 것은 붓다의 교설과 크게 다른 점이다. 이러한 업에 의해 속박된 윤회에서 벗어나 영혼이 그 본성을 발현하여 해탈하기 위해서는, 미세한 업 물질이 영혼에 유입하는 것을 제어(制御, saṃvara)하고 이미 영혼에 부착된 업 물질을 지멸(止滅, nirjara)하지 않으면 안 된다. 그러기 위해서는 계율을 지키고 고행을 실천하는 것이 필요한데, 그것은 출가수행에 의해 가능하다고 보았다. 출가 수행자는 불살생(不殺生)·진실어(眞實語)·부도(不盜)·불음(不婬)·무소유(無所有)라는 '다섯 가지 대금계(大禁戒)', 즉 오대서(五大誓)를 엄격히 지키고 몸에 한 오라기의 실도 걸치지 않는 나형(裸形)으로 여러 가지 고행을 행했으며, 때로는 단식 수행으로 죽음에 이르는 경우도 있었다고 한다. 자이나교의 재가신자는 다섯 가지 대금계를 완화한 '다섯 가지 소금계(小禁戒)', 즉 오소서(五小誓)를 지켜야 하는데, 특히 불살생을 매우 중시했다. 이 때문에 그들은 농경보다 상업에 종사하는 자가 많다.

자이나교의 지식론(知識論)으로서 유명한 것은 상대주의(相對主義, syādvāda, anekānta-vāda)이다. 이것은 즉 모든 사물은 '보는 관점'(naya)에 따라 다르기 때문에 만약 어떠한 판단을 내릴 경우, '어떤 점에서 본다면'(syād)이라고 한정하여 상대적으로 이해해야 한다는 학설이다. 이것이 체계적으로 주장되는 것은 후대에 이르러서이지만 그 근원은 회의론에 빠지는 것을 극복하려고 한 마하위라의 입장에서 유래한 것이라고 볼 수 있다.

이상에서 살펴본 바와 같이 붓다시대의 종교사상계는 크게 두 가지 계통으로 나뉘어져 있었다. 이른바 정통 바라문의 '전변설(轉變說, pariṇāmavāda)'과 이에 대응하는 '적취설(積聚說, ārambhavāda)'이다. 전변설은 자아(自我)나 세계는 유일한 브라흐만[梵]에서 유출 전변했다고 보는 것이다. 이에 반해 적취설은 그러한 유일의 절대자를 인정하지 않는 대신 개개의 요소를 불멸의 실재로 믿고, 그것들이 모여 인간과 세계 등 일체가 성립한다고 보는 것이다.

이러한 두 가지 사고방식의 기초가 붓다시대에 이미 형성되어 있었던 것이다. 또한 종교적 수행 방법으로는 요가(yoga)와 선정(禪定)을 닦아 해탈을 실천하려는 '수정주의(修定主義)'와 고행을 통해 마음을 속박하고 있는 미혹의 힘을 끊고 해탈하려고 하는 '고행주의(苦行主義)'의 두 가지가 대표적인 것이었다. 이와 같은 수행 방법은 대체로 전자가 전변설에 입각한 것이라면 후자는 적취설에 바탕을 두고 있다.[24] 여하튼 붓다시대에는 전통적인 바라문 사

24 불교교재편찬위원회 편, 『불교사상의 이해』, p.49.

상은 이미 그 빛을 상실해 가고 있었다. 그러나 그것을 대신할 만한 새로운 종교 사상의 권위 또한 확립되어 있지 않았다. 사문과 같은 자유로운 사상가들이 등장하여 다양한 견해와 교설을 주장하고 있었다.[25] 그때 붓다가 출현하여 두 계통의 사상을 모두 극복할 수 있는 새로운 사상을 펼쳤던 것이다.

Ⅳ. 붓다시대의 여러 인간관

붓다시대의 인과론(因果論)은 여러 가지가 있다. 붓다시대의 사문(沙門)과 바라문(婆羅門)은 각자 인간의 길흉화복(吉凶禍福)의 원인을 제시했다. 『맛지마 니까야(Majjhima Nikāya, 中部)』 제101「데와다하-숫따(Devadaha-sutta, 天臂經)」에 언급된 다섯 가지 주장은 다음과 같다.

(1) 숙작인설(宿作因說, pubbekatahetu-vāda)
(2) 자재화작인설(自在化作因說, issaranimmāṇahetu-vāda)
(3) 결합인설(結合因說, saṅgatibhāvahetu-vāda)
(4) 계급인설(階級因說, abhijātihetu-vāda)
(5) 우연기회인설(偶然機會因說, diṭṭhadhamma-upakkama-vāda)[26]

첫째, 숙작인설(宿作因說)은 우리가 이 세상에서 받는 행·불행

---

25 불교교재편찬위원회 편, 『불교사상의 이해』, pp.49-50.

26 MN.Ⅱ.222-223; 『중아함경』 제44권 제19경 「尼乾經」(T 1, p.444c); 대림 옮김, 『맛지마 니까야』 제3권, pp.599-601.

의 운명은 모두 우리가 과거세에서 행한 선악업의 결과로 얻어진 것이며, 인간의 일생에 있어서의 운명은 전생업의 과보로서 우리가 태어날 때에 이미 정해져 있다는 것이다. 우리가 이 세상에서 어떻게 선악의 행위를 하고 노력을 기울여도, 그것은 내세의 운명을 규정하는 원인은 될 수 있을지언정 현세의 운명을 변화시킬 수는 없다는 주장이다. 일종의 숙명론(宿命論)이다.[27]

둘째, 자재화작인설(自在化作因說)은 이 세계도 인간의 운명도 모두 범천(梵天)이나 자재천(自在天) 등의 최고신이 화작창조(化作創造)했다고 하는 것으로, 모든 것은 신(神)의 의지에 좌우된다는 주장이다. 이 설을 존우화작인설(尊祐化作因說)이라고도 하는데 정통 바라문의 주장이다. 이 설에 따르면 인간의 자유의지가 인정되지 않는다. 그 때문에 우리가 괴로움을 해탈하기 위해 수행하는 것도 의의가 없게 된다. 세상의 일은 우리의 의지나 노력에 의해 변화되는 것이 아니고 신의 의지대로 움직이기 때문이다. 또 거기에는 인간을 완성시키기 위해 인간 자신이 정진 노력하는 교육이나 종교도 존재할 여지가 없다. 또 의지의 자유가 없기 때문에 선악의 행위에 대한 행위자의 책임이라고 하는 것도 없게 되는 것이다.[28]

셋째, 결합인설(結合因說)은 이 세계 인생의 모든 것은 지(地)·수(水)·화(火)·풍(風) 등의 몇 가지 요소의 결합에 의해 발생하고, 그 결합 상태의 좋고 나쁨에 의해 인간의 고락길흉(苦樂吉凶)의 운명이 정해진다고 하는 주장이다. 이 결합 상태는 우리가 태어

---

27 水野弘元, 『原始佛教』, pp.63-64.

28 水野弘元, 『原始佛教』, p.64.

날 때 이미 확정되어 그것이 일생동안 변하지 않고 지속되기 때문에 금생에서 우리의 노력에 의해 운명을 변화시킬 여지는 전혀 없다고 한다. 이러한 의미에서 보면 결합인설도 일종의 숙명론이라고 할 수 있다. 육사외도(六師外道) 중에 아지따 께사깜발린(Ajita Kesakambalin)과 빠꾸다 깟짜야나(Pakudha Kaccāyana) 등이 주장했다고 한다.[29]

넷째, 계급인설(階級因說)은 인간은 태어나면서부터 흑(黑)·청(青)·적(赤)·황(黃)·백(白)·순백(純白)의 여섯 가지 계급으로 구별되어 있어, 그 계급에 따라 인간의 성격·지혜·환경·가계 등이 결정된다고 주장하는 것이다. 이것도 일종의 숙명론으로 후천적인 인간의 노력을 인정하지 않는다. 이 이론의 주장자는 막칼리 고살라(Makkhali Gosāla)였다고 한다.[30]

다섯째, 우연기회인설(偶然機會因說)은 무인무연설(無因無緣說, adhiccasamuppāda-vāda)이라고도 한다. 이 설에 의하면, 사회·인생의 운명은 인과업보의 법칙에 지배되는 것이 아니며, 또 신의 은총이나 징벌에 의한 것도 아니라고 한다. 세상에는 선한 일을 해도 불행하게 되고, 악한 일만을 하면서도 행복하게 사는 사람이 있듯이, 화복(禍福)은 일정한 원인이나 이유에 의해 일어나는 것이 아니고 완전히 우연한 기회에 의해 일어나는 일시적인 것에 지나지 않는다는 주장이다. 육사외도 가운데 막칼리 고살라가 이 설을 주장했다고 한다.[31]

---

29 水野弘元, 『原始佛教』, p.64.

30 水野弘元, 『原始佛教』, p.65.

31 水野弘元, 『原始佛教』, p.65.

이러한 다섯 가지 종류의 세계관 혹은 인생관을 『앙굿따라 니까야』(AN3:61)에서는 세 가지 종류로 압축했다. 첫째는 "사람이 즐거운 느낌이나 괴로운 느낌이나 괴롭지도 즐겁지도 않은 느낌을 경험하는 것은 모두 전생의 행위에 기인한 것"이라고 주장하는 '숙명론(宿命論, pubbekatahetu, 宿作因說)'이다. 둘째는 "사람이 즐거운 느낌이나 괴로운 느낌이나 괴롭지도 즐겁지도 않은 느낌을 경험하는 것은 모두 신이 창조했기 때문"이라고 주장하는 '자재화작인설(自在化作因說, issaranimmāna-vāda, 尊祐造說)'이다. 셋째는 "사람이 즐거운 느낌이나 괴로운 느낌이나 괴롭지도 즐겁지도 않은 느낌을 경험하는 것은 모두 원인도 없고 조건도 없다"고 주장하는 '우연론(偶然論, ahetu-apaccaya-vāda, 無因無緣論)'이다.[32]

요컨대 세 가지 견해란 모든 것은 과거의 업에 의해 결정된다고 보는 숙명론, 모든 것은 신(神)의 뜻에 의해 좌우된다고 보는 자재화작인설, 모든 것은 우연의 소산이라고 보는 우연론이다. 이 세 가지 견해는 인간의 자유의지나 인간의 노력의 효과를 부정하는 외도들의 세계관 · 인간관이다. 붓다는 이 세 가지 견해가 모두 잘못된 것이라고 비판했다.

특히 이 중에서 현재 인간이 겪고 있는 괴로움의 원인은 전생의 업(業, kamma) 때문이라고 보는 숙작인설(宿作因說, pubbekatahetu-vāda)이 붓다시대에 널리 성행하고 있었다. 붓다는 『맛지마 니까야』 제101 「데와다하-숫따(Devadaha-sutta, 天臂經)」에서 숙작인설을 비판했다. 당시 자이나교도였던 니간타

---

32 AN. Ⅰ.173; 대림 옮김, 『앙굿따라 니까야』 제1권(울산: 초기불전연구원, 2006), p.434.

(Nigaṇṭha)들은 "인간이 느끼는 것은 무엇이든지, 그것이 즐거움이든 괴로움이든 괴롭지도 즐겁지도 않은 것이든 그것은 모두 이전에[전생에] 지은 업(業, kamma)에 기인한 것"[33] 이라고 주장했다. 붓다는 니간타들의 주장에 대해 다음과 같이 비판했다.

> 니간타들이여, 그러나 그대들은 참으로 그대들이 전생에 존재했다거나 혹은 존재하지 않았다고 알지 못합니다. 그대들은 그대들이 전생에 악업을 저질렀다거나 혹은 저지르지 않았다고 알지 못합니다. …(중략)… 그대들은 지금 · 여기에서 해로운 법들을 제거하고 유익한 법들을 얻는 것도 알지 못합니다. 이와 같다면 니간타 존자들이 설명하기를 '인간이 느끼는 것은 … 이전에 지은 업에 기인한 것이다. 그러므로 오래된 업들은 고행으로 끝을 내고 새로운 업들은 짓지 않음으로써 미래에 더 이상 결과를 주지 않게 한다. 미래에 더 이상 결과를 주지 않음으로써 업이 다한다. 업이 다하므로 괴로움이 다한다. 괴로움이 다하므로 느낌도 다한다. 느낌이 다하므로 모든 괴로움에서 풀려나게 될 것이다'라는 것은 타당하지 않습니다.[34]

이와 같이 붓다는 현재 겪고 있는 극심한 고통은 고된 노력과 고된 정진이 있을 때에는 느끼지만, 고된 노력과 고된 정진이 없

---

33 MN.Ⅱ.214; 대림 옮김, 『맛지마 니까야』 제3권(울산: 초기불전연구원, 2012), pp.585-586.

34 MN.Ⅱ.215-216; 대림 옮김, 『맛지마 니까야』 제3권, pp.591-592.

을 때에는 느끼지 못한다고 말했다.[35] 이것은 과거의 업 때문에 '지금 · 여기'에서 즐거움이나 괴로움을 느끼는 것이 아니라는 것을 의미한다.

앞에서 언급했듯이 붓다는 당시 외도들이 주장했던 세 가지 견해가 모두 잘못된 것이라고 비판했다. 왜냐하면 이들의 주장은 결국 상견(常見)[36]과 단견(斷見)[37]에서 벗어나지 못하기 때문이다. 『잡아함경』 제5권 제105경 「선니경(仙尼經)」은 육사외도의 사상을 비판한 대표적인 경이다. 이 경에 대응하는 니까야가 없기 때문에 더욱 귀중한 자료로 평가된다.[38] 이 경은 '선니(仙尼)'라는 외도 출가자가 어느 토론 모임에서 여섯 명의 스승들은 많은 제자들을 거느리고 있지만, 그 제자들이 죽으면 어디에 태어난다고 예언하지 못한다는 사실을 알게 되었다. 그런데 사문 구담(瞿曇)은 그 제자가 죽으면 그가 어디에 태어날 것이라고 예언한다는 말을 들었다. 그래서 그는 그것이 사실인지 확인하기 위해 붓다에게 가서 어떻게 그러한 법을 얻게 되었느냐고 질문했다.[39] 그래서 붓다는 선니에게 이렇게 말했다.

> 너는 의심하지 마라. 미혹이 있으면 그는 곧 의심을 일으키게 된다. 선니야, 마땅히 알라. 세 종류의 스승이

---

35 MN.Ⅱ.215-216; 대림 옮김, 『맛지마 니까야』 제3권, p.595.

36 상견(常見)은 인간의 사후 몸과 마음은 상주(常住)한다는 견해를 말한다.

37 단견(斷見)은 인간의 사후 몸과 마음은 단멸(斷滅)되어 다시는 재생하지 않는다는 견해를 말한다.

38 마성, 『왕초보 초기불교 박사 되다』(서울: 민족사, 2012), p.257.

39 마성, 『왕초보 초기불교 박사 되다』, p.259.

> 있다. 어떤 것이 세 가지인가?
>
> 어떤 스승은 '현세에서 진실로 이것이 나[我]다'라고 하며 제가 아는 대로 말하지만 목숨을 마친 뒤의 일은 능히 알지 못한다. 이런 이를 세간에 출현하는 첫 번째 스승이라 한다. 또 선니야, 어떤 스승은 '현세에서 진실로 이것이 나[我]다'라고 보고 '목숨을 마친 뒤에도 또한 이것이 나[我]다'라고 보아 제가 아는 대로 말한다. 또 선니야, 어떤 스승은 '현세에서 진실로 이것이 나[我]다'라고 보지도 않고 '목숨을 마친 뒤에 진실로 이것이 나[我]다'라고 보지도 않는다.[40]

이와 같이 붓다는 선니에게 이 세상에는 세 가지 종류의 스승이 있다고 말했다. 이어서 붓다는 이렇게 말했다.

> 선니야, '현세에서만 진실로 이것이 나[我]다'라고 하며 제가 아는 대로 말하는 첫 번째 스승의 견해를 단견(斷見)이라 한다. '현세에서나 후세에서나 진실로 이것이 나[我]다'라고 하며 제가 아는 대로 말하는 두 번째 스승의 견해를 상견(常見)이라 한다. '현세에서 진실로 이것이 나[我]다'라고 보지 않고, '목숨을 마친 뒤의 나[我]도 또한 보지 않는다'는 것은 곧 여래 · 응공 · 등정각의 말이다. 그는 '현세에서 애욕을 끊고 탐욕을 떠나 모든 번뇌를 없애면 열반(涅槃)을 얻는다'고 말한다.[41]

---

40 『잡아함경』 제5권 제105경 「仙尼經」(T 2, p.32a), "汝莫生疑. 以有惑故, 彼則生疑. 仙尼當知: 有三種師. 何等為三? 有一師, 見現在世真實是我, 如所知說, 而無能知命終後事, 是名第一師出於世間. 復次, 仙尼! 有一師, 見現在世真實是我, 命終之後亦見是我。如所知說. 復次, 先尼! 有一師. 不見現在世真實是我, 亦復不見命終之後真實是我."

41 『잡아함경』 제5권 제105경 「仙尼經」((T 2, p.32a), "仙尼! 其第一師見現在世真實是我,

위에서 붓다는 단견을 주장하는 스승, 상견을 주장하는 스승, 그리고 단견과 상견을 뛰어넘은 정견(正見)을 주장하는 스승이 있다고 말했다. 그런데 세 번째 정견을 설하는 자가 바로 붓다 자신임을 밝히고 있다. 그러자 선니는 붓다의 가르침을 이해하지 못하고, 의심만 더욱 더할 뿐이라고 토로했다. 그래서 붓다는 다시 선니에게 이렇게 말했다.

> 마땅히 의심을 더해야 할 것이다. 왜냐하면 이것은 매우 깊은 이치로써 보기도 어렵고 알기도 어려워 모름지기 깊이 관찰해야만 미묘하게 도달할 수 있는 것이기 때문이다. 또 그것은 지혜로운 사람만이 알 수 있고 범부 중생들은 분별해 알 수 없는 것이다. 무슨 까닭인가? 중생들은 오랜 세월 동안 잘못 보고[異見], 잘못 참았으며[異忍], 잘못 찾고[異求], 잘못 원하였기[異欲] 때문이다.[42]

이러한 붓다의 설법을 듣고 비로소 선니는 믿음의 마음을 일으켜, 이 자리에서 혜안(慧眼)을 얻을 수 있도록 좀 더 자세히 법을 설해 달라고 붓다에게 간청했다. 그래서 붓다는 선니에게 오온(五蘊)의 무상(無常) · 고(苦) · 무아(無我)에 대해 자세히 설명해 주었다. 이어서 붓다는 자신의 견해를 다음과 같이 피력했다.

如所知說者, 名曰斷見; 彼第二師見今世後世真實是我, 如所知說者, 則是常見; 彼第三師不見現在世真實是我, 命終之後, 亦不見我, 是則如來 · 應 · 等正覺說, 現法愛斷 · 離欲 · 滅盡 · 涅槃."

42 『잡아함경』 제5권 제105경 「仙尼經」(T 2, p.32a), "正應增疑. 所以者何? 此甚深處, 難見 · 難知. 應須甚深照微妙至到, 聰慧所了. 凡眾生類, 未能辯知. 所以者何? 眾生長夜異見 · 異忍 · 異求 · 異欲故."

나의 여러 제자들은 내 말을 듣고도 그 뜻을 다 이해하지 못해 교만[慢]을 일으키고 빈틈없는 한결같음[無間等][43]을 얻지 못한다. 빈틈없이 한결같지 못하기 때문에 곧 교만이 끊어지지 않고, 교만이 끊어지지 않기 때문에 이 음(陰)[44]을 버린 뒤에도 다른 음과 합하여 계속해 태어난다. 그러므로 선니야, 나는 이런 제자들에게는 '몸이 무너지고 목숨이 끝난 뒤에 이러저러한 곳에 태어난다'고 예언한다. 왜냐하면 그들에게는 남은 교만이 있기 때문이다.

그러나 선니야, 내 말을 듣고 그 뜻을 능히 이해하는 나의 여러 제자들은 모든 교만에서 빈틈없는 한결같음을 얻는다. 빈틈없는 한결같음을 얻기 때문에 모든 교만이 끊어지고, 모든 교만이 끊어지기 때문에 몸이 무너지고 목숨이 끝난 뒤에 다시는 계속해 태어나지 않는다. 선니야, 나는 이런 제자들에게는 '이 음(陰)을 버린 뒤에 이러저러한 곳에 다시 태어난다'고 말하지 않는다. 왜냐하면 예언할 만한 인연이 없기 때문이다. 만일 내가 그들에 대해서 예언해야 한다면 나는 '그들은 모든 애욕을 끊고 유결(有結)[45]을 길이 떠나 바른 뜻으로 해탈하여 고통을 완전히 벗어나리라'고 예언할 것이다. 나는 예전부터 지금까지 늘 교만의 허물[慢過]과 교만의 발생[慢集]과 교만의 생성[慢生]과 교만의 일어남[慢起]에 대하여 말하였다. 만일 그 교만에 대해서 빈틈없이 한결같

---

43 빨리어로는 abhisamaya이고 통상적으로 현관(現觀)·증(證)으로 한역된다. '이해하다·요해하다·통달하다'라는 뜻이다.

44 여기서 말하는 음(陰)은 오온(五蘊)을 말한다.

45 유(有)는 생사(生死)의 과보, 결(結)은 그 과보를 불러오는 번뇌를 뜻한다.

이 관찰한다면 갖가지 고통은 생기지 않을 것이다.[46]

위 경전의 내용은 '나[我]가 있다'는 교만한 생각을 가지고 있는 사람은 윤회하기 마련이다. 그래서 그런 사람은 '죽은 뒤 이러저러한 곳에 태어난다'고 예언한다는 것이다. 그러나 '나[我]가 있다'는 교만한 생각을 끊어버린 사람은 다시 태어나지 않는다. 그래서 그런 사람은 '죽은 뒤 이러저러한 곳에 다시 태어나지 않는다'고 말한다는 것이다. 요컨대 오온의 무상 · 고 · 무아의 이치를 바르게 터득한다면 단견과 상견에 떨어지지 않고 바른 견해를 획득할 수 있게 된다는 것이다.[47]

이와 같이 우리 인간들은 근원적으로 오온에 대해 집착하는 속성을 갖고 있다. 이 때문에 괴로움에서 벗어나지 못하고 끝없이 윤회하게 된다. 그래서 붓다는 제자들에게 오직 "이것이 괴로움이다. 이것이 괴로움의 원인이다. 이것이 괴로움의 소멸이다. 이것이 괴로움의 소멸로 이끄는 길이다"라고 있는 그대로 꿰뚫어 보아야 한다고 강조했던 것이다. 그래야 인간존재의 본질은 괴로움이고, 그 괴로움의 원인은 갈애(渴愛, taṇhā)라고 깨닫게 되고, 괴로움의 소멸과 괴로움의 소멸로 이끄는 길로 나아가

46 『잡아함경』 제5권 제105경(T 2, p.32b), "我諸弟子聞我所說, 不悉解義而起慢無間等; 非無間等故, 慢則不斷; 慢不斷故, 捨此陰已, 與陰相續生. 是故, 仙尼! 我則記說, 是諸弟子身壞命終, 生彼彼處. 所以者何? 以彼有餘慢故. 仙尼! 我諸弟子於我所說, 能解義者, 彼於諸慢得無間等; 得無間等故, 諸慢則斷; 諸慢斷故, 身壞命終, 更不相續. 仙尼! 如是弟子我不說彼捨此陰已, 生彼彼處. 所以者何? 無因緣可記說故. 欲令我記說者, 當記說: 彼斷諸愛欲, 永離有結, 正意解脫, 究竟苦邊. 我從昔來及今現在常說慢過 · 慢集 · 慢生 · 慢起, 若於慢無間等觀, 眾苦不生."

47 마성, 『왕초보 초기불교 박사 되다』, p.265.

려고 노력할 것이기 때문이다.

여기서 말하는 괴로움의 소멸이란 곧 열반(涅槃, nibbāna)을 의미한다. 그리고 괴로움의 소멸로 이끄는 길이란 불교의 수행론을 말한다. 불교의 수행론은 다양하지만, 초기불교에서는 팔정도(八正道)의 수행을 통해 열반에 이를 수 있다고 가르친다. 이처럼 붓다는 우리 범부들이 수행을 통해 이상적인 인간, 즉 아라한이 될 수 있다고 보았다. 이것이 붓다의 인간관이다.

제2부

초기불교의 기본교설

제4장 삼법인설(三法印說)

Ⅰ. 삼법인설의 의의(意義)

「제3장 붓다시대의 종교사상계」에서 살펴본 바와 같이, 붓다의 가르침은 당시의 종교사상계로부터 많은 영향을 받았다. 이에 대해 이의를 제기하는 학자들은 아마 없을 것이다. 그러나 붓다가 비록 당시의 바라문들이나 사문들의 사상으로부터 영향을 받았지만, 그들이 주장하는 사상으로는 인간이 당면한 실존적 괴로움의 문제를 해결할 수 없다는 것을 자각하게 되었다. 그가 깨달은 진리는 당시의 바라문들이나 사문들이 주장하는 것과는 다른 것이었다. 그들의 주장이 잘못된 것임을 증명하기 위해 고안한 것이 불교교리의 핵심이다. 이를테면 초기불교의 대표적인 교설인 삼법인설(三法印說), 연기법(緣起法), 오온설(五蘊說), 업(業)과 재생(再生)에 관한 교설 등은 모두 베다(Veda)의 우주창조설과 '자아(自我, ātman)의 실재'에 대한 비판에서 나온 것이다.

리처드 곰브리치(Richard F. Gombrich)는 불교가 성립 과정에서 바라문 문화로부터 영향을 받았다고 보았다. 그는 붓다 가르침의 중요한 내용들이 『브리하다란야까 우빠니샤드(Bṛhadāraṇyaka Upaniṣad)』와 같은 초기 바라문 전통 문헌들과 상대하면서 형성되었을 것이라고 보았다. 이는 우빠니샤드로 대표되는 바라문 사상과의 관계에서 불교를 조명하는 입장을 취하고 있다. 즉 불교의 교리들이 바라문 사상 또는 외도 사상들과 대결 구도 아래에서 발전한 것으로 파악하고 있다.[1] 이러한 곰브리치의 견해가 타당한 것 같다. 이 책에서 다루고 있는 초기불교의 기본교설도 근본적으로 이러한 시각에서 작성된 것이다. 왜냐하면 붓다의 가르침이 갑자기 하늘에서 떨어지거나 땅에서 솟아난 것이 아니기 때문이다. 한마디로 불교라는 종교는 당시 종교사상계와의 관계 속에서 나타나게 된 것이다.

불교의 특징을 나타내는 교의(教義) 중에서 가장 대표적인 교설은 삼법인설(三法印說)이다.[2] 이 교설은 인도에서 발생한 다른 종교・철학과 구별되는 불교만의 고유한 사상이다. 상좌불교에서는 이 교설을 삼특상(三特相, ti-lakkhaṇa)이라고 부르고, '존재의 세 가지 특성'으로 이해하고 있다. 반면 대승불교에서는 이 교설을 삼법인(三法印, tri-dharma-lakṣaṇa)이라고 부르고, '세 가지 진리의 도장'으로 이해하고 있다. 특히 대승불교에서는 삼법인을 '불교의 표지(標識)', 혹은 어떤 사상이나 주장에 관한 옳고 그름을 판단하는 근거로 삼고 있다. 마치 길이를 재는 자(尺)나 무게를 재는 저울(秤)같이 어떤 것이 진본(眞本)임을 인증하는 직인같은 것

---

1 Richard F. Gombrich, *How Buddhism Began*, London & Atlanantic Highlands: The Athlone Press, 1996; 리처드 곰브리치 지음, 김현구 외 옮김, 『불교는 어떻게 시작되었는가?』(서울: 씨아이알, 2017) 참조.

2 이 장에서 다루는 삼법인설은 李秀昌(摩聖), 「三法印說의 起源과 展開에 관한 研究」(博士學位論文, 東方文化大學院大學校, 2015)에서 발췌 요약한 것임을 밝혀둔다. 삼법인설에 대해 좀 더 깊이 알고자 하는 사람은 이 논문을 참조하기 바란다.

으로 여긴다. 실제로 이 법인이 불설(佛說)과 비불설(非佛說), 혹은 경전의 진위(眞僞)를 판단하는 기준으로 사용되었다. 그 대표적인 예문(例文)이 바로 보광(普光)이 지은 『구사론기(俱舍論記)』 권1에 나오는, "만약 이 법인에 따르면 곧 불경(佛經)이고, 이 법인에 위배되면 곧 불설(佛說)이 아니다"[3]라는 대목이다.[4]

남방불교에서 널리 사용되고 있는 삼특상의 정형구(定型句)는 다음과 같다. 즉 제행무상(諸行無常, sabbe saṅkhārā aniccā), 일체행고(一切行苦, sabbe saṅkhārā dukkhā), 제법무아(諸法無我, sabbe dhammā anattā)이다.[5] 하지만 북방불교에서는 일반적으로 일체행고(一切行苦) 혹은 일체개고(一切皆苦) 대신 열반적정(涅槃寂靜, śrānta-nirvāṇa lakṣaṇa or śāntaṃ-nirvāṇaṃ)을 삽입하여 삼법인이라고 부른다. 여기에 다시 일체개고를 포함시켜 사법인(四法印)이라고 부르기도 한다.

II. 삼법인설의 기원

앞에서 언급했듯이, 붓다는 깨달음 이후 당시의 바라문들과 사문들의 사상을 비판하면서 나름대로 자신의 가르침을 펼쳤다. 특히 삼법인설은 불교의 특징을 나타내는 가장 대표적인 교설이자 불교의 근본명제(根本命題)이다. 이 교설을 불교의 '세 가

---

3 普光 述, 『俱舍論記』 卷1(T 41, p.1b), "若順此印卽是佛經, 若違此印卽非佛說."

4 李秀昌(摩聖), 「三法印說의 起源과 展開에 관한 硏究」, p.1.

5 Dhp. 277-279.

지 명제'라고 표현하기도 한다.[6] 붓다시대의 다른 종교사상과 구별하기 위함이다.

특히 이 교설은 붓다시대의 바라문교를 부정하기 위한 교설이었다.[7] 칼루파하나(D. J. Kalupahana)는 "이 세 가지 특성[三特相]이 강조된 이유는 붓다시대에 철학적 분위기를 지배했던 영원주의자들의 이론이 현상계의 실재는 불변하는 '자아'나 '실체'라고 주장했기 때문"[8]이라고 지적했다.

첫째, 제행무상(諸行無常)은 바라문교에서 주장하는 브라흐만(brahman, 梵)의 실재(實在, sat)를 부정하기 위한 교설이다. 붓다는 불변하는 존재가 없음을 밝히기 위해 '제행이 무상하다'고 천명했다.[9]

둘째, 일체개고(一切皆苦)는 존재의 본질이 영원하지 않음을 천명한 교설이다. 이것은 존재에 대한 붓다의 주관적 해석이다. 하지만 '일체개고'라는 명제는 바람직하지 못한 존재를 바람직한 방향으로 개조할 수 있음을 가정한 것이다. 따라서 존재는 고(苦)에서 낙(樂)으로 개조될 수 있는 가능성을 내포하고 있다.[10]

셋째, 제법무아(諸法無我)는 바라문교에서 주장하는 절대적 자아(paramātman)의 존재를 부정하기 위한 교설이다. 우빠니

---

6 金東華,『原始佛教思想』, 서울: 宣文出版社, 1983, pp.69-90 참조.

7 元義範,『現代佛教思想』, 서울: 集文堂, 1982, pp.72-90 참조.

8 D. J. Kalupahana, *Buddhist Philosophy: A Historical Analysis*, Honolulu: The University Press of Hawaii, 1976, p.36.

9 元義範,『現代佛教思想』, pp.74-75.

10 元義範,『現代佛教思想』, p.70.

샤드에서는 "네가 곧 그것이다(tat tvam asi)."[11] "이 개아(個我)가 곧 브라흐만이다(ayaṃ ātmā brahma)."[12] "내가 곧 브라흐만이다(ahaṃ brahmāsmi)."[13]라고 주장했다. 이러한 주장은 개인적 자아(ātman)와 궁극적 실재(brahman)가 하나라는 '범아일여(梵我一如)'의 사상을 나타낸 것이다. 우빠니샤드에서는 개체적인 영혼(ātman)과 우주적 영혼(brahman)과의 결합(梵我一如, ātman-brahman-aikyam), 즉 아트만은 우주적인 영혼인 브라흐만과 결합되어야만 해탈을 얻을 수 있다는 것이다.[14] 그런데 제법무아설은 '범아일여'의 사상을 부정하기 위한 교설이다.

넷째, 열반적정(涅槃寂靜)은 무상(無常) · 고(苦) · 무아(無我)를 체득함으로써 얻게 되는 경지를 뜻한다.

이와 같이 삼법인설은 붓다시대의 다른 종교사상, 즉 바라문(婆羅門, brāhmaṇa)들의 전변설(轉變說, pariṇāmavāda)과 사문(沙門, samaṇa)들의 적취설(積聚說, ārambhavāda)을 비판함과 동시에 불교만의 고유한 사상적 특징을 드러낸 교설이다.

---

11 Chāndogya Upaniṣad VI. 8. 7.

12 Bṛhadāraṇyaka Upaniṣad IV. 4. 5.

13 Bṛhadāraṇyaka Upaniṣad I. 4. 10.

14 S. Radhakrishnan, *The Principal Upaniṣads*, London: George Allen & Unwin, 1968, p.927; 최종남, 「유가행파 문헌에 있어서 열반의 종류에 관한 연구」, 『불교학연구』 제32호(불교학연구회, 2012. 8.), p.11에서 재인용.

III. 삼법인설의 내용

1. 제행무상(諸行無常)

삼법인설의 첫 번째 명제는 '제행무상(sabbe saṅkhārā aniccā, Sk. sarva saṃskārā anityāḥ)'이다.[15] 제행무상은 '모든 형성된 것들은 무상하다'는 뜻이다. 제행무상 대신 '형성된 것들은 실로 무상하다(aniccā vata saṅkhārā)'[16]라는 어구(語句)를 사용하기도 한다. 사실 제행이 무상하다는 것은 형이상학적 연구나 어떤 신비적 직관의 결과가 아니라 관찰과 분석에 의해 도달한 체험적 판단이다. 즉 무상의 이론은 '경험주의적 이론'이다.[17] 다시 말해서 제행무상이라는 명제는 모든 존재에 대한 객관적인 관찰에 의해 내려진 단안(斷案)이다.

어떤 사람은 불교가 비관적인 종교라고 말한다. 그렇게 말하는 사람들은 불교에서 강조하는 무상이나 고의 의미에 대해 잘못 이해했기 때문이다. 이를테면 좋은 쪽에서 나쁜 쪽으로 옮겨가는 것도 무상이고, 나쁜 쪽에서 좋은 쪽으로 옮겨가는 것도 무상이다. 만물이 태어나고 자라는 것도 무상하기 때문에 가능하다. 모든 존재는 변하는 속성, 즉 무상성(無常性, aniccatā)을 지니고 있다. 그렇기 때문에 악한 사람이 착한 사람이 되기도 하고, 가난한 사람이 부자가 되기도 하며, 천한 사람이 귀한 사람이 되기

---

15 Dhp. 277; MN.I.228; SN.III.133.

16 DN.II.157; SN.I.6.

17 D.J. Kalupahana, *Buddhist Philosophy: A Historical Analysis*, p.36.

도 한다.

자연계와 인간계를 포함한 모든 존재는 한 순간도 멈추지 않고 끊임없이 변화한다. 이 세상에서 변하지 않는 것은 아무 것도 없다. 산이나 바위와 같은 것은 불변하는 것처럼 보이지만 실제로는 한시도 쉬지 않고 변화한다. 마치 흐르는 물처럼 단 한 순간도 가만히 머물러 있지 않는다. 존재란 여러 요소들이 여러 가지 조건에 의해 임시로 모인 것에 불과하다. 따라서 존재를 구성하고 있는 요소와 조건들이 변하거나 사라지면 존재 또한 변하거나 사라진다. 이처럼 존재를 구성하고 있는 요소들은 고정불변한 것이 아니라 끊임없이 변화한다.

현대과학에서 물질이라는 것도 끊임없이 움직이고 있는 흐름에 지나지 않는다고 말한다. 물질의 최소 단위인 원자는 원자핵을 중심으로 전자(電子)와 중간자(中間子)의 결합으로 이루어진 운동체이다. 따라서 원자로 구성된 물질 또한 고정불변한 것이 아니다. 이처럼 현대과학에서도 무상의 원리를 그대로 증명하고 있다.

『맛지마 니까야』(MN35)에서 붓다는 "비구들이여, 색(色)은 무상하다. 수(受)는 무상하다. 상(想)은 무상하다. 행(行)은 무상하다. 식(識)은 무상하다"[18]고 했다. 즉 '오온(五蘊)은 무상하다. 무상하기 때문에 괴로움이다'[19]라는 대목은 초기경전의 여러 곳에 설해져 있다. 또한 붓다는 오온의 무상을 관찰하면 깨달음을 얻을 수 있

---

18 MN.I.230, "rūpaṃ bhikkhave aniccaṃ, vedanā aniccā, saññā aniccā, saṅkhārā aniccā, viññāṇaṃ aniccaṃ."

19 SN.III.22-23.

다고 말했다.[20] 이처럼 붓다는 오온의 무상을 반복해서 강조했다. 무상한 것은 기뻐할만한 가치도 없고, 감명을 받을만한 가치도 없으며, 집착할만한 가치도 없기 때문이다.[21]

『앙굿따라 니까야』(AN7:62)에서 붓다는 "비구들이여, 형성된 것들은 무상하다. 비구들이여, 형성된 것들은 견고하지 않다. 비구들이여, 형성된 것들은 안식을 주지 못한다. 비구들이여, 그러므로 형성된 모든 것들[諸行]에 대해서 싫어해야 마땅하며[厭惡], 욕망을 떠나야 마땅하며[離欲], 해탈해야 마땅하다[解脫]"[22]고 설했다. 또한 『맛지마 니까야』(MN28)에서는 "벗이여, 참으로 이 광대한 외적인 땅의 요소도 무상한 것으로 드러나고, 부서지기 마련인 것으로 드러나고, 소멸되기 마련인 것으로 드러나고, 변하기 마련인 것으로 드러난다"[23]고 했다. 요컨대 현상계 모든 존재는 무상법(無常法)·진법(盡法)·쇠법(衰法)·변이법(變易法)의 지배를 받는다. 신들의 왕인 삭까(Sakka)는 붓다가 입멸했을 때, "형성된 것들[諸行]은 참으로 무상하여 일어났다가는 사라지는 법이라네. 일어났다가는 다시 소멸하나니 이들의 가라앉음이 진정

20 오온관(五蘊觀)만으로 모든 깨달음을 얻을 수 있고, 또 해탈한 후에도 오온관을 닦아야 한다고 설한 경전은 『잡아함경』 제10권 제259경(T 2, p.65b-c); SN.III.167-169 등이다.

21 MN.II.263, "yad aniccaṃ taṃ nālaṃ abhinandituṃ, nālaṃ abhivadituṃ, nālaṃ ajjhositun ti."

22 AN.IV.100, "aniccā bhikkhave saṅkhārā, adhuvā bhikkhave saṅkhārā, anassāsikā bhikkhave saṅkhārā, yāvañ c'idaṃ bhikkhave alam eva sabbasaṅkhāresu nibbindituṃ virajjituṃ alaṃ vimuccituṃ."

23 MN.I.185, "tassā hi nāma āvuso bāhirāya paṭhavīdhātuya tāva mahallikāya aniccatā paññāyissati, khayadhammatā paññāyissati, vayadhammatā paññāyissati, vipariṇāma- dhammatā paññāyissati."; 『중아함경』 제30「象跡喩經」(T 1, p.464c), "諸賢, 此外地界極大, 極淨, 極不憎惡, 是無常法.盡法.衰法.變易之法."

한 행복[涅槃]이라네"[24]라고 읊었다. 이 게송은 무상의 의미를 매우 잘 표현한 것이다.

그러면 불교에서는 무엇 때문에 '제행무상'을 교리의 근본명제로 삼았는가? 미즈노 고겐(水野弘元)은 세 가지 이유를 제시하고 있다. 첫째는 무상관(無常觀)이 종교심을 일으키는 동기가 되기 때문이다. 둘째는 우리로 하여금 아집과 탐욕에서 벗어나게 함이기 때문이다. 셋째는 무상을 올바로 인식함으로써 더욱 정진하게 함이기 때문이다.[25] 붓다가 최후의 유계(遺誡)로서, "형성된 것들[諸行]은 쇠퇴하기 마련이다. 그대들은 방일(放逸)하지 말고 목적을 이루기 위해 노력하라"[26]고 제자들에게 당부했던 것도 이 때문이다.

앞에서 언급했듯이, 붓다가 '제행무상'이라는 명제를 천명한 것은 바라문교에서 주장하는 영원불변의 실재를 부정하기 위한 것이다. 바라문교에서는 자성(自性, svabhāva)이나 동일성(同一性)을 유지하면서 그 형상이나 성질이 다른 것으로 바뀐다고 주장한다. 그러나 불교에서는 영원불변의 실재를 인정하지 않는다. 현상계의 모든 존재는 자기 동일성을 유지하면서 변하는 것이 아니라 단지 조건에 따라 끊임없이 변화할 뿐이라고 말한다. 붓다는 바라문교에서 주장하는 변화와 불교에서 말하는 변화를 구분하기 위해 '변화(變化, vipariṇāma)'라는 단어 대신 '무상(無常, anicca)'이

---

24 DN.II.157; SN.I.6, "aniccā vata saṅkhārā uppādavaya-dhammino, uppajitvā nirujjhanti, tesaṃ vūpasamo sukho'ti."; 『잡아함경』 제22권 제576경(T 2, p.153c), "一切行無常, 是則生滅法, 生者旣復滅, 俱寂滅爲樂."

25 水野弘元, 『原始佛教』, pp.107-109, 참조.

26 DN.II.156, "vayadhammā saṅkhārā appamādena sampādetha'ti."

라는 단어를 사용했다.[27] 불교에서 말하는 '무상'은 바라문교에서 말하는 '변화'와는 그 의미가 완전히 다르기 때문이다.

2. 일체개고(一切皆苦)

삼법인설의 두 번째 명제는 '일체개고(sabbe saṅkhārā dukkhā, Sk. sarva saṃskārā duḥkhaḥ)'이다.[28] 일체개고는 '모든 형성된 것들은 괴로움이다'라는 뜻이다.[29] 여기서 형성된 것들[諸行]이란 유위법(有爲法, saṅkhata-dhamma)을 말한다. 따라서 형성되지 않은 것들, 즉 무위법(無爲法, asaṅkhata-dhamma)인 열반을 제외한 모든 것들은 괴로움이다. 이처럼 붓다의 가치적 세계관은 고(苦)에 바탕을 두고 있다.

붓다는 자신의 주관적 해석인 고관(苦觀)을 근거로 교리를 조직했다. 이를테면 사성제(四聖諦)에서는 현실세계를 고성제(苦聖諦)로 파악했고, 십이연기(十二緣起)에서는 노사우비고뇌(老死憂悲苦惱)의 성립조건을 찾는 것이 연기관(緣起觀)의 출발점이었다.[30] 아무튼 붓다의 최대 관심사는 고(苦)와 고의 소멸(消滅)에 관한 것이었다.

『맛지마 니까야』(MN13)에서 붓다는 "무상하고 괴롭고 변하기

---

27 元義範,『現代佛教思想』, pp.74-75.

28 Dhp. 278; MN.I.228; SN.III.133.

29 일반적으로 삼법인설의 두 번째 명제(命題)는 '일체개고(一切皆苦)'로 알려져 있다. 하지만 '일체행고(一切行苦)'가 더 빨리어 원문에 가깝다. 그러나 본 논문에서는 관례대로 '일체개고(一切皆苦)'로 표기한다.

30 木村泰賢,『原始佛教 思想論』, p.224.

쉽다"[31]고 말했다. 이른바 제행(諸行)은 파괴(破壞)되고 변이법(變易法)이기 때문에 '고(苦)'라는 것이다.[32] 이처럼 불교에서 괴로움을 강조하는 까닭은 괴로움이 소멸된 경지, 즉 열반을 실현하는 것이 불교의 궁극적 목표이기 때문이다.

괴로움의 원어인 둑카(dukkha, Sk. duḥkha)를 고(苦)라고 한역(漢譯)했지만, 육체적인 고통이나 심리적인 고뇌만을 뜻하는 것이 아니다. 둑카에는 보다 깊은 철학적 의미가 함축되어 있다. 이른바 괴로움이란 생(jāti)·노(jarā)·병(vyādhi)·사(maraṇa)의 사고(四苦)와 원증회고(怨憎會苦, appiyasampayoga-dukkha), 애별리고(愛別離苦, piyavippayoga-dukkha), 구부득고(求不得苦, icchitālābha-dukkha), 오취온고(五取蘊苦, pañcupādānakkhandha)를 더한 팔고(八苦)를 말한다.[33]

이 중에서 여덟 번째 '오취온고'는 '오음성고(五陰盛苦)'라고도 하는데, 이것은 오온 자체가 괴로움이 아니라 오온을 '나의 자아'라고 집착하는 것이 괴로움이라는 뜻이다. 오온(五蘊, pañcakkhandha)과 오취온(五取蘊, pañcupādānakkhandha)의 차이점을 간과해서는 안 된다.

한편 괴로움의 성질[苦性]에는 세 가지가 있다. 이른바 고고성(苦苦性, dukkha-dukkhatā), 괴고성(壞苦性, vipariṇāma-dukkhatā), 행고성(行苦性, saṅkhāra-dukkhatā)이 그것이다.[34] 첫째, 고고성은 일반

31 MN.I.90, "aniccā dukkhā vipariṇāma dhammā."

32 SN.II.274.

33 SN.V.421-422; Vin.I.10.

34 SN.IV.259, "dukkha-dukkhatā saṅkhāra-dukkhatā vipariṇāma-dukkhatā."

적인 괴로움을 뜻한다. 일반적인 육체적 · 정신적 괴로움이 이에 속한다. 둘째, 괴고성은 변화에 의한 괴로움을 뜻한다. 이것은 자신의 지위나 명예 혹은 재산 등을 잃었을 때 느끼는 괴로움이다. 셋째, 행고성은 존재 자체의 괴로움을 뜻한다. 이것은 존재가 지닌 근원적인 불만족스러움이다.

미즈노 고겐(水野弘元)은 '일체개고'라는 명제는 객관성을 갖고 있지 않다고 지적했다. 그는 "실제로 세상에는 고(苦)뿐만 아니라 낙(樂)도 있다. 행복은 없고 불행만이 있는 인생은 아마도 없을 것"[35]이라고 지적했다. 그러나 이러한 행복도 영원한 것이 아니며, 궁극적으로는 불만족스럽다. 왜냐하면 모든 존재의 본질은 바람직하지 못한 것, 즉 불만족스러움의 속성을 지니고 있기 때문이다. 그러나 붓다가 '모든 형성된 것들은 괴로움이다[一切皆苦]'고 천명한 것은 고에서 낙으로 개조될 수 있음을 염두에 둔 것이다. 그리고 열반적정의 경지는 투철한 고관(苦觀)을 통해서만 얻을 수 있다는 것이 초기불교의 시각이다.

3. 제법무아(諸法無我)

삼법인설의 세 번째 명제는 '제법무아(sabbe dhammā anattā *Sk*. sarva dharmā anātmānāḥ)'이다.[36] 제법무아는 '모든 법들[諸法]

---

35 水野弘元,『原始佛教』, pp.109-110.

36 Dhp. 279; MN.I.228; MN.II.170; SN.III.133.

은 자아가 없다'는 뜻이다. 무아의 원어 anattan(Sk. anātman)[37]은 처음부터 비아(非我)로 번역될 소지가 있다. attan(Sk. ātman)은 '비(非)'와 '무(無)'의 뜻을 모두 갖고 있기 때문이다. 그러나 무아를 산스끄리뜨 nirātman으로 표기하면, 비아(非我)로 번역될 여지가 전혀 없다.[38]

『맛지마 니까야』(MN35)에서 붓다는 "비구들이여, 색(色)은 무아이다. 수(受)는 무아이다. 상(想)은 무아이다. 행(行)은 무아이다. 식(識)은 무아이다"[39]라고 설했다. 『주석서』에서는 네 가지 이유, 즉 "공(空)하고, 주인이 없고, 지배자가 아니고, 자아와 반대되기 때문에 ……"[40] 오온이 무아라고 풀이했다.

「무아상경(無我相經)」에 의하면, 오온이 무아인 까닭은 두 가지다. 첫째는 오온에게 '이렇게 되라'거나, '이렇게 되지 말라'고 통제할 수 없기 때문이다.[41] 둘째는 무상하고 괴로움이고 변하기 마련인 것을 두고, "이것은 '나의 것'이다(etaṃ mama), 이것은 '나'이다(eso 'ham asmi), 이것은 '나의 아'이다(eso me attā)"[42]라고 볼 수 없기 때문이다. 이와 같이 제법에는 영원불변하는 실체성[自性]이 없다. 자성(svabhāva)이란 변하지 않는 본성이나 실체를

---

37 水野弘元, 『パーリ語辭典』 二訂版, p.13.

38 G. P. Malalasekera, ed. *Encyclopaedia of Buddhism*, Vol. I(Colombo: The Government of Ceylon, 1961), p.567, n.1; 정승석, 『윤회의 자아와 무아』, 서울: 장경각, 1999, p.19, n.9.

39 MN.I.230, "rūpaṃ bhikkhave anattā, vedanā anattā, saññā anattā, saṅkhārā anattā, viññāṇaṃ anattā."

40 MA.Ⅱ.113; 대림 옮김, 『맛지마 니까야』 제2권, p.137, n.78에서 재인용.

41 SN.III.66.

42 SN.III.67.

말한다. 불교에서는 고정 불변하는 자성의 실재를 인정하지 않는다. 스체르바츠키(Stcherbhatsky, 1866-1942)는 "무아는 궁극적 실재(dharmatā, 法性)의 존재에 대한 부정적 표현일 뿐"[43]이라고 결론지었다.

제행무상과 일체개고의 원어는 'sabbe saṅkhārā'이고, 제법무아의 원어는 'sabbe dhammā'이다. 이 점에 유의하지 않으면 안 된다. 상카라(saṅkhāra, 行)는 '형성된 것'이라는 뜻이다. 따라서 형성된 것들은 모두 무상하고 괴롭다. 그러나 만일 '모든 형성된 것들은 자아가 없다[諸行無我]'고 하면, 어떤 사람은 형성된 것은 자아가 없지만, 형성되지 않은 것은 자아가 있다고 생각할 수도 있다. 그래서 붓다는 이러한 오해를 사전에 차단하기 위해 제법무아에서는 '상카라(saṅkhāra)'가 아닌 '담마(dhamma)'라는 용어를 사용했다.[44]

'담마'라는 용어는 '상카라'보다 훨씬 넓은 개념이다. 담마는 형성된 사물과 상태뿐만 아니라 형성되지 않은 것, 절대적인 것, 즉 열반까지도 포함된다. 우주의 내부나 외부에서, 선이나 악, 조건이나 무조건, 상대적이거나 절대적인 것이 모두 이 용어에 포함된다. 따라서 '모든 법들에는 자아가 없다[諸法無我]'는 것은 오온의 안팎이나 오온을 벗어난 그 어디에도 자아(ātman)가 존재하지 않는다는 것을 의미한다.[45]

---

43 Th. Stcherbatsky, *The Central Conception of Buddhism and the Meaning of the Word 'Dharma'*, London: RAS, 1923, Reprint Delhi: Motilal Banarsidass, 1974, p.25.

44 W. Rahula, *What the Buddha taught*, p.57.

45 W. Rahula, *What the Buddha taught*, p.58.

제법무아의 이론은 누구나 쉽게 이해할 수 있는 것이 아니다.[46] 미즈노 고겐은 현존하는 초기경전은 부파불교의 영향을 받았기 때문에 저속한 무아설과 고차적인 무아설이 혼재되어 있다고 지적했다. 그는 『중아함경』 제30「象跡喩經」[47]과 『잡아함경』 권45 제1202경[48]에 설해진 오온설은 저속한 무아설이라고 주장했다.[49]

『상적유경』은 사리뿟따(Sāriputta, 舍利弗) 존자가 여러 비구들에게 설한 것이다. 이 경에서 사리뿟따는 오온에 대해 "마치 목재와 진흙과 물풀로써 허공을 덮으면 '집'이라는 명칭이 생기는 것처럼, … 이 몸도 그와 같아서 힘줄과 뼈와 피부와 살과 피로 허공을 싸면 곧 '몸'이라는 이름이 생긴다"[50]고 설명했다. 또한 『잡아함경』 제35권 제1202경에서는 바지라(Vajirā, 金剛)라는 비구니가 게송으로 "마치 여러 가지 목재를 한데 모아 세상에서 '수레'라고 일컫는 것과 같이, 모든 쌓임의 인연이 모인 것을 거짓으로 중생이라 부른다"[51]고 읊었다. 두 경전의 공통점은 오온을 '집'이나 '수레'에 비유하여 설명한 것이다. 이를테면 여러 가지 요소가 모여 '집'이나 '수레'라는 명칭이 생긴 것처럼 여러 가

---

46 MN.I.487, "gambhīro h'ayaṃ vaccha dhammo duddaso duranubodho santo paṇīto atakkāvacaro nipuṇo paṇḍitavedaniyo."

47 『중아함경』 제30「象跡喩經」(T 1, pp.464b-467a); MN. Ⅰ.184-191.

48 『잡아함경』 제45권 제1202경(T 2, p.327b); SN. Ⅰ.135.

49 水野弘元, 『原始佛教』, pp.115-118, 참조.

50 『중아함경』 제30「象跡喩經」(T 1, pp.466c-467a), "猶如因材木, 因泥土, 因水草, 覆裹於空, 便生屋名. 諸賢, 當知此身亦復如是, 因筋骨, 因皮膚, 因肉血, 纏裹於空, 便生身名."

51 『잡아함경』 제45권 제1202경(T 2, p.327b), "如和合衆材, 世名之爲車, 諸陰因緣合, 假名爲衆生."

지 요소가 모여 '오온(인간)'이라는 명칭이 생겼다는 것이다. 미즈노 고겐은 이러한 비유 설법이 가장 저속한 무아설이라고 주장했다.[52]

한편 통속적인 무아설은 초기경전에서 가장 빈번하게 나오는 오온설이다. 오온이란 색(色, rūpa), 수(受, vedanā), 상(想, saññā), 행(行, saṅkhāra), 식(識, viññāṇa)을 말한다. 이 오온의 안팎에 나[我]라고 할 만한 고정 불변하는 실체가 없다는 것이 오온무아설이다. 이처럼 오온은 원래 인간의 몸과 마음[身心] 전체를 가리킨 것이다. 그러나 후대에는 오온이 인간의 몸과 마음뿐만 아니라 세계 전체를 가리키는 것으로 그 의미가 확대되었다.[53]

초기경전에는 두 가지 유형의 무아설이 나타난다. 하나는 유신견(有身見) 부정의 무아설이고, 다른 하나는 「무아상경」에 나타난 무아설이다.[54] 첫째, 유신견 부정의 무아설은 붓다시대 자아와 관련된 스무 가지의 유신견(有身見, sakkāya-diṭṭhi)을 타파하기 위해 설해진 것이다. 『맛지마 니까야』에서는 "①색(色)을 자아라고 관찰하고, ②색을 가진 것이 자아라고 관찰하고, ③자아 안에 색이 있다고 관찰하고, ④색 안에 자아가 있다고 관찰한다"[55]고 되어 있다. 이것은 오온이 아(我)이다, 아는 오온을 지니고 있다, 아(我) 속에 오온이 있다, 오온 속에 아(我)가 있다는 것을 의미한

---

52 水野弘元, 『原始佛教』, p.117.

53 水野弘元, 『原始佛教』, p.119.

54 舟橋一哉, 『原始佛教思想の研究』, 京都: 法藏館, 1952, p.54. 舟橋一哉는 무아설을 두 유형으로 구분했다. 즉 유신견(有身見)의 부정의 유형과 「무아상경」의 유형이 그것이다.

55 MN.I.300, "rūpaṃ attato samanupassati, rūpavantaṃ vā attānaṃ, attani vā rūpaṃ, rūpasmiṃ vā attānaṃ."

다. 이것을 스무 가지의 유신견이라고 부른다. 반면 성스러운 제자는 "색을 자아라고 관찰하지 않고, 색을 가진 것이 자아라고 관찰하지 않고, 자아 안에 색이 있다고 관찰하지 않고, 색 안에 자아가 있다고 관찰하지 않는다."[56] 이렇게 관찰하면 불변하는 유신(有身)이 있다는 견해, 즉 유신견이 생기지 않는다. 전자는 어리석은 범부의 인식이고, 후자는 성자의 인식이다.

그런데 유신견 부정의 유형 ①에서 ④까지를 한역(漢譯)에서는 '아(我) · 이아(異我) · 상재(相在)'로 번역했다. 그 대표적인 예문이 『잡아함경』 제2권 제57경에 나온다. 즉 "그 일체는 나도 아니요, 나와 다른 것도 아니며, 나와 나 아닌 것이 함께 있는 것도 아니다. 수 · 상 · 행 · 식도 또한 마찬가지다."[57] 이에 대한 학자들의 해석은 완전히 다르다. 와츠지 데츠로오(和辻哲郎)는 이아(異我)를 '아(我)에 대한 다른 아(我)'로, 상재(相在)를 그 둘(我 · 我所)이 '함께 있음'이라고 해석했다.[58] 그러나 후나하시 잇사이(舟橋一哉)는 와츠지 데츠로오의 해석이 잘못된 것이라고 비판했다. 그는 "색에 대해 '이아(異我)로 본다'는 것은 '색과 아는 다르다고 본다'는 뜻이고, '상재(相在)'는 색과 아가 '서로 포섭해 있다'는 뜻이라고 해석했다.[59] 후나하시의 해석에 따르면, '유신견 부정의 유형'인 ①에서 ④까지는 『잡아함경』에서 '아(我) · 이아(異我) · 상재(相在)'로

---

56 MN.I.300, "na rūpaṃ attato samanupassati, na rūpavantaṃ attānaṃ, na attani rūpaṃ, na rūpasmiṃ attānaṃ."

57 『잡아함경』 제2권 제57경(T 2, p.15a), "彼一切非我 · 不異我 · 不相在; 受 · 想 · 行 · 識亦復如是."

58 和辻哲郎, 『原始佛教の實踐哲學』, p.116.

59 舟橋一哉, 『原始佛教思想の研究』, pp.249-255.

번역한 것과 동일하다. 다만 한역에서는 '상재(相在)'에 ③과 ④를 포함시켰을 뿐이다.

둘째, 「무아상경(Anattalakkhaṇa-sutta)」(SN22:59)의 무아설은 다섯 고행자들에게 오온이 무아인 까닭에 대해 설한 것이다. 다섯 고행자들은 이 설법을 듣고, 오온의 무상 · 고 · 무아를 꿰뚫어 봄으로써 아라한과를 증득하게 되었다. 현존하는 대표적인 「무아상경」은 『상윳따 니까야』의 「무아상경」(A)과 『잡아함경』의 「오비구경」(B)이다. 두 경의 핵심 내용을 비교해 보자.

> A: 비구들이여, 色은 無我다. 만일 색이 자아라면, 이 색은 고통이 따르지 않을 것이다. 그리고 색에 대해서 '나의 색은 이와 같이 되기를, 나의 색은 이와 같이 되지 않기를'이라고 하면 그대로 될 수 있을 것이다. 비구들이여, 그러나 色은 無我이기 때문에 색은 고통이 따른다. 그리고 색에 대해서 '나의 색은 이와 같이 되기를, 나의 색은 이와 같이 되지 않기를'이라고 하더라도 그대로 되지 않는다.[60] (기호와 밑줄은 필자)
>
> B: 色에는 나[我]가 없다. 만일 색 안에 나[我]가 있다면 색에는 응당 병이나 괴로움이 생기지 않아야 하며, 색에 대하여 '이렇게 되었으면' 한다든가, '이렇게 되지 않았으면' 하고 바랄 수도 없을 것이다. 色에는 나[我]가 없기 때문에 색에는 병이 있고 괴로움이 생기는 것이다. 또한

---

60 SN.III.66, "rūpaṃ bhikkhave anattā, rūpañ ca bhikkhave attā abhavissa nayidaṃ rūpaṃ ābādhāya saṃvatteyya, labbhetha ca rūpe evaṃ me rūpaṃ hotu evaṃ me rūpaṃ mā ahosīti. yasmā ca kho bhikkhave rūpaṃ anattā tasmā rūpaṃ ābādhāya saṃvattati, na ca labbhati rūpe evaṃ me rūpaṃ hotu evaṃ me rūpaṃ mā ahosīti."

> 색에 대하여 '이렇게 되었으면' 한다든가, '이렇게 되지 않았으면' 하고 바라게 되는 것이다. 수 · 상 · 행 · 식도 그와 같다.[61] (기호와 밑줄은 필자)

위에서 인용한 두 경전의 내용에는 표현상 미묘한 차이가 있다. 위에서 밑줄 친 빨리문 'rūpaṃ anattā'는 '색은 무아이다'는 뜻이다. 그리고 'rūpaṃ anattā tasmā'는 '색은 무아이기 때문에'라는 뜻이다. 그런데 정승석은 'rūpaṃ anattā'를 '색은 아(아트만)가 아니다(色非我)'라 번역했고, 'rūpaṃ anattā tasmā'를 '색은 아가 아니므로(色非我故)'라고 번역했다.[62] 그는 빨리어 'anattā'를 의도적으로 '비아(非我)'로 번역하고 있음을 알 수 있다. 또한 정승석은 한역의 '색비유아(色非有我)'를 '색은 아를 지니지 않는다(我가 아니다)'라고 번역했고, '이색무아고(以色無我故)'를 '색은 아가 없는 것(無我)이므로'라고 번역했다.[63] 그러나 '색비유아(色非有我)'는 '색에는 나[我]가 없다'는 뜻이고, '이색무아고(以色無我故)'는 '색에는 나[我]가 없기 때문에'라는 뜻이다.

그런데 빨리문에 언급된 '아(我)'는 바라문교의 최고신인 범천(梵天)과 같은 의미로 쓰이고 있다. 따라서 최고신이 자유자재 하듯이, 아(我)도 자유자재할 수 있다는 것이다. 즉 색이 자유자재의 아(我)라면 색은 병에도 걸리지 않을 것이다. 그러나 실제로 색은

---

61 『잡아함경』 제2권 제34경 「五比丘經」(T 2, p.7c), "色非有我. 若色有我者, 於色不應病 · 苦生, 亦不得於色欲令如是, 不令如是. 以色無我故, 於色有病 · 有苦生, 亦得於色欲令如是, 不令如是; 受 · 想 · 行 · 識亦復如是."

62 정승석, 『윤회의 자아와 무아』, pp.20-21.

63 정승석, 『윤회의 자아와 무아』, p.22.

병에 걸리는 등 생사윤회의 고를 받기 때문에 색은 아가 아니고 무아라는 것이다.[64] 그러나 한역의 「오비구경」에서는 오온에는 나[我]가 없다는 것이다. 오온에는 나[我]가 없기 때문에 오온을 내 마음대로 지배할 수 없다는 것이다. 이것이 오온무아의 본래 의미이다.

4. 열반적정(涅槃寂靜)의 의미

열반적정(śāntaṃ nirvāṇaṃ)은 '열반은 고요하다'는 뜻이다. 혹은 '열반은 [더 없는] 행복'[65]이라고 표현하기도 한다. 열반(涅槃, nibbāna, Sk. nirvāṇa)은 음사 표기이고, 적정(寂靜, santi, Sk. śānti)은 의역이지만 뜻은 동일하다. 또한 열반의 어원은 두 가지로 해석된다.

첫째는 nis-(부정의 접두어)와 어근 vā(불다)에서 파생된 중성명사로 보는 견해이다. 그렇게 보면 nirvāṇa는 '불어서 꺼진'이라는 뜻이다. 일반적으로 열반은 탐욕(貪) · 성냄(瞋) · 어리석음(癡)의 불이 완전히 꺼진 상태를 말한다. 이러한 용례는 "탐욕의 멸진, 성냄의 멸진, 어리석음의 멸진을 열반이라고 한다."[66] 또한 "존재의 소멸이

---

64 水野弘元,『原始佛敎』,, p.122.

65 高楠順次郎는 涅槃寂靜의 原語가 'nirvāṇa sukhaṃ'이라고 이해하고, 'Nirvāṇa is Bliss'(涅槃은 [더 없는] 행복이다)라고 英譯했다. Takakusu Junjirō, The Essentials of Buddhist Philosophy, Delhi: Motilal Banarsidass, 1975, p.210.

66 SN.IV.251, "rāgakkhayo dosakkhayo mohakkhayo idaṃ vuccati nibbānanti."

열반이다."[67]

둘째는 nis-와 vāna(숲, 밀림=번뇌)로 보는 견해이다. 이것은 번뇌(kilesa)의 얽힘에서 벗어나는 것이 열반이라는 해석이다. 이러한 용례는 "욕망의 숲을 베어내라. 나무만을 베어내지 말고, 욕망의 숲에서 두려움이 생긴다. 비구들이여, 욕망의 숲과 욕망의 나무를 베어내고 욕망의 숲이 없는 상태가 되라."[68] 후대의 주석서에서는 후자의 해석이 선호되었다고 한다.[69]

열반은 주로 부정적인 언어로 표현되었다. 만일 열반을 긍정적인 언어로 표현할 경우, 어떤 절대적인 경지가 별도로 존재하는 것으로 착각할 수 있기 때문이다. 따라서 열반은 일반적으로 덜 위험한 부정적인 용어로 표현되었다. 이를테면 애진(愛盡, taṅhakkhaya), 무위(無爲, asaṅkhata), 이탐(離貪, virāga), 적멸(寂滅, nirodha) 등이다. 그렇다고 해서 긍정적인 용어를 전혀 사용하지 않은 것은 아니다. 『상윳따 니까야』의 「무위상응(無爲相應, asaṅkhata-saṃyutta)」에는 열반의 동의어 서른두 가지가 나열되어 있다.[70] 요컨대 열반

---

67 SN.II.117, "bhavanirodho nibbānanti."

68 Dhp. 283, "vanaṃ chindatha mā rukkhaṃ, vanato jāyatī bhayaṃ, chetvā vanaṃ vanathañ ca, nibbanā hotha bhikkhavo."

69 Dhp. 283, "vanaṃ chindatha mā rukkhaṃ, vanato jāyatī bhayaṃ, chetvā vanaṃ vanathañ ca, nibbanā hotha bhikkhavo."

70 SN.Ⅳ.362-373. 즉 ①無爲(asaṅkhata), ②終極(anta), ③無漏(anāsava), ④眞理(sacca), ⑤彼岸(pāra), ⑥미묘함(nipuṇa), ⑦極難見(sududdasa), ⑧不老(ajajjara), ⑨견고함(dhuva), ⑩觀照(apalokita), ⑪不可見(anidassana), ⑫無戱論(nippapañca), ⑬寂靜(santa), ⑭不死(amata), ⑮極妙(paṇīta), ⑯吉祥(siva), ⑰安穩(khema), ⑱愛盡(taṅhakkhaya), ⑲稀有(accariya), ⑳未曾有(abbhuta), ㉑無災(anītika), ㉒無災法(anītika-dhamma), ㉓涅槃(nibbāna), ㉔無惱害(avyāpajjha), ㉕離貪(virāga), ㉖淸淨(suddhi), ㉗解脫(mutti), ㉘無著(anālaya), ㉙島(dīpa), ㉚避難所(leṇa), ㉛救難所(tāṇa), ㉜歸依(saraṇa), ㉝到彼岸(parāyaṇa) 등이다. 이 중에서 ㉓涅槃(nibbāna)을 제외하면 열반의 동의어는 서른두 가지가 된다.

이란 출세간(lokuttara)이며, 형성된 것(有爲, saṅkhata)을 완전히 벗어난 형성되지 않은 것(無爲, asaṅkhata)을 의미한다.

미즈노 고겐은 "열반의 경지는 번뇌의 속박을 벗어난 것이라는 점에서 적정(寂靜)이라고 말해지며, '일체개고(一切皆苦)'라는 명제에 대응하는 '적멸위락(寂滅爲樂)'의 상태로, 생사의 상대적인 고락(苦樂)을 초월한 절대적인 안락경(安樂境)"[71]이라고 말했다.

칼루파하나(D. J. Kalupahana)는 열반의 경지에 대해 "죽음이 없음은 깨달음의 획득과 탐욕 제거의 궁극적 결과다. 그러나 깨달음의 즉각적 결과는 탐욕이나 집착이 없음으로부터 생겨나는 완전한 행복(parama-sukha)의 획득이다. 이런 관점에서 볼 때, 우리는 『Theragāthā(長老偈)』와 『Therīgāthā(長老尼偈)』에 기록된 비구와 비구니에 의해 표현된 환희의 노래를 이해할 수 있을 것이다"[72]라고 묘사했다.

이상에서 살펴본 바와 같이 삼법인설은 '제행무상', '일체개고'에서 출발하여 '열반적정'에서 종결된다.[73] 고익진은 무상·고·무아라는 교의는 필연적으로 종교적 경지에 도착될 논리를 갖고 있기 때문에 열반적정인(涅槃寂靜印)이 나오게 되었다고 말했다.[74] 사실 일체개고와 열반적정은 상대적인 개념이다. 즉 '일체는 고이다'라는 명제는 '열반은 낙이다'라는 어구에 상대되는 개념이다. 후자의 '열반은 낙이다'라는 것은 고뇌를 해탈한 성자

---

71 水野弘元, 『原始佛教』, p.129.

72 Davids J. Kalupahana, *Buddhist Philosophy: A Historical Analysis*, p.33.

73 水野弘元, 『原始佛教』, pp.129-130.

74 高翊晉, 「三法印 補說」, 『東國思想』 제7집(서울: 동국대 불교대학, 1974), p.58.

의 입장에서 말한 것이고, 전자의 '일체는 고이다'라는 것은 아직 해탈을 얻지 못한, 갈애(渴愛) · 집착(執着)을 가지고 있는 범부의 입장을 나타낸 것이다.[75]

김동화는 "무상 · 무아는 객관적 제법에 대한 사실 그대로의 단안(斷案)이지만, 일체개고는 이와 같은 무상 · 무아에 배치되는 상주(常住) · 유아(有我)에 대한 욕망에서 내려지는 주관적 단안(斷案)이다. 그러므로 이 주관적인 욕망을 고려하지 않고 다만 객관적 존재를 존재의 사실 그대로 두고 본다면 일체개고는 필요가 없는 단안일 것이다. 그런 고(故)로 이것은 빠져도 무방(無妨)하다"[76]고 주장했다. 그리고 그는 "열반적정이 빠졌을 때의 경우를 생각해 본다면, 무목적(無目的)하고 미혹한 범부시(凡夫時)의 처지(處地)에서 볼 때는 현상적 존재는 무상하고 무아하다는 단안이 내려질 것이고, 또 이에 대한 희망을 잃은 심정(心情)을 표현한 것이 일체개고라는 단안으로서, 이 열반적정의 경지까지는 아직 요원(遙遠)한 것이다. 그러므로 이때에는 아직 열반적정의 단안이 나타나지 못한다"[77]고 주장했다.

이러한 해석은 대승불교의 시각을 반영한 것으로 결코 초기불교의 시각이 아니다. 초기불교에서는 무상 · 고 · 무아를 통해 열반을 증득할 수 있다고 본다. 따라서 원래의 삼특상은 제행무상 · 일체개고 · 제법무아다. 그러나 여기에 일체개고를 빼고 열반적정을 삽입한 것은 후대에 변형된 것이다.

---

75 水野弘元, 『原始佛教』, p.113.

76 金東華, 『原始佛教思想』, p.87.

77 金東華, 『原始佛教思想』, p.87.

Ⅳ. 무상(無常)·고(苦)·무아(無我)

이처럼 불교의 무아설에서는 '나(我)', '나의 것(我所)'이라고 하는 집착이 비판되고, 상일주재(常一主宰)의 형이상학적 실체인 아뜨만이 부정되는데, 이 무아설은 다시 무상 · 고와 동일한 취지로 설해지는 경우가 적지 않다. 이를테면 『상윳따 니까야』(SN22:15)에서는 색(色) · 수(受) · 상(想) · 행(行) · 식(識)이 각각 무상이며 괴로움이라고 설한다. 즉 "비구들이여, 색은 무아이다. 수는 무아이다. 상은 무아이다. 행은 무아이다. 식은 무아이다"라고 설한다. 그런 다음 이 무상 · 고 · 무아 등 세 가지에 대하여 다음과 같이 설한다.

> 비구들이여, 색은 무상하다. 무상한 것은 괴로움이다. 괴로움인 것은 무아이다. 무아인 것은 '나의 것'이 아니다. 이것은 '내'가 아니고, 이것은 '나의 아뜨만'이 아니다. 여실히 올바른 지혜로써 이같이 관찰해야 한다.[78]

마찬가지로 수 · 상 · 행 · 식이 각각 무상하며 무상하기 때문에 괴롭고 괴롭기 때문에 무아라고 하는 사실이 반복되고 있다.

이러한 무상 · 고 · 무아의 교설에는 몇 가지 형태가 있는데, 다음과 같은 대화가 그 대표적인 예로 알려져 있다.

> 비구들이여, 이것을 어떻게 생각하는가. 색은 상주(常

78 SN.III.22.

住)한가 혹은 무상한가

세존이시여, 무상합니다.

그렇다면 무상한 것은 괴로움인가 혹은 즐거움인가?

세존이시여, 그것은 괴로움입니다.

그렇다면 무상하고 괴로우며 변화하는 본성을 지닌 어떤 것을 '이것은 나의 것이다', '이것은 나이다', '이것은 나의 아(我)이다'라고 볼 수 있겠는가?

세존이시여, 그렇게 볼 수 없습니다.

비구들이여, 그렇기 때문에 일체의 색(色, 물질적 형태)은 과거 · 현재 · 미래의, 안에서든 밖에서든, 조악하든 미세하든, 열등하든 미묘하든, 멀리 있든 가까이 있든 '이것은 나의 것이 아니다'고 여실하고 올바른 지혜로써 보아야 할 것이다.[79]

계속하여 수 · 상 · 행 · 식에 대해서도 동일한 설명을 되풀이하고 난 후 다음과 같은 결론을 내리고 있다.

비구들이여, 많이 배운 성스러운 제자는 이와 같이 관찰하여, 색(色)을 싫어하고, 수(受)를 싫어하고, 상(想)을 싫어하고, 행(行)을 싫어하고, 식(識)을 싫어한다. 싫어하기 때문에 탐욕에서 벗어나며, 탐욕에서 벗어나기 때문에 해탈한다. 해탈하면 해탈했다는 지혜가 생겨난다. 이른바 '나의 생존은 이미 다했다. 청정한 범행(梵行)은 성취되었다. 해야 할 일을 다 해 마쳤다. 나아가 어떤 존재

---

79 SN.III.67-68.

로도 되돌아오지 않는다'라고 꿰뚫어 안다.[80]

이러한 가르침을 들었을 때 비구들은 크게 기뻐하여 붓다의 가르침을 믿고 모든 번뇌를 끊어 심해탈(心解脫)하였다고 한다. 이처럼 인간을 구성하고 있는 다섯 가지 구성 요소 하나하나가 무상한 것이기 때문에 괴로움이고 괴로움이기 때문에 무아라고 하는 주장은 초기불교의 무아설(無我說)의 실천적인 의미를 잘 나타내고 있는 것이다.[81]

80 SN.III.68, "evaṃ passaṃ bhikkhave sutavā ariyasāvako rūpasmiṃ nibbindati, vedanāya nibbindati, saññāya, saṅkhāresu, viññāṇasmiṃ nibbindati, nibbindaṃ virajjati, virāgā vimuccati, vimuttasmiṃ vimuttam iti ñāṇaṃ hoti. khīṇā jāti vusitaṃ brahmacariyaṃ kataṃ karaṇīyaṃ nāparaṃ itthattāyā ti pajānātīti."

81 후지타 코타츠 外, 『초기 · 부파불교의 역사』, pp.82-88.

제5장 연기법(緣起法)

Ⅰ. 연기의 의의(意義)

연기(緣起, paṭiccasamuppāda)의 이법(理法)을 최초로 발견한 사람은 사꺄무니 붓다(Sakyamuni Buddha)이다. 이것은 틀림없는 사실이다. 그렇다고 해서 붓다 이전에 원인과 결과에 대한 이론, 즉 인과론(因果論, hetuphalavāda)이 전혀 없었던 것은 아니다. 불교철학에서 중요한 위치를 차지하고 있는 연기의 교설은 붓다시대의 인과론으로부터 직·간접으로 영향을 받은 것이다. 또한 불교의 업론(業論, kammavāda)도 인도철학의 인과론으로부터 영향을 받아 형성된 사상이라는 것도 부정할 수 없다.[1]

인도사상에서 인과론은 크게 둘로 구분된다. 이른바 인중유과론(因中有果論, satkārya-vāda)과 인중무과론(因中無果論, asatkārya-vāda)이 그것이다. 인중유과론은 '결과가 원인에 미리 존재한다'는 것이고, 인중무과론은 '결과가 원인에 미리 존재하지 않는다'는 것이다. 인중유과론은 붓다시대의 바라문들이 주장하던 전변설(轉變說, pariṇāmavāda)에 근거한 것이고, 인중무과론은 붓다시대의 육사외도(六師外道)들이 주장하던 적취설(積聚

1 불교의 업론에 대해서는 나중에 별도로 자세히 언급할 예정이다.

說, ārambhavāda)에 근거한 것이다. 따라서 힌두교 대부분의 학파와 상캬(Sāṃkhya, 數論) · 요가(Yoga, 瑜伽) 학파, 그리고 상까라(Śaṅkara, 788-820)의 베단따(Vedānta) 학파 등은 인중유과론에 속하고, 인도의 육파철학(六派哲學, ṣaḍ-darśana) 가운데 미망사(Mīmāṃsa) · 니야야(Nyāya) · 바이셰시까(Vaiśeṣika, 勝論) 학파, 그리고 자이나교(Jaina), 짜르와까(Cārvāka, 唯物論) 등은 인중무과론에 속한다. 불교의 연기설은 인중무과론에 가깝다.

그런데 문제는 인과론만으로는 이 세상에서 일어나는 모든 현상을 다 설명할 수 없다는 점이다. 원론적으로는 콩을 심으면 콩이라는 열매가 열리는 것이 순리적이다. 그러나 수많은 조건에 따라 그 결과는 달라진다. 이러한 사실을 자각한 붓다는 그 원인을 밝히기 위해 심혈을 기울였다. 그 결과 그는 인간으로서 피할 수 없는 생로병사라는 괴로움은 조건에 따라 생성하기도 하고 소멸하기도 한다는 사실을 깨달았다. 이른바 이 세상의 모든 존재는 반드시 그것이 생겨날 원인[因]과 조건[緣]에 따라서 생겨나기도 하고 소멸하기도 한다는 것이다. 이와 같이 모든 존재는 '직접적 원인'과 '간접적 원인'이 함께 작용하여 성립한다는 것이다. 이것을 인연생기(因緣生起), 즉 연기(緣起)라고 부른다.

연기법은 모든 불교철학의 이론적 기반을 이루고 있다. 아무리 복잡한 불교교리도 연기법의 범주에서 벗어나지 않는다. 흔히 "붓다는 법을 깨달았다." 혹은 "바른 법[正法]을 성취했다"고 말한다. 붓다가 깨달았다고 하는 '법(法)'이란 바로 연기법을 말한다. 붓다는 보리수 아래에서 이 연기법을 관찰함으로써 '깨달은 자[覺者]'가 되었다고 한다.[2] 그러나 그가 깨달았다는 "이 연기는 참으로 심오하다. 그리고 참으로 심오하게 드러난다. 아난다여, 이 법을 깨닫지 못하고 꿰뚫지 못하기 때문에 …… 윤회를 벗어나지 못한다."[3] 이처럼 이 연기의 원리를 터득한다는 것은 결코 쉬운 일이 아니다. 따라서 연기법을 완전히 이해했다면 전체 붓다의 가르침을 이해한 것이나 다름없다. 그래서 붓다는 처음 깨달음을 이룬 직후, 이 법을 설할 것인가에 대해 망설였다. 그것이 바로 『상윳따 니까야』(SN6:1)에 나오는 '권청(勸請)' 설화다.

> 내가 증득한 이 법은 심오하여 알아차리기도 이해하기도 힘들며, 평화롭고 숭고하며, 단순한 사유의 영역을 넘어서 있고 미묘하여 오로지 현자만이 알아볼 수 있을 것이다. 그러나 사람들은 욕망을 좋아하고 욕망에 빠지고 욕망에 탐닉하고 있다. 욕망을 좋아하고 욕망에 빠지고 욕망에 탐닉하는 사람들이 이런 경지, 즉 '이것에게 조건 짓은 성질[此緣生]인 연기(緣起)를 본다'는 것은 어려울 것이다.[4]

---

2 Vin.I.1f; SN.II.10; Ud.1. 다른 경에서는 "붓다가 사성제(四聖諦)를 삼전십이행상(三轉十二行相)으로 수행한 결과, 위없는 바른 깨달음을 얻었다"라고 나타난다. 『잡아함경』 제15권 제379경(T 2, pp.103c-104a); 『잡아함경』 제15권 제402경(T 2, p.107c) 참조.

3 DN.II.55, "gambhīro cāyaṃ Ānanda paṭiccasamuppādo gambhīrāvabhāso ca. etassa Ānanda dhammassa ananubodhā appaṭivedhā … vinipātaṃ saṃsāraṃ nātivattati."

4 SN.I.136, "adhigato kho myāhaṃ dhammo gambhīro duddasso duranubodho santo paṇīto atakkāvacaro nipuṇo paṇḍita vedanīyo. ālayarāmā kho panāyaṃ pajā ālayaratā ālayasamuditāya duddasaṃ idaṃ ṭhānaṃ, yad idam idappaccayatā paṭiccasamuppādo."

이 경전의 내용과 같이 실제로 연기는 이해하기 어렵다. 첫째 이유는 이 법(法)은 심히 깊고 미묘하여 오직 지혜로운 자만이 능히 알 수 있기 때문이다. 둘째 이유는 세상 사람들은 욕망(ālaya)을 좋아하고, 욕망에 빠지고, 욕망에 탐닉하기 때문이다. 또한 이 법은 '세상의 흐름과는 거꾸로' 가는 역류도(逆流道, paṭisotagāmi)이다. '세상의 흐름과는 거꾸로' 간다는 것은 네 가지 왜곡된 견해, 즉 사전도견(四顚倒見, vipariyāsa)을 타파한다는 것을 의미한다. 사전도견이란 무상을 상(常)으로, 괴로움을 즐거움(樂)으로, 무아를 자아(我)로, 부정한 것을 청정(淨)한 것으로 잘못 알고 있는 것을 말한다. 이처럼 초기불교에서는 상(常)·락(樂)·아(我)·정(淨)을 사전도견이라 한다. 반면 대승불교에서는 상·락·아·정을 열반사덕(涅槃四德)이라고 한다.

『맛지마 니까야』(MN28)에서는 붓다가 깨달아 가르친 진리가 '연기법'이라는 것을 좀 더 분명하게 밝히고 있다. 이를테면 "연기를 보는 자는 법을 보고, 법을 보는 자는 연기를 본다."[5] 여기서 '본다'는 것은 '이해한다'는 뜻이다. 즉 연기법을 이해하는 사람은 법(法)을 이해하고, 법을 이해하는 사람은 연기법을 이해한다는 것이다. 또 다른 경전에서 붓다는 제자들에게 "법을 보는 자는 곧 나[붓다]를 보며, 나를 보는 자는 곧 법을 본다"[6]고 말했다.

연기(緣起)라는 말은 빨리어 '빠띳짜사뭇빠다(paṭiccasamuppāda)'

---

5 MN.I.190-191, "yo paṭiccasamuppādaṃ passati so dhammaṃ passati, yo dhammaṃ passati so paṭiccasamuppādaṃ passatīti."

6 SN.III.120, "yo kho Vakkali dhammaṃ passati so maṃ passati, yo maṃ passati so dhammaṃ passati."

를 번역한 것이다. 이 단어는 paṭicca와 samuppāda의 합성어다. paṭicca는 '… 때문에[緣]', '…에 의해서' 또는 '…으로 말미암아'라는 뜻이고, samuppāda는 '일어남, 형성(形成), 생김[起]'이라는 뜻이다. 따라서 연기란 '… 때문에 일어나는 것', '…을 말미암아 생기는 것', 즉 '조건에 의한 발생'이라는 뜻이다. 이것을 다른 말로 표현하면, 모든 존재는 그것을 성립시키는 여러 가지 '원인이나 조건 때문에 생기는 것'이고, '원인이나 조건으로 말미암아 형성되는 것'이라는 의미이다. 이것을 중국에서는 '연기(緣起)' 즉 '말미암아 일어남'이라는 뜻으로 번역했다.

'연기의 공식(公式)' 혹은 '연기의 정의(定義)'로 알려져 있는 게송은 다음과 같다.

> Imasmiṃ sati idaṃ hoti,
> 이것이 있으면 저것이 있고,
> Imassuppādā idaṃ uppajjati.
> 이것이 일어나면 저것이 일어난다.
> Imasmiṃ asati idaṃ na hoti,
> 이것이 없으면 저것이 없고,
> Imassa nirodhā idaṃ nirujjhati.[7]
> 이것이 소멸하면 저것이 소멸한다.

위 빨리어 원문에 대응하는 한역은 다음과 같다.

> 차유고피유(此有故彼有)

---

7 SN.II.28, 65, 70, 78; cf. MN.I.262, 264, III.63; Ud.2.

이것이 있기 때문에 저것이 있고,
차기고피기(此起故彼起)
이것이 일어나기 때문에 저것이 일어난다.
차무고피무(此無故彼無)
이것이 없기 때문에 저것이 없고,
차멸고피멸(此滅故彼滅)[8]
이것이 소멸하기 때문에 저것이 소멸한다.

위 연기의 공식에서 "이것이 있으면 저것이 있고, 이것이 없으면 저것이 없다[此有故彼有 此無故彼無]"는 것은 동시적(同時的) 의존관계를 나타낸 것이고, "이것이 일어나면 저것이 일어난다. 이것이 소멸하면 저것이 소멸한다[此起故彼起 此滅故彼滅]"는 것은 이시적(異時的) 의존관계를 나타낸 것이다.[9] 이처럼 연기의 공식에는 무(無)시간적 · 논리적 관계는 물론 시간적 · 생기적(生起的) 관계가 고려되어 있다.[10] 이러한 인과관계를 계기인과(繼起因果)와 동시인과(同時因果)라는 용어로 설명하기도 한다. 이것을 다른 말로 연기의 계기성(繼起性, anupubba-jāta)과 구기성(俱起性, saha-jāta)이라고 한다. 즉 "연기의 발생 원리는 계기성과 구기성의 양면(兩面)이 갖추어져 있다. 인과론적인 종적(從的) 관계로의 해석은 계기성에 착안한 것이고, 인연론 중심의 논리 관계로의 해석은 구기성에 착안한 것으로 보인다."[11]

---

8 『잡아함경』 제10권 제262경(T 2, p.67a), "此有故彼有, 此生故彼生.… 此無苦彼無, 此滅故彼滅"; 『잡아함경』 제12권 제298경(T 2, p.85a).

9 木村泰賢, 『原始佛教 思想論』, p.103.

10 후지타 코타츠 外, 『초기 · 부파불교의 역사』, p.73.

11 崔鳳守, 『原始佛教의 緣起思想硏究』(서울: 경서원, 1991), p.266.

다시 말해서 "이것이 있기 때문에 저것이 있다"는 것은 존재의 발생을 설명하는 것이고, "이것이 없기 때문에 저것이 없다"는 것은 존재의 소멸을 설명하는 것이다. 모든 존재는 그것을 형성시키는 원인과 조건에 의해서 존재하기도 하고 소멸하기도 한다는 뜻이다. 그래서 연기법을 존재의 '관계성(關係性)'이라고 말하기도 한다. 한마디로 연기(緣起)는 관계성(關係性)의 법칙(法則)이요, 상의성(相依性)의 법칙이며, 원인(原因) · 결과(結果)의 법칙이다.

연기의 원리에 의하면 어떠한 존재도 우연히 생겨나거나 또는 혼자서 존재하는 것은 없다. 모든 존재는 그 존재를 성립시키는 여러 가지 원인이나 조건에 의해 생겨난다. 서로는 서로에게 원인이 되기도 하고, 조건이 되기도 하면서 함께 존재한다. 반대로 존재를 성립시키는 원인이나 조건이 변하거나 소멸하면, 존재 또한 변하거나 소멸한다. 모든 존재는 전적으로 상대적이고 상호의존적이다. 그것은 공간적으로나 시간적으로나 서로 관계를 가짐으로써 성립, 지속, 소멸하는 것이다. 따라서 이 세상에는 홀로 존재하는 것은 있을 수 없고, 영원한 것도 그리고 절대적인 것도 있을 수 없다.

한편 연기법은 붓다가 만든 것도 아니며, 다른 사람이 만든 것도 아니다. 이것은 존재의 이법(理法)으로써 존재와 더불어 있어온 것이다. 그러므로 연기법은 붓다와 같은 어느 한 사람이 세상에 출현하거나, 출현하지 않거나 하는 사실과는 관계없이 존재한다. 붓다는 단지 이 법칙을 발견했을 뿐이다.

경전에서는 붓다 자신이 이 사실에 대해 언급하고 있는 것을 볼 수 있다. 한 제자가 이 문제에 대해 "세존이시여, 이른바 연기법은 세존께서 만드신 것입니까? 다른 사람이 만든 것입니까?" 라고 여쭈었다. 이에 대해 붓다는 다음과 같이 답변한다.

> 비구들이여, 연기(緣起)란 무엇인가? 생(生)이라는 연(緣)에 의해 노사(老死)가 있다. 여래(如來)의 흥기(興起)와 불흥기(不興起)에 관계없이 그것은 상주(常住)의 계(界)이고, 확법(確法)이고, 정법(定法)이며, 연기성(緣起性)이다. 이것을 여래는 깨달았던 것이고 달성했던 것이다. 깨달아 도달하여 설명하고, 가르치고, 설시(說示)하고, 광설(廣說)하고, 분별(分別)하고, 명백히 함으로써 그대들에게 그것을 보라고 하는 것이다.[12]

이 경전에 의하면, 연기법은 여래가 세상에 출현하거나 출현하지 않거나 상관없이 고정(固定)된 진리라는 것이다. 붓다는 이 연기법을 자신이 창작한 것이 아니라 발견하였을 뿐임을 밝히고 있다. 이른바 붓다는 연기법의 발견자이지 발명자는 아니다. 그는 단지 존재의 법칙인 이 연기법을 처음으로 발견해서 그것을 세상 사람들에게 알렸을 뿐이다.

위 니까야와 동일한 내용이 『잡아함경』 제12권 제299경에도 설해져 있다. "연기법은 내가 만든 것도 아니고, 또한 다른 사람이 만든 것도 아니다. 그러므로 그것은 여래가 세상에 출현하거

---

12 SN.II.25, "katamo ca bhikkhave paṭiccasamuppādo, jātipaccayā bhikkhave jarāmara- ṇam uppādā vā Tathāgatānaṃ anuppādā vā Tathāgatānaṃ, ṭhitā va sā dhātu dhamma- ṭṭhitatā dhammaniyāmatā idappaccayatā. taṃ Tathāgato abhisambujjhati abhisameti, abhisambujjhitvā abhisametvā ācikkhati deseti paññāpeti paṭṭhapeti vivarati vibhajati uttānī-karoti passathāti cāha."

나 세상에 출현하지 않거나 법계에 항상 머물러 있다. 저 여래는 이 법을 스스로 깨닫고 등정각(等正覺)을 이룬 뒤에, 모든 중생들을 위해 분별해 연설하고 드러내어 보인다."[13] 이와 같이 연기법은 붓다가 만든 것도 아니고 다른 사람이 만든 것도 아니며, 여래의 출현과 불출현과도 관계가 없는 보편적인 법칙이다. 이것을 붓다가 최초로 깨달아 중생들을 위해 세상에 드러내 보였던 것이다.

또한 붓다는 연기법을 옛 길[古道]에 비유했다. 이를테면 어떤 사람이 광야(曠野)를 여행하다가 옛 사람이 다니던 오래된 길을 만났다. 그는 그 길을 따라갔다가 사람이 살지 않는 옛 성을 발견했다. 그곳에는 왕궁과 동산과 목욕 못과 깨끗한 숲이 있었다. 그는 이 옛 성을 다른 사람들에게 알려 모두 그곳으로 가서 행복하게 살도록 했다는 것이다. 이러한 비유에서 여행자는 옛 길과 옛 성을 발견했을 뿐이지, 그 길과 성을 자신이 개척하고 만든 것은 아니다. 마찬가지로 붓다도 옛 사람들이 밟았던 길을 따라 수행한 결과 법(法)을 깨달아 정각자(正覺者)가 되었고, 그것을 여러 사람들에게 가르쳐 많은 이익이 되게 하였던 것이다.[14]

그렇다면 붓다가 발견한 연기법과 괴로움은 무슨 관계가 있는가? "이것이 있기 때문에 저것이 있다"라든지, 또는 "이것이 없기 때문에 저것이 없다"라고 하는 이 단순한 원리가 괴로움의 문제를 해결하는데 어떤 역할을 하는가? 만일 연기법이 진리라

---

13 『잡아함경』 제12권 제299경 「緣起法經」(T 2, p.85b), "緣起法者, 非我所作, 亦非餘人作. 然彼如來出世及未出世, 法界常住. 彼如來自覺此法, 成等正覺, 為諸眾生, 分別演說, 開發顯示."

14 SN.Ⅱ.104-106; 『잡아함경』 제12권 제287경(T 2, p.80c).

고 해도 붓다 자신의 문제와 관계가 없다면, 한 걸음 더 나아가서 우리 인간의 문제와 관계가 없다면 그것은 무의미할 것이다. 연기법이 그렇게 중요하다면, 그것은 붓다 자신의 문제를 포함한 모든 인간의 문제와 깊은 관계가 있기 때문일 것이다.

붓다가 자신의 전 생애에 걸쳐 해결하고자 했던 것은 인생의 '고(苦, dukkha)'에 관한 문제였다. 그가 출가한 것도, 6년에 걸쳐 힘든 수행을 한 것도, 그리고 성도(成道) 후 45년간 쉬지 않고 모든 노력을 기울여 사람들을 가르친 것도 모두 괴로움[苦]의 문제를 해결하기 위해서였다. 그래서 붓다는 "나는 단지 고와 고에서의 해탈만을 가르친다"[15]고 선언했던 것이다.

『잡아함경』 제46권 제1240경에서 붓다는 만일 늙음과 병듦과 죽음이라는 세 가지 법이 없었더라면, 모든 붓다는 세상에 나오지 않았을 것이며, 또 붓다가 법을 설하지 않았더라면 세상 사람들도 그것을 알지 못했을 것이라고 말했다.[16]

연기법의 입장에서 보면 고(苦)의 고유성(固有性) 또는 실재성(實在性)은 인정되지 않는다. 괴로움은 신이나 절대자와 같은 어떤 존재가 우리를 벌주기 위해 만든 것도 아니고 우연히 존재하는 것도 아니다. 그것은 어떤 원인과 조건에 의해 생긴 것이다. 따라서 괴로움을 발생시키는 원인과 조건을 제거해 버리면 괴로

15 AN.I, p.176.

16 『잡아함경』 제46권 제1240경 「三法經」(T 2, p.339c), "此有三法, 一切世間所不愛念. 何等為三? 謂老 · 病 · 死. 如是三法, 一切世間所不愛念. 若無此三法世間所不愛者, 諸佛世尊不出於世, 世間亦不知有諸佛如來所覺知法為人廣說. 以有此三法世間所不愛念, 謂老 · 病 · 死故, 諸佛如來出興於世, 世間知有諸佛如來所覺知法廣宣說者."; 『잡아함경』 제14권 제346경(T 2, p.95c) 참조.

움도 자연히 사라지게 될 것이다.

결국 연기법은 그 자체로서 의미가 있는 것이 아니라 그것을 응용해 괴로움의 문제를 해결함으로써 의미를 가지게 되는 것이다. 붓다는 그 자신의 문제를 해결한 것으로 만족하지 않고 다른 사람을 위해 가르쳤다. 그래서 괴로움을 해결하기 위한 여러 가지 설명과 방법을 고안해 낼 필요가 있었던 것이다. 사람들은 지혜의 수준이나 그들의 성향, 또는 처해 있는 상황이 모두 달랐으므로 그것에 맞추기 위해 여러 가지 교리들이 필요했던 것이다. 이것이 불교에서 다양한 교리들이 생겨나게 된 이유이다.[17]

붓다의 설법태도에서도 알 수 있듯이 붓다가 연기법을 설한 본래의 목적은 인간 존재의 근저(根底)에 뿌리박고 있는 괴로움을 어떻게 해서든지 해결하려고 설한 것이었다. 즉 '고(苦)'라고 하는 인간의 실존상황(實存狀況)을 극복하기 위함이었다. 또한 경전에서 십이지연기(十二支緣起)를 설하는 경우 반드시 '생로병사우비고뇌(生老病死憂悲苦惱)가 전고온(全苦蘊, kevala dukkhakhandha)의 발생[集] 혹은 소멸[滅]이다'라고 끝맺고 있음에 주목해야만 한다. 이른바 괴로움의 발생과 괴로움의 소멸의 원리를 설명한 것이 연기법이다. 다시 말해서 연기가 설해진 본래의 목적은 인간의 고뇌가 어떤 조건에 의해 생겨나고, 어떤 조건에 의해 소멸하는가 하는, 인생의 고락(苦樂) · 운명(運命)에 관한 관계 항목을 밝히기 위한 것이었다.[18]

---

17 불교교재편찬위원회 편, 『불교사상의 이해』(서울: 불교시대사, 1997), p.82.

18 水野弘元, 『原始佛教』, p.135.

II. 십이연기의 연원(淵源)

십이지연기가 붓다의 성도 직후부터 열두 항목으로 정리되어 있었는지, 아니면 나중에 점차로 정리된 것인지에 대해서는 단정적으로 말하기 어렵다. 십이지연기로 정리된 형태는 『율장(律藏)』 「대품(大品)」[19]과 『상윳따 니까야』(SN12:2)[20] 등에 나타난다. 십이지연기는 노사(老死)가 일어나기 위한 조건[緣]을 차례로 열한 가지 항목을 나열함으로써 그 의존 관계를 밝힌 것이다.

앞에서 언급했듯이, 십이지연기는 일찍이 그 누구도 알지 못했던 것을 붓다의 자각(自覺)에 의해 최초로 발견한 진리로 알려져 있다. 그러나 불교의 다른 사상과 마찬가지로 십이지연기도 당시 사상계의 영향을 받았다는 것은 부정하기 어렵다. 붓다가 연기의 법칙을 최초로 발견한 것은 사실이지만, 당시 사상계로부터 영향을 받아 괴로움의 발생 구조와 괴로움의 소멸 구조를 십이지연기로 체계화시켰던 것이다.[21]

리그베다 시대 말기에 성립된 『무유가(無有歌, Nāsadāsīya sūkta)』라는 창조에 관한 찬가(讚歌)가 있다. 여기에 우주 전개의 차례를 서술하고 있다. 이 찬가에 따르면, 우주가 아직 혼돈으로 미분(未分)이었던 초기에 한 개의 종자(種子, ābhu)가 있어서 그것은 열(熱, tapas)의 힘에 의해 전개하여 욕(欲, kāma)이 되고, 욕으로부터 다시 전개하여 현식(現識, manas)이 되어 여기에 우주가 성립되었다

---

19 Vin.I.1-2.

20 SN.II.2-4.

21 木村泰賢, 『原始佛敎 思想論』, p.187.

고 한다. 이것은 심리적 전개의 순서에 따라 우주를 관찰한 것이다. 즉 종자(種子)→욕(欲)→식(識)의 계열은 불교의 무명(無明)→행(行)→식(識)의 계열과 매우 유사하다. 십이지연기가 리그베다로부터 직접 영향을 받은 것이라고 단정할 수는 없지만, 처음 삼지(三支)가 리그베다의 내용과 관계가 있음은 부정할 수 없다.[22]

우빠니샤드(Upaniṣad) 시대에 이르면, 주의론(主意論)의 사상이 발전함과 더불어 무명(無明, avidyā)을 현실계의 본원(本源)으로 보는 사상이 나타난다. 또 심리적 관찰에 있어서 의욕(意欲)을 모든 활동의 원천으로 생각하는 사상도 점차 깊어져서 그 교설 방법도 불교의 연기설에 가깝게 접근한다.[23] 특히 『브리하다란야까 우빠니샤드(Bṛhadāraṇyaka Upaniṣad)』 4.4.5에 다음과 같이 나타난다.

> 사람은 욕(欲, kāma)에 의해 형성된다. 욕에 따라 지향(志向, kratu)이 있다. 지향에 따라 업(業, karma)이 있다. 업에 따라 과(果, phala)가 있다.[24]

이것을 불교의 십이지연기와 대조해 보면, 무명(無明)은 욕에 해당되고, 행(行)은 지향에 해당되며, 식(識)과 명색(名色) 이하의 심리활동은 업에 해당되며, 생(生)과 노사(老死)는 과에 해당된다. 둘 사이에 명목은 다르지만 고찰의 방법은 서로 통하는 바가 있다.[25]

학파시대(學派時代)에 이르면, 인생 문제에 대해 여러 가

---

22 木村泰賢, 『原始佛教 思想論』, p.187.

23 木村泰賢, 『原始佛教 思想論』, pp.187-188.

24 Bṛhadāraṇyaka Upaniṣad 4.4.5; 木村泰賢, 『原始佛教 思想論』, p.188에서 재인용.

25 木村泰賢, 『原始佛教 思想論』, p.188.

지 인과적 고찰이 행해진다. 특히 상캬(Sāṃkhya, 數論)의 이십사제설(二十四諦說)은 불교의 연기설과 관련이 있다. 즉 자성(自性, prakṛti)→각(覺, buddhi)→아만(我慢, ahaṇkāra)→오유(五唯, tanmātra)→십일근오대(十一根五大)의 계열이다. 이것은 불교의 연기관과 유사하다. 상캬의 위의 계열이 완성된 것은 불교보다 조금 늦은 시기이지만, 간접적으로 양자 사이에 관계가 있었다고 하는 것은 의심의 여지가 없다.[26]

한편 붓다가 출가하여 한때 지도를 받았던 알라라 깔라마(Āḷāra Kālāma)라는 선인이 행했다고 하는 생로병사의 원인에 관한 설법이 한역 불전문학(佛傳文學)에 전해지고 있다. 이 내용은 연기법의 연원을 추적할 수 있기 때문에 매우 중요하다.

> 명초(冥初)→아만(我慢)→치심(癡心)→염애(染愛)→오미진기(五微塵氣=五唯)→오대(五大, 肉體)→탐욕진에(貪欲瞋恚)→생로병사우비고뇌(生老病死憂悲苦惱)[27]

만약 알라라 깔라마가 직접 붓다에게 이것을 설했다는 것이 사

26 木村泰賢, 『原始佛教 思想論』, p.188.

27 『過去現在因果經』 제3권(T 3, p.638a), "중생들의 시초는 명초(冥初)에서 시작되었나니, 명초로부터 아만(我慢)이 일어나고, 아만으로부터 어리석은 마음이 일어나고, 어리석은 마음으로부터 염애(染愛)가 일어나고, 염애로부터 다섯 가지 미세한 티끌의 기운[五微塵氣]이 일어나고, 다섯 가지 미세한 티끌의 기운으로부터 오대(五大)가 일어나고, 오대로부터 탐냄과 성냄 등의 모든 번뇌가 일어나서 이에 나고 · 늙고 · 병들고 · 죽음에 헤매면서 근심하고 슬퍼하고 괴로워하나니, 이제 태자를 위하여 간략히 말하였을 뿐이다(衆生之始, 始於冥初; 從於冥初, 起於我慢; 從於我慢, 生於癡心; 從於癡心, 生於染愛; 從於染愛, 生五微塵氣; 從五微塵氣, 生於五大; 從於五大, 生貪欲瞋恚等諸煩惱; 於是流轉生老病死憂悲苦惱, 今為太子, 略言之耳)."

실이라면, 붓다의 연기관은 알라라 깔라마의 가르침을 약간 개조한 것에 불과하다. 둘을 서로 비교해 보면 무명(無明)은 명초(冥初)의 별명이고, 행(行)은 아만의 별명이며, 식(識)은 치심(癡心)을 일반화한 것이다. 또한 불교의 애취(愛取)는 염애(染愛)에 해당되고, 유(有)는 오미진기(五微塵氣)와 오대(五大)에 해당되며, 촉수(觸受)는 탐욕진에(貪欲瞋恚)에 해당된다. 생로병사우비고뇌(生老病死憂悲苦惱)는 불교의 십이지연기와 완전히 일치한다. 다만 알라라 깔라마 선인이 이 가르침을 붓다 수행 때에 직접 설했는가에 대해서는 확인할 방법이 없다. 어쨌든 이러한 내용이 불전문학(佛傳文學)에 실려 있다는 사실 자체만으로도 매우 중요한 자료라고 할 수 있다.

또한 붓다와 동시대 가장 교섭이 많았던 자이나교의 성전에도 불교의 십이지연기만큼 정교하지는 않지만 십이지연기와 유사한 내용이 언급되어 있다. 자이나교의 『아짜랑가-수뜨라(Ācāraṅga-sūtra)』 1.3.4에 다음과 같이 설해져 있다.

> 진(瞋)을 아는 자는 만(慢)을 알고, 만을 아는 자는 기(欺)를 알고, 기를 아는 자는 탐(貪)을 알고, 탐을 아는 자는 욕(欲)을 알고, 욕을 아는 자는 증(憎)을 알고, 증을 아는 자는 혹(惑)을 알고, 혹을 아는 자는 식(識)을 알고, 식을 아는 자는 생(生)을 알고, 생을 아는 자는 사(死)를 알고, 사를 아는 자는 지옥(地獄)을 알고, 지옥을 아는 자는 수(獸)를 알고, 수를 아는 자는 고(苦)를 안다. … 그러므로 현자(賢者)는 진(瞋)·만(慢)·기(欺)·탐(貪)·욕(欲)·증(憎)·혹(惑)·식(識)·생(生)·사(死)·지옥(地獄)·수(獸)·고(苦)

를 피하지 않으면 안 된다.[28]

위 인용문의 내용은 사고가 유치하고 무질서하게 조직되어 있지만 불교의 연기관과 유사한 점이 있다는 것은 인정하지 않을 수 없다. 그 밖에도 불교보다 늦게 성립된 니야야(Nyāya) 학파의 인생관도 불교의 연기관과 유사하다. 이처럼 붓다시대를 전후로 여러 학파 사이에 비슷한 사상이 행해지고 있었음을 알 수 있다. 어쨌든 당시까지 한 번도 있어 본 적이 없는[未曾有] 독특한 연기관을 붓다가 주창했다고 하지만, 역사적으로는 이미 십이지연기와 유사한 사상이 알려져 있었다는 사실만큼은 부정할 수 없다.[29]

그러면 불교의 십이지연기가 갖고 있는 특별한 장점은 무엇인가? 첫째, 형식적인 측면에서 불교의 연기관이 가장 잘 정리되어 있다는 점이다. 여러 학파의 연기관 중에서 불교의 십이지연기만큼 잘 정리되어 있는 것은 없다. 불교의 십이지연기에 비하면 다른 학파의 것들은 모두 단편적인 것에 지나지 않는다. 다만 상캬(Sāṃkhya, 數論)의 이십사제관(二十四諦觀)은 연기관 이외에 다른 특별한 의미가 있다.[30]

둘째, 내용면에서 보면 십이지연기의 특징은 심리적 조건, 특히 인식론적 조건을 가장 중시한 점이다. 즉 식(識)과 명색(名色)의 관계로부터 시작하여 육입(六入)·촉(觸)·수(受)·애(愛)·취(取) 등

---

28 Ācāraṇga-sūtra 1.3.4; 木村泰賢, 『原始佛教 思想論』, p.189에서 재인용.

29 木村泰賢, 『原始佛教 思想論』, p.190.

30 木村泰賢, 『原始佛教 思想論』, p.191.

의 심리활동이 일어나는 순서를 밝힘으로써 이것을 세계[有]에까지 결부시키고 있다. 이것은 다른 학파의 연기론에서는 일찍이 찾아볼 수 없는 특질이고, 더욱이 십이지연기의 중심을 이루는 부분이다.[31]

이를테면 무명(無明)→행(行)→식(識)의 계열은 무유가(無有歌) 이래, 우빠니샤드를 거쳐 주의론(主意論)의 입장에서 쉽게 도출할 수 있는 것이고, 최후의 계열인 생로병사는 명백하게 드러난 사실이지만, 인식의 주체로서의 식(識)을 출발점으로 하여 그 객체인 명색(名色)에 미치고, 심리적 · 인식론적 조건을 거쳐 개인과 세계를 결부시키기까지 논구한 것은 이 십이지연기 외에는 없다. 따라서 그것은 붓다가 가장 힘을 기울려 설명한 부분에 속한다. 붓다는 여러 가지 인연관을 배경으로 하면서도 마침내 이것을 무사독오(無師獨悟)하여 인간과 천인이 아직 알지 못하는 법이라고 사자후한 것도 실로 이 연기관에 의거한 것이다.[32]

조안나 유라비츠(Joanna Jurewicz)는 십이지연기설이 개괄적인 부분에서뿐만 아니라 세부적인 부분에서조차 베다의 우주창조설에 대한 반론으로써 (아마 붓다에 의해) 고안되었다고 논증했다.[33]

---

31 木村泰賢, 『原始佛教 思想論』, p.191.

32 木村泰賢, 『原始佛教 思想論』, p.191.

33 Joanna Jurewicz, "Playing with Fire: The Pratityasamupāda from the Perspective of Vedic Thought", *Journal of the Pali Text Society* 26(2000), pp.77-103; 리처드 곰브리치 지음, 김현구 외 옮김, 『불교는 어떻게 시작되었는가?』서울: 씨아이알, 2017), p.xvi.

III. 연기와 십이연기의 분기(分岐)

초기경전에서는 연기와 십이연기를 구분하여 설명하지 않았다. 연기를 설하고 있는 대부분의 경에서는 먼저 연기의 정의를 설하고, 이어서 괴로움의 발생 구조와 괴로움의 소멸 구조를 설하고 있다. 그러나 부파불교에서는 연기와 십이연기를 구분하여 설명했다. 특히 설일체유부(說一切有部, Sarvāstivāda)의 여러 논서(論書)에서는 네 가지 종류의 연기를 설명하고 있다.[34]

『아비달마구사론(阿毘達磨俱舍論)』(이하 『俱舍論』으로 약칭)에서는 연기를 네 가지로 설명하고 있다. 『구사론』에 의하면, "또한 온갖 연기는 차별되어 네 가지로 설명되는데, 첫째는 찰나(刹那, kṣaṇika), 둘째는 연박(連縛, sāṃbaṃdhika), 셋째는 분위(分位, āvasthika), 넷째는 원속(遠續, prākarṣika)이다."[35]

첫째, 찰나연기란 한 찰나에 십이지(十二支)가 동시에 함께 일어나는 것이다. 이를테면 탐욕으로 말미암아 살생을 행할 때 찰나에 십이지가 모두 갖추어져 있다는 것이다. 둘째, 연박연기란 십이지 각지(各支)가 반드시 삼세(三世)에 걸치지 않고 서로가 차례로 제약을 받으면서 이어지는 관계를 말한다. 즉 십이지가 연속적으로 상속(相續)하는 것이다. 셋째, 분위연기란 과거 · 현재 · 미래의 세 지위로 분류[分位]되는 관계를 말한다. 이를테면 십이지 각각의 상태[分位]는 오온(五蘊)을 갖추고 있지만 두드러진 것

34 『阿毘達磨大毘婆沙論』 권23(T 27, p.117c); 『阿毘達磨俱舍論』 권9(T29, p.48c); 『阿毘達磨順正理論』 권27(T 29, p.493b); 『阿毘曇藏顯宗論』 권14(T 29, p.841c) 등이다.

35 『俱舍論』 권9(T 29, p.48c), "又諸緣起差別說四. 一者刹那, 二者連縛, 三者分位, 四者遠續."

에 대해 각지의 명칭을 설정한 것이다. 이것은 설일체유부의 설이다. 그러나 경량부(經量部, Sautrāntika)에서는 설일체유부의 분위연기설을 비판한다. 넷째, 원속연기란 십이지가 반드시 순서를 따르지 않고 여러 생에 걸쳐 시간을 건너뛰어서 상속하는 관계를 말한다. 이를테면 아주 먼 과거의 무명(無明)과 행(行)에 의해 현생의 식(識) 등의 결과를 초래하고, 현생의 유(有)에 의해 아주 먼 미래세의 생과 노사를 초래한다는 것이다.

네 가지 연기에 대해 미즈노 고겐(水野弘元)은 이렇게 설명한다. 찰나연기는 현상이 한 찰나의 사이에 서로 관계하고 있는 연기인데, 이것은 연기를 논리적으로 조망한 것이라고 볼 수 있다. 나머지 세 가지는 시간적 경과의 연기를 설명한 것이다. 연박연기는 끊어짐이 없이 계속 이어지는 계기적(繼起的) 연기 관계이다. 분위연기는 태어나서부터 죽을 때까지, 또는 전세로부터 금세, 금세로부터 내세에 이르는 동안의 심신오온(心身五蘊)의 인과관계를 나타내는 것이다. 원속연기는 다생다세(多生多世)에 걸친 격세적(隔世的) 연기 관계를 말한다.[36]

이상에서 살펴본 바와 같이, 부파불교 시대에 이미 연기에 대한 논의가 있었고, 논사(論師)에 따라 십이지에 대한 해석도 다르게 제시되었다.[37] 특히 설일체유부에서는 십이지연기를 삼세양중인과(三世兩重因果)로 설명한다.[38] 삼세양중인과설은 십이지연

---

36 水野弘元, 『原始佛教』, pp.138-139.

37 『大毘婆沙論』 권24(T 27, p.124c 이하); Visuddhimagga, chapter Ⅶ 등.

38 삼세양중인과설은 불교사에서 큰 영향을 미쳤다. 설일체유부, 상좌부, 중관파(中觀派), 유식불교(唯識佛敎) 등은 십이연기를 윤회의 생사상속으로 해석하고 있다.

기를 태생학적으로 설명한 것이다. 이것을 '태생학적 연기설'이라고 부르기도 한다.[39]

그러나 대승불교의 논사 나가르주나(Nāgārjuna, 龍樹)와 바수반두(Vasubandhu, 世親)는 삼세양중인과설은 붓다가 설한 십이연기의 본래 뜻이 아니라고 비판한다. 현대의 불교학자 중에서도 삼세양중인과설을 비판하는 학자들이 있다. 발레제(M. Walleser)는 식(識)과 명색(名色)의 관계를 인식론적 관계로 해석했다. 냐나위라(Ñāṇavīra), 냐나난다(Ñāṇananda), 붓다다사(Buddhadāsa) 등은 상좌부 주석서의 해석을 따르지 않고 십이연기의 본래 의미를 되살리려고 시도했다. 마쓰모토 분자부로(松本文三郎), 기무라 다이켄(木村泰賢), 우이 하쿠주(宇井伯壽), 와츠지 테츠로(和辻哲郎), 미즈노 고겐(水野弘元) 등은 삼세양중인과설을 부정한다. 요한슨(R.E.A. Johanson), 게틴(R. Gethin), 해밀톤(S. Hamilton), 루스트하우스(D. Lusthaus), 론킨(N. Ronkin) 등은 십이연기를 심리적 · 철학적 입장에서 이해해야 한다고 주장한다.[40]

IV. 십이연기 각지에 대한 해석

십이지연기의 숫자[支數]는 오지(五支)부터 십이지(十二支)까지

---

39 "태생학적 연기설은 십이연기의 의미가 전생, 현생, 내생을 거쳐 윤회하는 태생적 발생을 설명한다는 것이다." 우동필, 「태생학적 연기설 재검토-Mahānidāna경, Mahātaṇhāsaṅkhaya경을 중심으로」, 『불교학연구』 제63호(불교학연구회, 2020.6), p.3.

40 우동필, 「태생학적 연기설 재검토」, pp.3-4.

다양하게 나타나고 있다. 초기경전에 나타난 여러 사례를 통해 알 수 있듯이 연기법에서 숫자[支數]의 많고 적음은 그다지 중요하지 않다. 연기의 정의, 즉 "이것이 있기 때문에 저것이 있고, 이것이 일어나기 때문에 저것이 일어난다(此有故彼有, 此起故彼起)"고 한 것과 같이 연기법의 초점은 현상계 제법의 관계성에 있는 것이지, 그 숫자의 많고 적음에는 큰 의미가 없다. 숫자[支數]란 연기의 이치를 이해시키기 위한 표현방식에 불과한 것이기 때문에 연기의 이치를 아는 사람에게는 불필요한 시설(施設)이다.

초기경전에 나타난 십이지연기에 대한 해석은 일정하지 않다. 붓다는 상대방의 지적 능력이나 수준에 따라 연기의 이법(理法)을 다양하게 설했기 때문이다. 미즈노 고겐(水野弘元)은 부파불교 시대에 세속적인 낮은 입장을 채용하여 연기를 설명함으로써 붓다가 연기를 설한 본래의 목적을 잃어버리게 되었고, "부파불교 이후 모든 불교가 십이연기를 저속한 삼세양중인과(三世兩重因果)로 해석하게 되었다"[41]고 지적했다. 이제 니까야와 아가마에 나타난 십이지연기 각지(各支)의 의미에 대해 살펴보자.

1) 무명(無明, avijjā)

무명(無明, avijjā)이란 명(明)이 없다는 것이다. 명은 지혜를 말한다. 즉 명은 사회 · 인생의 진리에 대한 지혜, 올바른 세계관과 인

---

41 水野弘元, 『原始佛教』, pp.150-151.

생관이며, 그것은 결국 연기의 도리를 아는 것이다. 한마디로 무명은 지혜가 없음을 의미한다. 우리의 고뇌나 불행이 일어나는 근본 원인은 올바른 세계관과 인생관을 갖추지 못했기 때문이다.

「위방가-숫따(Vibhaṅga-sutta, 分別經)」(SN12:2)에서는 "비구들이여, 그러면 어떤 것이 무명(無明)인가? 비구들이여, 괴로움에 대한 무지(aññāṇa, 지혜 없음), 괴로움의 발생에 대한 무지, 괴로움의 소멸에 대한 무지, 괴로움의 소멸로 이끄는 길에 대한 무지이다. 비구들이여, 이를 일러 무명이라 한다."[42] 이른바 고(苦)·집(集)·멸(滅)·도(道)의 사성제(四聖諦)에 대한 무지가 바로 무명이라는 것이다. 그런데 이 경에 대응하는 『잡아함경』 제12권 제298경에서는 좀 더 자세히 설명하고 있다.

> 어떤 것을 무명이라 하는가? 만일 과거를 알지 못하고 미래를 알지 못하고 과거와 미래를 알지 못하며, 안을 알지 못하고 밖을 알지 못하고 안팎을 알지 못하며, 업(業)을 알지 못하고 과보(果報)를 알지 못하고 업과 과보를 알지 못하며, 붓다를 알지 못하고 법을 알지 못하고 승가를 알지 못하며, 괴로움을 알지 못하고 발생을 알지 못하고 소멸을 알지 못하고 길을 알지 못하며, 인(因)을 알지 못하고 인을 일으키는 법을 알지 못하며, 착함과 착하지 않음을 알지 못하고, 유죄와 무죄·익힘과 익히지 않음·열등함과 뛰어남·더러움과 깨끗함을 알지 못하고, 연기에 대한 분별을 알지 못하며, 육촉

---

42 SN.II.4, "katamā ca bhikkhve avijjā. yaṃ kho bhikkhave dukkhe aññānaṃ dukkhasamudaye aññānaṃ dukkhanirodhe aññānaṃ dukkhanirodhagāminiyā paṭipadāya aññānaṃ. ayaṃ vuccati bhikkave avijjā."

> 입처(六觸入處)를 사실 그대로 깨달아 알지 못하고, 이러저러한 것을 알지 못하고 보지 못하며, 빈틈없고 한결같음[無間等]이 없어 어리석고 컴컴하며, 밝음이 없고 크게 어두우면 이것을 무명이라고 한다.[43]

니까야에서는 간략하게 사성제에 대한 무지를 무명이라고 했지만, 한역에서는 좀 더 자세히 설명하고 있다. 이른바 과거·현재·미래에 대해 알지 못하는 것, 안·밖·안팎에 대해 알지 못하는 것, 업과 과보에 대해 알지 못하는 것, 불·법·승 삼보에 대해 알지 못하는 것, 고·집·멸·도의 사성제에 대해 알지 못하는 것, 인(因)과 인을 일으키는 법에 대해 알지 못하는 것, 선과 악·유죄와 무죄·익힘[習]과 익히지 않음[不習]·더러움과 깨끗함을 알지 못하는 것, 연기에 대한 분별을 알지 못하는 것, 육촉입처(六觸入處)를 사실 그대로 깨달아 알지 못하는 것, 이러저러한 것을 알지 못하고 보지 못하는 것 등을 무명이라 한다.

이와 같이 진리에 대해 알지 못하는 것이 곧 무명이다. 실제로 이 세상에서 일어나는 수많은 대립과 갈등은 대부분 지혜 없음[無智, aññāṇa]에서 비롯된 것이다. 따라서 사람들이 사회와 인생의 존재 방식에 대한 올바른 지식을 가지고, 그 연기의 이법에 따라 올바르게 행동한다면 세상의 고뇌나 불행은 크게 감소할 것이다. 불교가 고뇌나 불행의 근본 원인으로써 무명을 가장 먼

---

43 『雜阿含經』 제12권 제298경 「法說義說經」(T 2, p.85a), "彼云何無明? 若不知前際·不知後際·不知前後際, 不知於內·不知於外·不知內外, 不知業·不知報·不知業報, 不知佛·不知法·不知僧, 不知苦·不知集·不知滅·不知道, 不知因·不知因所起法, 不知善不善·有罪無罪·習不習·若劣若勝·染污清淨, 分別緣起, 皆悉不知; 於六觸入處, 不如實覺知, 於彼彼不知·不見·無無間等·癡闇·無明·大冥, 是名無明."

저 든 것은 이 때문이다.[44]

2) 행(行, saṅkhāra)

초기경전에 나타난 상카라(saṅkhāra, 行)는 크게 세 가지로 해석된다. 첫째는 제행무상(諸行無常, sabbe saṅkhārā aniccā)의 상카라이다. 이때의 상카라는 복수(saṅkhārā) 형태로 나타나는데, '모든 형성된 것들(sabbe saṅkhārā, 諸行)'이라는 뜻이다. 즉 제행무상의 상카라는 무위법(無爲法, asaṅkhata-dhamma)인 열반을 제외한 유위법(有爲法, saṅkhata-dhamma) 전체를 의미한다. 둘째는 오온(五蘊, pañcakkhandha)의 상카라이다. 오온 가운데 네 번째 행온(行蘊, saṅkhāra-khanda)은 수온(受蘊) · 상온(想蘊) · 식온(識蘊)을 제외한 심소법(心所法)을 말한다. 셋째는 십이지연기의 상카라이다. 십이지연기의 상카라는 '의도적 행위(cetanā)'로 해석된다. 이른바 몸과 입과 뜻으로 짓는 행위, 즉 신행(身行, kāya-saṅkhāra), 구행(口行, vacī-saṅkhāra), 의행(意行, mano-saṅkhāra)이 그것이다.

「위방가-숫따」(SN12:2)에서는 "비구들이여, 세 가지 의도적 행위가 있나니, 몸의 의도적 행위 · 말의 의도적 행위 · 마음의 의도적 행위이다. 비구들이여, 이를 일러 의도적 행위들이라 한다."[45] 이 경에 대응하는 『잡아함경』 제12권 제298경에서는 "행

44 水野弘元, 『原始佛教』, pp.152-153.

45 SN.II.4, "tayo me bhikkhave saṅkhāra kāyasaṅkhāro vacīsaṅkhāro cittasaṅkhāro. ime vuccanti bhikkhave saṅkhārā."

(行)에는 세 가지가 있나니, 몸의 행[身行] · 입의 행[口行] · 뜻의 행[意行]이다."[46] 이와 같이 니까야와 아가마에서 말하는 행(行)은 의도적 행위임을 알 수 있다.

또한 십이지연기에서의 상카라는 '의도적 행위' 외에도 '행위의 집적'으로 해석된다. 인간의 모든 행위의 경험은 각 개인에게 축적 · 보존되어 그 사람의 지능 · 성격 등을 형성한다. 그것이 그 사람의 현재 인격으로 나타나게 된다. 이렇게 선과 악의 행위 경험이 축적된 인격 내용이 행위의 집적으로서의 '행(行)'이다. 그러므로 '무명에 의한 행'이라고 하는 것은 개개의 선과 악의 행위 그 자체라기보다는 그것이 축적되어 이루어진 인격 내용을 가리킨다. 이 '행'이 무명에서 일어난 것이라면 그것은 필연적으로 윤회 고뇌를 초래하는 그릇된 '행'이 될 것이며, 이에 반해 올바른 세계관과 인생관에서 행해진 행위나 그것의 집적이라면, 그것은 고뇌나 불행을 초래하지 않는 '행'이 될 것이다.[47]

우리가 태어날 때 이미 과거세로부터 일정한 지능 · 성격 · 체질 등을 이어받았지만, 그것도 무상(無常) · 무아(無我)의 이치에 의하면 고정된 것이 아니다. 그것에 선이라든가 악이라든가 하는 조건을 더함에 따라 이렇게도 저렇게도 변화시킬 수 있는 것이다. 따라서 태어난 이후, 우리가 스스로 혹은 주위 환경과의 관계에서 올바른 조건을 더하여 좋은 경험을 쌓기만 하면 선천적인 소질도 개선되고 향상될 것이다. 이에 반해 나쁜 환경이나 악한 의식 행동이 더해진다면 아무리 좋은 선천적 소질이 있었

---

46 『잡아함경』 제12권 제298경(T 2, p.85a), "行有三種. 身行 · 口行 · 意行."

47 水野弘元, 『原始佛教』, p.155.

다 할지라도 점차로 타락 저하되지 않을 수 없는 것이다. 우리가 시시각각 태만함이 없이 올바르게 행동하지 않으면 안 되는 이유가 바로 여기에 있다.[48]

3) 식(識, viññāṇa)

「위방가-숫따」(SN12:2)에서는 "비구들이여, 여섯 가지 식(識)의 무리가 있다. 안식(眼識)·이식(耳識)·비식(鼻識)·설식(舌識)·신식(身識)·의식(意識)이다. 비구들이여, 이를 일러 식(識)이라 한다."[49] 안식(眼識, cakkhu-viññāṇa)이란 눈으로부터 생긴 앎[識]이라는 뜻이다. 나머지 다섯 가지도 마찬가지다. 『잡아함경』 제12권 제298경에서는 "어떤 것을 식(識)이라고 하는가? 육식신(六識身)을 이르는 말이다. 안식신(眼識身)·이식신(耳識身)·비식신(鼻識身)·설식신(舌識身)·신식신(身識身)·의식신(意識身)이다."[50]

다른 경(MN38)에서는 "식은 어떠한 것도 그 조건에 의존하여 생겨나며, 그것이 일어나는 조건에 따라 이름 지어진다. 식이 눈과 형상을 조건으로 일어나면 그것은 눈의 앎[眼識]이라 한다. … 식이 뜻[意]과 법을 조건으로 일어나면 그것은 뜻의 앎[意識]이라

---

48 水野弘元, 『原始佛教』, pp.155-156.

49 SN.II.4, "Chayime bhikkhave viññṇākāya, cakkhuviññāṇaṃ sotaviññāṇaṃ ghānaviññā- ṇaṃ jivhāviññāṇaṃ kāyaviññāṇaṃ manoviññāṇaṃ. idaṃ vuccati bhikkhve viññāṇaṃ."

50 『잡아함경』 제12권 제298경(T 2, p.85a), "云何爲識? 謂六識身. 眼識身·耳識身·鼻識身·舌識身·身識身·意識身."

한다. 마치 어떤 것을 조건으로 불이 타면 그 불은 그 조건에 따라 이름을 얻는다. 장작으로 인해 타게 되면 장작불이라 하고, … 쓰레기로 인해 타게 되면 쓰레기불이라 하는 것과 같다."[51]

이상에서 보듯이, 니까야와 아가마에서는 여섯 가지 식[六識] 또는 육식신(六識身)을 식(識)이라고 설명하고 있다. 그러나 십이지연기에서 '행(行)을 조건으로 식(識)이 있다'고 할 때의 식(識)은 두 가지로 해석된다. 이른바 인식판단의 의식작용으로서의 식(識)과 인식판단의 주체로서의 식(識)이 그것이다. 인식판단의 의식작용에는 다섯 감각기관[五官]에서 온 것과 의식(意識)에서 온 것이 있다. 전자를 전오식(前五識)이라 하고, 후자를 의식(意識)이라고 한다. 전오식은 감각 작용이고, 의식은 지각 작용 및 추리 · 상상 · 기억 · 판단 등 일체의 의식 작용을 포함한 것이다. 또한 육식을 주체적인 것으로 간주하는 경우도 있는데, 이때의 식은 식체(識體)로서의 식이다.[52]

이와 같이 육식을 인식판단의 의식작용 그 자체로 보기도 하고, 또는 그 작용을 행하는 주체적 존재로 보기도 한다. 초기불교에서 사용된 육식은 이 두 가지의 의미를 모두 포함하고 있다. 이 두 가지를 완전히 구별한 사례는 거의 없다. 그러나 부파불교 시대에 이르러 식(識)은 거의 대부분 식체(識體)로 해석되었고, 식의 작용은 별도로 심소법(心所法)으로 해석되었다. 오늘날 학자들 사이에서 식(識)에 대한 해석의 차이가 있는 것은 이 때문이다.[53]

---

51 MN.I.259.

52 水野弘元, 『原始佛教』, p.157.

53 水野弘元, 『原始佛教』, p.157.

십이지연기에서의 식은 인식판단의 의식의 작용과 인식판단의 주체 모두를 포함한다. 식을 인식판단의 의식의 작용으로 보든, 인식판단의 주체로 보든, 그 식은 필연적으로 선하고 악한 과거 행위의 전 경험을 짊어지고 있기 때문에, 이 식이 무색·백지의 상태로 있을 수는 없다. 그런데 여기서 유의해야 할 점은 식이 표면식이든 잠재식이든 결코 이것이 본래적인 실체로 간주해서는 안 된다는 것이다. 작용으로서의 식뿐만 아니라 식체로서의 식도 모름지기 일종의 정신 현상이며, 시시각각의 경험과 함께 끊임없이 변화하는 것이기 때문에 고정된 불변의 실체로 보아서는 안 된다.[54]

4) 명색(名色, nāmarūpa)

「위방가-숫따」(SN12:2)에서는 "비구들이여, 그러면 어떤 것이 정신·물질[名色]인가? 느낌·인식·의도·감각접촉·마음에 새김을 일러 명(名, nāma)이라 한다. 그리고 네 가지 근본물질[四大]과 네 가지 근본물질에서 파생된 물질[四大所造]를 일러 색(色, rūpa)이라 한다. 이것이 정신이고 이것이 물질이다. 이를 일러 정신·물질이라 한다."[55] 이 경에서 말하는 '느낌(vedanā)'은 오온 중의

---

54 水野弘元,『原始佛教』, pp.159-160.

55 SN.II.3-4, "katamañca bhikkhave nāmarūpaṃ. vedanā saññā cetanā phasso manasi- kāro, idam vuccati nāmaṃ. cattāro ca mahābhūtā catunnañca mahābhūtānaṃ upādāya rūpaṃ, idam vuccati rūpaṃ. iti idañ ca nāmam idañ ca rūpaṃ, idam vuccati nāmarūpaṃ."

수온(受蘊)이고, '인식(saññā)'은 상온(想蘊)이며, '의도(cetanā)'와 '감각접촉(phassa)'과 '마음에 새김(manasikāra)'은 행온(行蘊)이다. 오온 가운데 수 · 상 · 행 · 식은 정신[名]에 속하고, 색[육체]은 물질이다. 그러나 십이지연기에서는 식(識)이 세 번째 항목으로 독립되어 있기 때문에 수 · 상 · 행의 삼온(三蘊)만 언급하고 있다.

네 가지 근본물질(cattaro mahābhūtā)은 땅의 요소[地界, pathavīdhātu], 물의 요소[水界, āpo-dhātu], 불의 요소[火界, tejo-dhātu], 바람의 요소[風界, vāyo- dhātu]를 말한다. 네 가지 물질에서 파생된 물질(upādāya rūpa)은 모두 스물네 가지라고 아비담마에서 밝히고 있다.

한편 이 경에 대응하는 『잡아함경』 제12권 제298경에서 "어떤 것을 명(名)이라 하는가? 이른바 네 가지 형상[色]이 없는 음(陰)이니, 즉 수음(受陰) · 상음(想陰) · 행음(行陰) · 식음(識陰)이다. 어떤 것을 색(色)이라 하는가? 사대(四大)와 사대소조(四大所造, 사대에서 파생된 물질)를 색이라 한다. 이 색과 앞에서 말한 명을 합해 명색(名色)이라고 한다."[56]

앞에서 살펴본 식(識)은 표면식과 잠재식을 포함한 식체(識體)를 말하고, 명색(名色)은 이 식의 대상으로 인식되는 물질[色]과 정신[名]을 말한다. 물론 인식판단의 대상이 되는 것은 물질이나 정신 이외에 개념이라든가 명목이라고 하는 것도 있지만, 그런 것들은 모두 '명(名)'에 포함된다. 요컨대 식의 대상이 되는 모든 것

---

56 『잡아함경』 제12권 제298경(T 2, p.85a-b), "云何名? 謂四無色陰. 受陰 · 想陰 · 行陰 · 識陰. 云何色? 謂四大, 四大所造色, 是名爲色. 此色及前所說名是爲名色."

이 명색이라는 말로 표현되고 있는 것이다.[57]

5) 육입(六入, saḷāyatana)

빨리어 '살아야따나(saḷāyatana)'는 '육입(六入)' 혹은 '육처(六處)'로 번역된다. 『잡아함경』 제12권 제298경에서는 '육입처(六入處)'로 번역했다. 각묵 스님은 이것을 '여섯 감각장소[六入]'라고 번역했고,[58] 미즈노 고겐은 '육처(六處)'로 번역했다.[59] '살아야따나'를 육입으로 번역하든 육처로 번역하든 '여섯 감각기관'이라는 의미에는 아무런 차이가 없다.

「위방가-숫따」(SN12:2)에서는 "비구들이여, 그러면 어떤 것이 여섯 감각기관[육입]인가? 눈의 감각기관 · 귀의 감각기관 · 코의 감각기관 · 혀의 감각기관 · 몸의 감각기관 · 마노의 감각기관이다. 비구들이여, 이를 일러 여섯 감각기관이라 한다."[60] 『잡아함경』 제12권 제298경에서는 "어떤 것을 육입처(六入處)라고 하는가? 이른바 육내입처(六內入處)이니, 안입처(眼入處) · 이입처(耳入處) · 비입처(鼻入處) · 설입처(舌入處) · 신입처(身入處) · 의입처(意

57 水野弘元, 『原始佛教』, p.161.

58 각묵 옮김, 『상윳따 니까야』 제2권(울산: 초기불전연구원, 2009), p.97.

59 水野弘元, 『原始佛教』, p.160.

60 SN.II.3, "katamañca bhikkhave saḷāyatanaṃ, cakkhāyatanaṃ sotāyatanaṃ ghānāya- tanaṃ jivhāyatanaṃ kāyāyatanaṃ manāyatanaṃ. idam vuccati bhikkhave saḷāyatanaṃ."

入處)이다."[61]

식(識)의 대상인 명색(名色)을 인식판단하기 위해서는 거기에 감각 · 지각의 기관 또는 능력이 있지 않으면 안 된다. 이 능력을 가진 기관을 육입(六入) 혹은 육처(六處)라고 한다. 이 육입은 안근(眼根) · 이근(耳根) · 비근(鼻根) · 설근(舌根) · 신근(身根) · 의근(意根)의 육근을 말한다. 여기서 안근이란 시각 기관(시신경) 또는 그것에 의한 시각 능력을 말한다. 우리가 눈이라고 하는 안구는 아니다. 마찬가지로 이근 · 비근 · 설근 · 신근도 청각 기관 혹은 청각 능력 내지 촉각 기관 또는 촉각 능력이고, 의근은 사유 기관 또는 사유 능력을 말한다.[62]

이상에서 살펴본 식(識) · 명색(名色) · 육입(六入)의 관계는 시간적 선후의 관계라기보다는 동시 의존의 상호관계를 나타낸 것이라고 보아야 한다. 예를 들면 시각적 인식이 일어나기 위해서는 안식(眼識)과 색경(色境: 시각의 대상)과 안근(眼根: 시각 능력) 세 가지가 동시에 존재해야 한다. 마찬가지로 사유 판단의 의식 작용이 일어나기 위해서는 의식(意識)과 법경(法境: 의식의 대상)과 의근(意根: 사유 능력) 세 가지가 있어야 한다. 따라서 십이지연기에서는 식 · 명색 · 육입 세 가지가 동시에 존재함으로써 비로소 인식판단의 작용이 일어나게 된다. 이 때문에 십이지연기에서는 '식(識)을 조건으로 명색(名色)이 있고, 명색을 조건으로 육입(六入)이 있

61 『잡아함경』 제12권 제298경(T 2, p.85b), "云何爲六入處? 謂六內入處. 眼入處 · 耳入處 · 鼻入處 · 舌入處 · 身入處 · 意入處."

62 水野弘元, 『原始佛教』, p.161.

다'고 하는 것이다.[63]

그러나 다른 경(SN35:107)에서는 인식의 경과에 대해 '근(根)과 경(境)을 조건으로 식(識)이 있다'고 되어 있다. 이른바 "눈과 형상을 조건으로 눈의 앎[眼識]이 일어난다. 이 셋의 화합이 감각접촉[觸]이다."[64] 『잡아함경』 제8권 제218경에서도 "눈[眼]과 형상[色]을 인연하여 안식(眼識)이 생기고, 이 세 가지가 화합한 것이 감각접촉[觸]이다."[65]

이것은 안근(眼根)과 색경(色境)에 의해 안식(眼識)이 생기고, 의근(意根)과 법경(法境)에 의해 의식(意識)이 생기는 것을 의미한다. 즉 감각·지각의 인식 발생의 경과를 서술한 것이다. 그리고 십이지연기의 식·명색·육입의 세 가지 관계를 가지고 인식 발생의 과정을 설명하는 것보다는 오히려 '근(根)과 경(境)에서 식(識)이 생긴다'고 하는 것이 더 일반적이다. 둘 모두 근·경·식의 세 가지 형태로 되어 있다. 다만 그 배열순서가 다를 뿐이다. 십이지연기에서는 식(識=六識)·경(境=名色)·근(根=六入)으로 되어 있지만, 일반적인 인식설에서는 근·경·식의 순서로 되어 있다.[66]

그러면 왜 이런 차이가 생기게 되었는가? 인식 관계에서는 근·경·식의 세 가지가 동시에 존재하기 때문에 그 순서에 있어서 어느 것을 먼저 언급하든 상관이 없다. 그러나 십이지연기의 경우에는 그 앞에 무명(無明)과 행(行)을 들었고, 행에서부터 식(識)으로

---

63 水野弘元, 『原始佛教』, pp.160-162 참조.

64 SN.IV.87, "cakkhuñca paṭicca rūpe ca uppajjati cakkhuviññāṇaṃ. tiṇṇam saṅgati phasso."

65 『잡아함경』 제8권 제218경(T 2, p.54c), "緣眼色生眼識. 三事和合觸."

66 水野弘元, 『原始佛教』, p.162.

의 관계를 서술해 왔기 때문에 식(識)을 가장 앞에 두고 경(境)과 근(根)을 나중에 말하는 형식을 취한 것일 뿐이다.[67]

6) 촉(觸, phassa)

「위방가-숫따」(SN12:2)에서는 "비구들이여, 그러면 어떤 것이 감각접촉[觸]인가? 비구들이여, 여섯 가지 감각접촉의 무리가 있나니, 눈의 감각접촉 · 귀의 감각접촉 · 코의 감각접촉 · 혀의 감각접촉 · 몸의 감각접촉 · 뜻의 감각접촉이다. 비구들이여, 이를 일러 감각접촉이라 한다."[68] 『잡아함경』 제12권 제298경에서는 "어떤 것을 접촉[觸]이라고 하는가? 이른바 육촉신(六觸身)이니, 안촉신(眼觸身) · 이촉신(耳觸身) · 비촉신(鼻觸身) · 설촉신(舌觸身) · 신촉신(身觸身) · 의촉신(意觸身)이다."[69]

감각접촉[觸]이라는 것은 근(根) · 경(境) · 식(識)의 세 가지가 접촉하는 것을 말한다. 일반적인 인식설에서는 '근(根)과 경(境)에 의해 식(識)이 생긴다'고 한 직후에, '세 가지의 화합에 의해 촉(觸)이 있다'고 함으로써 촉은 근 · 경 · 식의 세 가지 접촉 또는 접촉된 상태를 말한다. 그리고 십이지연기의 식 · 명색 · 육입 · 촉의 관계

---

67 水野弘元, 『原始佛教』, pp.162-163.

68 SN.II.3, "katamo ca bhikkhave phasso. chayime bhikkhave phassakāyā, cakkhusamphasso sotasamphasso ghānasamphasso jivhāsamphasso kāyasamphasso manosampha- sso. ayaṃ vuccati bhikkhave phasso."

69 『잡아함경』 제12권 제298경(T 2, p.85b), "云何爲觸? 謂六觸身, 眼觸身 · 耳觸身 · 鼻觸身 · 舌觸身 · 身觸身 · 意觸身."

는 일반적인 인식론에서의 근 · 경 · 식 · 촉의 관계와 동일하다.

7) 수(受, vedanā)

「위방가-숫따」(SN12:2)에서는 "비구들이여, 그러면 어떤 것이 느낌[受]인가? 비구들이여, 여섯 가지 느낌의 무리가 있나니, 눈의 감각접촉에서 생긴 느낌 · 귀의 감각접촉에서 생긴 느낌 · 코의 감각접촉에서 생긴 느낌 · 혀의 감각접촉에서 생긴 느낌 · 몸의 감각접촉에서 생긴 느낌 · 뜻의 감각접촉에서 생긴 느낌이다. 비구들이여, 이를 일러 느낌이라 한다."[70] 『잡아함경』 제12권 제298경에서는 "어떤 것을 느낌[受]이라고 하는가? 세 가지 느낌[三受]를 이르는 말이니, 괴롭다는 느낌 · 즐겁다는 느낌 · 괴롭지도 않고 즐겁지도 않다는 느낌이다."[71]

'촉(觸)을 조건으로 수(受)가 있다'고 할 때의 수(受)란 근(根) · 경(境) · 식(識)의 세 가지가 화합한 데서 생겨나는 고(苦) · 낙(樂) 등의 감수 작용을 말한다. 느낌[受]에는 괴롭다는 느낌[苦受] · 즐겁다는 느낌[樂受] · 괴롭지도 않고 즐겁지도 않다는 느낌[不苦不樂受]의 세 가지가 있다. 이것을 다시 정신적인 느낌과 육체적인 느낌

---

70 SN.II.3, "katamā ca bhikkhave vedanā. chayime bhikkhave vedanākāyā, cakkhu-samphassajā vedanā, sotasamphassajā vedanā, ghānasamphassajā vedanā, jivhāsampha- ssajā vedanā, kāyasamphassajā vedanā, manosamphassajā vedanā. ayaṃ vuccati bhikkave vedanā."

71 『잡아함경』 제12권 제298경(T 2, p.85b), "云何為受? 謂三受, 苦受 · 樂受 · 不苦不樂受."

으로 나누기도 한다.

8) 애(愛, taṇhā)

「위방가-숫따」(SN12:2)에서는 "비구들이여, 그러면 어떤 것이 갈애[愛]인가? 비구들이여, 여섯 가지 갈애의 무리[六愛身]가 있나니, 형상에 대한 갈애 · 소리에 대한 갈애 · 냄새에 대한 갈애 · 맛에 대한 갈애 · 감촉에 대한 갈애 · 법에 대한 갈애이다. 비구들이여, 이를 일러 갈애라 한다."[72] 이 경에서는 갈애를 색(色) · 성(聲) · 향(香) · 미(味) · 촉(觸) · 법(法)이라는 대상을 취해서 이름을 붙인 것이 특징이다. 형상에 대한 갈애는 다시 감각적 욕망에 대한 갈애 · 존재에 대한 갈애 · 존재하지 않음에 대한 갈애가 있다. 『잡아함경』 제12권 제298경에서는 "어떤 것을 애욕(愛欲)이라고 하는가? 이른바 세 가지 애[三愛]이니, 욕애(欲愛) · 색애(色愛) · 무색애(無色愛)이다."[73]

'수(受)를 조건으로 애(愛)가 있다'고 할 때의 애란 갈애(渴愛)를 말한다. 갈애란 목마른 자가 물을 간절하게 구하는 것과 같은 열애(熱愛)를 뜻한다. 갈애에는 욕애(欲愛, kāma-taṇhā) · 유애(有愛, bhava-taṇhā) · 무유애(無有愛, vibhava-taṇhā)가 있다. 욕애란 감각

---

72 SN.II.3, "katamā ca bhikkhave taṇhā. chayime bhikkhave taṇhākāya. rūpataṇhā saddataṇhā gandhataṇhā rasataṇhā poṭṭhabbataṇhā dhammataṇhā. ayaṃ vuccati bhikkhave taṇhā."

73 『잡아함경』 제12권 제298경(T 2, p.85b), "云何為愛? 謂三愛, 欲愛 · 色愛 · 無色愛."

적 욕망에 대한 갈애를 말한다. 남녀의 성적인 애욕이 이에 속한다. 유애란 존재[有]에 대한 욕구로, 사후에 행복한 세계에 태어나고 싶어 하는 욕망이다. 무유애란 윤회전생하지 않는 비존재[無有]가 되고 싶어 하는 욕구 갈망을 말한다. 붓다시대의 인도인들은 우리의 생존은 어떤 형태로든 안정될 수 없고 불안과 고뇌에 가득 차 있어, 일시적인 향락도 이윽고 고뇌의 원인이 되며, 윤회전생(輪廻轉生)하는 동안에는 결국 마음의 평안을 얻을 수 없다고 생각했기 때문이다.[74]

주석서에서는 "이러한 [갈애가] 감각적 욕망을 통해서 형상을 맛보면서 전개되는 것이 '감각적 욕망에 대한 갈애(kāmataṇhā, 欲愛)'이다. 상견(常見, sassata-diṭṭhi)과 함께하는 탐욕에 의해서 '물질은 항상하고 견고하고 영원하다'고 이와 같이 맛보면서 전개되는 것이 '존재에 대한 갈애(bhava-taṇhā, 有愛)'이다. 단견(斷見, uccheda-diṭṭhi)과 함께하는 탐욕에 의해서 '물질은 부서지고 파멸하여 죽은 뒤에 존재하지 않는다'고 이와 같이 맛보면서 전개되는 것이 '비존재에 대한 갈애(vibhavataṇhā, 無有愛)'이다."[75]

다른 주석서에서는 감각적 욕망에 대한 갈애란 다섯 가닥의 감각적 욕망에 대한 탐욕의 동의어이다. 존재에 대한 갈애란 존재를 열망함에 의해서 생긴 상견(常見)이 함께하는 색계와 무색계의 존재에 대한 탐욕과 선정을 갈망하는 것의 동의어이다. 존재하지 않음에 대한 갈애란 단견(斷見)이 함께 하는 탐욕의 동의

---

74 水野弘元,『原始佛敎』, p.166.

75 SA.Ⅱ.15-16; 각묵 옮김,『상윳따 니까야』 제2권, p.96, n.45에서 재인용.

어이다.[76]

세 가지 갈애 중에서 감각적 욕망에 대한 갈애는 쉽게 이해할 수 있다. 그러나 존재에 대한 갈애와 비존재에 대한 갈애는 이해하기 어렵다. 이것은 붓다시대 인도인들의 사고에서 비롯된 것이기 때문이다. 미즈노 고겐은 "내세의 행복을 염원한다든가, 비존재의 상태를 욕구하는 것은 오늘날의 우리 사회에서는 도저히 생각할 수 없는 것이지만, 붓다시대의 인도에서는 현세에 대한 불안 고뇌나 절망감에서 내세의 행복을 희구한다든가, 불안 고뇌를 수반하는 생존 그 자체를 부정하고 공무(空無)의 세계를 동경하는 것이 진지하게 생각되어졌던 듯하다"[77]고 지적했다. 매우 설득력 있는 해석이라고 생각한다.

9) 취(取, upādāna)

「위방가-숫따」(SN12:2)에서는 "비구들이여, 그러면 어떤 것이 집착[取]인가? 비구들이여, 네 가지 집착이 있나니, 감각적 욕망에 대한 집착 · 견해에 대한 집착 · 계율과 의례에 대한 집착 · 자아의 교리에 대한 집착이다. 비구들이여, 이를 일러 집착이라 한다."[78] 십이지연기에서 '애(愛)를 조건으로 취(取)가 있다'고

---

76 DA.III.800; 각묵 옮김, 『상윳따 니까야』 제2권, p.96, n.45에서 재인용.

77 水野弘元, 『原始佛教』, p.166.

78 SN.II.3, "katamā ca bhikkhave upādānaṃ. cattārimāni bhikkhave upādānāni, kāmupā- dānaṃ diṭṭhupādānaṃ sīlabbatupādānaṃ attavādupādānaṃ. idaṃ vuccati bhikkhave upādānaṃ."

할 때의 취(取)는 집착(執着) 혹은 취착(取著)을 의미한다. 맹목적인 애증의 마음[愛]에서부터 일어난 강렬한 취사 선택의 행동을 취(取)라 한다. 『잡아함경』 제12권 제298경에 따르면, 네 가지 집착(cattāri upādānāni)이란 감각적 욕망에 대한 집착(kāmupādāna, 欲取), 견해에 대한 집착(diṭṭhupādāna, 見取), 계율과 의례에 대한 집착(sīlabhatupādāna, 戒禁取), 자아에 대한 집착(attavādupādāna, 我論取)이다.[79]

10) 유(有, bhava)

「위방가-숫따」(SN12:2)에서는 "비구들이여, 그러면 어떤 것이 존재[有]인가? 비구들이여, 세 가지 존재가 있나니, 욕계의 존재(kāma-bhava) · 색계의 존재(rūpa-bhava) · 무색계의 존재(arūpa-bhava)이다. 비구들이여, 이를 일러 존재라 한다."[80] 『잡아함경』 제12권 제298경에서는 "어떤 것을 존재[有]라고 하는가? 세 가지 존재[三有]이니, 욕계의 존재[欲有] · 색계의 존재[色有] · 무색계의 존재[無色有]이다."[81]

'취(取)를 조건으로 유(有)가 있다'고 할 때의 유(有)는 존재를 말한다. 존재에는 두 가지가 있다. 이른바 선악의 행위로서의 존재

---

79 『잡아함경』 제12권 제298경(T 2, p.85b), "云何為取? 四取, 欲取 · 見取 · 戒取 · 我取."

80 SN.II.3, "katamā ca bhikkhave bhavo. tayo me bhikkave bhavā, kāmabhavo rūpabhavo arūpabhavo. ayaṃ vuccati bhikkhave bhavo."

81 『잡아함경』 제12권 제298경(T 2, p.85b), "云何為有? 三有, 欲有 · 色有 · 無色有."

[業有]와 업의 과보로서의 존재[報有]가 그것이다. 십이지연기에서의 유(有)를 어떻게 보느냐에 따라 학자들의 견해가 엇갈린다. 미즈노 고겐은 십이지연기의 유(有)는 업유(業有)도 아니고 보유(報有)도 아니며, 업유 중의 일부분이라고 보았다.[82]

그의 설명에 따르면, 업은 십이지연기의 행(行)과 동일한 것이고, 이 행은 선악의 행위 경험과 행위 경험이 집적된 잠재력 두 가지를 포함한다. 그런데 십이지연기에서 말하는 유(有)는 잠재력만을 의미한다. 행위 경험 그 자체를 포함하고 있는 것은 아니다. 선악의 행위는 애(愛)이고 취(取)이기 때문이다. 애증 · 취사라고 하는 애(愛)와 취(取)의 선악업이 집적되어 잠재력으로 된 것이 유(有)이다. 우리의 현존재는 과거의 행위 경험이 집적된 것이기 때문에, 유(有)는 우리의 현존재를 가리킨다. 우리의 인격이라든가 성격이라고 하는 것이 그것이다.[83]

11) 생(生, jāti)

「위방가-숫따」(SN12:2)에서는 "비구들이여, 그러면 어떤 것이 태어남[生]인가? 이런저런 중생들의 무리로부터 이런저런 중생들의 태어남, 출생, 도래함, 생김, 탄생, 오온의 나타남, 감각장소[處]를 획득함이다. 비구들이여, 이를 일러 태어남이라 한다."[84]

---

82 水野弘元, 『原始佛教』, p.168.

83 水野弘元, 『原始佛教』, p.168.

84 SN.II.3, "katamā ca bhikkhave jāti. yā tesaṃ tesaṃ sattānaṃ tamhi tamhi

이 경에 대응하는 『잡아함경』 제12권 제298경에서는 "어떤 것을 태어남[生]이라고 하는가? 만일 이러저러한 중생들이 이러저러한 몸의 종류로 생겨나, 뛰어넘고 화합하고 태어나서 음(陰)을 얻고, 계(界)를 얻고, 입처(入處)를 얻고, 명근(命根)을 얻으면 이것을 태어남이라고 한다."[85]

'유(有)를 조건으로 생(生)이 있다'고 할 때의 유(有, 존재)와 생(生, 태어남) 사이에 현재생과 미래생이 게재하고 있다고 이해하기도 한다. 이것은 십이지연기를 삼세양중인과(三世兩重因果)로 이해한 것이다. 이 생(生)은 단어 그대로 죽은 후에 오는 내세의 생이라고도 할 수 있지만, 시시각각 나타나는 그 사람의 존재의 발생이라고도 할 수 있다. 우리의 인식이나 판단과 같은 부분적 경험도 이것을 하나의 생(生)이라고 한다면, 그것은 과거 경험의 총화로서의 잠재력이라고 하는 유(有)에 의해 규정되어 좌우될 수밖에 없다. 인간으로서의 존재 방식은 과거 경험의 집적으로서의 잠재적 유(有)에 의해 정해지는 것이다.[86]

12) 노사(老死, jarā-maraṇa)

「위방가-숫따」(SN12:2)에서는 "비구들이여, 그러면 어떤 것이 늙음[老]인가? 이런저런 중생들의 무리 가운데서 이러저러한 중

---

sattanikāye jāti sañjāti okkanti abhinibbatti khandhānaṃ pātubhāvo āyatanānaṃ paṭilābho. ayaṃ vuccati bhikkhave jāti."

85 『잡아함경』 제12권 제298경(T 2, p.85b), "云何為生? 若彼彼眾生, 彼彼身種類一生, 超越和合出生, 得陰 · 得界 · 得入處 · 得命根, 是名為生."

86 水野弘元, 『原始佛教』, p.169.

생들의 늙음, 노쇠함, 부서진[치아], 희어진[머리털], 주름진 피부, 수명의 감소, 감각기능[根]의 쇠퇴, 이를 일러 늙음이라 한다. 비구들이여, 그러면 어떤 것이 죽음[死]인가? 이러저러한 중생들의 무리로부터 이러저러한 중생들의 종말, 제거됨 부서짐, 사라짐, 사망, 죽음, 서거, 오온의 부서짐, 시체를 안치함, 생명기능[命根]의 끊어짐, 이를 일러 죽음이라 한다."[87]

『잡아함경』 제12권 제298경에서는 "어떤 것을 늙음[老]이라 하는가? 만일 털이 하얗게 세고 정수리가 벗겨지며, 가죽이 늘어지고 감각기관이 문드러지며, 사지가 약해지고 등이 굽으며, 머리를 떨어뜨리고 끙끙 앓으며, 숨이 짧아져 헐떡이고 앞으로 쏠려 지팡이를 짚고 다니며, 몸이 시커멓게 변하고 온몸에 저승꽃이 피며, 정신이 희미해져 멍청히 있고 거동하기 어려울 정도로 쇠약해지면 이것을 늙음이라고 한다. 어떤 것을 죽음[死]이라고 하는가? 이러저러한 중생들이 이러저러한 종류로 사라지고, 옮기며, 몸이 무너지고, 수(壽)가 다하며, 따뜻한 기운이 떠나고, 명(命)이 소멸하여 음(陰)을 버릴 때가 되면 이것을 죽음이라고 한다. 이 죽음과 앞에서 말한 늙음을 합해 늙음과 죽음이라고 한다."[88]

---

87 SN.II.2-3, "katamañca bhikkhave jarāmaraṇaṃ. yā tesaṃ tesaṃ sattānaṃ tamhi tamhi sattanikāye jarā jīraṇatā khaṇḍiccaṃ pāliccaṃ valittaccatā āyuno saṃhāni indriyānaṃ paripāko, ayaṃ vuccati jarā. yaṃ tesaṃ tesaṃ sattānaṃ tamhā tamhā sattanikāyā cuticavanatā bhedo antaradhānaṃ maccumaraṇaṃ kālakiriyā khandhānaṃ bhedo kaḷebarassa nikkhepo, idaṃ vuccati maraṇaṃ. iti ayañ ca jarā idañ ca maraṇaṃ, idaṃ vuccati bhikkhave jarāmaraṇaṃ."

88 『잡아함경』 제12권 제298경(T 2, p.85b), "云何為老? 若髮白露頂, 皮緩根熟, 支弱背僂, 垂頭呻吟, 短氣前輸, 柱杖而行, 身體黧黑, 四體班駁, 闇鈍垂熟, 造行艱難羸劣, 是名為老. 云何為死? 彼彼眾生, 彼彼種類沒 · 遷移 · 身壞 · 壽盡 · 火離 · 命滅, 捨陰時到, 是名為死. 此死及前說老, 是名老死."

‘생(生)을 조건으로 노사 등의 여러 괴로움이 생긴다’고 한 것은 태어남에 의해서 늙음과 죽음이 뒤따르게 된다는 것이다. 그런데 이때의 늙음과 죽음은 단순히 늙음과 죽음 그 자체라기보다는 늙음이나 죽음에서 일어나는 괴로움을 통틀어 말한 것이다. 이른바 노사(老死)라는 말로 우리가 받는 모든 괴로움을 표현한 것이다. 요컨대 모든 괴로움의 발생 구조와 괴로움의 소멸 구조를 밝힌 것이 십이지연기이다.

Ⅴ. 삼세양중인과설(三世兩重因果說)

앞에서 살펴본 십이지연기를 단시간에 일어나는 연기 관계로 보기도 하고, 한 생애 동안의 연기 관계로 보기도 하며, 이생(二生)·삼생(三生)의 연기 관계, 혹은 다생다세(多生多世)에 걸쳐 일어나는 연기 관계라고 보기도 한다.[89]

그런데 부파불교 시대에 이르러 십이지연기를 삼세양중(三世兩重)의 인과(因果)로 해석하게 되었다. 그 후 대승불교에서도 십이지연기를 설명할 때에는 반드시 삼세양중의 인과로 해석했던 것이다. 미즈노 고겐(水野弘元)은 십이지연기를 삼세양중의 인과로 해석하는 것은 초기불교의 연기법을 왜곡한 것이고, 잘못 이해한 것이라고 강하게 비판했다. 그렇지만 십이지연기를 삼세양중의 인과로 해석한 역사가 오래되었기 때문에 여기서 삼세

---

89 水野弘元,『原始佛敎』, p.170.

양중인과설에 대해 알아보고자 하는 것이다.

삼세양중인과설에 따르면, 무명(無明)과 행(行) 두 가지는 과거세에 속하고, 이 과거세의 무명과 행이 원인이 되어 현재세에 그 결과로서 식(識)·명색(名色)·육입(六入)·촉(觸)·수(受)라는 다섯 항목이 나타나게 되었다고 한다. 또한 이 설에서는 식(識)을 우리의 의식 주체가 모태에 최초로 깃든 결생식(結生識: 수태된 태아의 최초 찰나의 의식)이라고 한다. 식체(識體)라는 것은 업(業)을 짊어지고서 과거세로부터 현세를 거쳐 미래세로 부단히 이어진다고 한다. 따라서 과거세로부터 현세로 옮아 온 최초의 식체를 결생식(結生識, patīsandhiviññāṇa)이라고 한다.

예를 들면 "식(識)을 조건으로 명색(名色)이 있다"는 부분에 대해 상좌부의 주석서인 『Visuddhimagga(清淨道論)』에서는 결생식(結生識)이 모태에 들어가 개체, 즉 명색(名色)이 된다고 설명한다.[90] 설일체유부의 논서인 『아비달마대비바사론(阿毘達磨大毘婆沙論)』(이하 『大毘婆沙論』으로 약칭)에서는 오온(五蘊)의 연속설을 통해 전생으로부터 상속된 식이 결생한 것[名色]이라고 설명한다.[91]

---

90 Vism. 580, "결생식이란 중유(中有, bhavantara)와 연결하기 때문에 발생된 상태를 '결생'이라고 부르고 [그 상태의] 그것을 '식'이라고 부른다. 하강[한 것]이 명색이라는 것은 태(胎)에 색·무색법의 하강이 마치 들어간 것처럼 도래했기 때문에 이것을 명색이라고 부른다(tattha patīsandhi viññāṇanti yaṃ bhavantarapaṭisandhānavasena uppannattā paṭisandhī ti vuccati, taṃ viññāṇaṃ. okkanti nāmarūpan ti yā gabbe rūpārūpadhammānaṃ okkanti, āgantvā pavisanaṃ viya, idaṃ nāmarūpaṃ)."

91 『大毘婆沙論』, 권23(T 27, p.119a), "어떤 것이 무명인가? 과거 번뇌의 상태를 말한다. 어떤 것이 행인가? 과거 업의 상태를 말한다. 어떤 것이 식인가? 상속시 심과 그것과 함께하는 것을 말한다. 어떤 것이 명색인가? 결생 이후 … 육처가 아직 충족되지 않은 [상태까지] 중간의 다섯 가지 상태[胎內五位]를 말한다(云何無明? 謂過去煩惱位. 云何行? 謂過去業位. 云何識? 謂續生心及彼助伴. 云何名色? 謂結生已

삼세양중인과설에서 말하는 명색(名色)이란 태내에서 발육하는 태아의 심신(心身)을 가리킨다. 그리고 육입이란 태아가 발육하는 과정에서 구비되는 안(眼) · 이(耳) · 비(鼻) · 설(舌) · 신(身) · 의(意)의 육근(六根)을 가리킨다. 이렇게 태아가 완전한 인체를 갖추게 되면 비로소 모태로부터 출산하게 된다. 촉(觸)이라는 것은 태아가 모태로부터 태어나 근(根) · 경(境) · 식(識) 세 가지의 화합에 의해 감각 · 지각이 생겨날 때의 최초의 경험을 말한다.[92]

태생학적 해석에서는 촉(觸) 이전의 근 · 경 · 식은 십이지연기 가운데 포함되지 않는다. 수(受)는 촉(觸) 다음에 생기는 괴로움이나 즐거움 등의 감수 작용이다. 이와 같이 십이지연기를 태생학적으로 보면, 앞에서 살펴본 식(識) · 명색(名色) · 육입(六入) · 촉(觸) 등의 해석이나 그 연기 관계에 대한 설명이 완전히 달라진다.

그러면 태생학적 연기설은 어떻게 나오게 되었는가? 태생학적 연기설은 초기경전에서 십이지연기의 식(識)을 결생식(結生識)으로 설명한 부분을 근거로 삼고 있다. 이에 대해 미즈노 고겐은 "이것은 지혜가 낮은 자를 위해 어려운 연기설을 이해하기 쉽게 하고자 비유적으로 든 예에 지나지 않는다. 또한 이 같은 설명은 겨우 한 번밖에 나오지 않으며, 다른 어느 곳에서도 식을 결생식으로 설명한 예는 전혀 없다. 따라서 비유적으로 설명한 것을 연기설의 유일한 해석으로 간주하는 것은 매우 잘못된 것이 아닐 수 없다"[93]고 통렬하게 비판하고 있다.

… 六處未滿中間五位)."

92 水野弘元, 『原始佛教』, p.171.

93 水野弘元, 『原始佛教』, p.172.

앞에서 언급했듯이, 태생학적 연기설이 나오게 된 까닭은 식을 결생식으로 보는 속설을 받아들였기 때문이다. 식을 결생식으로 해석하면 결생식에 이어서 일어나는 명색 · 육입 · 촉 · 수 등도 생리적 · 심리적 작용으로 간주된다. 그러나 명색 · 육입 등을 택내에 있는 태아의 상태 등으로 설명한 경전을 발견할 수 없다. 따라서 태생학적 연기설은 아비달마 시대의 창작에 불과하다.[94]

삼세양중인과를 도표로 표시하면 다음과 같다.

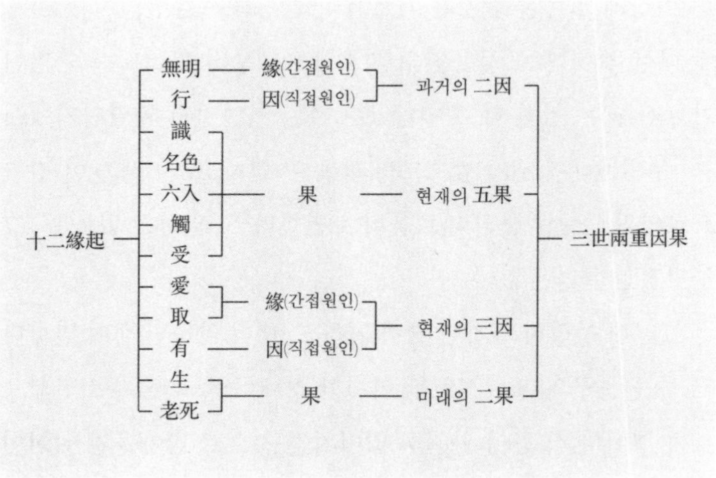

[도표 1]

어쨌든 삼세양중인과설에서는 식 · 명색 · 육입 · 촉 · 수의 다섯 항목이 무명 · 행이라는 과거의 이인(二因)에서 나온 현재의

94 水野弘元,『原始佛敎』p.172.

오과(五果)이고, 여기에서부터 애 · 취 · 유라고 하는 그릇된 행위가 생겨난다고 한다. 그리고 이 세 가지 그릇된 행위가 현재의 삼인(三因)으로 되어 생 · 노사라는 미래의 이과(二果)를 낳는다고 한다.

위 도표에서 나타난 과거의 두 가지 원인[二因]인 무명과 행은 현재의 세 가지 원인[三因]인 애 · 취 · 유에 해당되고, 현재의 다섯 가지 결과[五果]인 식 · 명색 · 육입 · 촉 · 수는 미래의 두 가지 결과[二果]인 생 · 노사에 해당된다. 따라서 그 명칭은 다르지만 내용은 동일한 것을 가리킨다.

이상에서 논술한 것은 괴로움이 발생하는 유전연기(流轉緣起)에 대한 것이다. 생사유전의 괴로움으로부터 벗어나는 환멸연기(還滅緣起)는 전혀 다루지 않았다. 십이지연기의 환멸연기에서는 "무명(無明)이 멸(滅)함으로써 행(行)이 멸하고, … 생(生)이 멸함으로써 노사(老死) 등의 괴로움이 소멸한다"고 말하고 있을 뿐, 그 구체적인 설명은 없다.

그런데 무명이 멸하면 행이 멸하고, 행이 멸하면 식이 멸한다고 하는 문구의 표면적인 의미에만 얽매이면, 무명이 소멸함으로써 행이나 식 등이 완전히 없어지는 것으로 받아들일 위험이 있다. 그러나 무명이 소멸한다고 해서 행이나 식 등이 완전히 없어지는 것이 아니다. 만일 무명이 소멸하면 행이나 식 등이 소멸한다고 하면 우리의 행위나 인식판단의 작용까지 완전히 사라진다는 의미가 된다. 그러면 우리의 존재 자체가 부정된다.[95]

---

95 水野弘元,『原始佛教』, p.174.

그러나 실제로 환멸연기가 의미하는 것은 무명이 소멸함으로써 무명으로부터 일어난 그릇된 행이나, 그 그릇된 행에서 생겨난 그릇된 식의 작용이 없어지게 된다는 것이지, 올바른 행이나 식까지도 없어진다는 뜻은 아니다. 무명을 소멸시킨 성자에게 있어서도, 행 · 식 · 명색 · 육입 · 촉 · 수 등은 의연히 존재한다. 다만 이 경우의 행 · 식 · 명색 등은 무명을 수반하지 않는 것이어야 한다.[96]

---

96 水野弘元,『原始佛教』, pp.174-175.

제6장 사성제(四聖諦)

Ⅰ. 사성제의 의의(意義)

앞에서 다룬 제5장 연기법은 붓다가 보리수 아래에서 깨닫게 되었던 자내증(自內證)의 법문(法門)으로 알려져 있다. 붓다는 이 연기법을 관찰함으로써 '깨달은 자[覺者]'가 되었다고 한다.[1] 따라서 연기법은 다른 사람에게 설명하기 위해 고안된 것이 아니라 스스로의 이해나 실증을 위해 관찰된 것이라고 볼 수 있다. 그러나 여기서 논의할 사성제는 연기법을 다른 사람에게 이해시키기 위해 고안된 교설이다. 실제로 사성제는 붓다가 깨달음을 이룬 뒤, 다섯 고행자에게 최초로 설한 초전법륜(初轉法輪)으로 알려져 있다.

연기법과 사성제의 관계를 살펴보면, 연기법은 유전연기(流轉緣起)에 중점을 두고, 괴로움의 발생과 소멸의 구조를 이론적으로 체계화시킨 교설이다. 반면 사성제는 환멸연기(還滅緣起)에 중점을 두고, 괴로움의 발생과 소멸의 구조를 실천적으로 체계화

---

1 다른 경에서는 "붓다가 사성제(四聖諦)를 삼전십이행(三轉十二行)으로 수행한 결과 위없는 바른 깨달음을 얻었다."고 나타난다. 『잡아함경』 제15권 제379경(T2, pp.103c-104a); 『잡아함경』 제15권 제402경(T 2, p.107c) 참조.

시킨 교설이다. 그렇다고 해서 사성제의 교설이 이론적이지 않다는 것은 아니다. 다만 사성제는 이론보다는 실천에 초점을 맞춘 교설이라는 것이다.

붓다는 처음 자신이 깨달은 연기법은 매우 난해하기 때문에 그것을 다른 사람에게 설해도 이해하지 못할 것이라고 생각하여 다른 사람에게 법을 설하는 것을 단념하고 곧바로 입멸하려고 했다. 그런데 범천(梵天)이라는 신(神)이 나타나 붓다의 심중(心中)을 헤아려 세상 사람들에게 법을 설해 주기를 간청했다고 한다.[2] 이것은 붓다의 심중에서 일어난 생각을 범천권청(梵天勸請)이라는 신화적 수법으로 표현한 것이다.

붓다는 비록 연기의 이법(理法)이 난해하지만, 그것을 조리 있게 잘 설명하면 이해하는 사람도 있을 것이라고 생각하고, 드디어 다른 사람들에게 법을 설하기로 결심하게 되었다. 붓다가 깨달음을 이룬 뒤 7주 동안 자리를 옮겨가면서 좌선을 계속한 것은 자신이 깨달은 진리에 대한 희열을 즐기기 위함도 있었겠지만, 또 다른 이유는 이 난해한 연기법을 어떻게 하면 다른 사람들에게 쉽게 이해시킬 수 있을 것인가를 고심한 것이라고 추측할 수 있다. 그렇게 해서 고안된 교설이 바로 '사성제'라는 것이다.[3]

그 다음 과제는 '자신이 깨달은 진리를 누구에게 제일 먼저 설할 것인가'였다. 붓다는 그것을 고심하다가 문득 일찍이 자신이 사사(師事)받았던 알라라 깔라마(Āḷāra Kālāma)와 웃다까 라마뿟따(Uddaka Rāmaputta)를 떠올렸다. 그들은 높은 선정에 도달

---

2 Majjhima Nikāya No.26 Ariyapariyesanā-sutta(SN.I.167-169).

3 水野弘元, 『原始佛教』, p.176.

한 지혜로운 사람들이기 때문에 자신이 깨달은 법을 설하면 곧바로 이해할 수 있을 것이라고 생각했다. 그러나 두 선인은 이미 이 세상을 떠났기 때문에 그들에게는 법을 설할 수가 없었다. 그러다가 붓다는 일찍이 6년 동안 같이 수행한 옛 동료들을 떠올렸다. 그들도 뛰어난 지혜를 갖추었기 때문에 법을 설하면 이해할 수 있을 것이라고 생각했다. 붓다는 그들에게 최초로 법을 설하기로 결심하고, 그들이 머물고 있던 바라나시(Bārāṇasi, 지금의 베나레스)로 향했다.

붓다와 다섯 고행자들은 6년 동안 같이 열심히 고행에 힘쓰다가 갑자기 붓다는 고행을 그만 두었다. 그들은 붓다가 타락했다고 오해하여 그를 버리고 멀리 바라나시의 바라문 수행자들이 모여 사는 이시빠따나(Isipatana, 仙人住處)의 미가다야(Migadāya, 鹿野苑)로 가서 자기들끼리 수행을 계속하고 있었다. 그때 다섯 비구는[4] 멀리서 사문 고따마가 오는 것을 보고 서로 합의했다. "벗들이여, 저기 사문 고따마가 오고 있습니다. 그는 호사스러운 생활을 하고 용맹정진을 포기하고 사치스러운 생활에 젖어있습니다. 그가 오면 아무런 인사도 하지 말고, 일어서지도 말고, 그의 발우와 가사를 받아주지도 맙시다. 그러나 만일 그가 원한다면 앉을 수 있도록 자리는 마련해 줍시다."[5] 그러나 붓다가 점점 가까이 다가가자 다섯 비구들은 그들 스스로의 합

---

4 이때는 아직 불교의 승가(僧伽, Saṅgha)가 성립되기 전이다. 그럼에도 불구하고 다섯 고행자를 경에서는 '비구(Bhikkhu)'로 호칭하고 있다. 당시는 출가하여 수행하는 자를 모두 '비구'라고 불렀다. 이들은 모두 걸식에 의존해 살아가고 있었기 때문이다. 비구란 '걸식하는 사람'이라는 뜻이다.

5 MN.I.171.

의를 지킬 수가 없었다. 한 사람은 마중 나와 발우와 가사를 받아 들었고, 다른 사람은 자리를 마련하고, 또 다른 사람은 발 씻을 물을 가져왔다. 그러나 그들은 여전히 붓다를 '아부소(avuso)'라고 불렀다. '아부소'는 '벗이여!'라는 뜻으로 동료 수행자를 부를 때 쓰는 호칭이다.

그러자 붓다는 "비구들이여, 여래(如來)를 이름으로 불러서도 안 되고 '벗이여'라고 불러서도 안 된다. 비구들이여, 여래는 아라한[應供, 공양 받아 마땅한 사람]이고, 바르게 완전한 깨달음을 성취한 사람[正等覺者]이다. 비구들이여, 귀를 기울여라. 불사(不死)는 성취되었다. 내 이제 그대들에게 가르쳐주리라. 그대들에게 법을 설하리라. 내가 가르친 대로 따라 실천하면, 그대들은 오래지 않아 좋은 가문의 아들들이 바르게 집을 떠나 출가한 목적인 위없는 청정범행의 완성을 지금 · 여기에서 최상의 지혜로 알고 실현하고 구족하여 머물 것이다"[6]라고 말했다.

그렇게 말했음에도 불구하고 그들은 붓다의 말씀을 믿지 않았다. 그래서 붓다는 "비구들이여, 여래는 호사스러운 생활을 하지도 용맹정진을 포기하지도 사치스러운 생활에 젖지도 않았다"[7]고 세 번이나 반복해서 말했다. 그러자 다섯 비구는 붓다의 말씀이 진실이라고 신뢰했다. 그리하여 최초로 설한 법문이 바로 「전법륜경(轉法輪經, Dhammacakkapavattana-sutta)」(SN56:11)이다.

---

6 MN.I.171-172, "mā bhikkhave Tathāgataṃ nāmena ca āvusovādena ca samudācarittha. arahaṃ bhikkhave Tathāgato sammāsambuddho. odahatha bhikkhave sotaṃ, amatam adhigataṃ. … sayaṃ abhiññā sacchikatvā upasampajja viharissathāti."

7 MN.I.172.

요컨대 사성제(四聖諦, cattāri ariyasaccāni)는 붓다가 정각을 이룬 뒤 바라나시(Bārāṇasi) 근처 이시빠따나(Isipatana), 미가다야(Migadāya)에서 옛 동료였던 다섯 고행자에게 행한 최초의 설법[初轉法輪]이다.「전법륜경」에서는 사성제를 다음과 같이 설명하고 있다.

> 비구들이여, 이것이 괴로움의 성스러운 진리[苦聖諦]이다. 태어남도 괴로움이고, 늙음도 괴로움이고, 병듦도 괴로움이고, 죽음도 괴로움이다. [근심 · 비탄 · 고통 · 슬픔 · 절망도 괴로움이다.] 싫어하는 대상과 만나는 것도 괴로움이고, 좋아하는 대상과 헤어지는 것도 괴로움이고, 원하는 것을 얻지 못하는 것도 괴로움이다. 요컨대 다섯 가지 모임에 대한 집착[五取蘊]이 괴로움이다.
>
> 비구들이여, 이것이 괴로움의 일어남의 성스러운 진리[苦集聖諦]이다. 그것은 바로 갈애(渴愛)이니, 다시 태어남을 가져오고 즐김과 탐욕이 함께하며 여기저기서 즐기는 것이다. 이른바 감각적 욕망에 대한 갈애[欲愛], 존재에 대한 갈애[有愛], 비존재에 대한 갈애[無有愛]가 그것이다.
>
> 비구들이여, 이것이 괴로움의 소멸의 성스러운 진리[苦滅聖諦]이다. 그것은 바로 그러한 갈애가 남김없이 떠나 소멸함, 버림, 포기, 해탈, 집착 없음이다.
>
> 비구들이여, 이것이 괴로움의 소멸로 이끄는 길의 성스러운 진리[苦滅道聖諦]이다. 그것은 바로 여덟 가지 성스러운 길[八支聖道]이다. 즉 올바른 견해[正見], 올바른 사유[正思惟], 올바른 언어[正語], 올바른 행위[正業], 올바른 생계[正命], 올바른 정진[正精進], 올바른 통찰[正念], 올바른

선정[正定]이다.[8]

위 경의 내용을 요약하면, 네 가지 성스러운 진리(四聖諦, cattāri ariya-saccāni)란 괴로움의 성스러운 진리(苦聖諦, dukkha-ariyasacca), 괴로움의 일어남의 성스러운 진리(苦集聖諦, dukkhasamudaya-ariyasacca), 괴로움의 소멸의 성스러운 진리(苦滅聖諦, dukkhanirodha-ariyasacca), 괴로움의 소멸로 이끄는 길의 성스러운 진리(苦滅道聖諦, dukkhanirodhagāminīpaṭipadā-ariyasacca)이다. 한마디로 사성제는 고(苦, dukkha) · 집(集, samudaya) · 멸(滅, nirodha) · 도(道, magga)를 말한다. 즉 이 세계는 괴로움이며, 그 괴로움의 원인은 갈애(渴愛)에 있기 때문에 괴로움을 소멸하려면 여덟 가지 성스러운 길[八支聖道]를 실천하지 않으면 안된다고 하는 표면상 극히 간단한 가르침이다.

하지만 이 사성제는 불교의 기본 골격이며, 불교의 세계관과 인생관을 설명하는 중요한 교설이다. 또한 사성제는 불교임을 알리는 선언서 원형이다. 불교라는 종교 · 철학을 나무에 비유하면, 사성제는 뿌리에 해당된다. 사성제는 정신 · 우주적 삶의 실체인 존재의 본성과 절대 자유의 최고 목표를 설명하려고 애쓰는 모든 불교도들이 기초로 삼고 있는 것이다.[9]

『상윳따 니까야』(SN56:20)에서는 "비구들이여 이 사성제는 진여(眞如)요 불허망(不虛妄)이요 불변이(不變異)"[10]라고 했다. 그리고

---

8 SN.V.421-422; Vin.I.10.

9 A. Verdu, *Early Buddhist Philosophy*, Delhi: Motilal Banarsidass, 1985, pp.2-3.

10 SN.V.430, "cattārīmāni bhikkhave tathāni avitathāni anaññathāni."; 『잡아함경』

사성제의 위치는 발자국 중에서는 모든 동물의 발자국을 다 포섭할 수 있는 코끼리 발자국에 비유되고,[11] 또한 하늘의 뭇 별들 중에서 가장 밝은 해와 달에 비유되기도 한다.[12] 이러한 비유는 불교의 온갖 교설이 사성제에 다 포함된다 것을 의미한다. 이와 같이 사성제는 불교 궁극의 목적을 향해 정확한 방향을 가리키는 지남침이라 할 수 있다. 그러므로 사성제를 제외해 놓고 불교를 논한다는 것은 있을 수 없다. 뿐만 아니라 붓다가 설한 교법 가운데 가장 근간이 된다는 것은 재론의 여지가 없다.

사성제를 설하는 논법(論法)은 훌륭한 의사의 치료법에 비유된다. 『잡아함경』 제15권 제389경에 "네 가지 법이 있다. 그것을 성취하면 큰 의왕(醫王)이라 부르나니, 왕의 필요와 왕의 분별에 응하는 것이다. 어떤 것을 네 가지라고 하는가? 첫째는 병을 잘 아는 것이요, 둘째는 병의 근원을 잘 아는 것이며, 셋째는 병을 잘 알아 다스리는 것이요, 넷째는 병을 다스릴 줄을 잘 알고는 장래에 다시 재발하지 않게 하는 것이다"[13]고 설해져 있다.

의사가 질병을 치료하는 경우, 먼저 그 질병이 무엇인가라는 병상(病狀)에 대한 올바른 진단(診斷)이 필요하고, 그 다음 그 질병이 어떠한 원인에서 생겨났는가를 알아 그 병인(病因)을 멈추게 해야 하는 것과 같다. 마찬가지로 정신적 질병인 인간의 고뇌를

제16권 제417경(T 2, p.110b-c).

11 MN.I.184-185.

12 SN.V.442-443; 『잡아함경』 제15권 제395경(T 2, p.106c).

13 『잡아함경』 제15권 제389경(T 2, p.105a), "有四法成就, 名曰大醫王者所應王之具王之分, 何等爲四? 一者善知病, 二者善知病源, 三者善知病對治, 四者善知治病, 已當來更不動發."

치료하는 종교가에 있어서도, 먼저 고(苦)의 진상(眞相)을 설명하고[苦聖諦], 고의 원인을 규명한 다음[苦集聖諦], 고가 소멸된 상태를 설명하고[苦滅聖諦], 고의 소멸에 이르는 방법[苦滅道聖諦]을 제시한 것이다.

원래 사성제(四聖諦)는 고대 인도의 의학(醫學)으로부터 차용(借用)한 사상이었다고 한다.[14] 붓다는 의학의 원리를 중생교화의 원리로 대체한 것으로 보인다. 그렇다고 해서 사성제의 가치가 떨어지는 것은 아니다. 사실 불교라는 종교도 그 시대의 소산(所産)일 뿐이다. 따라서 불교도 당시 인도의 사상으로부터 영향을 받았음은 부인하기 어렵다.

앞에서 언급했듯이, 사성제는 유전연기와 환멸연기를 설명하고 있다. 고(苦)와 집(集)의 두 항목은 생사유전하는 고(苦)와 그 원인을 서술한 것이고, 멸(滅)과 도(道)의 두 항목은 무고안온(無苦安穩)의 이상경(理想境)인 열반에 도달할 수 있는 수행 방법을 설명한 것이다. 다시 말해서 고(苦) · 집(集)의 이제(二諦)에 의해 인생의 이상을 자각하지 못한 채 살아가고 있는 이 고뇌에 찬 현실의 모습과 그 현실의 고뇌가 생겨나는 원인 · 이유를 밝힌 것이다. 그리고 멸(滅) · 도(道)에 의해 인생의 의의 · 목적과 그 이상이 무엇인가를 자각하게 하고, 다시 그 이상세계에 도달하기 위해서는 어떠한 방법을 취해야 하는가를 밝힌 것이다.[15] 이것을 도표로 표시하면 다음과 같다.

---

14 H. Kern, *The Manual of Indian Buddhism*, Stassburg: Grundriss d.IA Phil., 1896, pp.46-47; E. Frauwallner, *History of Indian Philosophy*, tr. V. M. Bedekar, Delhi: Motilal Banarsidass, 1973, p.146; B. K. Matilal, *Logic, Language and Reality*, Delhi: Motilal Banarsidass, 1985, pp.346-347.

15 水野弘元, 『原始佛教』, p.180.

四聖諦	苦諦	고뇌에 찬 현실세계	果	流轉緣起
	集諦	현실세계의 원인 · 이유	因	
	滅諦	이상세계	果	還滅緣起
	道諦	이상세계의 원인 · 이유	因	

[도표 2]

사성제는 그 설상(說相)의 형식으로 보면 다양한 교문(教門)을 극히 간단하게 총섭(總攝)한 교조(教條)이다. 하지만 이것을 진리의 형식으로 보면 사실세계(事實世界)와 이상세계(理想世界) 전체에 걸친 양 법칙에 대한 인식이라 할 수 있다. 붓다가 사성제를 교법의 근간으로 삼았던 까닭은 이 사성제에 의해 실로 현실과 이상이라는 두 세계에 걸쳐 항상(恒常)하는 법칙이 밝혀지기 때문이다. 즉 고(苦) · 집(集)의 계열은 윤회계(輪廻界)의 인과를 명확히 했던 것이고, 멸(滅) · 도(道)의 계열은 해탈계(解脫界)의 인과를 명확히 했던 것이다. 따라서 이 두 세계의 결합은 드디어 존재(存在)와 당위(當爲) 전체를 포함하는 범주(範疇)인 것이다.

따라서 불교의 문제는 저절로 두 부분으로 나누어진다. 하나는 있는 그대로의 사실세계에 관한 것으로써 고 · 집의 문제이고, 다른 하나는 있지 않으면 안 될 이상세계에 관한 것으로써 멸 · 도의 문제이다. 이와 같이 붓다는 자신이 내관(內觀)한 연기의 교설을 수행자의 실천에 중점을 두고 이 사성제를 최초로 설했던 것이다.

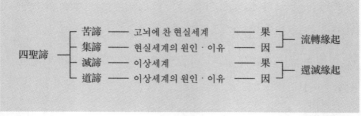

II. 고성제(苦聖諦)

첫 번째는 괴로움의 성스러운 진리(dukkha-ariyasacca, 苦聖諦)이다. 괴로움의 원어인 둑카(dukkha, Sk. duḥkha)는 한역으로 고(苦)라고 번역하지만, 반드시 육체적인 고통이나 심리적인 고뇌만을 뜻하는 것이 아니다. 보다 철학적인 넓은 의미로는 존재가 지닌 근원적인 불만족스러움을 뜻한다. 『전법륜경』(SN56:11)에서는 고성제를 다음과 같이 설명하고 있다.

> 비구들이여, 이것이 괴로움의 성스러운 진리[苦聖諦]이다. 태어남도 괴로움이고, 늙음도 괴로움이고, 병듦도 괴로움이고, 죽음도 괴로움이다. [근심 · 비탄 · 고통 · 슬픔 · 절망도 괴로움이다.][16] 싫어하는 대상과 만나는 것도 괴로움이고, 좋아하는 대상과 헤어지는 것도 괴로움이고, 원하는 것을 얻지 못하는 것도 괴로움이다. 요컨대 다섯 가지 모임에 대한 집착[五取蘊]이 괴로움이다.[17]

이 경에서는 먼저 네 가지 괴로움, 즉 사고(四苦)를 나열하고 있다. 이른바 태어나는 괴로움(生苦) · 늙는 괴로움(老苦) · 병드는 괴

---

16 [ ]안의 부분은 『Vinaya Piṭaka(律藏)』「Mahāvagga(大品)」과 Se(스리랑카본)와 Be(미얀마 육차결집본)에는 나타나지 않고, 오직 Ee(PTS본)에만 나타난다. 고성제를 설하고 있는「대념처경」(DN22)에는 나타나지만,「전법륜경」의 다른 판본들에는 거의 나타나지 않는다.

17 SN.V.421; Vin.I.10, "idaṃ kho pana bhikkave dukkhaṃ ariyasaccaṃ. jāti pi dukkhā, jarā pi dukkhā, vyādhi pi dukkhā, maraṇam pi dukkhaṃ. [sokaparidevadukkhadomana ss'upāyāsā pi dukkhā], appiyehi sampayogo dukkho, piyehi vippayogo dukkho, yam picchaṃ na labhati tam pi dukkhaṃ, saṃkhittena pañcupādānakkhandhā pi dukkhā."

로움(病苦) · 죽는 괴로움(死苦)이 그것이다. 여기에 다시 네 가지를 더하여 여덟 가지 괴로움, 즉 팔고(八苦)가 된다. 싫어하는 대상과 만나는 괴로움[怨憎會苦], 좋아하는 대상과 헤어지는 괴로움[愛別離苦], 원하는 것을 얻지 못하는 괴로움[求不得苦], 다섯 가지 모임[五蘊]에 대한 집착에서 생긴 괴로움[五取蘊苦]이 그것이다. 한마디로 '모든 것은 괴로움이다.' 이것은 삼법인설의 일체개고(一切皆苦)를 말한 것이다.

『청정도론(清淨道論)』에 의하면, 괴로움은 크게 세 가지 양상을 보이고 있다. 일반적인 괴로움(dukkha-dukkhatā, 苦苦性), 변화에 의한 괴로움(vipariṇāma-dukkhatā, 壞苦性), 조건 지어진 상태로서의 괴로움(saṅkhāra-dukkhatā, 行苦性)이 그것이다.[18]

첫째, 고고성(苦苦性)이란 일반적인 괴로움을 말한다. 즉 여덟 가지 괴로움[八苦] 중에서 오취온고(五取蘊苦)를 제외한 일곱 가지 괴로움과 근심 · 탄식 · 고통 · 슬픔 · 절망과 같은 삶에서의 모든 종류의 육체적 · 정신적 괴로움이 이에 포함된다.

둘째, 괴고성(壞苦性)이란 변화에 의한 괴로움을 말한다. 인생에서의 행복한 감정과 행복한 상태는 영원한 것이 아니다. 그러한 행복은 오래가지 못한다. 곧바로 변화한다. 이처럼 변화에 의해 생긴 괴로움과 불행은 모두 이에 속한다.

셋째, 행고성(行苦性)이란 오온(五蘊)에 대한 집착에서 생긴 괴로움을 말한다. 이것은 고성제 가운데 철학적 양상을 보이고 있다. 행고성을 이해하기 위해서는 '존재', '개체', '나(我)'에 대한 분석

---

18 Vism. 499.

적 설명이 요구된다. 인간은 다섯 가지 모임[五蘊]으로 이루어져 있다. 그런데 이 다섯 가지 모임에 대해 집착하는 것을 오취온(五取蘊)이라고 한다. 붓다는 "요컨대 오온에 대한 집착[五取蘊]이 괴로움이다"[19]고 했다. 또 붓다는 다른 경(SN22:104)에서 "비구들이여, 무엇이 괴로움인가? 그것은 '오온에 대한 집착'이라고 말해야 할 것이다."[20] 여기서 둑카(dukkha)와 오온에 대한 집착이 서로 다른 것이 아니라, 오온에 대한 집착 자체가 괴로움이라는 것이다.[21] 이상에서 살펴본 것이 첫 번째 괴로움의 성스러운 진리[苦聖諦]이다.

III. 고집성제(苦集聖諦)

두 번째는 괴로움의 일어남의 성스러운 진리(dukkhasamudaya-ariyasacca, 苦集聖諦)이다. 『전법륜경』(SN56:11)에서는 다음과 같이 설하고 있다.

> 비구들이여, 이것이 괴로움의 일어남의 성스러운 진리[苦集聖諦]이다. 그것은 바로 갈애(渴愛)이니, 다시 태어남을 가져오고, 즐김과 탐욕이 함께하며, 여기저기서 즐기는 것이다. 이른바 감각적 욕망에 대한 갈애[欲愛], 존

---

19 SN.V.421, "saṃmkhittena pañcupādānakkhandhā pi dukkhā."

20 SN.III.158, "katamañ ca bhikkhave dukkhaṃ. pañcupādānakkhandhātissa vacanīyaṃ."

21 W. Rahula, *What the Buddha taught*, p.20.

> 재에 대한 갈애[有愛], 비존재에 대한 갈애[無有愛]가 그 것이다.[22]

요컨대 괴로움의 원인은 갈애(渴愛, taṇhā)이다. 갈애에는 세 가지가 있다. 즉 감각적 욕망에 대한 갈애(kāma-taṇhā, 欲愛), 존재에 대한 갈애(bhava-taṇhā, 有愛), 비존재에 대한 갈애(vibhava-taṇhā, 無有愛)가 그것이다.

위 인용문에서 "다시 태어남을 가져오고(ponobbhavika)"는 다시 태어남을 가져오는 것, 즉 재생(再生)을 의미한다. "즐김과 탐욕이 함께하며(nandī rāgasahagatā)"는 갈애가 즐김과 탐욕과 뜻으로는 하나라는 것이다. "여기저기서 즐기는 것(tatra tatra-abhinandini)"은 어느 곳에서 몸을 받더라도 즐거워한다는 뜻이다.[23]

주석서에서는 세 가지 갈애에 대해 이렇게 설명하고 있다. 즉 "감각적 욕망에 대한 갈애(kāma-taṇhā, 欲愛)란 다섯 가지 감각적 욕망에 대한 탐욕의 동의어이다. 존재에 대한 갈애(bhava-taṇhā, 有愛)란 존재를 열망함에 의해서 생긴 상견(常見, sassata-diṭṭhi)이 함께하는 색계와 무색계의 존재에 대한 탐욕과 선정을 갈망하는 것의 동의어이다. 비존재에 대한 갈애(vibhava-taṇhā, 無有愛)란 단견(斷見, uccheda-diṭṭhi)이 함께하는 탐욕의 동의어이다.[24]

그런데 세 가지 갈애 중에서 두 번째와 세 번째의 갈애에 대해

---

22 SN.V.421; Vin.I.10, "idaṃ kho pana bhikkhave dukkhasamudayam ariyasaccaṃ. yāyaṃ taṇhā ponobbhavikā nandī rāgasahagatā tatra tatrābhinandinī, seyyathīdaṃ. kāmataṇhā bhavataṇhā vibhavataṇhā."

23 DA.III.800; 각묵 옮김, 『상윳따 니까야』 제6권, p.386 참조.

24 DA.III.800; 각묵 옮김, 『상윳따 니까야』 제6권, p.386 참조.

잘못 이해하고 있는 학자들이 있다. 이를테면 기무라 다이겐(木村泰賢, 1881-1930)은 그의 저서 『원시불교 사상론』에서 세 가지 갈애를 성욕(性欲, kāma-taṇhā), 생존욕(生存欲, bhava-taṇhā), 번영욕(繁榮欲, vibhava-taṇhā)으로 번역하고, 생명활동의 본원력이라고 해석했다.[25] 또 마스타니 후미오(增谷文雄)는 갈애를 욕애(欲愛)·유애(有愛)·무유애(無有愛)로 번역하였으나, 유애를 '개체 존속의 욕망', 무유애를 '명예·권세에 대한 욕망'으로 해석했다.[26] 그러나 이러한 해석은 인도의 종교사상계에 대한 이해부족에서 비롯된 잘못된 해석이다.

사실 붓다가 설한 사성제는 욕망론에 초점을 맞추고 있다고 할 수 있다. 앞에서 언급했듯이, 사성제는 연기의 존재론에 근거하여 실천의 체계로 구성된 교설이다. 붓다는 괴로움의 원인이 갈애라고 단정했다. 다시 말해서 갈애가 괴로움을 발생시키는 조건이라는 것이다. 경에서 언급한 세 가지 갈애 외에도 정도의 차이는 있지만, 소유에 대한 욕망, 명예와 권력에 대한 욕망 등이 있다. 그런데 적당한 욕망은 삶의 동력이 되기도 한다. 그러나 지나친 욕망은 괴로움의 원인이 된다는 것이다. 이러한 가르침을 당시의 다섯 비구들도 받아들이기 쉽지 않았을 것이다. 지금의 우리도 마찬가지이다. 왜냐하면 이러한 주장은 분명히 세상의 일반적인 조류에 역행하는 것이기 때문이다.[27]

그러나 인간의 욕망은 끝이 없기 때문에 채우고 채워도 만족할

---

25 木村泰賢, 『原始佛教 思想論』, p.201.

26 마스타니 후미오, 이원섭 옮김, 『불교개론』 개정2판(서울: 현암사, 2001), p.145.

27 마스타니 후미오, 이원섭 옮김, 『불교개론』, p.152.

줄 모르다. 결국 괴로움을 제거하기 위해서는 끝없는 욕망의 격정을 제거하는 수밖에 없다. 그렇게 하지 않으면 괴로움은 해소되지 않기 때문이다. 그래서 붓다는 『상윳따 니까야』(SN1:63)에서 "갈애에 의해 세상은 인도되고, 갈애에 의해 끌려 다닌다. 갈애라는 하나의 법에 의해 모든 것은 지배된다"[28]고 설했던 것이다. 괴로움에서 벗어나려면 갈애를 제거하지 않으면 안 된다. 이것이 두 번째 괴로움의 일어남의 성스러운 진리[苦集聖諦]이다.

IV. 고멸성제(苦滅聖諦)

세 번째는 괴로움의 소멸의 성스러운 진리(dukkhanirodha-ariyasacca, 苦滅聖諦)이다. 이것은 괴로움의 원인인 갈애를 완전히 소멸시킨 경지, 즉 열반(涅槃, nibbāna, Sk. nirvāṇa)을 의미한다. 또한 이것은 삼법인(三法印) 가운데 열반적정(涅槃寂靜)에 해당된다. 십이연기(十二緣起)에서 보면 무명(無明)이 지멸(止滅)하여 모든 번뇌가 소멸해 버린 경지를 가리킨다. 「전법륜경」(SN56:11)에서는 다음과 같이 설하고 있다.

> 비구들이여, 이것이 괴로움의 소멸의 성스러운 진리[苦滅聖諦]이다. 그것은 바로 그러한 갈애가 남김없이 떠

---

28 SN.I.39, "taṇhāya nīyati loko, taṇhāya parikissati, taṇhāya ekadhammassa, sabbeva vasam anvagū ti."

나 소멸함, 버림, 포기, 해탈, 집착 없음이다.[29]

위 인용문에서 "남김없이 떠나 소멸함(asesa-virāga-nirodha)"이란 열반을 의미한다. 열반에 이르면 갈애는 남김없이 떠나고 소멸한다. 결국 갈애가 남김없이 소멸함, 버림, 포기, 해탈, 집착 없음[無執着]은 열반을 표현한 것이다. 다시 말해서 사성제에서 말하는 '괴로움의 소멸'이란 곧 열반을 의미한다. 열반은 불교의 궁극의 목적이다. 그런데 열반은 일상 언어로는 설명하기 어렵다. 초기경전에 나타난 열반의 동의어는 긍정적인 언어로 표현하기도 하지만,[30] 주로 부정적인 언어로 표현되고 있다. 이를테면 열반은 '갈애의 멸진[愛盡]', '형성되지 않은 것[無爲]', '탐욕 없음[無貪]', '적멸(寂滅)', '불이 꺼짐' 혹은 '소멸' 등과 같은 부정적인 용어로 자주 언급된다.

니까야에서 발견되는 열반에 대한 정의 몇 가지를 살펴보자. 즉 "이것은 모든 형성된 것들의 가라앉음, 모든 집착을 포기함, 갈애의 멸진[愛盡], 탐욕을 여읨[離欲], 소멸, 열반이다.[31]" 또 "비구들이여, 그러면 무위(無爲)란 무엇인가? 비구들이여, 이것은 탐욕의 멸진[貪盡], 성냄의 멸진[瞋盡], 어리석음의 멸진[癡盡]이다. 비구들이여, 이것을 무위라고 부른다."[32] "라다(Rādha)여, 갈애의 멸

29 SN.V.421; Vin.I.10, "idaṃ kho pana bhikkhave dukkhanirodham ariyasaccaṃ. yo tassā yeva taṇhāya asesavirāganirodho cāgo paṭinissaggo mutti anālayo."

30 『상윳따 니까야』의 「Asaṅkhata-saṃyutta(無爲相應)」에는 열반의 동의어 서른두 가지가 나열되어 있다. 제4장 삼법인설 4. 열반적정(涅槃寂靜)의 의미 참조.

31 SN.I.136, "yad idaṃ sabbasaṅkhārasamatho, sabbupadhipaṭinissaggo taṇhākkhayo virāgo nirodho nibbānaṃ."

32 SN.IV.359, "katamañca bhikkhave asaṅkhataṃ. yo bhikkhave rāgakkhayo

진이 바로 열반이기 때문이다."[33] "비구들이여, 형성된 법[有爲法]들이나 형성되지 않은 법[無爲法]들에 관한 한 탐욕을 여읨[離欲]이 그 법들 가운데 으뜸이라고 불리나니, 그것은 바로 교만의 분쇄, 갈증의 제거, 집착의 근절, 윤회의 단절, 갈애의 멸진, 탐욕을 여읨, 소멸, 열반이다."[34] 이러한 것들은 모두 열반을 설명한 것이다.

한때 잠부카다까(Jambukhādaka)라는 외도(外道)의 유행자가 사리뿟따(Sāriputta) 존자에게 이렇게 물었다. "벗, 사리뿟따여, '열반, 열반'이라고들 합니다. 벗이여, 도대체 열반이란 무엇입니까? 벗이여, 탐욕의 멸진, 성냄의 멸진, 어리석음의 멸진, 이를 일러 열반이라 합니다."[35] 또 사리뿟따 존자는 동료 비구들에게 "오취온(五取蘊)에 대한 탐욕과 욕망을 제어하고 탐욕과 욕망을 제거하는 것이 괴로움의 소멸이다"[36]고 말했다. 또 다른 붓다의 제자 무실라(Musīla) 존자는 도반 사윗타(Saviṭṭha)에게 "나는 '존재의 소멸이 열반'이라고 이렇게 알고 이렇게 봅니다"[37]라고 말했다. 이와 같이 붓다와 그의 제자들이 설명한 열반의 정의에 조

---

dosakkhayo mohakkhayo. idaṃ vuccati bhikkhave asaṅkhataṃ."

33 SN.III.190, "taṇhākkhayo hi Rādha nibbānan ti."

34 AN.II.34, "yāvata bhikkhave dhammā saṅkhata va asaṅkhata va virāgo tesaṃ dhammānaṃ aggam akkhāyati yadidaṃ madanimmadano pipāsavinayo ālayassamugghāto vaṭṭūpacchedo taṇhākkhayo virāga nirodho nibbānaṃ."

35 SN.IV.251, "nibbānaṃ nibbānanti āvuso Sāriputta vuccati. katamaṃ nu kho āvuso nibbānanti. yo kho āvuso rāgakkhayo dosakkhayo mohakkhayo idaṃ vuccati nibbānanti."

36 MN.I.191, "yo imesu pañcas' upādānakkhandhesu chandarāgavinayo chandarāgapahānaṃ so dukkhanirodho."

37 SN.II.117, "aham etaṃ jānāmi aham etaṃ passāmi bhavanirodho nibbānam ti."

금도 차이가 없다.

이상에서 살펴본 열반의 정의가 곧 괴로움의 소멸이다. 이것이 세 번째 괴로움의 소멸의 성스러운 진리[苦集聖諦]이다.

Ⅴ. 고멸도성제(苦滅道聖諦)

네 번째는 괴로움의 소멸로 이끄는 길의 성스러운 진리(dukkhanirodhagāminī-paṭipadā-ariyasacca, 苦滅道聖諦)이다. 여기서 길(paṭipadā)이란 목적지에 이르는 방법, 즉 실천을 뜻한다. 붓다는 열반을 실현하기 위한 구체적인 방법으로 '여덟 가지 성스러운 길(ariyo-aṭṭhaṅgiko-maggo, 八支聖道)'를 제시했다.[38] 팔정도는 별도의 독립된 경전에서 설해지는 경우도 있지만, 대부분 사성제(四聖諦)의 네 번째 성스러운 진리(苦滅道聖諦)로 설해지고 있다.

「전법륜경」(SN56:11)에서 붓다는 최초로 다섯 고행자들에게 쾌락과 고행이라는 두 극단을 떠나 '중도(中道, majjhimā-paṭipadā)'를 실천해야 한다고 말하고, 중도가 바로 '여덟 가지 성스러운 길[八支聖道]'이라고 밝히고 있다.「전법륜경」에서는 이렇게 묘사하고 있다.

> 비구들이여, 출가자는 두 가지 극단을 가까이해서는
> 안 된다. 두 가지란 무엇인가? 하나는 모든 욕망에 따라

---

38 빨리어 'ariyo-aṭṭhaṅgiko-maggo'는 '여덟 가지 성스러운 길[八支聖道]'로 번역하는 것이 가장 원의에 가깝다. 그러나 '팔정도(八正道)'로 널리 알려져 있기 때문에 특별한 경우를 제외하고, '팔정도'로 표기한다.

쾌락에 탐닉하는 것으로, 열악하고 야비하며 범부가 행하는 것이며 천하고 이익이 없는 것이다. 다른 하나는 자신을 피로하게 하는 것에 탐닉하는 것으로, 괴롭고 천하며 이익 됨이 없는 것이다. 비구들이여, 여래는 이 두 가지 극단을 버리고 중도(中道)를 깨달았다. 이것은 눈(眼)이 되고 지(智)가 되어 적정(寂靜)·증지(證智)·정각(正覺)·열반(涅槃)으로 이끄는 것이다.

그러면 비구들이여, 여래가 원만히 잘 깨달았고, 눈(眼)이 되고 지(智)가 되어 적정(寂靜)·증지(證智)·정각(正覺)·열반(涅槃)으로 이끄는 중도란 무엇인가? 그것은 곧 여덟 가지 성스러운 길[八支聖道]를 말하는 것이니, 정견(正見)·정사유(正思惟)·정어(正語)·정업(正業)·정명(正命)·정정진(正精進)·정념(正念)·정정(正定)이다. 비구들이여, 이것이 여래가 원만히 잘 깨달았고 열반에 도움이 되는 중도이다.[39]

위에서 보듯이 「전법륜경」에서 최초로 '중도(中道, majjhimā-paṭipadā)라는 단어가 나타난다. 붓다는 이 경에서 자신은 두 극

---

39 SN.V.421; Vin.I.10, "atha kho bhagavā pañcavaggiye bhikkhū āmantesi: dve'me bhikhave antā pabbajitena na sevitabbā. katame dve. yo cāyaṃ kāmesu kāmasukhallikānuyoyo hīno gammo pothujjaniko anariyo anatthasaṃhito, yo cāyaṃ attakilamathānuyogo dukkho anariyo anatthasaṃhito, ete kho bhikkhave ubho ante anupagamma majjhimā paṭipadā tathāgatena abhisambuddhā cakkhukaraṇī upasamāya abhiññāya samobodhāya nibbānāya saṃvattati. katamā ca sā bikkhave majjhimā paṭipadā tathāgatena abhisambuddhā cakkhukaraṇī ñāṇakaraṇī upasamāya abhiññāya sambodhāya nibbānāya saṃvattati. ayam eva ariyo aṭṭhaṅgiko maggo, seyath' idaṃ: sammādiṭṭhi sammāsaṃkappo sammāvācā sammākamanto sammāājīvo sammāvāyāmo sammāsati sammāsamādhi. ayaṃ kho sā bhikkave majjhimā paṭipadā tathāgatena abhisambuddhā cakkhukaraṇī ñāṇakaraṇī upasamāya abhiññāya sambodhāya nibbānāya saṃvattati."

단을 버리고 중도에 의해 깨달음을 이루었다고 선언했다. 여기서 말하는 중도란 실천행으로서의 팔정도를 의미한다. 그런데 초기경전에서는 크게 두 가지 형태의 중도가 나타난다. 하나는 팔정도로 대변되는 실천행으로서의 중도행이고, 다른 하나는 연기법으로 대변되는 사상적 이론으로서의 중도설이다. 따라서 아함의 중도사상은 이론과 실천이라는 두 가지 교리가 중도라는 하나의 사상체계를 형성하고 있다.[40]

실천행으로서의 팔정도는 붓다가 다섯 고행자들에게 실시한 첫 설법에서부터 입멸직전 마지막 제자가 된 수밧다(Subhadda)에게 설한 것이다. 붓다는 이 팔정도가 있는 수행체계에서만 완벽한 깨달음을 얻은 자가 나온다고 말했다. 그러므로 팔정도는 초기불교의 가장 근간이 되는 수행법이라고 할 수 있다.

「전법륜경」에서 말한 중도는 여덟 가지 범주나 분류로 이루어져 있기 때문에 일반적으로 팔정도로 일컬어지고 있다. 이른바 팔정도는 중도의 구체적인 실천의 길이다. 그런데 「전법륜경」에서는 팔정도의 구체적인 내용은 언급되어 있지 않다. 팔정도에 대한 자세한 설명은 『잡아함경』 제28권 제785경, 『중아함경』 제189 「성도경(聖道經)」, 『맛지마 니까야』 제117 「마하짯따리사까-숫따(Mahācattārīsaka-sutta, 大四十經)」 등에 나타난다. 여기서는 이러한 경전들을 근거로 팔정도의 내용을 자세히 살펴보고자 한다. 팔정도를 순서대로 나열하면 다음과 같다.

---

40 이중표, 『아함의 중도체계』(서울: 불광출판부, 1991), p.23.

(1) 올바른 견해(正見, sammā-diṭṭhi)
(2) 올바른 사유(正思惟, sammā-saṅkappa)
(3) 올바른 언어(正語, sammā-vācā)
(4) 올바른 행위(正業, sammā-kammanta)
(5) 올바른 생계(正命, sammā-ājīva)
(6) 올바른 정진(正精進, sammā-vāyāma)
(7) 올바른 통찰(正念, sammā-sati)
(8) 올바른 선정(正定, sammā-samādhi)이다.

위에서 나열한 팔정도는 불교수행론에서 중요한 위치를 차지한다. 즉 "붓다는 자신을 이해하고 따르는 능력과 발전 단계에 따라서 서로 다른 사람들에게 다른 방법과 다른 말로써 팔정도를 설명했다."[41] 팔정도 각지(各支)의 해석도 두 가지 종류로 구분된다. 이른바 재가자를 위한 세간적인 것(lokiyā)과 출가자를 위한 출세간적인 것(lokuttarā)이 그것이다. 여기서는 이 두 가지 해석을 염두에 두고, 팔정도 각지의 내용을 살펴보고자 한다.

1) 올바른 견해(sammā-diṭṭhi, 正見)

팔정도의 여덟 가지 구성 요소[八支] 중에서 올바른 견해가 가장 중요하기 때문에 제일 먼저 언급된다. 「마하짯따리사까-숫따(Mahācattārīsaka-sutta, 大四十經)」(MN117)에서 붓다는 "비구들이여, 거기서 올바른 견해가 먼저다. 어떻게 올바른 견해가 먼저인가?

41 W. Rahula, *What the Buddha taught*, pp.45-46.

그는 그릇된 견해를 그릇된 견해라고 꿰뚫어 알고, 올바른 견해를 올바른 견해라고 꿰뚫어 안다. 이것이 그의 올바른 견해이다"[42]라고 했다.

올바른 견해는 두 가지가 있다. 즉 "번뇌에 물들 수 있고 공덕의 편에 있으며 재생의 근거를 가져오는 올바른 견해가 있고, 번뇌에 물들지 않고 출세간의 것이고 길(magga)의 구성 요소인 성스러운 올바른 견해가 있다."[43]

첫째는 세간적인 올바른 견해이다. 이른바 "보시도 있고 공물도 있고 제사(헌공)도 있다. 선행과 악행의 업들에 대한 결실도 있고 과보도 있다. 이 세상도 있고 저 세상도 있다. 어머니도 있고 아버지도 있다. 화생하는 중생도 있고, 이 세상과 저 세상을 스스로 최상의 지혜로 알고 실현하여 선언하는, 덕스럽고 바른 도를 구족한 사문 · 바라문들도 이 세상에는 있다고 하는 번뇌에 물들 수 있고 공덕의 편에 있으며 재생의 근거를 가져오는 올바른 견해이다."[44]

둘째는 출세간적인 올바른 견해이다. 이른바 "성스러운 마음을 가졌고 번뇌 없는 마음을 가졌으며 성스러운 도를 구족하여 성스러운 도를 닦는 자가 있으니, 그가 가진 지혜, 지혜의 기능, 지혜의 힘, 법을 간택하는 깨달음의 구성 요소[擇法覺支], 올바른

---

42 MN.III.71, "tatra, bhikkhave, sammādiṭṭhi pubbaṅgamā hoti. kathañ ca, sammādiṭṭhi pubbaṅgamā hoti? micchādiṭṭhiṃ; micchādiṭṭhīti pajānāti, sammādiṭṭhiṃ: sammādiṭṭhīti pajānāti. sā'ssa hoti sammādiṭṭhi."

43 MN.III.72, "atthi, sammādiṭṭhi sāsavā puññābhāgiyā upadhivepakkā; atthi, sammādiṭṭhi ariya anāsavā lokuttarā maggaṅga."

44 MN.III.72.

견해, 도의 구성 요소, 이것이 번뇌에 물들지 않고 출세간의 것이고 도의 구성 요소인 성스러운 올바른 견해이다."[45]

이와 같이 「마하짯따리사까-숫따(Mahācattārīsaka-sutta, 大四十經)」(MN117)에서는 올바른 견해를 세간적인 것과 출세간적인 것으로 구분하여 설명하고 있다. 그러나 「삿짜위방가-숫따(Saccavibhaṅga-sutta, 諦分別經)」(MN141)와 「위방가-숫따(Vibhaṅga-sutta, 分別經)」(SN45:8)를 비롯한 여러 경에서는 올바른 견해란 사성제(四聖諦)에 대한 지혜로 정의된다. 이른바 "올바른 견해란 무엇인가? 괴로움에 대한 지혜, 괴로움의 일어남에 대한 지혜, 괴로움의 소멸에 대한 지혜, 괴로움의 소멸로 이끄는 길에 대한 지혜이다. 이를 일러 올바른 견해라고 한다."[46]

다시 말해서 올바른 견해란 괴로움[苦], 괴로움의 원인[集], 괴로움의 소멸[滅], 괴로움의 소멸로 이끄는 길[道]을 분명하게 꿰뚫어 아는 것이다. 즉 사성제에 대해 바르게 아는 것을 올바른 견해라고 한다. 사성제를 통해 인생의 괴로움 전반에 대한 확실한 통찰이 있어야 진정한 수행이 시작되고 괴로움에서 벗어날 수 있기 때문이다.

또한 올바른 견해는 올바른 통찰[正念]과 올바른 정진[正精進]의 도움을 받아 우리의 몸과 마음[五蘊]에서 일어나는 모든 현상이 '무상(無常) · 고(苦) · 무아(無我)'라고 통찰하는 것이다. 이 통찰

---

45 MN.III.72.

46 MN.III.251; SN.V.8-9, "dukkhe ñāṇaṃ dukkhasamudaye ñāṇaṃ dukkhanirodhe ñāṇaṃ dukkhanirodhagāminiyā paṭipadāya ñāṇaṃ. ayaṃ vuccati bhikkhve sammādiṭṭhi."

이 있어야 어떤 것에도 집착하지 않고 성내지 않고 미혹되지 않아서 해탈할 수 있게 된다.

「삼마딧티-숫따(Sammādiṭṭhi-sutta, 正見經)」(MN9)에서 사리뿟따 존자는 동료 비구들에게 이렇게 말했다. "벗들이여, 성스러운 제자가 해로운 법[不善]을 꿰뚫어 알고, 해로움의 뿌리를 꿰뚫어 알고, 유익함[善]을 꿰뚫어 알고, 유익함의 뿌리를 꿰뚫어 알 때, 성스러운 제자가 올바른 견해를 가지고, 견해가 올곧으며, 법에 대해 흔들리지 않는 깨끗한 믿음을 지니고, 정법에 도달했다고 한다."[47]

주석서에 따르면 올바른 견해는 두 가지 종류, 즉 세간적인 것(lokiyā)과 출세간적인 것(lokuttarā)이 있다. 첫째는 업이 자신의 주인임을 아는 지혜와 진리를 수순하는 지혜는 세간적인 것이다. 요컨대 번뇌와 함께하는 모든 지혜를 세간적인 것이라 한다. 둘째는 네 가지 성스러운 도(道)·과(果)와 함께한 지혜는 출세간적인 것이다. 그러나 여기서는 확실하게 해탈로 인도하는 출세간적인 유익한 올바른 견해를 구족한 자를 올바른 견해를 가진 자라 한다. 출세간적인 올바른 견해만이 상견(常見)과 단견(斷見)의 양 극단을 피하고 올곧게 된다. 오직 그 견해를 구족할 때 아홉 가지 출세간법(四向四果와 涅槃)에 대해 동요하지 않는 확신과 흔들리지 않는 확신을 가지게 된다.[48]

올바른 견해를 구족한 사람(diṭṭhi-sampanna)을 예류자(預流者)라고 한다. 「바후다뚜까-숫따(Bahudhatuka-sutta, 多界經)」(MN115)이

47 MN.I.196-197.

48 MN.I.196-197; 대림 옮김, 『맛지마 니까야』 제1권, p.289, n.288.

른바 "올바른 견해를 구족한 사람은 형성된 것들[行]을 영원하다고 여기거나, 즐거움이라고 여기는 것은 있을 수 없고 그런 경우는 없다. 또 올바른 견해를 구족한 사람은 모든 법들[諸法]을 자아(自我)라고 여기는 것은 있을 수 없고 그런 경우는 없다. 또 올바른 견해를 구족한 사람은 ①어머니를 죽이고[殺母], ②아버지를 죽이고[殺父], ③아라한을 죽이고[殺阿羅漢], ④여래의 몸에 피를 흘리게 하고, ⑤승가를 분열시키는 것[破僧伽]은 있을 수 없고 그런 경우는 없다. 이런 것은 불가능하다고 꿰뚫어 안다."[49]

2) 올바른 사유(sammā-saṅkappa, 正思惟)

올바른 사유란 출리(出離)에 대한 사유, 악의 없음에 대한 사유, 남을 해치지 않음[不害]에 대한 사유를 말한다.[50] 이것은 「삿짜위방가-숫따(Saccavibhaṅga-sutta, 諦分別經)」(MN141)를 비롯한 니까야에 나타난 올바른 사유에 대한 정의이다.

그러나 「마하짯따리사까-숫따(Mahācattārīsaka-sutta, 大四十經)」(MN117)에서는 올바른 견해와 마찬가지로 올바른 사유를 둘로 구분하여 설명하고 있다. 즉 "번뇌에 물들 수 있고 공덕의 편에 있으며 재생의 근거를 가져오는 올바른 사유가 있고, 번뇌에 물들지 않고 출세간의 것이고 도의 구성 요소인 성스러운 올바른

49 MN.III.64-65.

50 MN.III.251, "nekkhammasaṅkappo abyāpādasaṅkappo avihiṃsāsaṅkappo."

사유가 있다."[51]

"그러면 어떤 것이 번뇌에 물들 수 있고 공덕의 편에 있으며 재생의 근거를 가져오는 올바른 사유인가? 비구들이여, 출리에 대한 사유, 악의 없음에 대한 사유, 남을 해치지 않음[不害]에 대한 사유가 번뇌에 물들 수 있고 공덕의 편에 있으며 재생의 근거를 가져오는 올바른 사유이다."[52] 이것은 「삿짜위방가-숫따(Saccavibhaṅga-sutta, 諦分別經)」(MN141)에서 말한 올바른 사유에 대한 정의와 일치한다. 따라서 이 정의는 세간적인 차원에서 말한 올바른 사유이다.

"그러면 어떤 것이 번뇌에 물들지 않고 출세간의 것이고 도의 구성 요소인 성스러운 올바른 사유인가? 비구들이여, 성스러운 마음을 가졌고 번뇌 없는 마음을 가졌으며 성스러운 도를 구족하여 성스러운 도를 닦는 자가 있으니, 그의 사색, 생각, 사유, 전념, [마음의] 고정, 마음의 지향, 말의 작용[口行], 이것이 번뇌에 물들지 않고 출세간의 것이고 도의 구성 요소인 성스러운 올바른 사유이다."[53] 이 경에서 말하는 사유(saṅkappa)는 [일으킨] 생각(vitakka, 尋)과 말의 작용(vācā-saṅkhāra, 口行)과 동의어로 나타난다.

---

51 MN.III.73, "atthi, bhikkhave, sammāsaṅkappo sāsavo puññābhāgiyo upadhivepakko; att-hi, bhikkhave, sammāsaṅkappo ariya anāsavo lokuttaro maggaṅgo."

52 MN.III.73, "nekkhammasaṅkappo avyāpādasaṅkappo avihiṃsāsaṅkappo, ayam, bhik- khave, sammāsaṅkappo sāsavo puññābhagiyo upadhivepakko."

53 MN.III.73, "yo kho, bhikkhve, ariyacittassa anāsavacittassa ariyamaggassa samaṅgino ariyamaggaṃ bhāvayato takko vitakko saṅkappo appanāvyappanā cetaso abhiniropanā vācāsaṅkhāro, ayaṃ, bhikkhve, sammāsaṅkappo ariyo anāsavo lokuttaro maggaṅgo."

위딱까(vitakka, 尋)와 위짜라(vicāra, 伺)는 네 가지 선정 가운데 초선을 구성하는 요소로 나타나는 중요한 개념이다.

그러면 올바른 사유의 반대 개념인 그릇된 사유는 어떤 것인가? 즉 "감각적 욕망을 사유하고 악의를 사유하고 남을 해치고자 하는 사유가 그릇된 사유이다."[54]

이와 같이 감각적 욕망에 사로잡힌 마음, 남을 미워하는 적대의 마음, 남을 해치고자 하는 살해의 마음을 일으키지 않고, 자애(慈愛, mettā)의 마음, 연민(憐愍, karuṇā)의 마음을 일으키는 것을 올바른 사유라고 한다. 다시 말해서 탐욕스러운 생각, 노여워하는 생각, 생명체를 해치려고 하는 생각이 없는 것이 올바른 사유이다. 따라서 올바른 견해가 확립된 자라면 결코 자신과 남에게 해로움을 가져다주는 생각을 일으키지 않는다. 혹시 그런 생각이 일어났더라도 곧바로 알아차려 올바른 사유로 전환시킨다. 인간의 행위 중에서 가장 중요한 것은 사유이다. 구업(口業)과 신업(身業)은 의업(意業)의 지배를 받기 때문이다.

3) 올바른 언어(sammā-vācā, 正語)

올바른 언어란 거짓말을 삼가고, 중상모략을 삼가고, 욕설을 삼가고, 쓸데없는 잡담을 삼가는 것을 말한다.[55] 이처럼 「삿짜위

54 MN.III.73, "kamasankappo, vyapadasankappo, vihimsasankappo, ayam, bhikkhave, micc- hāsaṅkappo."

55 MN.III.251, "musāvāda veramaṇī, pisuṇāya veramaṇī, pharusāya veramaṇī,

방가-숫따(Saccavibhaṅga-sutta, 諦分別經)」(MN141)에서는 거짓말(妄語), 중상모략(兩舌), 욕설(惡口), 쓸데없는 잡담(綺語) 등 네 가지 언어를 삼가는 것을 올바른 언어라고 정의하고 있다. 따라서 거짓말, 중상모략, 욕설, 쓸데없는 잡담 등 네 가지 종류의 언어가 바로 그릇된 언어인 것이다.[56]

「마하짯따리사까-숫따(Mahācattārīsaka-sutta, 大四十經)」(MN117)에서는 올바른 언어를 두 가지 종류로 설명하고 있다. 하나는 번뇌에 물들 수 있고 공덕의 편에 있으며 재생의 근거를 가져오는 올바른 언어이다. 이른바 "거짓말을 삼가고, 중상모략을 삼가고, 욕설을 삼가고, 쓸데없는 잡담을 삼가는 것이 번뇌에 물들 수 있고 공덕의 편에 있으며 재생의 근거를 가져오는 올바른 언어이다."[57]

다른 하나는 번뇌에 물들지 않고 출세간의 것이고 도의 구성 요소인 성스러운 올바른 언어이다. 이른바 "성스러운 마음을 가졌고, 번뇌 없는 마음을 가졌으며, 성스러운 도를 구족하여, 성스러운 도를 닦는 자가 있으니, 그가 네 가지 말로 짓는 나쁜 행위를 억제하고 절제하고 제어하고 금하는 것, 이것이 번뇌에 물들지 않고 출세간의 것이고 도의 구성 요소인 성스러운 올바른 언어이다."[58]

이는 올바른 언어라 할지라도 번뇌 있는 범부가 네 가지 종류

---

samphappa- lāpa veramaṇī, ayaṃ vuccati, āvuso, sammāvācā."

56 MN.III.73, "musāvādo, pisuṇā vācā, pharusā vāca, samphappalāpo, ayaṃ, bhikkhve, micchāvācā."

57 MN.III.74.

58 MN.III.74.

의 언어를 삼가는 것과 번뇌 없는 성자가 네 가지 종류의 언어를 제어하고 금하는 것과는 차원이 다름을 의미한다.

세속에서의 "올바른 언어란 적극적으로 타인을 올바르게 지도·계몽하거나, 다른 사람을 칭찬해 주고 격려해 주거나, 성실한 말로 남을 대하거나, 필요한 때 필요한 말을 하는 등의 올바른 언어 행위를 가리킨다. 적어도 다른 사람이나 사회의 평화·행복을 염원하면서 하는 바른 언어적 행위는 올바른 언어[正語]가 아닐 수 없다. 애어(愛語)나 화어(和語)도 올바른 언어에 포함된다."[59]

네 가지 형태의 나쁘고 해로운 언어를 삼갈 때, "우리는 당연히 진실을 말하게 되고, 친절하고 인자하며, 즐겁고 부드럽고, 의미 있고 유용한 말을 하게 된다. 부주의하게 말을 해서는 안 된다. 말은 올바른 때와 올바른 장소에서 해야만 한다. 만일 유익한 말을 하지 못할 경우에는 '고귀한 침묵'을 지켜야만 한다."[60]

세상에서 일어나는 불화·투쟁이나 반목·시기 등은 그릇된 언어에서 비롯된 것이 적지 않다. 올바른 언어 행위에 의해 자타의 선의를 소통시키는 것은 어느 사회에서나 매우 중요한 일이다. [61]요컨대 올바른 견해와 올바른 사유 아래에서 나온 언어는 올바른 언어가 될 수밖에 없다. 즉 거짓말, 중상모략, 욕설, 쓸데없는 잡담을 삼가게 된다. 특히 붓다는 모름지기 수행자는 법담(法談)이 아니면 고귀한 침묵을 지켜야 한다고 제자들에게 가르쳤다.

---

59 水野弘元,『原始佛教』, p.192.

60 W. Rahula, *What the Buddha taught*, p.47.

61 水野弘元,『原始佛教』, p.192.

4) 올바른 행위(sammā-kammanta, 正業)

올바른 행위란 생명을 죽이는 것[殺生]을 삼가고, 주지 않은 것을 가지는 것[偸盜]를 삼가고, 삿된 음행[邪婬]을 삼가는 것을 말한다.[62] 그러나 보다 적극적으로 타인의 생명을 구하고 재물을 보시하거나 인륜·도덕을 스스로 행하고 다른 사람에게도 이것을 실천하도록 권하는 것도 올바른 행위에 포함된다.[63]

「마하짯따리사까-숫따(Mahācattārīsaka-sutta, 大四十經)」(MN117)에서는 올바른 행위를 두 가지 종류로 설명하고 있다. 즉 "생명을 죽이는 것을 삼가고, 주지 않은 것을 가지는 것을 삼가고, 삿된 음행을 삼가는 것이 번뇌에 물들 수 있고 공덕의 편에 있으며 재생의 근거를 가져오는 올바른 행위이다."[64] 반면 "성스러운 마음을 가졌고, 번뇌 없는 마음을 가졌으며, 성스러운 도를 구족하여 성스러운 도를 닦는 자가 있어, 그가 세 가지 몸으로 짓는 나쁜 행위를 억제하고 절제하고 제어하고 금하는 것, 이것이 번뇌에 물들지 않고 출세간의 것이고 도의 구성 요소인 성스러운 올바른 행위이다."[65]

올바른 행위는 도덕적이며 명예롭고 평화로운 행위를 증진하는데 목표를 두고 있다. 이것은 우리가 생명을 말살하거나 훔치거나 부정직한 거래 관계를 하거나 부정한 성교를 삼가야 하

---

62 MN.III.251, "pāṇātipātā veramaṇī, adinadānā veramaṇī, kāmesu micchācārā veramaṇī, ayaṃ vuccati, āvuso, sammākammanto."

63 水野弘元.『原始佛教』, p.192.

64 MN.III.74.

65 MN.III.74-75.

며, 다른 사람들이 올바른 방법으로 평화롭고 명예로운 삶을 꾸밀 수 있도록 도와야 한다.[66] 생각이 바르면 행위도 바르게 된다. 살생 · 투도 · 사음을 삼가는 것이 올바른 행위이다. 수행자는 몸으로 짓는 모든 나쁜 행위를 삼가야 한다.

5) 올바른 생계(sammā-ājīva, 正命)

올바른 생계란 그릇된 생계를 버리고 올바른 생계로 생명을 유지하는 것을 말한다. 「삿짜위방가-숫따(Saccavibhaṅga-sutta, 諦分別經)」(MN141)에서는 "벗이여, 성스러운 제자는 그릇된 생계를 버리고 바른 생계로 생명을 영위한다. 벗이여, 이를 일러 바른 생계라 한다"[67]라고 정의하고 있다. 반대로 그릇된 생계란 "계략을 부리고, 쓸데없는 말을 하고, 암시를 주고, 비방하고, 이득으로 이득을 추구하는 것이다."[68]

올바른 생계도 두 가지 종류가 있다. 첫째는 "여기 성스러운 제자가 그릇된 생계를 버리고 올바른 생계로 생명을 유지하나니, 이것이 번뇌에 물들 수 있고 공덕의 편에 있으며 재생의 근거를 가져오는 올바른 생계이다."[69] 둘째는 "성스러운 마음을 가

---

66 W. Rahula, *What the Buddha taught*, p.47.

67 MN.III.251, "idh', āvuso, ariyasāvako micchā-ājīvaṃ pahāya sammā-ājīvena jīvikaṃ kappeti; ayaṃ vuccat', āvuso, sammā-ājīvo."

68 MN.III.75, "kuhanā lapanā nemittakatā nippesikatā lābhena lābhaṃ nijigiṃsanatā."

69 MN.III.75, "idha, bhikkhave, ariyasāvako micchā-ājīvaṃ pahāya sammā-ājīvena jīvikaṃ kappeti, ayaṃ, bhikkhave, sammā-ājīvo sāsavo puññābhāgiyo

졌고, 번뇌 없는 마음을 가졌으며, 성스러운 도를 구족하여 성스러운 도를 닦는 자가 있어, 그가 그릇된 생계를 억제하고 제어하고 금하는 것, 이것이 번뇌에 물들지 않고 출세간의 것이고 도의 구성 요소인 성스러운 올바른 생계이다."[70]

첫 번째 경우의 출가자는 생활의 필수 조건인 옷[가사] · 음식 · 침구 · 의약 등을 구하되 법답게 구하여 생활하는 것을 말한다. 즉 수행자로서 자신에게 주어진 것만 가지고 거짓 없이 청정한 삶을 살아가는 것을 의미한다.

첫 번째 경우의 재가자는 올바른 직업을 통해 생계를 유지해야 한다는 것이다. 『앙굿따라 니까야』의 「와닛자-숫따(Vaṇijjā-sutta, 商人經)」(AN5:177)에 의하면, 재가신자는 다섯 가지 장사를 해서는 안 된다. 즉 "무기 장사, 사람 장사, 동물 장사, 술장사, 독약 장사이다."[71] 오늘날의 무기매매, 인신매매, 동물매매, 주류매매, 마약매매에 종사하는 직업을 말한다. 이러한 직업들은 불교의 계율, 즉 불살생 · 불음주 등에 위배될 뿐만 아니라 자신과 다른 사람에게 해로움을 가져다주는 불선법(不善法)이기 때문에 이러한 직업에 종사해서는 안된다. 요컨대 재가신자는 직업을 갖되 남에게 피해를 주거나 비난받을 만한 직업을 피하는 것이 올바른 생계에 해당된다.

---

upadhivepakko."

70 MN.III.75, "ya kho, bhikkhve, ariyacittassa anāsavacittassa ariyamaggasamaṅgino ariya-maggaṃ bhāvayato micchā-ājīvā ārati virati paṭivirati veramaṇī; ayaṃ bhikkhave, sammā-ājīvo ariyo anāsavo lokuttaro maggaṅgo."

71 AN.III.208, "satthavaṇijjā, sattavaṇijjā, maṃsavaṇijjā, majjavaṇijjā, visavavaṇijjā."

6) 올바른 정진(sammā-vāyāma, 正精進)

올바른 정진이란 아직 일어나지 않은 해로운 법들(akusala-dhammā, 不善法)이 일어나지 않도록 단속하고, 이미 일어난 해로운 법들을 제거하기 위해 노력하고, 아직 일어나지 않은 유익한 법들(kusala-dhammā, 善法)이 일어나도록 노력하고, 이미 일어난 유익한 법들이 더욱 증장하도록 노력하는 것을 말한다. 「삿짜위방가-숫따(Saccavibhaṅga-sutta, 諦分別經)」(MN141)에서는 정진에 대해 좀 더 자세히 설명하고 있다.

> 여기 비구는 아직 일어나지 않은 나쁘고 해로운 법들은 일어나지 않도록 하기 위해 열의를 일으키고 정진하고 힘을 내고 마음을 다잡고 애를 씁니다. 이미 일어난 나쁘고 해로운 법들은 제거하기 위해 열의를 일으키고 정진하고 힘을 내고 마음을 다잡고 애를 씁니다. 아직 일어나지 않은 유익한 법들은 일어나도록 하기 위해 열의를 일으키고 정진하고 힘을 내고 마음을 다잡고 애를 씁니다. 이미 일어난 유익한 법들은 지속하게 하고 사라지지 않게 증장하고 충만하게 하고 닦기 위해 열의를 일으키고 정진하고 힘을 내고 마음을 다잡고 애를 씁니다. 벗들이여, 이를 일러 올바른 정진이라 합니다.[72]

---

72 MN.III.251-252, "idh', āvuso, bhikkhu anuppannānaṃ pāpakānaṃ akusalānaṃ dhammānaṃ anuppādāya chandaṃ janeti vāyāmati viriyaṃ ārabhati cittaṃ paggaṇhāti padahati; uppannānaṃ pāpakānaṃ akusalānaṃ dhammānaṃ pahānāya chandaṃ janeti … padahati; anuppannānaṃ kusalānaṃ dhammānaṃ uppādāya chandaṃ janeti … padahati; upannānaṃ kusalānaṃ dhammānaṃ ṭhitiyā asammohāya bhiyyobhāvāya vepullāya bhāvanāya pāripūriyā chandaṃ

초기경전에서는 올바른 정진을 네 방면으로 나누어 설명하고 있다. 즉 우리의 이상 · 목적의 실현에 도움이 되는 유익한 법들과 반대로 장애가 되는 해로운 법들로 구분하고, 어떻게 하는 것이 올바른 정진인가를 네 방면에서 고찰하고 있다. 이를테면 ①아직 일어나지 않은 불선법에 대해서는 이후에도 일어나지 않도록 노력하는 것이고, ②이미 일어난 불선법에 대해서는 그것을 감소시키거나 소멸시키기 위해 노력하는 것이고, ③아직 일어나지 않은 선법에 대해서는 그것이 일어나도록 노력하는 것이고, ④이미 일어난 선법에 대해서는 더욱 증장하도록 노력하는 것이다.

만약 우리가 이 네 방면에서 우리의 이상 · 목적을 향해 노력한다면 반드시 한 걸음 한 걸음씩 선이 증가하고 악이 감소하여 향상일로(向上一路)로 나아가게 될 것이다. 어떤 일에서도 이와 같이 네 가지 관점에서 유념하여 정진한다면, 개인은 물론 사회 전체도 점차 진보 발전하여 필연적으로 밝고 선한 세계가 이루어지게 될 것이다. 이러한 의미에서 보면 정정진(正精進)은 개인생활은 물론 사회생활에서도 반드시 필요한 요건이다.[73]

「마하짯따리사까-숫따(Mahācattārīsaka-sutta, 大四十經)」(MN117)에서 말하는 올바른 정진이란 그릇된 견해를 버리고 올바른 견해를 구족하기 위해 노력하는 것, 그릇된 사유를 버리고 올바른 사유를 구족하기 위해 노력하는 것, 그릇된 언어를 버리고 올바른 언어를 구족하기 위해 노력하는 것, 그릇된 행위를 버리고 올

janeti … padahati; ayaṃ vuccat' āvuso sammāvāyāmo."

73 水野弘元, 『原始佛教』, p.195.

바른 행위를 구족하기 위해 노력하는 것, 그릇된 생계를 버리고 올바른 생계를 구족하기 위해 노력하는 것을 말한다.[74]

올바른 정진은 앞의 올바른 사유(正思惟) · 올바른 언어(正語) · 올바른 행위(正業) · 올바른 생계(正命)에도 필요하고, 또 뒤의 올바른 통찰(正念)이나 올바른 선정(正定)에도 꼭 필요한 것이다. 어떤 일을 하든 올바른 정진 없이는 불가능하기 때문이다. 그래서 올바른 정진은 세간과 출세간 모두에게 꼭 필요한 항목이다.

7) 올바른 통찰(sammā-sati, 正念)

올바른 통찰이란 신(身, kāya), 수(受, vedanā), 심(心, citta), 법(法, dhamma)의 네 가지 마음챙김의 확립(四念處)을 말한다. 올바른 통찰을 '올바른 마음지킴', '올바른 알아차림', '올바른 마음챙김' 등으로 번역한다. 「삿짜위방가-숫따(Saccavibhaṅga-sutta, 諦分別經)」(MN141)에서는 올바른 통찰을 다음과 같이 설명하고 있다.

> 여기 비구는 몸에서 몸을 관찰하며[身隨觀] 머문다. 세상에 대한 욕심과 싫어하는 마음을 버리고 근면하고 분명히 알아차리고 마음 지키면서 머문다. 세상에 대한 욕심과 싫어하는 마음을 버리고 근면하고 분명히 알아차리고 마음 지키면서 머문다. 느낌에서 느낌을 관찰하며[受隨觀] 머문다. … 마음에서 마음을 관찰하며[心隨觀]

74 MN.III.72-75.

머문다. … 법에서 법을 관찰하며[法隨觀] 머문다. … 벗들이여, 이를 일러 올바른 통찰이라 한다.[75]

위 인용문에서 보듯, 올바른 통찰이란 신체의 활동(kāya), 감각 혹은 정서(vedanā), 마음의 활동(citta), 관념 · 사고 · 개념과 사물(dhamma)과 관련하여 올바르게 생각하여 잊지 않는 것을 말한다. 즉 몸은 부정(不淨)한 것이고, 느낌은 고(苦)이고, 마음은 무상(無常)한 것이고, 법은 무아(無我)라고 깊이 통찰하는 것이다. 여기서 알아차림이란 위의 네 가지 수행 주제[四念處]에 대해 아무 판단 분별없이 있는 그대로 주시함[念]과 동시에 분명하게 알아차리는[正知] 것이다. 사념처, 즉 네 가지 형태의 정신적 계발 혹은 명상은 「마하사띠빳타나-숫따(Mahāsatipaṭṭhāna-sutta, 大念處經)」[76]에 자세히 언급되어 있다.

사념처 수행의 핵심은 사띠(sati)와 삼빠잔냐(sampajāna)에 있다. 이것을 한문으로는 정념정지(正念正知)라 번역하고, 우리말로는 마음지킴(正念)과 알아차림(正知)으로 번역한다. 마음지킴과 알아차림은 유사한 심정을 가리키지만 미세한 차이가 있다. 정념은 모든 것이 무상 · 고 · 무아 · 부정한 것임을 잠시도 잃어버리지 않는 것이고, 정지는 일거수일투족의 행위를 알아차리는

---

75 MN.III.252, "idh', āvusa bhikkhu kāye kāyānupassī vihārati ātāpi sampajāno satimā, vineyya loke abhijjhādomanassaṃ; vedanāsu –pe-; citte –pe-; dhamesu dhammānupassī viharati ātāpi … abhijjādomanassaṃ; ayaṃ vuccat', āvuso, sammāsati."

76 DN.II.290-315; 『중아함경』 제98 「念處經」(T 1, pp.582-584); Majjhima Nikāya No.10 Satipa ṭṭhāna-sutta와 한역 『증일아함경』 12. 1 四意止(T 2, pp.568a-569b)와도 관련이 있다.

것을 의미한다. 이를테면 "여기 비구는 나아갈 때도 [자신의 거동을] 분명히 알면서[正知] 행한다. 앞을 볼 때도 돌아볼 때도 [자신의 거동을] 분명히 알면서 행한다. 가사 · 발우 · 의복을 지닐 때도 분명히 알면서 행한다. 먹을 때도 마실 때도 씻을 때도 분명히 알면서 행한다. 대소변을 볼 때도 분명히 알면서 행한다. 걸으면서 · 서면서 · 앉으면서 · 잠들면서 · 잠을 깨면서 · 말하면서 · 침묵하면서도 분명히 알면서 행한다. 이와 같이 정념과 정지를 잘 갖춘다."[77]

8) 올바른 선정(sammā-samādhi, 正定)

올바른 선정이란 초선(初禪) · 제이선(第二禪) · 제삼선(第三禪) · 제사선(第四禪) 등 네 가지 선정(禪定, jhāna)에 머무는 것을 말한다. 빨리어 sammā-samādhi를 올바른 집중(concentration) 혹은 올바른 삼매(三昧)로 번역한다.「삿짜위방가-숫따(Saccavibhaṅga-sutta, 諦分別經)」(MN141)에서는 올바른 선정을 다음과 같이 설명하고 있다.

> 여기 비구는 감각적 욕망을 완전히 떨쳐버리고 해로운 법[不善法]들을 떨쳐버린 뒤, 일으킨 생각[尋]과 지속적 고찰[伺]이 있고, 떨쳐버렸음에서 생긴 희열[喜]과 행복[樂]이 있는 초선(初禪)을 구족하여 머문다. 일으킨 생각과 지속적 고찰을 가라앉혔기 때문에 자기 내면의 것

77 DN.I.70-71.

> 이고, 확신이 있으며, 마음의 단일한 상태이고, 일으킨 생각과 지속적 고찰은 없고, 삼매에서 생긴 희열과 행복이 있는 제이선(第二禪)을 구족하여 머문다. … 제삼선(第三禪)을 구족하여 머문다. … 제사선(第四禪)을 구족하여 머문다.[78]

위에서 인용한 「삿짜위방가-숫따(Saccavibhaṅga-sutta, 諦分別經)」(MN141)에서는 올바른 선정, 혹은 올바른 삼매란 초선 · 제이선 · 제삼선 · 제사선을 구족하여 머무는 것을 말한다. 그런데 「마하짯따리사까-숫따(Mahācattārīsaka-sutta, 大四十經)」(MN117)에서는 올바른 견해에서 올바른 통찰까지 일곱 가지 구성 요소를 갖춘 마음이 한 곳에 집중된 상태, 즉 심일경성(心一境性, cittassa ekaggatā)을 일러 성스러운 올바른 삼매라고 한다.[79] 이른바 올바른 삼매란 다른 일곱 가지 구성 요소의 조건과 도움이 함께 한 심일경성을 일컫는다.

「마하짯따리사까-숫따(Mahācattārīsaka-sutta, 大四十經)」(MN117)에서는 "올바른 견해를 가진 자에게 올바른 사유가 생긴다. 올바른 사유를 가진 자에게 올바른 언어가 생긴다. 올바른 언어를 가진 자에게 올바른 행위가 생긴다. 올바른 행위를 가진 자에게

---

78 MN.III.252, "idh', āvuso, bhikkhu vivicc' eva kāmehi vivicca akusalehi dhammehi savitakkaṃ savicāraṃ vivekajaṃ pītisukhaṃ paṭhamajjhānaṃ upasampajja viharati; vitakkavicārānaṃ vūpasamājjhattaṃ sampasādanaṃ cetaso ekodibhāvaṃ avitakkaṃ avicāraṃ samādhijaṃ pītisukhaṃ dutiyajjhānaṃ -pe-; tatiyajjhānaṃ -pe-; catuttha jjhānaṃ upasampajja viharati; -ayaṃ vuccat', āvuso, sammāsamādhi."

79 MN.III.71, "seyyathīdaṃ: sammādiṭṭhi … sammāsati. yo kho, bhikkhave, imehi sattaṅge-hi cittassa ekaggatā parikkhatā, ayaṃ vuccati, bhikkhave, ariyo sammāsamādhi."

올바른 생계가 생긴다. 올바른 생계를 가진 자에게 올바른 정진이 생긴다. 올바른 정진을 가진 자에게 올바른 통찰이 생긴다. 올바른 통찰을 가진 자에게 올바른 삼매가 생긴다"[80]고 설해져 있다. 이 때문에 팔정도는 정견(正見)에서부터 정정(正定)까지 순서대로 닦아야한다고 말하는 사람도 있다.

그러나 위에서 언급한 여덟 항목은 서로 상관관계에 있음을 염두에 두어야 한다. 길의 여덟 가지 범주나 분류, 즉 팔정도는 위에서 나열한 통상적 목록에 따라 순서대로 차례로 수행해야 한다고 생각해서는 안 된다. 오히려 각 개인의 능력에 따라 가능한 만큼 동시에 발전시켜야 한다. 팔정도는 모두 연계되어 있으며, 각기 다른 것의 계발을 돕고 있다.[81]

'여덟 가지 성스러운 길(ariyo-aṭṭhaṅgiko-maggo, 八支聖道)'이 단수 형태로 불리는 것은 여덟 항목이 하나의 성스러운 길[聖道]의 부분을 이루고 있기 때문이다. 각각의 항목은 별개의 것이 아니라, 여덟 항목이 모두 협력함으로써 하나의 목적을 이룰 수 있게 된다. 이를테면 첫 번째 정견(正見)의 경우에도 그것은 다른 일곱 가지를 수반하고 있는 정견이고, 두 번째 정사유(正思惟)의 경우에도 다른 일곱 항목과 함께 있는 정사유이다. 마찬가지로 여덟 번째 정정(正定)의 경우에도 단독으로 존재하는 것이 아니라 다른 일곱 항목의 협력으로 존재하는 것이다.

한편 팔정도는 삼학(三學)의 체계로 이루어져 있다. 올바른 언어(正語), 올바른 행위(正業), 올바른 생계(正命)는 계학(戒學)에, 올바

80 MN.III.75-76.

81 W. Rahula, *What the Buddha taught*, p.46.

른 정진(正精進), 올바른 통찰(正念), 올바른 선정(正定)은 정학(定學)에, 올바른 견해(正見)와 올바른 사유(正思惟)는 혜학(慧學)에 속한다. 삼학은 서로 돕고 도움을 받는다. 삼각대에 다리 하나가 없으면 넘어지듯 이 삼학에서도 어느 하나만 부족해도 올바른 수행이 되지 못한다. 다시 말해서 팔정도는 불교의 수행과 계율의 세 가지 근본, 즉 윤리적 행위(持戒, sīla), 정신적 수행(禪定, samādhi), 지혜(智慧, paññā)를 증진하고 완성하는데 목표를 두고 있다.

윤리적 행위인 계는 붓다의 가르침이 토대를 두고 있는 모든 생명체에 대한 보편적 사랑과 자비의 광대한 개념 위에 세워졌다. 많은 학자들이 불교에 대해서 말하거나 저술할 때, 붓다 가르침의 이 위대한 이상을 잊고, 단지 건조한 철학적 형이상학적 번쇄함에 빠져 버리는 것은 유감스러운 일이다. 붓다는 '많은 사람들의 이익을 위해서, 많은 사람들의 행복을 위해서, 세상에 대한 자비심에서(bahujanabitāya bahujanasukhāya lokānu kampāya)' 그의 가르침을 베풀었다.[82]

이상에서 살펴본 바와 같이 '여덟 가지 성스러운 길[八支聖道]'은 사성제의 네 번째 괴로움의 소멸로 이끄는 길의 성스러운 진리[苦滅道聖諦]이다. 또 팔정도의 첫 번째 정견(正見)은 사성제에 대한 올바른 이해를 의미한다. 또 팔정도는 곧 중도(中道, majjhimā-paṭipadā)를 의미한다. 이처럼 불교의 모든 교리들은 서로 상섭(相攝, saṅgaha)의 관계에 있음을 잊어서는 안된다.

---

82 W. Rahula, *What the Buddha taught*, p.46.

제7장 오온설(五蘊說)[1]

Ⅰ. 오온설의 의의(意義)

불교는 개인의 자아나 영혼의 존재를 부정한다. 이러한 부정은 붓다 교설의 핵심이라고 할 수 있는 무아(無我, anattā)의 이론에 담겨져 있다. 초기경전을 통해 알 수 있듯이, 붓다의 근본적인 관심은 오직 인간들이 당면한 괴로움의 소멸에 관한 것이었다. 붓다는 당시의 종교 · 사상가들이 제기한 형이상학적인 문제에 대해서는 전혀 관심을 기울이지 않았다. 이러한 주제들은 인간들의 당면한 괴로움이라는 문제 해결에 아무런 도움도 주지 못하기 때문이다. 붓다는 이러한 형이상학적인 질문에 대해서는 답변하기를 거부했다. 이것을 '무기(無記, avyākata)'라고 부른다.[2] 이와 같이 불교의 모든 교설은 괴로움에 허덕이는 인간 존재 그 자체를 문제 삼는다.

붓다는 인간들이 겪는 괴로움의 원인은 무지와 집착 때문이

---

1 제7장 오온설은 이수창(마성), 「初期佛敎의 五蘊說에 관한 考察」, 『불교문화연구』 제10집(불교사회문화연구원, 2009), pp.39-74를 토대로 대폭 수정 · 보완한 것이다.

2 無記(avyākata)란 '기술하거나 설명할 수 없는 것' 즉, '기술하는 것도 설명하는 것도 불가능한 것'이라는 의미이다. K. N. Jayatilleke, *Early Buddhist Theory of Knowledge*, London: George Allen & Unwin, 1963, pp.470-476 참조.

라고 진단했다. 이것을 불교 용어로는 무명(無明, avijjā)과 갈애(渴愛, taṇhā)라고 한다. 이러한 무지와 집착 때문에 어리석은 범부들은 '내가 있다'라거나 '이것이 나[我]이다'라고 생각한다. 인간들은 본능적 · 맹목적으로 '나'라는 것은 변치 않는 존재로 믿거나 믿고 싶어 한다. 그러나 붓다는 인간들이 괴로움에서 벗어나기 위해서는 집착의 밑바닥에 놓인 '나'라는 관념에서 벗어나야 한다고 가르쳤다.

붓다는 '나'라고 할 만한 실체가 없다고 누누이 강조했다. 그는 일체의 존재는 다양한 원인과 조건에 의해 성립되는 것이라고 설했다. 그러나 사람들은 자신의 존재, 즉 자아(自我, ātman)가 없다는 사실을 믿을 수가 없었다. 붓다는 온갖 방법을 다 동원하여 '나'라는 존재의 실체가 없음, 즉 무아(無我)를 반복해서 설명했다. 이와 같이 '나'라는 존재의 실체가 없음, 즉 무아임을 증명하기 위해 동원된 교설 가운데 하나가 바로 오온설(五蘊說)이다. 붓다는 이 오온의 분석을 통해 인간 존재는 다섯 가지 모임[五蘊]에 불과할 뿐 영원불변하는 자아는 없다고 잘라 말했다.

이처럼 오온설은 인간 존재에 대한 붓다의 교설로써, 붓다의 전체 교설을 이해하는데 크게 도움이 되는 매우 중요한 교설이다. 그런데 오온에 대한 학자들의 해석은 각양각색이다. 그 근본적인 원인은 현존하는 초기경전에서도 신 · 고층에 따라 오온에 대한 해석이 각기 다르기 때문이다. 그리고 나중에는 각 부파의 사상적 영향을 받아 그 의미가 확대 해석되었다. 이러한 과정에서 붓다가 오온을 설한 본래 목적이 퇴색되거나 왜곡되었다. 여기서는 붓다가 오온을 설한 본래 의도가 무엇이었는가에 대해 살펴보고자 한다.

빨리어 칸다(Khandha)는 어원적으로 '크기', '부피가 큰 물체'를 뜻한다. 이 단어는 코끼리 · 사람 · 나무의 크기를 말할 때 주로 사용되었다. 간혹 불교문헌에서 칸다(khandha)는 chapter(章)를 의미하는 용어로도 사용되었다. 율장의 Khandha(犍度)는 이러한 용례 가운데 하나이다. 또한 이 단어는 단독으로 쓰이기도 하지만 다른 단어와 결합하여 불교의 중요한 술어를 만든다. 그 대표적인 사례가 바로 오온의 색온(色蘊, rūpakkhandha), 수온(受蘊, vedanakkhandha), 상온(想蘊, saññakkhandha), 행온(行蘊, saṅkhārakkhandha), 식온(識蘊, viññāṇakkhandha) 등이다.[3]

이 빨리어 칸다(khandha)나 산스끄리뜨 스칸다(skhandha)를 한문으로는 '음(陰)' 혹은 '온(蘊)'으로 번역했다. 이것을 우리말로 옮기면 '모임', '쌓임', '집합', '더미'라는 뜻이다. 일본학자들은 대부분 온(蘊, khandha)을 '모임(積集)'이라고 번역하고 있다. 최근에는 영문 서적이 우리말로 번역 소개되면서 '집합체' 혹은 '집적체'라는 용어를 사용하기도 한다. 이것은 빨리어 khandha를 영어 aggregate로 번역한 것을 다시 우리말로 옮긴 것이다. 현재 오온이라는 술어는 '다섯 가지 모임', '다섯 가지 쌓임', '다섯 가지 집합체', '다섯 가지 집적체'[4], '다섯 가지 복합체'[5], '다섯 가지 무

---

3 T. W. Rhys Davids and William Stede, *The Pali Text Society's Pali-English Dictionary*, London: PTS, 1921-1925, pp.232-233 참조.

4 D.J. 칼루파하나 지음 · 김종욱 옮김, 『불교철학사: 연속과 불연속』(서울: 시공사, 1996), p.125.

5 전재성, 「독일의 주요 불교용어의 번역례에 관하여」, 『팔리대장경 우리말 옮김』 논문모음 Ⅱ, (서울: 경전읽기모임, 1993), pp.49-56 참조.

더기'[6], '존재의 다발'[7] 등으로 번역되고 있다. 그러나 이러한 한글 번역만으로는 오온의 참뜻을 정확히 파악하기 어렵다. 이러한 번역들은 오히려 혼란만 가중시키기 때문에 '오온(五蘊)'이라는 한문 술어나 빨리어 '빤짜-칸다(pañca-khandha)'라는 원어를 병기(倂記)하여 사용하는 것이 더 바람직할 것이라고 생각한다.

다섯 가지 모임, 즉 오온(五蘊, pañcakkhandha)이란 '인간의 존재를 구성하는 다섯 가지 요소가 모인 것'이라고 정의할 수 있다. 그러면 인간의 존재를 구성하는 다섯 가지 구성 요소란 무엇인가. 즉 색(色, rūpa)·수(受, vedanā)·상(想, saññā)·행(行, saṅkhāra)·식(識, viññāṇa)이다. 좀 더 구체적으로 말하면, 색은 물질적인 형태, 즉 육체를 말한다. 수는 고(苦)·낙(樂)·불고불락(不苦不樂) 등의 감수작용을 말한다. 상은 개념의 표상작용을 말한다. 행은 '형성하는 힘'이라는 뜻인데, 여기서는 특히 마음의 의지작용을 말한다. 식은 식별작용, 즉 인식판단의 의식작용을 말한다. 요컨대 오온은 색(육체)·수(감수작용)·상(표상작용)·행(의지작용)·식(의식작용)을 일컫는다. 이와 같이 오온은 원래 우리의 몸과 마음 전체를 가리킨 것이다. 그런데 나중에는 이 오온의 의미가 점차 확대되어 우리의 몸과 마음뿐만 아니라 세계 전체를 포괄하는 안팎의 물질계와 정신계 일체를 의미하게 되었다.[8]

---

6 E. 콘즈 지음 · 한형조 옮김, 『한글세대를 위한 불교』(서울: 世界社, 1990), p.31; 냐나틸로카 엮음 · 김재성 옮김, 『붓다의 말씀』(서울: 고요한 소리, 2002), p.38.

7 전재성 역주, 『쌍윳따 니까야』 제4권, pp.9-19 참조.

8 水野弘元, 『原始佛教』, p.119.

II. 초기경전에 나타난 오온설

그러면 붓다가 오온을 설한 본래의 목적은 무엇인가? 이러한 의문을 해결하기 위해서는 먼저 초기경전에 나타난 오온설을 검토해 보지 않을 수 없다. 이러한 작업을 통해 붓다가 처음 오온을 설한 그 원형을 어느 정도는 파악할 수 있을 것이다.

불교의 모든 교설은 상섭(相攝, saṅgaha, Sk. saṅgraha)의 관계에 있다. 이러한 상섭의 관계를 정확히 꿰뚫어 보아야만 비로소 붓다 교설의 핵심을 명확하게 파악할 수 있게 된다. 불교의 다양한 교설들은 나름대로 그 교설을 설한 본래 목적이 있다. 하지만 그것이 다른 교리를 설명하는 도구로 사용되거나 또는 그것이 진리임을 증명하는 논증으로 인용되기도 한다.

특히 오온설은 후자의 경우에 해당된다고 할 수 있다. 그렇기 때문에 초기경전에서는 오온만 별도로 설한 것보다는 다른 교설과 관련하여 설해진 것이 더 많다. 즉 오온설은 불교의 다른 교설이 진리라는 것을 증명하기 위한 도구로써 주로 동원되고 있다. 초기경전에 나타난 오온설의 유형을 살펴보아도 충분히 알 수 있다.

오온설의 유형은 크게 몇 가지로 정리할 수 있다. 첫째는 순수한 오온설이다. 둘째는 무아를 설하는 오온설이다. 셋째는 무상·고·무아를 설하는 오온설이다. 넷째는 고성제 및 기타 교설을 설하는 오온설이다.

첫째, 순수한 오온설이다. 초기경전에서 오직 오온만 설한 경우는 그렇게 많지 않다. 『상윳따 니까야』의 「칸다-상윳따

(Khandha-saṃyutta, 蘊相應)」[9]의 「칸다-숫따(Khandha-sutta, 蘊經)」는 그 대표적인 예라고 할 수 있다. 이 경은 오온(五蘊)과 오취온(五取蘊)[10]에 대한 정의를 설하고 있다.

> 그것이 어떠한 색(色, rūpa)이든 과거의 것이든 미래의 것이든 현재의 것이든, 안에 있는 것이든 밖에 있는 것이든, 거친 것이든 미세한 것이든, 아름다운 것이든 추한 것이든, 열등한 것이든 우수한 것이든, 멀리 있는 것이든 가까이 있는 것이든, 무엇이든 이를 일러 색온(色蘊, rūpakkhandha)이라 한다. … 그것이 어떠한 식(識, viññāṇa)이든 … 식온(識蘊, viññāṇakkhandha)이라고 부른다. 이를 일러 오온(五蘊, pañcakkhandha)이라 한다. 그것이 어떠한 색(色)이든, 과거의 것이든 … 가까이 있는 것이든, 번뇌를 속성으로 하고 집착된 것이면, 무엇이든 색취온(色取蘊, rūpupādānakkhandha)이라 한다. … 그것이 어떠한 식(識)이든 … 식취온(識取蘊, viññāṇupādānakkhandha)이라 한다. 이를 일러 오취온(五取蘊, pañcupādānakkhandha)이라 한다.[11]

---

9 「Khandha-saṃyutta(蘊相應)」는 세 부분, 즉 제1 根本五十經(Mūlapaṇṇāsa), 제2 中五十經(Majjhimapaṇṇāsa), 제3 後五十經(Uparipaṇṇāsa)으로 나누어져 있으며, 총 158개의 경전으로 이루어져 있다. 이 온상응(蘊相應)은 제목 그대로 오온을 다루고 있는 경전들의 모음집이다. 따라서 오온과 관련된 중요한 경전들은 거의 모두 이곳에 실려 있다. 반면 한역은 오온과 관련된 경전들이 이곳저곳에 흩어져 있다.

10 오온과 오취온을 한역에서는 오음(五陰)과 오수음(五受陰)으로 번역하기도 한다. 『잡아함경』 제2권 제55경(T2, p.13b).

11 SN.III.47-48.

위에 인용한 「칸다-숫따(Khandha-sutta, 蘊經)」(SN22:48)에 대응하는 한역의 내용도 거의 비슷하다. 그런데 니까야에서는 이 경을 붓다가 사왓티(Sāvatthi, 舍衛城)에서 설한 것으로 되어 있다. 그러나 한역 『잡아함경』에서는 바라내국(波羅奈國) 선인주처(仙人住處) 녹야원(鹿野苑)에서 설한 것으로 되어 있다. 한역의 기록이 정확하다면, 이 경은 녹야원에서 다섯 비구들에게 설한 것이다. 그런데 이 경에서는 오온설이 존재의 분석 방법으로 사용되지 않았다. 오온이 존재의 분석으로 체계화된 것은 후대일 것으로 추측된다.

둘째, 무아를 설하는 오온설이다. 초기경전에서 가장 빈번하게 설해지는 것은 무아와 관련된 것이다. 역사적으로 붓다는 깨달음을 이룬 뒤 녹야원에서 다섯 비구들에게 처음으로 법을 설했다. 이 최초의 설법이 「담마짝까빠왓따나-숫따(Dhammacakkapavattana-sutta, 轉法輪經)」(SN56:11)[12]이다. 그리고 두 번째 설법은 「안앗따락카나-숫따(Anattalakkhaṇa-sutta, 無我相經)」(SN22:59)[13]이다.[14] 이 「무아상경」이 역사적으로 두 번째 설해진 것이 사실이라면, 최초의 오온에 관한 붓다의 교설은 「무아상경」에 설해진 것이라고 할 수 있다. 우리는 오온설의 가장 원형을 확인하기 위해서는 먼저 「무아상경」의 내용부터 살펴보지 않을 수 없다.

---

12 Vin.I.10-13; SN.V.420-425.

13 Vin.I.13-14; SN.III.66-68. 그런데 Saṃyutta Nikāya 제22의 제59경인 「Pañca-sutta」와 대응하는 한역 경전은 『잡아함경』 제2권 제34경인 「五比丘經」(T 2, p.7c)이다. 남방 전통에서는 이 경을 「무아상경」이라고 부른다.

14 G. P. Malalasekera (ed.) *Encyclopaedia of Buddhism* Vol. I (Colombo: The Government of Ceylon, 1965), p.576.

비구들이여, 색(色)은 무아(無我)이다. 비구들이여, 만일 색이 자아라면 이 색에 병이 걸리지 않을 것이다. 그리고 색에게 '나를 위해 이렇게 되어라, 저렇게 되지 마라'라고 하면 뜻대로 되어야 할 것이다. 그러나 비구들이여, 색은 무아이기 때문에 병이 생긴다. 그리고 색에게 '나를 위해 이렇게 되어라, 저렇게 되지 마라'라고 해도 뜻대로 되지 않을 것이다.[15]……

그러면 무상하고 괴로움이고 변하기 마련인 것을 두고 '이것은 내 것이다. 이것은 나이다, 이것은 나의 자아다'라고 할 수 있겠느냐?[16]

비구들이여, 그러므로 그것이 어떠한 색이든, 과거의 것이든 미래의 것이든 현재의 것이든, 안에 있는 것이든 밖에 있는 것이든, 거친 것이든 미세한 것이든, 열등한 것이든 우수한 것이든, 멀리 있는 것이든 가까이 있는 것이든, 그 모든 색은 '내 것이 아니요, 내가 아니며, 나의 자아가 아니다'라고 있는 그대로 바른 지혜로써 보아야 한다.[17] ……

비구들이여, 이와 같이 보는 많이 배운 성스러운 제자는 그것들을 무아로 보는 까닭에 색(色)에 대해서도 싫

---

15 SN.III.66; Vin.I.13, "rūpaṃ bhikkhave anttā, rūpañ ca (h'idaṃ) bhikkhave attā abhavissa, na yidaṃ rūpaṃ ābādhāya saṃvatteyya, labbhetha ca rūpe evaṃ me rūpaṃ hotu, evaṃ me rūpaṃ mā ahosīti. yasmā ca kho bhikkhave rūpaṃ anattā, tasmā rūpaṃ ābādhāya saṃvattati, na ca labbhati rūpe evaṃ me rūpaṃ hotu, evaṃ me rūpaṃ ma ahosīti."

16 SN.III.67; Vin.I.14, "yaṃ panāniccaṃ dukkhaṃ vipariṇāmadhammaṃ, kallaṃ nu taṃ samanupassituṃ. etaṃ mama, eso'ham asmi, eso me attā'ti."

17 SN.III.68; Vin.I.14, "tasmā ti ha bhikkhave yaṃ kiñci rūpaṃ atītānāgatapaccuppannaṃ ajjhattaṃ vā bahiddhā vā oḷārikaṃ vā sukhumaṃ vā hīnaṃ vā paṇītaṃ vā yaṃ dūre santike vā, sabbaṃ rūpaṃ n'etaṃ mama, n'eso'ham asmi, na me so attāti evaṃ etaṃ yathābhūtaṃ sammāppaññāya daṭṭhabbaṃ."

> 어하고 수(受)에 대해서도 싫어하고, 상(想) · 행(行) · 식(識)에 대해서도 싫어한다. 그런 까닭에 그것들에 대한 탐욕을 제거하여 해탈한다. 해탈하면 해탈했다는 지혜가 생긴다. 이른바 '태어남은 다했다. 청정한 범행(梵行)은 성취되었다. 할 일은 다 해 마쳤다. 다시는 어떤 존재로도 되돌아오지 않는다'라고 꿰뚫어 안다.[18]

이 경은 오온무아(五蘊無我)를 설하는 대표적인 전거로 자주 인용된다. 즉 오온은 여기서 무아를 설명하기 위해 동원되었다. 그런데 미즈노 고겐은 위에서 인용한 「무아상경」(SN22:59)은 후대에 개변된 것이며, 세속적인 입장의 무아설이라고 주장했다.[19] 그는 제1의적인 「무아상경」은 빨리 경전에 대응하는 한역 『잡아함경』 제2권 제34경 「오비구경」이라고 했다. 이 경의 내용은 다음과 같다.

> "색(色)에는 나[我]가 없다(色非有我). 만일 색(色)안에 나[我]가 있다면, 색에는 응당 병이나 괴로움이 생기지 않아야 하며, 색에 대하여 '이렇게 되었으면' 한다든가 '이렇지 되지 않았으면'하고 바랄 수도 없을 것이다. 색에는 나[我]가 없기 때문에 색에는 병이 있고 괴로움이 생기는 것이다. 또한 색에 대하여 '이렇게 되었으면' 한다

---

18 SN.III.68; Vin.I.14, "evaṃ passaṃ bhikkhave sutavā ariyasāvako rūpasmiṃ (pi) nibbindati, vedanāya (pi) nibbindati, saññāya (pi nibbindati), saṅkhāresu (pi nibbindati), viññāṇasmiṃ (pi) nibbindati. nibbindaṃ virajjati, virāgā vimuccati, vimuttasmiṃ vimutt'am(h)iti ñāṇaṃ hoti. khīṇā jāti vusitaṃ brahmacariyaṃ kataṃ karaṇīyaṃ nāparaṃ itthattāyā'ti pajānātīti."

19 水野弘元, 『原始佛教』, pp.121-122.

든가 '이렇게 되지 않았으면' 하고 바라게 되는 것이다. 수(受)·상(想)·행(行)·식(識)도 그와 같다."

"비구들이여, 어떻게 생각하는가? 색은 영원한가, 무상한가?" 비구들이 부처님께 말했다. "무상합니다. 세존이시여!" "비구들이여, 무상한 것이라면 그것은 괴로움이 아닌가?" 비구들이 부처님께 말했다. "세존이시여, 그것은 괴로움입니다." "비구들이여, 무상하고 괴로움이라면 그것은 변하고 바뀌는 것이다. 많이 배운 성스러운 제자들이 거기서 아무리 한들 이것은 '아(我)다', '다른 아(我)다' '이 둘이 함께 있다'라고 보겠는가?" 비구들이 부처님께 말했다. "그렇지 않습니다. 세존이시여!"

"수·상·행·식도 그와 같다. 그러므로 비구들이여, 색을 지닌 모든 것은 과거의 것이든 미래의 것이든 현재의 것이든, 안에 있는 것이든 밖에 있는 것이든, 거친 것이든 미세한 것이든, 아름다운 것이든 추한 것이든, 멀리 있는 것이든 가까이 있는 것이든, 그 일체는 '나[我]가 아니요[非我], 나의 것[我所]도 아니다'라고 관찰하라. 수·상·행·식도 그와 같다. 비구들이여, 많이 배운 성스러운 제자는 이 오수음(五受陰=五蘊)을 나[我]도 아니요, 나의 것도 아니라고 본다. 이와 같이 관찰하기 때문에 모든 세간에 대해 전혀 취할 것이 없게 되고, 취할 것이 없기 때문에 집착할 것이 없게 되며, 집착할 것이 없기 때문에 스스로 열반을 깨달아 '나의 생은 이미 다했고, 범행은 이미 확립되었으며, 할 일도 이미 마쳐, 후세의 몸을 받지 않는다'고 스스로 안다.[20](밑줄 필자)

---

20 『잡아함경』 제2권 제34경(T 2, pp.7c-8a); "色非有我. 若色有我者, 於色不應病·苦

앞의 빨리문과 한역의 차이는 비아(非我)와 무아(無我)의 차이를 드러낸 것이라고 할 수 있다. 즉 빨리문에서는 'rūpaṃ anattā'가 '색은 아가 아니다'(色非我)라는 의미로 일관되게 이해되는 데 반해, 한역에서는 '색은 아를 지니지 않는다'(色非有我) 즉 '색은 아가 없는 것'(色無我)의 의미로 해석되고 있다.[21] 그래서 이 두 경문은 비아와 무아의 논증으로 자주 인용된다. 미즈노 고겐은 이러한 이유 때문에 빨리문의 「무아상경」은 본래의 뜻이 왜곡된 것이며, 제1의적인 「무아상경」은 한역의 「오비구경」이라고 주장했다. 그러나 여기서는 비아와 무아를 논하는 것이 목적이 아니기 때문에 이에 대한 자세한 논의는 생략한다.

셋째, 무상 · 고 · 무아를 설하는 오온설이다. 『상윳따 니까야』의 「칸다-상윳따(Khandha-saṃyutta, 蘊相應)」에서는 색 · 수 · 상 · 행 · 식의 오온이 '무상(無常)하다'거나 '고(苦)이다'거나 '무아(無我)이다'라고 어느 한 가지만 개별적으로 다루고 있는 경전도 있고, 오온의 무상 · 고 · 무아를 동시에 설하는 경도 있다. 여기서는 무상 · 고 · 무아의 세 가지를 동시에 설하고 있는 경 가운데 하나만 소개하면 다음과 같다.

生, 亦不得於色欲令如是, 不令如是. 以色無我故, 於色有病 · 有苦生, 亦得於色欲令如是, 不令如是; 受 · 想 · 行 · 識亦復如是. 比丘! 於意云何? 色爲是常爲無常耶? 比丘白佛: 無常世尊. 若無常者是苦耶? 比丘白佛: 是苦世尊. 比丘! 若無常 · 苦是 · 變易法. 多聞聖第子, 寧於中見是我 · 異我 · 相在不? 比丘白佛: 不也世尊. 受 · 想 · 行 · 識亦復如是. 是故比丘, 諸所有色, 若過去 · 若未來 · 若現在, 若內 · 若外, 若麤 · 若細, 若好 · 若醜, 若遠 · 若近, 彼一切非我 · 非我所, 如實觀察, 受 · 想 · 行 · 識, 亦復如是. 比丘! 多聞聖第子, 於此五受陰, 見非我 · 非我所, 如是觀察, 於諸世間, 都無所取, 無所取故, 無所著, 無所著故, 自覺涅槃. 我生已盡, 梵行已立, 所作已作, 自知不受後有."(밑줄 필자)

21 정승석, 『윤회의 자아와 무아』, p.23.

> 비구들이여, 색(色)은 무상(無常)하다. 무상한 것은 괴로움이요, 괴로움인 것은 무아(無我)이다. 무아인 것은 '나의 것'이 아니고, '내'가 아니고, 이것은 '나의 자아'가 아니다. 여실히 올바른 지혜로써 이같이 관찰해야 한다.[22]

위 빨리 경전에 대응하는 한역 경전은 『잡아함경』 제1권 제10경이다.

> 색은 무상하다. 무상한 것은 괴로움이요, 괴로움인 것은 나[我]의 자아가 아니다(非我). 나[我]가 아닌 것은 '내 것'이 아니다. 이렇게 관찰하는 것을 진실한 관찰이라 한다. 이와 같이 수 · 상 · 행 · 식도 무상하다. 무상한 것은 괴로움이며, 괴로움인 것은 나의 자아가 아니다(非我). 나의 자아가 아닌 것은 '내 것'이 아니다. 이렇게 관찰하는 것을 진실한 관찰이라 한다. 성스러운 제자로서 이렇게 관찰하는 자는 색에서 해탈하고, 수 · 상 · 행 · 식에서 해탈한다. 나는 이러한 것을 생로병사 우비고뇌에서 해탈했다고 설한다.[23]

이 경에서도 분명히 무상 · 고 · 무아를 설하고 있다. 그리고

---

22 SN.III.22; "rūpaṃ bhikkhave aniccaṃ, yad aniccaṃ taṃ dukkhaṃ, yaṃ dukkhaṃ tad anattā, yad anattā taṃ netaṃ mama neso ham asmi na meso attā ti. evaṃ etaṃ yathābhūtaṃ sammappaññāya daṭṭhabbaṃ. vedanā … saññā … saṅkhāra … viññāṇa aniccaṃ … evaṃ passaṃ, la, nāparam itthāttāyāti pajānātīti."

23 『잡아함경』 제1권 제10경(T 2, p.2a); "色無常, 無常卽苦, 苦卽非我. 非我者, 卽非我所. 如是觀者,名眞實觀. 如是受 · 想 · 行 · 識無常, 無常卽苦, 苦卽非我. 非我者, 卽非我所. 如是觀者, 名眞實觀. 聖第子, 如是觀者, 於色解脫, 於受 · 想 · 行 · 識解脫, 我說是等解脫於生老病死, 憂悲苦惱."

오온은 무너지는 것이기 때문에 아(我)와 아소(我所)가 없다고 설해져 있다. 이와 같이 무상 · 고 · 무아를 설하는 경전들의 핵심은 오온의 각각이 무상하고, 무상하기 때문에 괴로움이고, 괴로움이기 때문에 무아라는 것이다. 이렇게 관찰해야만 모든 집착에서 벗어나 해탈할 수 있다는 것이다.

붓다는 우선 현상계의 모든 것, 우리의 일상적 · 경험적 인식에 들어오는 모든 것, 즉 제행(saṅkhāra, Sk. saṃskhārāḥ)이 무상하다는 사실, 현실(reality)을 있는 그대로 수용할 것을 권유한다. 그리고 무상한 변화의 양태를 연기의 원리로써 설명했다. 현상계의 사물들은 서로 의존하며, 조건 지워져서[相資相依] 생기기도 하고 소멸하기도 한다. 고정적이고 영구적이며[常], 따라서 좋은 것[樂]이고, 그러므로 '나'라고 집착하는 것[我]의 정체가 실은 여러 요소(dharma)들이 연기법에 따라 잠시 모여 있는 것[假合]에 불과하다는 것이다. 따라서 그것은 상(常)이 아니라 무상이고, 무상이므로 낙(樂)이 아니라 고(苦)이며, 따라서 거기엔 우리가 맹목적 · 본능적으로 영원하고 즐거운 것이라고 믿었던 '나'는 없다[無我]는 것이다.[24] 이것이 바로 초기불교의 핵심 교설인 무상 · 고 · 무아의 가르침이다.

넷째, 사성제의 고성제를 설하는 오온설이다. 니까야에서 「칸다-숫따(Khandha-sutta, 蘊經)」라는 이름을 가진 경전은 여러 가지가 있다.[25] 이 가운데 특히 「칸다-숫따(Khandha-sutta, 蘊經)」(SN56:13)는 경전

---

24 이지수, 「世親의 『五蘊論』」, 『普照思想』 제5 · 6합집(보조사상연구원, 1992), p.257-258.

25 AN.IV.458f; AN.II.90f; SN.II.249, 252; SN.V.425f. G. P. Malalasekera, Dictionary

의 이름과는 달리 실제 내용은 사성제를 설하고 있다. 이 경전에서 오온은 사성제의 첫 번째 고귀한 진리, 즉 고성제를 설명하기 위해 동원된다.[26]

> 비구들이여, 괴로움의 성스러운 진리[苦聖諦]란 무엇인가? 그것은 오온에 대한 집착[五取蘊]이라고 말해야 할 것이다. 즉 색온에 대한 집착[色取蘊] … 식온에 대한 집착[識取蘊]이다. 비구들이여, 이것을 괴로움의 성스러운 진리[苦聖諦]라고 한다.[27]

이 경에 의하면 오온에 대한 집착, 즉 오취온(五取蘊)이 괴로움이라는 것이다. 이 경에 대응하는 한역은 『잡아함경』 제15권 제388경이다.[28] 그러나 이에 대응하는 한역에는 오취온에 대한 언급이 없다.

이와 같이 초기경전에 나타난 오온설은 대부분 무아 혹은 무상 · 고 · 무아를 설명하고 있다. 특히 초기경전에서는 무아를 언급할 때, "이것은 내 것이 아니고, 이것은 내가 아니고, 이것은 나의 자아가 아니다."(netaṃ mama, neso ham asmi, na meso attā.)

---

of Pali Proper Names, New Delhi: Munshiram Manoharlal, 1937, Vol. I, pp.710-711 참조.

26 高翊晋은 반대로 '四諦는 五蘊說에 속한 것'이라고 주장했다. 이에 대해서는 앞으로 좀 더 깊이 있는 논의가 전개되어야 할 것이다. [高翊晋, 「阿含法相의 體系性 硏究」(석사학위논문, 동국대학교 대학원, 1970), pp.10-11 참조.]

27 SN.V.425, "katamañca bhikkhave dukkham ariyasaccam. pañcupādānakkhandhā tissa vacanīyaṃ, seyyathīdaṃ. rūpādānakkhandho, la, viññānūpādānakkhando, idaṃ vuccati bhikkhave dukkham ariyasaccaṃ."

28 『잡아함경』 제15권 제388경 「五支六分經」(T 2, p.105a).

라는 전형적인 문장이 반복되고 있다.[29] 이 전형적인 문장이 의도하는 것은 상일주재(常一主宰)의 형이상학적 실체인 아뜨만(ātman)을 부정하는 것임은 말할 나위 없다.

III. 오온을 설한 목적

이상에서 살펴본 바와 같이 붓다가 오온을 설한 목적은 '나'에 대한 집착을 버리도록 하기 위한 것이다. 즉 붓다가 오온을 설한 목적은 무아의 진리를 깨우쳐 줌으로써 미혹 중생의 아집을 타파하기 위한 것임이 분명하다. 『잡아함경』 제3권 제62경에는 다음과 같은 내용이 설해져 있다.

> 어리석고 배움이 없는 범부들은 지혜도 없고 밝음도 없어서 다섯 가지 모임[五蘊]에서 '나'라는 소견을 내어 거기에 집착하여 마음을 얽매고 탐욕을 낸다. 그러나 비구들이여, 많이 배운 성스러운 제자들은 지혜도 있고 밝음도 있어서 그 다섯 가지 모임에서 '나'를 보아 집착하

---

29 칼루파하나(David J. Kalupahana)는 이 빨리문을 "It is not mine. He is not me. He is not self."라고 영역했다. 이것은 "그것은 나의 것이 아니다. 그는 내가 아니다. 그는 나의 자아가 아니다."라는 뜻이다. 그는 오온을 분석하는 것은 형이상학적인 자아(metaphysical self), 즉 아뜨만(ātman)은 존재하지 않지만, 경험적인 자아(empirical self)는 현존한다는 것을 보여 주기 위해서 고안된 것이라고 주장했다. 이러한 칼루파하나의 견해는 좀 더 신중히 검토해 보아야 할 것이다. David J. Kalupahana, *A History of Buddhist Philosophy: Continuities and Discontinuities*, Honolulu: The University of Hawaii Press, 1992, pp.68-72 참조.

여 마음을 얽매거나 탐욕을 일으키지 않는다.[30]

이와 같이 붓다는 '나'에 대한 집착으로부터 벗어나도록 깨우쳐 주기 위해 오온을 설한 것이다. 그리고 그 집착에서 벗어난 것이 바로 열반이라고 설했다.

> 비구들이여, 색은 덧없는 것이다. 만일 착한 남자가 색은 덧없는 것으로써 이미 변하고 바뀌는 것인 줄을 알면, 그는 욕심을 떠나고 욕심을 멸해 모든 번뇌가 없어질 것이다. 본래부터 모든 색은 덧없고 괴로우며 변하고 바뀌는 법인 줄을 안 뒤에는 혹 색을 인연하여 걱정 · 슬픔 · 번민 · 괴로움이 생기더라도 그것을 끊고, 그것을 끊은 뒤에는 집착할 것이 없다. 집착하지 않기 때문에 안온한 즐거움에 머무르고, 안온한 즐거움에 머무르게 되면 그것을 열반이라 한다. 수 · 상 · 행 · 식 또한 그와 같다.[31]

이러한 것들이 경전에서 찾을 수 있는 오온을 설한 목적이다. 그러나 이러한 가르침은 당시 인도의 시대적 배경에서 나온 것임은 부정할 수 없다. 즉 오온을 통한 인간 이해의 핵심은 붓다 시대의 상주론(常住論, sassatavāda)과 단멸론(斷滅論, ucchedavāda)을

---

30 『잡아함경』 제3권 제62경(T 2, p.16a); "愚癡無聞凡夫, 無慧無明, 於五受陰, 生我見繫著, 使心繫著, 而生貪欲. 比丘! 多聞聖弟子, 有慧有明, 於此五受陰不爲見我繫著, 使心結縛, 而起貪欲."

31 『잡아함경』 제2권 제36경(T 2, p.8b), "比丘! 色是無常. 若善男子, 知色是無常已變易, 離欲滅寂靜沒, 從本以來一切色, 無常 · 苦 · 變易法知已. 若色因緣生憂悲惱苦, 斷彼斷已無所著, 不著故安隱樂住, 安隱樂住已, 名爲涅槃, 受 · 想 · 行 · 識, 亦復如是."

비판하는데 있었다. 아뜨만(ātman)의 상주론(eternalism)은 정통 바라문교에서 주장한 것이고, 단멸론(annihilationism)을 주장한 대표적인 사람은 육사외도 중의 한 사람인 아지따 께사깜발린(Ajita Kesakambalin)이다.

모든 인도의 종교와 철학 체계에 있어서 공통적인 특징은 인간과 우주를 분석하는 것이다. 각각의 체계는 자신들만의 고유한 실재론(實在論)을 가지고 있으며, 인간과 우주의 기원과 존재에 관하여 그것을 설명했다. 붓다 역시 인간과 우주를 분석했지만, 그 목적은 아론자(我論者)와 유물론자(唯物論者)와는 완전히 다르다. 그는 자신의 분석에 의해서 극단적인 허무주의에 떨어지지 않으면서 동시에 인간과 우주뿐만 아니라 그것을 구성하고 있는 요소들은 영원하고 근본적인 실체는 아무 것도 없다는 것에 대비하기 위한 것이었다.[32]

에드워드 콘즈(Edward Conze)는 "오온의 분석 목적은 '나'라는 모호한 단어를 없애는 것이다. 오온을 자아라고 집착하는 근거와 자아에 속하는 것의 한계들을 분명히 한다. 그것들은 우리가 우리들 자신, 우리들 자신에게 속하는 것, 우리들 자신에 관한 것이라고 파악하거나 집착하고 있는 것들을 포함하고 있다. 그것들을 가르치는 이유는 이성에 호소하는 방법을 써서 '자아'에 집착하고 있는 사람들을 구제하기 위함"[33]이라고 했다.

붓다는 유정이 다섯 가지 요소로 이루어져 있다는 사실을 밝

---

32 Upali Karunaratne, "Khandha", *Encyclopaedia of Buddhism*, Colombo: The Government of Sri Lanka, 1999, Vol. VI, p.194.

33 E. Conze, *Buddhist Thought in India*, London: George Allen & Unwin, 1962, p.107.

히거나 오온을 존재론적으로 분석하여 '일체법(一切法)'임을 천명하기 위한 것이 아니었다. 다시 말해서 오온설은 단순히 유정은 다섯 가지 요소가 화합하여 개체를 형성하고 있다는 것을 주장하기 위한 교설이 아니다. 붓다가 오온을 설한 목적은 무상 · 고 · 무아를 가르치기 위한 것이다. 즉 상일주재(常一主宰)의 나(我)를 부정하기 위한 목적에서 시설된 것이다.

오온을 다루고 있는 대부분의 경전[34]에서는 오온이 무상 · 고 · 무아라고 설해져 있다. 따라서 오온설은 추상적인 일체법보다도 구체적으로 인간이라는 개체를 문제 삼고 있다. 오온과 유정과의 관계를 살펴보아도 충분히 알 수 있다.

불교에서는 인간을 유정(有情, satta, Sk. sattva)이라고 부른다. 유정(satta)이라는 말은 '집착하며 염착한다'라는 동사에서 나온 명사이다. 그러므로 이 삿따(satta)라는 단어 자체에는 '욕탐에 의해 염착되는 것'이라는 의미를 내포하고 있다. 따라서 우리들 유정은 본래 염착하며 집착하는 존재라는 것이다. 그러면 유정은 무엇에 대하여 어떻게 염착하며 집착하는가?

> 유정을 왜 유정이라 하는가? 색 · 수 · 상 · 행 · 식 오온에 대한 욕(chanda)이며, 탐(rāga)이며, 희(nandi)이며, 갈애(taṇhā)이며, 거기에 집착하며, 염착하므로 유정이라 한다.[35]

---

34 SN.III.19 f; SN.III.163; SN.III.135-136.

35 SN.III.190; "satto satto ti vuccati, kittāvatā nu kho bhante satto ti vuccatīti. rūpe kho Rādha yo chando yo rāgo ya nandi ya taṇhā tatra satto tatra visatto tasmā satto ti vuccati."

『청정도론』에서도 "유정이란 색 등의 제온(諸蘊)에 대하여 탐하여 집착하며, 염착하므로 유정이다"[36]고 했다. 이와 같이 불교에서 의미하는 인간이란 오온에 대하여 욕탐을 가지고 집착하고 염착하는 것이라고 정의하고 있다.

한때 바지라(Vajirā, 金剛)라는 비구니가 명상을 위해 어떤 나무뿌리 근처에 앉았다. 이때 악마(Māra) 빠삐마(Pāpimā)가 바지라 비구니가 선정에 드는 것을 방해하기 위해 다음의 시구[偈頌]을 읊었다. "누가 이 유정을 만들었는가? 유정을 만든 자는 어디에 있는가? 유정은 어디에서 생겨나고, 유정은 어디에서 사라지는가?" 이에 대해 바지라 비구니가 악마 빠삐마에게 다음과 같은 시구로 대답했다.

> 왜 그대는 유정(satta)이라고 하는가? 악마여, 그것은 그대의 사견일 뿐, 단순한 행위의 집적인데, 여기서 유정을 찾지 못한다네. 마치 모든 부속이 모여서 수레라는 명칭이 있듯이, 이와 같이 오온에 의해서 유정이란 가명(假名)이 있다네.[37]

이 경의 핵심은 오온 그 자체를 유정이라 하는 것이 아니라, '오온이 있음에 의해 유정이라는 이름이 있다'는 것이다. 다시

---

36 Vism. 310, "chandarāgena sattā visattā ti sattā."

37 SN.I.135, "kinnu satto ti paccesi, māra diṭṭhigataṃ nu te. suddhasaṅkhārapuñjo yaṃ, nayidha sattūpalabbhati. yathā hi aṅgasambhārā, hoti saddo ratho iti. evam khandhesu santesu, hoti satto ti sammuti."; 『잡아함경』 제4권 제1202경(T 2, p.327b).

말해서 유정(인간)은 오온 그 자체를 말하는 것이 아니라, 오온이 있을 때 비로소 인간(유정)이라는 이름이 있게 된다는 것을 의미한다. 여기에 불교의 본질적인 의미가 담겨져 있다. 그래서 흔히 인간은 오온의 가화합체(假和合體)에 불과하다고 말하는 것이다.

오온의 가화합체인 인간은 무상 · 고 · 무아의 원리에 의해 끊임없이 변해 가는 존재이다. 그러므로 불교에서는 어떤 고정적이고 불변적인 실체를 인간 존재의 본질로 인정하지 않는다. 즉 "인간이란 원인과 결과라는 보편적 법칙의 작용에 의해 함께 생겨나는 정신적 · 물질적 세력들의 축적이다. 그리고 이들 세력들은 그 자체가 일련의 생과 멸에 지나지 않는 것인데, 그 배경에는 결코 '개체적 자아'라든지 '영혼'이라 인정할 만한 어떤 영속적인 본체가 없다."[38]

이와 같이 유정은 원래 오온에 대해 욕탐을 가지고 집착하는 속성을 갖고 있다. 오온에 대해 집착하는 것을 오취온이라고 한다. 즉 "오취온은 연생(緣生)이다. 오취온에 있어서 욕탐, 집착은 고(苦)의 집(集)이다. 오취온에 있어서 이탐(離貪)은 고(苦)의 멸(滅)이다."[39] 또한 "비구들이여, 오취온은 욕(欲)을 근본으로 한다. 이 오취온 가운데 욕탐이 있으면 이것이 곧 취(取)이다."[40]

이와 같이 우리는 온갖 번뇌(āsava)와 집착(upādāna)을 가지고 오온을 자기 자신이라고 생각한다. 이를테면 감각적 욕망에 대

---

38 Piyasena Dissanayake, *The Political Thought of the Buddha*, Colombo: The Department of Cultural Affairs, 1977, p.24.

39 MN.I.191.

40 MN.III.16.

한 집착(kāmupādāna, 欲取), 견해에 대한 집착(diṭṭhupādāna, 見取), 계율과 의례에 대한 집착(sīlabhatupādāna, 戒禁取), 자아에 대한 집착(attavādupādāna, 我論取) 등이다. 이 네 가지 집착 중에서 '자아에 대한 집착'은 바로 오온에 대한 스물 가지 잘못된 견해를 말한다.[41] 이것을 유신견(有身見, sakkāya-diṭṭhi)이라고 하는데, 오온 중 어느 한 부분을 아(我)로 동일시하거나 아와 관련지어 일으키는 사견(邪見)이다. 즉 ①색과 아를 동일시하는 견해, ②색과 아를 별개의 존재로 보는 견해, ③아가 색에 속한다고 보는 견해, ④색이 아에 속한다고 보는 견해 등의 네 종류가 있다. 이와 같이 수 · 상 · 행 · 식에 대해서도 똑 같이 적용하여 스무 가지의 유신견을 일으키게 된다.[42]

이와 같이 오온에 대한 집착 때문에 '나'라는 자아의식(self-consciousness)이 생긴다.[43] 하지만 오온을 아무리 분석해 보아도 어떤 고정 불변하는 실체를 찾을 수 없다. 다만 있는 것은 괴로운 현상, 즐거운 현상, 그리고 지각하는 현상들뿐이며, 이 현상들도 끊임없이 변해간다. 「제일의공경(第一義空經)」에서는 "눈[眼]은 생길 때 오는 곳이 없고, 소멸할 때도 가는 곳이 없다. 이와 같이 눈은 진실이 아니건만 생겨나고, 그렇게 생겼다가는 다시 다 소멸한다. 업보(業報)는 있지만 짓는 자[作者]는 없다"[44]고 했다.

41 SN.II.3.

42 『잡아함경』 제5권 제109경(T 2, pp.34a-35a).

43 SN.III.105; "rūpam upādāya asmiti hoti no anupādāya."

44 『잡아함경』 제13권 제335경 「第一義空經」(T 2, p.92c), "眼生時無有來處, 滅時無有去處. 如是眼不實而生, 生已盡滅, 有業報而無作者." 붓다고사(Buddhaghosa, 佛音)는 이 「제일의공경」을 인용하여 『청정도론』에서 "괴로움은 있지만 괴로워

그럼에도 불구하고 범부들은 이 변하는 현상에 대해 순간순간 자기 자신이라고 집착한다. 다시 말해서 자신이 흔히 '나 자신(sakkāya)'이라고 말하는 것도 곧 이 오취온을 가리킨다.[45]

따라서 오온에 대한 집착(取, upādāna)이 있다는 것은 오온을 자기 자신이라고 생각하여 그 오온을 지속시키고, 더욱 증장시키고자 하는 욕망이 있다는 것을 의미한다. 오온의 실상(實相), 즉 무상 · 고 · 무아를 바로 알지 못하기 때문에 취하는 태도가 바로 오온에 대한 집착이다. 이로 말미암아 끊임없이 새로운 오온이 생겨났다가 소멸하는 생사를 반복하게 된다.

불교에서는 일찍이 사대소성(四大所成)을 주장한 아지따 께사깜발린(Ajita Kesakambalin)과 칠요소설(七要素說)을 내세웠던 빠꾸다 깟짜야나(Pakudha Kaccāyana) 등과 같이 인간은 단지 다섯 가지 요소가 모였다는 오온적 존재를 문제시하는 것은 아니다. 불교에서 문제시하는 인간은 오온의 무상 · 고 · 무아를 깨달아 오온에 대한 집착, 즉 오취온적 존재에서 벗어나는데 그 목적이 있다. 경에서도 "오온의 무상 · 고 · 무아를 여실히 아는 것이 해탈"[46]이라고 했다. 또한 "당연히 색[내지 식]은 무상[고 · 무아]이라고 보아야 할 것이다. 이와 같이 보는 것을 정관(正觀)이라 한다. 정관자는 염리(厭離)를 생(生)하며, 염리자는 기쁨과 탐욕을 멸(滅)

하는 자는 발견되지 않는다. 행위는 있지만 행위자는 발견되지 않는다(Vism. 513, "dukkham eva hi na koci dukkhito kārako na kiriyā va vijjati. atthi nibbuti, na nibbuto puma, maggam atthi, gamako na vijjatīti.")고 했다.

45 MN.I.299; "pañca upādānakkhandhā sakkāyo vutto."

46 SN.III.21.

하는 것이 가능하다"[47]고 했다. 또 『법구경』에서는 다음과 같이 설하고 있다.

> '모든 형성된 것들은 무상하다[諸行無常]'라고, 내적 관찰의 지혜로써 이렇게 보는 사람은 괴로움에 싫어함을 갖나니, 이것이 청정에 이르는 길이다.[48]
>
> '모든 형성된 것들은 괴로움이다[一切皆苦]'라고, 내적 관찰의 지혜로써 이렇게 보는 사람은 괴로움에 싫어함을 갖나니, 이것이 청정에 이르는 길이다.[49]
>
> '모든 법들[諸法]은 무아이다[諸法無我]'라고, 내적 관찰의 지혜로써 이렇게 보는 사람은 괴로움에 싫어함을 갖나니, 이것이 청정에 이르는 길이다.[50]

이러한 경설은 모두 오온 경전에 나타나 있는 실천 체계를 말한 것이다. 이와 같이 오온설은 단지 우리의 존재를 분석하는 것만이 아니라, 우리들로 하여금 잘못된 자아의식으로부터 벗어나도록 하기 위해 설해졌다. 즉 오취온적 존재인 우리는 오온의 실상을 바로 알 때, 그로부터 벗어날 수 있기 때문이다. 불교에서 실천이 강조되는 이유도 바로 여기에 있다.

또한 오온과 오취온의 고찰을 통해 알 수 있듯이, 붓다는 형이

47 SN.III.22-23.

48 Dhp. 277, "sabbe saṅkhārā aniccā'ti yadā paññāya passati, atha nibbindatī dukkhe; esa maggo visuddhiyā."

49 Dhp. 278, "sabbe saṅkhārā dukkha'ti yadā paññāya passati, atha nibbindatī dukkhe; esa maggo visuddhiyā."

50 Dhp. 279, "sabbe dhamma anattā'ti yadā paññāya passati, atha nibbindatī dukkhe; esa maggo visuddhiyā."

상학적인 고찰보다도 현실적인 괴로움에서 출발했으며, 존재하는 것의 실체보다도 그 존재 방식을 문제시해야 함을 가르쳤다.

한마디로 붓다가 오온을 설한 목적은 유정(인간)이 다섯 가지 요소로 이루어졌다는 사실을 밝히기 위한 것이 아니라 인간들로 하여금 무상 · 고 · 무아를 깨닫게 하여 오온에 대한 집착, 즉 오취온적 존재에서 벗어나도록 하는데 그 목적이 있다.

Ⅳ. 오온설의 변천 과정

우리는 앞에서 초기경전에 나타난 오온설들을 자세히 살펴보았다. 그 결과 붓다는 한결같이 오온이 무상 · 고 · 무아임을 강조하고 있음을 확인할 수 있었다. 그러나 초기경전에서도 신(新) · 고층(古層)의 구별이 있듯이, 초기경전에 나타난 오온설에도 후대의 아비달마적 해석이 가미된 것이 포함되어 있다.

앞에서 살펴본 대부분의 초기 오온설은 오온, 즉 색 · 수 · 상 · 행 · 식이라는 이름만 언급되어 있을 뿐, 그 구체적인 내용에 대한 설명은 없다. 그런데 『잡아함경』 제3권 제61경에는 구체적으로 오온의 내용이 언급되어 있다.

> 다섯 가지 모임[五受陰]이 있다. 어떤 것이 다섯인가. 이른바 색수음(色受陰)과 수 · 상 · 행 · 식수음(識受陰)이다. 어떤 것이 색수음인가? 모든 색(色)으로서 그 일체는 사대와 사대소조의 색이니, 이것을 색수음이라 한다. 다

시 그 색은 덧없고 괴로우며 변화고 바뀌는 법이니, 만일 그 색수음을 영원히 끊어 남음이 없고 끝까지 버리어 떠나고 멸해 다하며, 욕심을 떠나 완전히 고요해지면 다른 색수음은 다시 계속하지도 못하고 일어나지도 않고 나지도 않나니, 이것을 '묘함(爲妙)'이라 하고, '고요함(寂靜)'이라 하며, '버려 여읨(捨離)'이라 한다. 그래서 일체의 남음이 있는 애정이 다하고 욕심이 없어지고 번뇌가 다 멸하여 열반을 얻는다.[51]

어떤 것이 수수음(受受陰)인가? 이른바 여섯 가지 느낌[受]의 몸이니 어떤 것이 여섯인가? 곧 눈이 부딪쳐 수가 생기고 귀 · 코 · 혀 · 몸 · 뜻이 부딪쳐 수가 생기나니 이것을 수수음이라 한다. 다시 그 수수음은 다 덧없고 괴로우며 변하고 바뀌는 법이니 … 내지 번뇌가 멸해 열반을 얻는다.[52]

어떤 것이 상수음(想受陰)인가? 이른바 여섯 가지 상(想)의 몸이니 어떤 것이 여섯인가? 곧 눈이 부딪쳐 상(想)이 생기고 귀 · 코 · 혀 · 몸 · 뜻이 부딪쳐 상이 생기고 귀 · 코 · 혀 · 몸 · 뜻이 부딪쳐 상이 생기나니 이것을 상수음이라 한다. 다시 그 상수음은 덧없고 괴로우며 변하고 바뀌는 법이니 … 번뇌가 다 멸해 열반을 얻는다.[53]

---

51 『잡아함경』 제3권 제61경(T 2, p.15c); "有五受陰. 何等爲五? 爲色受陰, 受 · 想 · 行 · 識受陰. 云何色受陰? 所有色, 彼一切四大, 及四大所造色, 是名爲色受陰. 復次彼色是無常 · 苦 · 變易之法. 若彼色受陰, 永斷無餘, 究竟捨離滅盡, 離欲寂沒, 餘色受陰, 更不相續, 不起不出. 是名爲妙, 是名寂靜, 是名捨離. 一切有餘愛盡, 無欲滅塵涅槃."

52 『잡아함경』 제3권 제61경(T 2, p.15c); "云何受受陰? 爲六受身. 何等爲六? 謂眼觸生受, 耳 · 鼻 · 舌 · 身 · 意觸生受, 是名受受陰. 復次彼受受陰, 無常 · 苦 · 變易之法, 乃至滅盡涅槃."

53 『잡아함경』 제3권 제61경(T 2, p.15c); "云何想受陰? 爲六想身. 何等爲六? 謂眼觸生想, 乃至意觸生想, 是名想受陰. 復次彼想受陰, 無常 · 苦 · 變易之法, 乃至滅盡涅槃."

어떤 것이 행수음(行受陰)인가? 이른바 여섯 가지 생각[思]하는 몸이니 어떤 것이 여섯인가? 곧 눈이 부딪쳐 생각[思]이 생기고 … 내지 뜻이 부딪쳐 생각이 생기니, 이것을 행수음이라 한다. 다시 그 행수음은 덧없고 괴로우며 변하고 바뀌는 법이니 … 내지 번뇌를 다 멸해 열반을 얻는다.[54]

어떤 것이 식수음(識受陰)인가? 이른바 여섯 가지 아는 몸(六識身)이니, 어떤 것이 여섯인가? 곧 눈으로 아는 몸이요 … 내지 뜻으로 아는 몸이니 이것을 식수음이라 한다. 다시 그 식수음은 덧없고 괴로우며 변하고 바뀌는 법이니 … 번뇌를 다 멸하고 열반을 얻는다.[55]

위에서 인용한 오온설은 앞에서 살펴본 「무아상경」(SN22:59)의 해석과는 사뭇 다르다. 색에 대한 해석은 사대와 사대소조색으로 분류되어 있다. 이것은 이미 아비달마적 해석이 가미된 것이다. 이러한 해석이 후대 아비달마의 오온 해석의 원형이었을 것이라고 생각한다.

오온의 해석에서 가장 문제가 되는 것은 색(色)과 식(識)이다. 먼저 색에 대한 해석부터 살펴보자. 초기경전에서 발견되는 색에 대한 설명은 세 가지 종류가 있다. 첫째는 색온을 사대 및 사대소조로 해석한 경우이다.[56] 가장 일반적인 해석이다. 둘째는 색

54 『잡아함경』 제3권 제61경(T 2, p.16a); "云何行受陰? 爲六思身. 何等爲六? 謂眼觸生思, 乃至意觸生思, 是名行受陰. 復次彼行受陰, 無常 · 苦 · 變易之法, 乃至滅盡涅槃."

55 『잡아함경』 제3권 제61경(T 2, p.16a); "云何識受陰? 爲六識身. 何等爲六? 謂眼識身, 乃至意識身, 是名識受陰. 復次彼識受陰, 是無常 · 苦 · 變易之法, 乃至滅盡涅槃."

56 『잡아함경』 제3권 제61경(T 2, p.15c).

온을 가해가분성(可閡可分性)으로 해석한 경우이다.[57] 즉 색은 외부의 접촉을 막을 수 있다는 의미이다. 셋째는 색온을 뇌괴성(惱壞性)으로 해석한 경우이다.[58] 뇌괴성이란 추위 · 더위 · 배고픔 · 목마름 등에 의해 괴로워하고 파괴된다는 의미이다.[59] 색온을 제외한 나머지 네 가지 온(수 · 상 · 행 · 식)의 해석은 세 가지 유형의 경전이 거의 비슷하다.

다음은 오온 중의 식에 관한 해석을 살펴보자. 오온을 설한 오래된 경전에서는 주로 오온이 무아임을 강조하지만, 점차로 오온 가운데 식의 내용이 강조되면서 다른 교학과도 연결되고 있다.[60] 초기경전에 나타난 식은 오온의 식, 육식의 식, 십이연기의 식 등 세 가지 종류가 있는데, 후대에는 오온의 상속 문제가 대두되었다.

"초기경전에서는 식(識, viññāṇa, Sk. vijñāna)이란 일반적으로 안 · 이 · 비 · 설 · 신 · 의의 여섯 가지 감각기관이 그 각각의 대상인 색 · 성 · 향 · 미 · 촉 · 법과 만날 때 발생하는 일종의 정신현상으로 고정된 실체가 아니라 끊임없이 생멸을 계속하는 것으로 보았다. 그럼에도 불구하고 식의 논리를 때로는 한 생에서 다른 생으로 전이할 수 있는 생명원리로 보기도 하고 생사의 문제와 결부시켜 재생과 수태의 결정적 요소로 이해되기도 했

---

57 『잡아함경』 제2권 제46경(T 2, p.11b).

58 SN.III.86; 『증일아함경』 제28권(T 2, p.707b).

59 SN.III.86; "ruppatīti kho bhikkhave tasmā rūpan ti vuccati."; Y. Karunadasa, *Buddhist Analysis of Matter*, Colombo: The Department of Cultural Affairs, 1967, p.9 참조.

60 姜明嬉, 「『雜阿含經』에 나타난 識에 관한 研究」, 『白蓮佛教論集』 第5 · 6合集, 1996, pp.145-146.

다. 또한 초기경전에서는 객관을 인식하는 육식(六識)을 설하면서 동시에 식 자체를 실재적 존재를 일으키는 근본요인으로 상정하기도 했다. 특히 십이연기를 다룬 대부분의 경전에서는 식을 명색과의 상의상관에 의해 일어나는 연이생(緣已生)으로 설하면서도, 간혹 그 체성을 인정하여 실재적 생명체를 낳은 담지자(擔持者)의 기능으로 설하고 있다."[61]

이와 같이 오온설도 초기경전의 신(新) · 고층(古層)에 따라 다양하게 해석되거나 좀 더 복잡하게 그 이론이 전개되었음을 알 수 있다. 이에 대한 자세한 논의는 생략한다. 다만 여기서 꼭 지적하고 넘어가야 할 사항은 오온이 존재의 분석으로 중요하게 다루어진 것은 아비달마적 영향을 받았기 때문이다. 초기불교에서 존재 분석의 기본적 범주로서 다루어지고 있는 오온, 십이처, 십팔계, 즉 삼과(三科)의 분류법은 아비달마불교에서 체계화되었다. 물론 초기경전에 온(蘊) · 처(處) · 계(界)에 관한 언급이 없는 것은 아니다.[62] 그러나 여기서는 그 단어만 나열되어 있을 뿐 구체적인 설명은 없다. 초기불교의 '온 · 처 · 계'라는 삼과분류법은 후대에 아비달마의 5위 75법, 유식의 5위 100법 등으로 전개되었다는 것은 주지의 사실이다.

부파불교 시대에 이르러서는 유위법(有爲法, saṃskṛta-dharma)과 무위법(無爲法, asaṃskṛta-dharma)의 구분이 확연해졌고, 오온은 모두 여러 요소가 일시적으로 취합되어 이루어진 유위법이며 따라서 무위는 포함되지 않는다[五蘊不攝無爲]고 규정되었다.

---

61 姜明嬉, 「『雜阿含經』에 나타난 識에 관한 硏究」, p.140.

62 SN. Ⅰ.134; 『잡아함경』 제45권 제1203경(T 2, p.327b-c).

대신 무위는 십이처 중의 법처(法處), 십팔계 중의 법계(法界)에 소속되었다. 설일체유부에서 5위 75법의 분류가 확립되었다. 수 · 상 두 가지 온(蘊)은 5위 중 심소법(心所法)의 일부이고, 또 심소법은 심불상응행법(心不想應行法)과 함께 행온을 이룬다. 그런데 '어째서 수 · 상을 별도의 온으로 설정했는가?'라는 의문에 대해 다음과 같이 답한다. 첫째, 수와 상은 번뇌의 근본 원인(諍根因)으로서, 수는 오경(五境)에 대해 오욕(五欲)을 일으키는 원인이며, 상은 유신(有身) · 변취(邊取) · 견취(見取) 등 오견(五見)을 일으키는 원인이므로 특별히 명시한다는 것이다. 둘째도 위의 것과 유사하다. 즉 수 · 상 두 가지 심소(心所)는 번뇌를 일으키고, 번뇌는 업을 일으키며, 업력으로 말미암아 생사윤회에 빠진다. 결국 수 · 상은 생사인(生死因)이므로 별도로 명기한다는 것이다. 세 번째는 차제인(次第因)으로서, 오온의 순서가 색→수→상→행→식의 순서로 배열되어야 하는 근거가 있기 때문이라는 것이다.[63]

세친(世親)의 『오온론(五蘊論, Pañca-skhandha-prakaraṇa)』에 의하면, "색은 사대와 사대소조로 2분되고, 후자는 다시 오근과 오경, 그리고 무표색(無表色)으로 세분된다. 수와 상에 대해선 간략히 기술되었고, 본 논서의 대부분을 구성하는 것은 행에 대한 분석이다. 행은 심소법과 심불상응행법으로 2분되는데, 심소법은 부파의 아비달마적 분석이 아니라 유식의 5위 100법 가운데 심소법의 내용을 채용하고 있으며, 반면 심불상응행법은 유전(流轉)부터 불화합성(不和合性)까지의 많은 법수(法數)가 빠져서 오히려

---

63 이지수, 「世親의 『五蘊論』」, 『普照思想』 제 5 · 6합집(보조사상연구원, 1992), pp.258-259.

아비달마의 법수에 더 가깝다. 식온(識蘊)은 아뢰야식(阿賴耶識)과 말나식(末那識)에 대해 정의를 함으로써 본 논서의 유식적 성격을 분명하게 해주고 있다.[64]

이상에서 살펴본 바와 같이, 오온설은 인간 존재에 대한 붓다의 교설로써, 붓다의 전체 교설을 이해하는데 크게 도움이 되는 매우 중요한 교설이다. 그러나 지금까지 오온에 대한 해석을 시도한 대부분의 학자들은 오온설 자체의 해석에만 치중한 나머지 붓다가 오온을 설한 본래의 목적을 완전히 드러내지 못하고 있거나 그것을 간과하고 있음을 알 수 있다.

그래서 붓다가 오온을 설한 본래의 목적을 파악하기 위해 초기경전에 나타난 오온설을 세밀히 분석해 본 결과, 오온설은 무아 혹은 무상 · 고 · 무아임을 증명하기 위해 동원된 교설임을 확인할 수 있었다. 붓다가 인간의 존재를 오온으로 분석한 것은 인간들로 하여금 무상 · 고 · 무아를 깨닫게 하여 '나'를 구성하고 있는 오온에 대한 집착[五取蘊], 즉 자기 중심적인 아집에서 벗어나도록 하기 위한 것이다.

붓다가 오온을 설한 목적은 유정(인간)이 다섯 가지 요소로 이루어져 있다는 사실을 밝히기 위한 것이 아니다. 붓다는 인간의 존재를 오온으로 분석하는 그 자체에 큰 의미를 두지 않았다. 그러나 후대로 내려오면서 오온을 설한 본래의 목적이 점차 퇴색되어갔다. 그리하여 나중에는 오온설이 인간의 존재를 분석하는 교설로 이해되었던 것이다. 현재 초기불교에서 존재 분석의

---

64 이지수, 「世親의 『五蘊論』」, p.255.

기본 범주로서 다루어지고 있는 온 · 처 · 계의 삼과분류법이 바로 그것이다. 이러한 분류법은 아비달마의 영향을 받아 후대에 체계화된 것임은 말할 나위없다. 그리고 대승불교의 대표적인 사상가 중 한 사람인 바수반두(Vasubandhu, 世親)가 지은 『오온론』도 이미 아비달마의 영향을 강하게 받았기 때문에 오온을 설한 본래의 목적보다는 존재의 분석 그 자체에 매달려 있음을 알 수 있다.

제8장 중도사상(中道思想)

Ⅰ. 초기경전에 나타난 중도사상

1. 「전법륜경」에 나타난 중도

초기경전에 나타나는 중도사상은 그 성격상 크게 둘로 구분된다. 하나는 팔정도로 대변되는 실천행으로서의 중도사상이고, 다른 하나는 십이연기로 대변되는 사상적 이론으로서의 중도사상이다. 이른바 실천적 중도와 사상적 중도가 그것이다. 실천적 중도는 「담마짝까빠왓따나-숫따(Dhammacakkapavattana-sutta, 轉法輪經)」(SN56:11)에 나타나는 '고락중도(苦樂中道)'이고,[1] 사상적 중도는 「깟짜야나곳따-숫따(Kaccāyanagotta-sutta, 迦旃延經)」(SN12:15)에 나타나는 '유무중도(有無中道)'[2]와 「아쩰라깟사빠-숫따(Acelakassapa-sutta, 阿支羅經)」(SN12:17)에 나타나는 '단상중도(斷常中道)'[3]이다. 전자의 고락중도는 실천을 강조하고 있지만, 후자의

1 SN.V.421; Vin.I.10.

2 SN.II.17.

3 SN.II.20.

유무중도와 단상중도는 '견해'와 관련된 것이다.[4] 이와 같이 초기불교의 중도사상은 이론과 실천이라는 두 가지 측면이 하나의 사상체계로 이루어져 있다.[5]

「전법륜경」(SN56:11)에서는 쾌락과 고행의 두 극단을 떠난 '중도'를 설하고 있다. 그런데 중도의 실제 내용은 사성제(四聖諦)의 팔정도(八正道)이다. 요컨대 실천적 중도가 팔정도라는 것이다.

> 비구들이여, 출가자가 가까이해서는 안 되는 두 가지 극단이 있다. 두 가지란 무엇인가? [하나는] 저열하고 비천하며 속되고 성스럽지 못하고 이익을 주지 못하는 감각적 욕망의 탐닉에 몰두하는 것이고, [다른 하나는] 괴롭고 성스럽지 못하고 이익을 주지 못하는 자기 학대에 몰두하는 것이다. 비구들이여, 여래는 이 두 가지 극단을 버리고 중도를 깨달았다. 이것은 눈이 되고 지혜가 되어 적정(寂靜)·증지(證智)·정각(正覺)·열반(涅槃)으로 이끈다.
>
> 비구들이여, 그러면 여래가 완전하게 깨달았으며, 눈이 되고 지혜가 되어 적정·증지·정각·열반으로 이끄는 중도란 무엇인가? 그것은 바로 여덟 가지 성스러운 길[八支聖道]이니, 정견(正見)·정사유(正思惟)·정어(正語)·정업(正業)·정명(正命)·정정진(正精進)·정념(正念)·정정(正定)이다. 비구들이여, 이것이 여래가 완전히 깨달았으며, 눈이 되고 지혜가 되어 적정·증지·정각·열반으로 이끄는 중도이다.[6]

---

4 平川彰, 『印度佛教의 歷史(上)』, p.63.

5 마성, 『잡아함경』(고양: 인북스, 2018), p.187.

6 SN.V.421; Vin.I.10. "dve'me bhikkhave antā pabbajitena na sevitabbā. katame

이 경에서 붓다는 최초로 '중도(中道, majjhimā-paṭipadā)'라는 용어를 사용했다. 즉 "여래는 이 두 가지 극단을 버리고 중도를 깨달았다"[7]고 선언했다. 그가 깨달았다는 중도란 바로 '여덟 가지 성스러운 길[八支聖道]'이다. 이 경에서 말하는 팔정도가 바로 실천행으로서의 중도를 말한 것이다.

「전법륜경」(SN56:11)에 의하면, 붓다의 근본교설은 사성제이다. 사성제란 고성제(苦聖諦)·고집성제(苦集聖諦)·고멸성제(苦滅聖諦)·고멸도성제(苦滅道聖諦)의 네 가지 성스러운 진리를 말한다. 이것을 줄여서 고(苦)·집(集)·멸(滅)·도(道)라고 부른다.

이 사성제는 유전연기(流轉緣起)와 환멸연기(還滅緣起) 두 가지를 설한 것으로, 고(苦)와 집(集)의 두 항목은 우리가 생사 유전하는 고(苦)와 그 원인을 서술한 것이고, 멸(滅)과 도(道)의 두 항목은 유전을 벗어난 무고안온(無苦安穩)의 이상경인 열반에 도달할 수 있는 수행 방법을 설명한 것이다. 이른바 고·집 이제(二諦)에 의해 인생의 의의·목적과 그 이상이 무엇인가를 자각하게 하고, 다시 그 이상 세계에 도달하기 위해서는 어떠한 방법을 취해야 하

---

dve. yo cāyaṃ kāmesu kāmasukhallikānuyoyo hīno gammo pothujjaniko anariyo anatthasaṃhito, yo cāyaṃ attakilamathānuyogo dukkho anariyo anatthasaṃhito, ete kho bhikkhave ubho ante anupagamma majjhimā paṭipadā tathāgatena abhisambuddhā cakkhukaraṇī upasamāya abhiññāya samobodhāya nibbānāya saṃvattati. katamā ca sā bikkhave majjhimā paṭipadā tathāgatena abhisambuddhā cakkhukaraṇī ñāṇakaraṇī upasamāya abhiññāya sambodhāya nibbānāya saṃvattati. ayam eva ariyo aṭṭhaṅgiko maggo, seyath' idaṃ: sammādiṭṭhi sammāsaṅkappo sammāvācā sammākamanto sammā-ājīvo sammāvāyāmo sammāsati sammāsamādhi. ayaṃ kho sā bhikkave majjhimā paṭipadā tathāgatena abhisambuddhā cakkhukaraṇī ñāṇakaraṇī upasamāya abhiññāya sambodhāya nibbānāya saṃvattati."

7 SN.V.421; Vin.I.10.

는지를 보이는 것이다.[8]

사성제 가운데 중도와 관련된 구체적인 실천 방법으로 제시된 것이 바로 고멸도성제(苦滅道聖諦)이다. 이 도성제(道聖諦)의 내용은 곧 팔지성도(八支聖道, ariyo aṭṭaṅgiko maggo)인데, '여덟 개의 부분으로 이루어진 성스러운 도(道)'라는 뜻이다.[9] 팔지성도는 정견(正見) · 정사유(正思惟) · 정어(正語) · 정업(正業) · 정명(正命) · 정정진(正精進) · 정념(正念) · 정정(正定)의 여덟 가지인데, 보통 팔정도(八正道)라고 말한다. 이것이 단수 형태로 불리는 것은 여덟 개의 항목이 한 성도(聖道)의 부분을 이루고 있기 때문이다. 즉 각각 별개의 것이 아니라, 여덟 개가 모두 협력함으로써 인격 완성이라고 하는 하나의 목적에 이를 수 있게 된다.

이른바 첫 번째 정견(正見)을 말하는 경우에도, 그것은 다른 일곱 가지를 수반하고 있는 정견이고, 두 번째 정사유(正思惟)도 다른 일곱 항목과 함께 있는 정사유이다. 마찬가지로 최후의 정정(正定)에 있어서도, 정정이 단독으로 있는 것이 아니고, 정견 내지 정념(正念) 등 일곱 항목을 수반하고 있는 것이다. 정정이 그 작용을 완전히 하기 위해서는 다른 일곱 항목의 협력이 필요하기 때문이다.

예컨대 『잡아함경』 제28권 제787경과 제788경에서는 정견이 다른 일곱 가지 항목을 일으킨다고 하였으며,[10] 또 『앙굿따라니까야』(AN7:42)에서는 정견에서부터 정념에 이르는 일곱 가지

---

8 水野弘元, 『原始佛教』, p.180.

9 水野弘元, 『原始佛教』, p.188.

10 『잡아함경』 제28권 제787경(T 2, p.204b); 『잡아함경』 제28권 제788경(T 2, p.204b), "正見者, 能起正志 · 正語 · 正業 · 正命 · 正方便 · 正念 · 正定."

가 정정에 도움이 된다고 했다.[11] 이것은 팔정도의 정견과 다른 일곱 항목, 정정과 다른 일곱 항목이 서로 불가분의 관계에 있음을 보여주는 것이다.[12] 이처럼 팔정도의 여덟 항목의 하나하나가 상관관계에 있다는 것을 유념해야만 한다. 이것은 팔정도에서 뿐만 아니라 불교의 모든 수행 덕목에 있어서도 마찬가지이다. 이것을 불교술어로는 상섭(相攝, saṅgaha)의 관계라고 한다.[13] 팔정도의 내용은 사성제에서 이미 자세히 설명했기 때문에 여기서는 생략한다.

「전법륜경」(SN56:11)에 따르면 중도는 팔정도를 의미하는 것이 분명하다. 그런데 보통 사람들은 중도라고 하면 괴로움[苦]도 아니고 즐거움[樂]도 아닌 어떤 것이라고 생각하기 쉽다. 중도는 중간을 의미하는 것이 아니다. 중도는 올바름(sammā, 正)을 의미한다. 즉 올바른 견해로 올바르게 생각하고, 올바르게 말하고, 올바르게 행동하며, 올바르게 노력하는 것 등을 중도라고 한다.

초기경전에 나타나는 '도(道)'는 두 가지 용법이 있다. 하나는 중도(中道)라고 할 때의 도(道, paṭipadā)로서 붓다가 정각을 얻은 행도(行道)로서의 도(道)이고, 다른 하나는 객관적인 도법(道法)으로서의 도(道, magga)이다. 전자는 깨달음을 얻으려는 수행자가 붓다의 실천방법에 따라 스스로 실천하는 주체적 도(道)이고, 후자는

11 AN.IV.40.

12 水野弘元, 『原始佛教』, pp.188-189.

13 대품반야(大品般若), 대반야(大般若) 제2회 등에는 육도상응품(六度相攝品)이라는 것이 있는데, 이것은 육바라밀(六波羅蜜)의 하나하나가 다른 것과 상섭(相攝)의 관계에 있음을 보여주는 것이다. 또 계(戒) · 정(定) · 혜(慧) 삼학에 있어서도, 그 세 가지는 별개의 것이 아니라 서로 도움을 주는 상섭의 관계에 있는 불가분의 것이다.

객관적인 도법로서의 도(道)이다. 중도라고 하는 것은 두 가지 극단을 떠나 정각을 얻은 붓다에게 눈[眼]이 되고 지혜[智]가 되어 깨달음으로 이끄는 도(道)였기 때문에 다만 객관적인 진리성을 나타내는 도(道)일 뿐만 아니라 스스로 실천하는 주체적인 도(道)라고도 할 수 있다.[14] 이와 같이 「전법륜경」(SN56:11)에서 말하는 중도는 붓다가 스스로 실천하여 정각에 도달한 도(道, paṭipadā)이면서 또한 깨달음을 얻으려는 자라면 누구나 실제로 닦지 않으면 안 되는 도(道, magga)이다.[15]

이와 같이 초기불교에서는 일관되게 실천을 강조하고 있다. 그러나 대승불교에서는 실천적 중도보다 연기중도(緣起中道)로 대변되는 사상적 중도에 치우쳐 버렸다. 초기불교에서는 오직 괴로움이라는 현실적 고통을 어떻게 극복할 것인가 하는 것이 주된 관심사였다. 그래서 그 괴로움의 소멸로 이끄는 길인 팔정도의 실천이 강조되었다. 그러나 대승불교에서는 이러한 초기불교의 실천적 성격을 잊어버리고 철학적 · 사상적 중도사상에 매몰되었다. 나중에 다시 언급하겠지만, 「전법륜경」(SN56:11)에서 말하는 팔정도는 목적론이 아니라 열반으로 가는 방법론이다.

2. 「가전연경」에 나타난 중도

후대 나가르주나(Nāgārjuna, 龍樹)가 지은 『중론송(中論頌,

14 후지타 코타츠 外, 『초기 · 부파불교의 역사』, p.129.

15 후지타 코타츠 外, 『초기 · 부파불교의 역사』, pp.128-129.

Madhyamakakārikā)』의 귀경게(歸敬偈)에 나타나는 '팔부중도(八不中道)', 즉 불생(不生) · 불멸(不滅), 불상(不常) · 부단(不斷), 불일(不一) · 불이(不二), 불래(不來) · 불거(不去)의 사상적 맹아는 이미 초기경전에 나타난다. 이른바 「가전연경」(SN12:15)의 '유무중도(有無中道)'와 「아지라경」(SN12:17)의 '단상중도(斷常中道)'가 그것이다. 「가전연경」(SN12:15)에서는 유무중도에 대해 다음과 같이 설하고 있다.

> "깟짜야나(Kaccāyana)여, 이 세상은 대부분 두 가지를 의지하고 있나니 그것은 있다는 관념과 없다는 관념이다. 깟짜야나여, 세상의 일어남을 있는 그대로 올바른 지혜로 보는 자에게는 세상에 대해 없다는 관념이 존재하지 않는다. 깟짜야나여, 세상의 소멸을 있는 그대로 올바른 지혜로 보는 자에게는 세상에 대해 있다는 관념이 존재하지 않는다. …… 깟짜야나여, '모든 것은 있다'는 이것이 하나의 극단이고, '모든 것은 없다'는 이것이 두 번째 극단이다. 깟짜야나여, 이러한 양 극단을 의지하지 않고 중간[中]에 의해서 여래는 법을 설한다."[16]

위에 인용한 「가전연경」(SN12:15)의 핵심 내용은 유견(有見, atthitā-diṭṭhi)과 무견(無見, natthitā-diṭṭhi)이라는 양 극단을 의지하지 않고 여래는 중간[中]에 의해서 법(法)을 설한다는 것이다. 여기서

---

16 SN.II.17, "dvayanissito khvāyaṃ Kaccāyana loko yebhuyyena atthitañ ceva natthitañ ca. lokasamudayaṃ kho Kaccāyana yathābhūtaṃ sammappaññāya passato yā loke natthitā sā na hoti, lokanirodhaṃ kho Kaccāyana yathābhūtaṃ sammappaññāya passato yā loke atthitā sā na hoti. … sabbaṃ atthīti kho Kaccāyana ayam eko anto, sabbaṃ natthīti ayam dutiyo anto. ete te Kaccāyana ubho ante anupagamma majjhena Tathāgato dhammam deseti."

말하는 법이란 연기(緣起)를 말한다. 따라서 이 경의 주제는 실천적 중도가 아닌 사상적 중도, 즉 연기중도(緣起中道)를 말한다.

세상 사람들은 '있다는 관념'(atthitā)이나 '없다는 관념'(natthitā)에 의지한다. 이것을 양 극단(ubha ante)이라고 하는데, '있다는 관념'을 유견(有見)이라 하고, '없다는 관념'을 무견(無見)이라 한다. 복주서에 의하면, "'이 모든 세상은 있고 항상 존재한다'는 삿된 견해에 빠진 자가 국집하는 견해가 '있다는 관념'이다. '이 모든 세상은 없고 단멸한다'는 삿된 견해에 빠진 자가 국집하는 견해가 '없다는 관념'이다. 여기서 세상이란 형성된 세상(saṅkhāra-loka)을 뜻한다."[17] 전자를 상견(常見, sassata-diṭṭhi)이라 하고, 후자를 단견(斷見, uccheda-diṭṭhi)이라 한다.

위 경문에서 "이러한 양 극단을 의지하지 않고 중간[中]에 의해서 여래는 법을 설한다"는 문장은 「아쩰라깟사빠-숫따(Acelakassapa-sutta, 阿支羅經)」(SN12:17)에도 나타나는데,[18] 유견과 무견이라는 양 극단에 의지하지 않고 중간(majjhena)에 서서 법을 설한다는 뜻이다.

한편 「가전연경」(SN12:15)에 대응하는 『잡아함경』 제12권 제301경의 내용은 다음과 같다.

> 세상 사람들이 의지하는 것에 두 가지가 있나니, 유(有)이거나 무(無)이다. 취함[取]에 부딪히고, 취함에 부딪히기 때문에 유(有)에 의지하거나 무(無)에 의지한다. 만

---

17 SAṬ.Ⅱ.32; 각묵 옮김, 『상윳따 니까야』 제2권, p.139, n.99.

18 SN.II.20.

일 이 취함이 없다면 마음이 경계에 얽매이는 번뇌를 취하지 않고, 머무르지 않으며, 헤아리지 않을 것이다. 자신에게 괴로움이 생기면 생겼다고 보고, 괴로움이 소멸하면 소멸했다고 보아 그것에 대해 의심하지 않고, 미혹하지 않으며, 다른 사람을 의지하지 않고 스스로 아는 것을 올바른 견해라고 한다. 이것이 여래가 베풀어 설한 올바른 견해이다.

왜냐하면 세간의 발생을 사실 그대로 바르게 알고 본다면 세간이 없다는 것은 있을 수 없는 일이요, 세간의 소멸을 사실 그대로 알고 본다면 세간이 있다는 것은 있을 수 없는 일이니, 이것을 두 극단을 떠나 중도(中道)에서 말하는 것이라고 한다. 이른바 '이것이 있기 때문에 저것이 있고, 이것이 일어나기 때문에 저것이 일어난다'는 것이니, 즉 무명을 조건으로 행이 있고 …(내지)… 순전히 괴로움뿐인 큰 무더기가 발생하며, 무명이 소멸하기 때문에 행이 소멸하고 …(내지)… 순전히 괴로움뿐인 큰 무더기가 소멸한다.[19]

위 경문은 바라문 출신인 산타가전연이라는 제자가 붓다에게 "어떤 것을 세존께서 시설하신 올바른 견해(sammā-diṭṭhi, 正見)라고 합니까?"라고 여쭈었다. 그러자 붓다는 "세상 사람들이 의지하는 것에 두 가지가 있나니, 유(有)이거나 무(無)이다. 집착[取]

19 『잡아함경』 제12권 제301경 「迦旃延經」(T 2, pp.85c-86a), "世間有二種依, 若有 · 若無, 為取所觸; 取所觸故, 或依有 · 或依無. 若無此取者, 心境繫著使, 不取 · 不住 · 不計. 我苦生而生, 苦滅而滅, 於彼不疑 · 不惑, 不由於他而自知, 是名正見, 是名如來所施設正見. 所以者何? 世間集如實正知見, 若世間無者不有, 世間滅如實正知見, 若世間有者無有, 是名離於二邊說於中道, 所謂此有故彼有, 此起故彼起, 謂緣無明行, 乃至純大苦聚集, 無明滅故行滅, 乃至純大苦聚滅."

에 부딪히고 집착에 부딪히기 때문에 유(有)에 의지하거나 무(無)에 의지한다"[20]고 대답했다.

이와 같이 '취함에 부딪히고, 취함에 부딪히기 때문에(為取所觸, 取所觸故)' 유(有)에 의지하거나 무(無)에 의지하게 된다는 것이다. 여기서 집착의 대상이 무엇인가를 언급하지 않았지만, '자아(自我)에 대한 집착'임을 짐작할 수 있다. 니까야에서는 '나의 자아다(attā me)'라고 명시되어 있다. 따라서 만일 [자아에 대한] 취함이 없다면 마음이 경계에 얽매이는 번뇌를 취하지 않고, 머무르지 않으며, 헤아리지 않을 것이다. 이렇게 보는 것이 올바른 견해라는 것이다.

한편 니까야에서는 "깟짜야나여, 세상은 대부분 [갈애와 사견으로 인해] 집착과 취착과 천착에 묶여 있다. 그러나 [바른 견해를 가진 성스러운 제자는] 마음이 머무는 곳이요 천착하는 곳이요 잠재하는 곳인 그러한 집착과 취착을 '나의 자아'라고 가까이하지 않고 취착하지 않고 고수하지 않는다. 그는 '단지 괴로움이 일어날 뿐이고, 단지 괴로움이 소멸할 뿐이다'라는 데 대해서 의문을 가지지 않고 의심하지 않는다. 여기에 대한 그의 지혜는 다른 사람을 의지하지 않는다. 깟짜야나여, 이렇게 해서 올바른 견해가 있게 된다"[21]고 했다.

이와 같이 성자를 제외한 대부분의 사람들은 자아에 대한 집착 때문에 유견과 무견에 빠지게 된다. 이를테면 "이 모든 세상

---

20 『잡아함경』 제12권 제301경 「迦旃延經」(T 2, pp.85c-86a), "世間有二種依, 若有 · 若無, 為取所觸; 取所觸故, 或依有 · 或依無."

21 SN.Ⅱ.17; 각묵 옮김, 『상윳따 니까야』 제2권, pp.141-142.

은 있고 항상 존재한다는 삿된 견해에 빠진 자가 집착하는 견해가 '있다는 관념'이다. 반면 이 모든 세상은 없고 단멸한다는 삿된 견해에 빠진 자가 집착하는 견해가 '없다는 관념'이다."[22]

그러나 자아에 대한 집착이 없으면 지혜로 사물의 있는 그대로 바라보게 된다. 이를테면 자신에게 괴로움이 생기면 생겼다고 보고, 괴로움이 소멸하면 소멸했다고 보기 때문에 그것에 대해 의심하지 않고, 미혹하지 않으며, 다른 사람을 의지하지 않고 스스로 알게 된다. 이것이 바로 붓다가 설한 '올바른 견해(正見)'라는 것이다.

이어서 붓다는 산타가전연에게 "왜냐하면 세간의 발생을 사실 그대로 바르게 알고 본다면 세간이 없다는 것은 있을 수 없는 일이요, 세간의 소멸을 사실 그대로 알고 본다면 세간이 있다는 것은 있을 수 없는 일이니, 이것을 두 극단을 떠나 중도(中道)에서 말하는 것"[23]이라고 했다. 니까야에서는 "깟짜야나여, '모든 것은 있다'는 이것이 하나의 극단이고 '모든 것은 없다'는 이것이 두 번째 극단이다. 깟짜야나여, 이러한 양 극단을 의지하지 않고 중간[中]에 의해서 여래는 법을 설한다"[24]고 했다.

이처럼 붓다는 당시의 사문이나 바라문들이 주장했던 유견과 무견 혹은 상견과 단견은 삿된 견해임을 명확히 밝혔다. 또 붓다는 언제나 두 극단을 떠나 중도에서 법을 설한다고 강조했다. 이 경에서 말한 중도란 연기법(緣起法) 혹은 십이지연기(十二支

22 SAṬ.Ⅱ.32; 각묵 옮김, 『상윳따 니까야』 제2권, p.139, n.99.

23 『잡아함경』 제12권 제301경 「迦旃延經」(T 2, p.85c).

24 SN.II.17.

緣起)를 말한다. 이 경의 마지막 부분을 읽어보자.

붓다는 산타가전연에게 "이른바 '이것이 있기 때문에 저것이 있고, 이것이 일어나기 때문에 저것이 일어난다'는 것이니, 즉 무명을 조건으로 행이 있고 …(내지)… 순전히 괴로움뿐인 큰 무더기가 발생하며, 무명이 소멸하기 때문에 행이 소멸하고 …(내지)… 순전히 괴로움뿐인 큰 무더기가 소멸한다"[25]고 했다.

니까야에서는 "무명을 조건으로 행이 …(내지)… 태어남을 조건으로 늙음 · 죽음과 근심 · 비탄 · 고통 · 슬픔 · 절망이 발생한다. 이와 같이 전체 괴로움의 무더기[苦蘊]가 발생한다. 그러나 무명이 소멸하기 때문에 행이 소멸하고, …(내지)… 태어남이 소멸하기 때문에 늙음 · 죽음과 근심 · 비탄 · 고통 · 슬픔 · 절망이 소멸한다. 이와 같이 전체 괴로움의 무더기[苦蘊]가 소멸한다"[26]고 했다.

그런데 한역 『잡아함경』에서는 연기의 공식인 '이것이 있기 때문에 저것이 있고, 이것이 일어나기 때문에 저것이 일어난다(此有故彼有, 此起故彼起)'는 대목이 언급되어 있지만, 니까야에서는 생략되어 있다. 그러나 의미에는 큰 차이가 없다. 두 전승 모두 십이지연기(十二支緣起)를 중도(中道)라고 표현하고 있기 때문이다. 이 경의 핵심은 연기의 입장에서 보면 당시의 유견과 무견은 잘못된 견해로써 올바른 견해(正見)가 아니라는 것이다.

이 경에서 붓다는 '모든 것은 있다'는 유견(有見)과 '모든 것은 없다'는 무견(無見) 혹은 상견(常見)과 단견(斷見)은 삿된 견해임을

---

25 『잡아함경』 제12권 제301경 「迦旃延經」(T 2, p.85c).

26 SN.II.17.

십이지연기로 논파하고 있다. 연기법에 따르면, '세상의 일어남'은 십이지연기의 순관(順觀), 즉 유전문(流轉門)이고, '세상의 소멸'은 십이지연기의 역관(逆觀), 즉 환멸문(還滅門)이다.

또한 "조건이라는 세상의 의지처를 보는 자는 조건들이란 단멸하는 것이 아니기 때문에 조건에 따라 일어난 것은 단멸하지 않음을 본다. 그래서 그에게는 없다는 단견이 일어나지 않는다. 반면 조건들의 소멸을 보는 자는 조건들이란 소멸하는 것이기 때문에 조건에 따라 일어난 것의 소멸을 본다. 그래서 그에게는 있다는 상견이 일어나지 않는다. 이것이 여기서 말하고자 하는 뜻이다."[27]

3. 「아지라경」에 나타난 중도

「아쩰라깟사빠-숫따(Acelakassapa-sutta, 阿支羅經)」(SN12:17)는 아쩰라깟사빠[28]와 붓다의 대화로 이루어져 있다. 나체고행자 깟사빠가 단도직입적으로 붓다에게 "고따마 존자시여, 괴로움은 자기가 만드는 것입니까? 괴로움은 남이 만드는 것입니까? 괴로움은 자기가 만들기도 하고 남이 만들기도 하는 것입니까? 괴로움은 자기가 만드는 것도 아니고 우연히 생기는 것입니까?"라고

27 SAṬ.II.32-33.

28 아쩰라(acela)는 옷을 입지 않은 알몸 상태, 즉 나체(裸體)라는 뜻이다. 붓다시대에는 나체로 고행하는 자들이 있었다. 이들을 불교에서는 나형외도(裸形外道)라고 불렀다. 아쩰라깟사빠는 '깟사빠'라는 바라문 종족 출신의 나체고행자라는 뜻이다.

질문했다. 붓다는 나체고행자 깟사빠에게 "깟사빠여, 그렇지 않다"고 대답했다.

깟사빠는 다시 붓다에게 "고따마 존자시여, 그러면 괴로움은 없는 것입니까?"라고 물었다. 붓다는 "깟사빠여, 괴로움은 없는 것이 아니다. 깟사빠여, 괴로움은 있다." "그렇다면 고따마 존자는 괴로움을 알지 못하고 보지 못합니까?" "깟사빠여, 나는 괴로움을 알지 못하고 보지 못하는 것이 아니다. 깟사빠여, 나는 참으로 괴로움을 안다. 깟사빠여, 참으로 나는 괴로움을 안다."

그러자 나체고행자 깟사빠는 혼란에 빠졌다. 즉 '괴로움은 자기가 만드는 것이냐?'고 물어도 '그렇지 않고'라고 대답하고, … '괴로움은 자기가 만드는 것도 아니고 우연히 생기는 것인가?' 라고 물어도 '그렇지 않다'라고 대답하고, 다시 '괴로움은 없는 것이냐?'고 물어도, '괴로움은 있다'라고 대답한다. 그때 나체고행자 깟사빠는 붓다에게 괴로움에 대해 가르쳐 달라고 요청했다. 깟사빠의 요청에 따라 붓다는 다음과 같이 설했다.

> 깟사빠여, '그가 짓고 그가 그 과보를 경험한다'고 한다면 처음부터 존재했던 괴로움을 상정하여 '괴로움은 자기가 짓는다'라고 주장하는 것이 되어 이것은 상견(常見)에 떨어지고 만다. 깟사빠여, '남이 짓고 남이 그 과보를 경험한다'고 한다면 느낌에 압도된 자가 '괴로움은 남이 짓는다'라고 주장하는 것이 되어 이것은 단견(斷見)에 떨어지고 만다.
>
> 깟사빠여, 이러한 양 극단을 의지하지 않고 중간[中]에 의해서 여래는 법을 설한다. 무명을 조건으로 행이,

> 행을 조건으로 식이, … 이와 같이 전체 괴로움의 무더기[苦蘊]가 발생한다. 그러나 무명이 남김없이 소멸하기 때문에 행이 소멸하고, 행이 소멸하기 때문에 식이 소멸하고, … 이와 같이 전체 괴로움의 무더기[苦蘊]가 소멸한다.[29]

나체고행자 깟사빠의 질문 중에서 '괴로움은 자기가 짓는 것인가'라는 첫 번째 질문은 당시의 상견(常見)을 전제한 것이고, '괴로움은 남이 짓는 것인가'라는 두 번째 질문은 단견(斷見)을 전제한 것이다. 그리고 네 번째 질문은 우연발생론(adhicca-sammuppannatā)에 해당된다. 그래서 붓다는 나체고행자 깟사빠의 질문에 "그렇지 않다"고 답변했던 것이다. 아울러 붓다는 연기(緣起)의 원리에 의해 이들의 주장이 잘못된 것임을 논박했다. 이와 같이 「아지라경」(SN12:17)에서는 연기를 통해 상견과 단견을 논파하고 있다. 이것을 '단상중도(斷常中道)'라고 부른다.

한편 이 경에 대응하는 『잡아함경』 제12권 제302경에서 붓다는 아지라가섭(阿支羅迦葉, Acelakassapa)에게 왜 상견과 단견이 진리가 아닌가 하는 이유를 다음과 같이 밝히고 있다.

---

29 SN.II.20-21, "so karoti so paṭisaṃvediyatīti kho Kassapa ādito sato sayaṃkataṃ dukkhanti iti vadaṃ sassatam etam pareti, añño karoti añño paṭisaṃvediyatīti kho Kassapa vedanā bhitunnassa sato paraṃkataṃ dukkhanti iti vadaṃ ucchedam etam pareti. ete te Kassapa ubho ante anupagamma majjhena Tathāgato dhammaṃ deseti. avijjāpaccayā saṅkhāra, saṅkhārapaccayā viññāṇa, pe, evam etassa kevalassa dukkhakkhandhassa samudayo hoti. avijjāya tveva asesavirāganirodha saṅkhāranirodho, saṅkhāranirodha viññāṇanirodho, pe, evam etassa kevalassa dukkhakkhandhassa nirodho hotīti."

> 만일 느낌이 곧 자기가 느끼는 것이라면 '괴로움은 자기가 짓는 것이다'라고 나는 당당하게 설명할 것이다. 만일 남이 느끼고 남이 곧 느끼는 것이라면 그것은 곧 남이 짓는 것이다. 만일 그 느낌이 자기도 느끼고 남도 느끼는 것으로서 다시 괴로움을 준다면 이러한 것은 자기와 남이 짓는 것이다. 그러나 나는 그렇게 말하지 않는다. 자기와 남을 인하지 않고 인이 없이 괴로움이 생긴다고도 나는 또한 말하지 않는다. 이 모든 극단을 떠나 중도(中道)를 설명하나니, 여래는 '이것이 있기 때문에 저것이 있고, 이것이 일어나기 때문에 저것이 일어난다'고 설법한다. 이른바 무명을 조건으로 행이 있고 …(내지)… 순전히 괴로움뿐인 큰 무더기가 발생하며, 무명이 소멸하면 행이 소멸하고 …(내지)… 순전히 괴로움뿐인 큰 무더기가 소멸한다.[30]

이상에서 살펴본 바와 같이, 「가전연경」(SN12:15)과 「아지라경」(SN12:17)에서는 유무중도(有無中道)와 단상중도(斷常中道)를 설하고 있다. 이것은 당시의 유견(有見)과 무견(無見), 혹은 상견(常見)과 단견(斷見)을 극복하기 위해 연기를 설한 것이다.

「전법륜경」(SN56:11)에서 '고락중도(苦樂中道)'를 설한 것은 팔정도라는 실천행으로 이끌기 위한 것이다. 그러나 대승불교에서는 팔정도로서의 실천행보다는 두 극단적인 견해를 극복하는

---

30 『잡아함경』 제12권 제302경 「阿支羅經」(T 2, p.86a-b), "若受即自受者, 我應說苦自作, 若他受他即受者, 是則他作, 若受自受他受, 復與苦者. 如是者自他作, 我亦不說, 若不因自他, 無因而生苦者, 我亦不說. 離此諸邊, 說其中道, 如來說法, 此有故彼有, 此起故彼起, 謂緣無明行, 乃至純大苦聚集, 無明滅則行滅, 乃至純大苦聚滅."

것을 그 핵심으로 하는 연기중도(緣起中道)로 치우쳐 버렸다. 이것은 팔정도를 방법론이 아닌 목적론으로 잘못 이해했기 때문이다.

성철 스님은 "불교에서 말하는 중도의 가장 기본적인 형태는 있음[有]과 없음[無], 생함[生]과 멸함[滅] 등 상대적인 어떤 두 극단에 집착하지 않은 것"[31]으로 이해하고 있다. 그리하여 성철 스님은 중도의 실천적 특성보다 두 극단에 집착하지 않는 것을 그 핵심으로 하는 연기중도(緣起中道)의 입장을 취하고 있다. 그러면서도 성철 스님은 「전법륜경」(SN56:11)에 나타난 중도가 실천행과 관련이 있음을 인정하고 있다.

> 여기에 등장하는 중도설은 극단적인 두 변에 집착하지 말라는 기본적이고도 간단한 형식에 불과하다. 그러나 집착하지 말라는 그 두 변은 이론적인 사항이 아니라 수행의 면에서 지켜야 할 실천적인 사항이다. 이와 같이 최초의 중도설은 수행자의 실천에 관계하여 제시된 것이다.[32]

이와 같이 성철 스님은 「전법륜경」(SN56:11)에서 말한 중도가 '수행자의 실천에 관계하여 제시된 것'임을 인정하면서도, 붓다는 '중도'를 깨쳤다는 사실을 강조하고 있다. 즉 붓다는 선(善)·악(惡), 유(有)·무(無), 고(苦)·낙(樂) 등의 상대적인 견해를 말하는 두 변[兩邊]을 버리고 중도를 정등각(正等覺)했다는 것이다.[33] 이것은 성철 스님이 팔정도를 목적론(目的論) 혹은 구경론(究竟論)으로

---

31 退翁 性徹, 『百日法門』, 상권(합천: 장경각, 1992), p.87.

32 退翁 性徹, 『百日法門』, 상권, p.87.

33 退翁 性徹, 『百日法門』, 상권, p.94.

이해했기 때문이다. 성철 스님은 "팔정도는 구경 목표를 향하는 방법론이지 목적론은 아니라고 말하는데, 이것은 중도의 근본 뜻을 망각하는 말"[34]이라고 비판하고, "궁극적으로 중도를 바로 깨친 그 사람이 부처이므로 중도의 내용인 팔정도는 목적론인 것"[35]이라고 단정했다. 이처럼 성철 스님은 붓다가 깨친 진리가 '중도'이며, 그 중도의 내용이 팔정도(八正道)이고, 팔정도는 방법론이 아닌 목적론이라고 주장하고 있다. 이러한 해석은 후대의 대승불교적 시각인데, 자칫 잘못하면 초기불교의 실천적 특성을 고려하지 않은 잘못된 견해라고 오해받을 소지가 있음을 지적하지 않을 수 없다.

앞에서도 언급했듯이, 「가전연경」(SN12:15)의 핵심 내용은 유견(有見)과 무견(無見)이라는 양 극단을 떠나서 여래는 중도에 의거해서 법(法), 즉 연기(緣起)를 설한다는 것이다. 「가전연경」(SN12:15)의 주제는 중도가 아니고 연기(緣起)이다. 빨리어 「가전연경」(SN12:15)에 대응하는 한역 경전의 경우에도 마찬가지이다. 『별역잡아함경』 제10권 제195경에서 "다시 아난아, 만약 아(我)가 있다고 설하면 즉시 상견(常見)에 떨어지고, 만약 아(我)가 없다고 설하면 즉시 단견(斷見)에 떨어진다. 여래는 두 극단을 떠난 중도(中道)에서 법을 설한다. 이 모든 법(法, 諸法)은 파괴되는 까닭에 불상(不常)이며, 계속되는 까닭에 부단(不斷)이다. 즉 제법은 불상부단(不常不斷)인 것이다."[36]

---

34 退翁 性徹, 『百日法門』, 상권, p.94.

35 退翁 性徹, 『百日法門』, 상권, p.94.

36 『별역잡아함경』 제10권 제195경(T 2, p.444c), "復次阿難! 若說有我, 卽墮常見. 若說

그런데 성철 스님은 「가전연경」(SN12:15)의 내용을 설명하면서 "이렇게 십이연기를 순관(順觀)과 역관(逆觀)으로 관찰하여 중도를 설명하는 것을 증명중도(證明中道)라고 한다. 이상의 설명에서 보듯이 가전연경에서 말하는 의미를 결론적으로 말하면, 연기의 내용은 있는 것도 아니고 없는 것도 아니면서 또한 있고 또한 없는 것이니 바로 이것이 중도하고 말씀한 것이다"[37]라고 말했다. 그리고 "부처님이 중도를 깨달아서 정각자가 되었듯이, 부처님이 발견한 이 연기설, 또는 십이연기설 역시 중도의 궤도를 이탈함이 없습니다"[38]라고 했다. 이와 같이 성철 스님은 연기설을 중도가 진리임을 증명하는 도구로 이해하고 있다. 이것은 주(主)와 객(客)이 바뀐 것이다. 이것은 성철 스님이 중도를 목적론 혹은 구경론으로 이해했기 때문이다.

붓다 당시의 사상계는 크게 둘로 나뉘어져 있었다. 하나는 인간의 정신을 중심으로 한 인간 이해의 입장은 아뜨만(ātman)의 영원성 · 불변성을 주장하는 상견(常見) 혹은 유견(有見)이다. 이것을 영어로는 영원주의(eternalism)라고 한다. 또한 세계와 인간의 존재방식의 측면에서 본 정통 바라문교의 입장은 전변설(轉變說, pariṇāmavāda)이다. 인간의 길흉화복의 원인을 신(神)에게서 찾기 때문에 신의설(神意說)이라고도 한다. 다른 하나는 물질 또는 육체를 중심으로 한 인간 이해의 입장은 개체의 존재는 죽음과 함께 소멸해 버린다는 단견(斷見) 혹은 무견(無見)이다. 이것을

無我, 即墮斷見. 如來說法, 捨離二邊, 會於中道. 以此諸法壞故不常, 續故不斷, 不常不斷."

37 退翁 性徹, 『百日法門』, 상권, p.112.

38 退翁 性徹, 『百日法門』, 상권, p.95.

영어로는 허무주의(nihilism)라고 한다. 또한 세계와 인간은 네 가지, 일곱 가지 혹은 열두 가지의 요소로 이루어져 있다고 본 육사외도의 입장은 적취설(積聚說, ārambhavāda)이다. 인간의 길흉화복은 숙명적이거나 우연적이라고 보기 때문에 숙명론(宿命論) 혹은 우연론(偶然論)이라고도 한다. 이러한 정통 바라문교의 상견과 신흥 사상가들의 단견에 대하여 붓다는 있는 그대로의 사실(yathābhūta, 如實)을 올바로 알지 못하기 때문에 생겨난 사견(邪見)이라고 비판했다. 그래서 붓다는 유견과 무견 혹은 상견과 단견이라는 양 극단의 견해를 따르지 않고, 중도(中道)에 의거해서 연기(緣起)를 설했다. 왜냐하면 제법은 인연에 의해 생기고, 인연에 의해 멸하기 때문이다. 이와 같이 「가전연경」(SN12:15)의 핵심 주제는 연기법이다. 붓다는 이 연기법으로서 당시의 상견과 단견을 극복했던 것이다.

II. 중도의 실천적 의미

앞에서 언급했듯이 성철 스님은 한결같이 붓다는 '중도'를 깨달았다고 했다. 이러한 선언은 자칫 오해를 불러올 소지가 다분히 있다. 왜냐하면 일반적으로 붓다는 연기의 법칙을 깨달아 붓다가 되었다고 알려져 있기 때문이다. 『우다나(Udāna, 自說經)』에서 "지극한 마음으로 삼매에 들어 있는 바라문[39]에게 여러 가지

39 여기서 말하는 '바라문'은 사성 계급 중 하나를 의미하는 것이 아니고, 진정한 수행자, 즉 붓다 자신을 말하는 것이다.

법이 밝아올 때 그의 모든 의혹은 사라져 버렸다. 모든 법에는 그 원인이 있음을 훤히 아는 까닭이다"[40]고 했다. 즉 연기의 법을 알았기 때문에 깨닫게 되었다는 것이다. 사실 붓다는 무엇을 깨달았는가 하는 것은 매우 중요한 문제이다. 이에 대해서는 동서고금의 수많은 학자들이 자신들의 견해를 밝히고 있다. 초기경전에 나타난 성도(成道)의 과정은 일치하지 않으며 많은 이설(異說)들이 있다.[41]

많은 사람들은 붓다가 연기법(緣起法)을 통해 깨달음을 이루었다고 말한다. 이 경우 연기(緣起)라고 해서 그것이 바로 십이연기(十二緣起)처럼 완성된 형태의 연기설을 의미하는 것은 아니다. 오히려 십이연기와 같은 형태로 정리되기 이전의, 심원한 종교적 체험으로서의 연기에 대한 자각이 바로 성도의 근본적 입장인 것이다.[42] 마스타니 후미오(增谷文雄)도 "붓다가 깨달은 존재 법칙으로서의 법이란 결국 연기의 도리였음이 확실하다"[43]라고 말했다.

그럼에도 불구하고 성철 스님은 초지일관 붓다가 '중도'를 깨달았다고 말했다. 그러나 앞에서 지적한 바와 같이 성철 스님이 『백일법문』에서 사용한 '중도'라는 말은 '연기'를 의미하는 말로 사용한 경우가 허다하다. 이런 맥락에서 보면 성철 스님이 말

---

40 Ud. p.1, "yadā have pātubhavanti dhammā ātāpino jhāyato brahmaṇassa, ath'assa kaṅkhā vapayanti sabbā yato pajānāti sahetudhamman ti."

41 이에 대한 자세한 설명은 제11장 초기불교에서 본 깨달음 Ⅰ. 붓다는 무엇을 깨달았는가? 참조.

42 후지타 코타츠 外, 『초기 · 부파불교의 역사』, p.43.

43 마스타니 후미오, 이원섭 옮김, 『불교개론』, 개정2판, p.25.

한 중도는 두 극단을 떠난 연기중도를 의미하기 때문에 비록 말은 다르지만 같은 내용이다. 이 때문에 필자도 처음에는 큰 혼란을 겪었다.

앞에서도 언급했듯이 초기불교에서는 일관되게 실천을 강조하고 있다. 비록 「가전연경」(SN12:15)과 「아지라경」(SN12:17)에서 유무중도와 단상중도를 설하고 있지만, 이것은 당시의 유견(有見)과 무견(無見), 혹은 상견(常見)과 단견(斷見)을 극복하기 위해 연기의 이치를 설한 것이다. 그리고 「전법륜경」(SN56:11)에서 고락중도(苦樂中道)를 설한 것은 팔정도라는 실천행으로 이끌기 위한 것이다.

III. 중도사상의 전개 과정

앞에서 살펴본 바와 같이 대승불교에서 이론적 · 관념적인 중도사상으로 흘러버린 배경에는 설일체유부(說一切有部, Sarvāstivāda)에서 일체법이 존재한다는 실유(實有)를 주장했기 때문이다. 당시 부파불교의 대표적인 설일체유부에서는 초기불교의 무아설(無我說)을 잘못 이해했다. 설일체유부에서는 '나(我)가 없다'는 것을 인정하면서도, 법(法, Dhamma)에는 파괴되지 않는 법의 고유한 자성(自性)이 있다고 주장했다. 즉 그들은 법체항유설(法體恒有說)을 주장했다. 이것이 바로 '아공법유(我空法有)'로 불려지는 것이다. 이러한 주장에 대해 『반야경』은 각각의 법에는 그와 같은 실체, 자성이 없으며 따라서 그것은 공(空)이라고 역설했다. 즉 모든 법은 공(空)한 것이기 때문에 고정적인 '법(法)의 관념'을 주장할 수 없다고 말했다. 왜냐하면 일체법은 다른 법과 서로 조건 지워져 성립하는 것이기 때문에 고정적 · 실체적 본성을 갖지 않는 것이며, 따라서 그것은 무자성(無自性)인 것으로, 이 무자성인 것은 곧 공(空)이다.[44] 이것이 바로 '아공법공(我空法空)'으로 알려진 것이다.

한편 나가르주나(Nāgārjuna, 龍樹)는 『반야경』의 공사상을 철학적으로 체계화시켰다. 그는 자신의 저서 『중론』에서 "무릇 연기하고 있는 것, 그것을 우리들은 공성(空性)이라고 설한다. 그것은 임의로 시설(施設)되어진 것[假名]이며, 그것은 중도(中道) 그 자체이다[중론 제24장 18게]"고 했다.

이와 같이 나가르주나가 『반야경』에서 '공(空)'이라 설했던 것은 그것이 바로 연기(緣起)를 전제로 하고 있는 것임을 명확히 밝히고 있다. "이것은 곧 우리가 '공'이라고 말할 수 있는 것은 실제는 모든 사물이 각기 독자적인 존재의 것이 아니라 상호의존적인 연기의 관계로 이루어졌기 때문이라는 것이다. 이러한 연기의 관계로 이루어진 까닭에, 연기의 관계를 떠나 있는 독자적인 성질로서 '자성(自性)'이나 '실체(實體)'와 같은 것은 존재하지 않는다. 특히 나가르주나는 이러한 연기의 인연 관계를 떠나 있는 것을 '자성'이라고 부르고, 따라서 자성이란 존재하지 않는 까닭에 '무자성(無自性)'이며 '공'이라고 말하고 있다. 이러한 입장에서 『중론』의 중심 내용은 연기=무자성=공의 관계로도 표현

---

44 불교교재편찬위원회 편, 『불교사상의 이해』, pp.160-161.

할 수 있을 것이다."[45]

이러한 중관사상은 티베트 및 중국으로 전해졌다. 중국에서는 꾸마라지바(Kumārajīvā, 鳩摩羅什, 344-413)가 나가르주나의 저술을 번역하면서 알려지게 되었다. 이후 꾸마라지바가 번역한 나가르주나의 『중론』과 『십이문론』, 아리야데바(Ariyadeva)의 『백론』은 삼론으로 중시되어 후에 삼론종(三論宗)으로 발전하고, 특히 수(隨)나라 길장(吉藏, 549-623)에 이르러 삼론종은 크게 번성하게 된다. 그러나 당(唐)나라의 현장(玄奘, 602-664)에 의해 유식계통의 법상종(法相宗)이 성행하면서 삼론종은 급격히 쇠퇴하게 되었다. 그 뒤에 출현한 천태지의(天台智顗, 538-598)에 의해 체계화된 천태종(天台宗)과 현수법장(賢首法藏, 643-712)이 완성한 화엄종(華嚴宗) 등이 출현하게 되었다. 천태지의의 쌍차쌍조(雙遮雙照)의 원리도 이러한 맥락에서 형성된 것이다. 성철 스님은 이러한 대승불교의 전통과 천태지의의 쌍차쌍조의 원리를 중도(中道)라고 파악하고, 이것을 토대로 전체 불교교학의 체계를 세우고 있다.

---

45 불교교재편찬위원회 편, 『불교사상의 이해』, p.166.

제9장 무아와 윤회의 문제

Ⅰ. 문제의 제기

초기불교에서부터 후기불교에 이르기까지 가장 해결하기 어려운 난제 가운데 하나가 바로 무아와 윤회의 문제이다. 이 문제를 해결하기 위해 붓다시대에서부터 오늘에 이르기까지 수많은 사람들이 그 해결책을 제시했고, 지금도 그 해결책을 모색하고 있다. 그러면 왜 불교에서 무아 · 윤회의 문제가 중요한 주제로 대두되는가?

호진 스님이 지적했듯이 "무아설과 윤회설은 불교라는 하나의 건축물을 세우고 있는 두 개의 기둥이라고 할 수 있다. 무아설을 포기할 때 불교는 더 이상 불교가 아니다. 역시 윤회설을 제거해 버릴 때 불교라는 구조물은 붕괴되고 만다. 불교는 이 두 교리 가운데 어느 하나도 포기할 수 없다. 그런데 문제는 이 두 교리가 양립할 수 없다는 점이다."[1] 이와 같이 무아설과 윤회설은 상호 모순적이며 서로 충돌한다. 이 때문에 무아와 윤회의 문제는 학자들에 의해 끊임없이 논의되고 있다.

불교의 핵심 교리는 무아설(無我說, anattāvāda)이다. 무아설은

1 호진, 『무아 · 윤회 문제의 연구』(서울: 불광출판사, 2015), p.22.

인도의 다른 종교와 철학에서는 찾아볼 수 없는 불교만의 고유한 사상이다. 즉 무아설은 붓다의 대표적인 교설 가운데 하나다. 한편 불교에서는 윤회(輪廻, saṃsāra)를 중요한 교리로 받아들인다. 윤회사상은 인도에서 불교가 성립되기 이전부터 있었다. 인도의 고대 문헌인 『우빠니샤드(Upaniṣad, 奧義書)』에 처음으로 윤회사상이 나타난다. 가장 오래된 『우빠니샤드』는 붓다 이전에 성립되었는데, 이 『우빠니샤드』에 나타나는 윤회사상이 오늘날의 힌두교 윤회설의 모태가 되었다.

불교에서는 윤회의 주체를 인정하지 않는다. 붓다는 고정 불변하는 실체적인 아뜨만(ātman, 自我)의 존재 자체를 인정하지 않았다. 만일 윤회의 주체를 인정하게 되면, 무아설에 정면으로 위배된다. 반대로 무아설을 내세우면 당장 문제가 제기된다. "무엇이 윤회하여 누가 과보를 받으며 누가 열반을 성취하는가? 이처럼 두 교리는 양립하지 않는다. 그렇다고 해서 이들 중 어느 하나를 포기할 수도 없다. 유일한 해결책은 두 교리를 모두 살리는 것이다."[2]

이처럼 무아설과 윤회설이라는 두 교리를 살리기 위해서는 무아와 윤회는 모순적이지 않으며 양립 가능하다는 결론을 도출하지 않으면 안 된다. 이 문제를 불교에서는 어떻게 해결하고 있는지 여기서 살펴보고자 한다. 먼저 불교 이전의 윤회사상에 대해 살펴보고, 이어서 불교의 윤회사상에 대해 살펴볼 것이다. 그리고 무아와 윤회의 문제를 검토해 보고, 끝으로 업(業)과 재생(再生)에 관한 교설에 대해 살펴볼 것이다.

---

2 호진, 『무아 · 윤회 문제의 연구』, p.22.

II. 불교 이전의 윤회사상

1. 윤회의 의미와 기원

윤회(輪廻)라는 용어는 산스끄리뜨 상사라(saṃsāra)를 번역한 말이다. saṃsāra는 'saṃ'과 'sāra'의 합성어이다. 'saṃ'은 '함께'라는 뜻이고, 'sāra'는 어근 'sṛ'에서 유래된 것으로, '달리다, 빨리 움직이다, 흐르다, 건너다'라는 뜻을 가지고 있다. saṃsāra는 일반적으로 윤회(transmigration), 환생(reincarnation) 등으로 번역되지만, 글자 그대로 '함께 흐르는 것' 또는 '함께 흘러감'이라는 뜻이다.

인도에서 발생한 종교와 철학 가운데 짜르와까(Cārvāka, 唯物論)[3]를 제외한 모든 종교와 철학은 윤회사상에 토대를 두고 있다. 인도의 종교와 철학은 모두 윤회에서 벗어나 해탈하는 것을 궁극의 목적으로 삼는다. 이들의 공통점은 수행과 해탈의 사상을 갖고 있다는 점이다. 그런데 윤회가 없다면 해탈은 의미가 없게 된다.

윤회설이란 어떤 사람이 죽으면 그 사람이 이 세상에서 지은 자신의 업(業)을 가진 영혼이 다른 곳으로 가서 다시 태어나게 된다는 것이다. 이때 자신이 지은 업이 다시 태어날 세계, 종류, 계

---

3 짜르와까(Cārvāka)는 로까야따(Lokāyata, 順世論)로도 알려져 있는데, 고대 인도의 유물론이다. 짜르와까는 적절한 지식의 원천으로서 직접적인 인식, 경험주의, 조건부 추론을 갖고 있으며, 철학적 회의론을 수용하고, 의례주의와 초자연주의를 배척한다. 짜르와까는 자이나교와 불교의 성립 이전에 인도에서 인기 있는 신앙체계였다. '로까야따'라는 이름은 사람들 사이에 널리 퍼져 있었기 때문에 그렇게 불렸으며, 사람들의 세계관을 의미했다. 로까야따의 사전적 의미는 "세계를 향해, 세계를 겨냥하여, 세속적으로"라는 뜻이다. 짜르와까 혹은 로까야띠까(lokāyatika, 順世派)로 불렸던 이들은 업설과 윤회설을 믿지 않았다. 이에 대해서는 나중에 다시 언급할 것이다.

급, 성(性), 모습 등을 결정짓는다. 그러나 업이 남김없이 소멸되면 윤회는 끝난다. 즉 지은 바 업이 없으면 더 이상 윤회하지 않는다. 이것을 '해탈(解脫, mokkha, Sk. mokṣa)'이라고 한다.

인도의 종교와 철학에서 내세우는 윤회설은 그 내용이 각기 다르다. 힌두교는 윤회의 주체로 아뜨만(ātman, 自我)을 내세우고, 자이나교는 지와(jīva, 靈魂)를 내세운다. 그러나 불교는 그와 같은 윤회의 주체를 내세우지 않는다. 그것이 불교의 무아설이다. "자이나교에 의하면 까르만은 미세한 물질적인 입자로 이루어져 있을 뿐만 아니라 영혼에 달라붙어 영혼과 결합한다. 그러나 불교는 까르만을 '일종의 행위' 또는 그 결과로서 초래되는 어떤 '에너지[業力]'라고 생각한다. 해탈에 대해서도 힌두교에서는 '범아일여(梵我一如)의 상태'를 가리키는데, 자이나교에서는 '영혼이 모든 업에서 벗어나 우주의 정상에 올라가 그곳에서 영원한 안락을 누리는 것'이라고 생각한다."[4]

윤회사상의 기원에 대한 학자들의 견해는 서로 일치하지 않는다. 예를 들면 윤회사상은 인도 바깥에서 들어왔다는 설과 인도 내부에서 발생했다는 설이다. 둘 중에서 현재는 인도 내부에서 형성되었다는 설이 정설로 인정되고 있다. 또 윤회사상이 인도 토착민들로부터 나왔다는 설과 반대로 인도에 들어온 아리야(ārya)인들에 의해 이루어졌다는 설이다. 둘 중에서 아리야인들에 의해 이루어졌다는 설이 더 설득력을 얻고 있다. 윤회사상은 원시종교에서 볼 수 있는 재생신앙만이 아니라 여러 가지 요

---

4 호진, 『무아 · 윤회 문제의 연구』, p.28.

소들로 이루어진 복합적인 사상체계로 이루어져 있다. 이러한 사상체계는 단기간에 이루어진 것이 아니고 오랜 세월 동안 아리야인들에 의해 불명확한 사상이 점차 치밀한 이론체계로 정립되었다.

그러면 윤회사상은 어떻게 태동하게 되었는가? 인도의 가장 오래된 문헌은 『베다(Veda)』이다. 이 『베다』에는 아직 윤회사상이 나타나지 않는다. 베다 시대(B.C. 1,500-1,000)의 사람들은 내세에 대해서는 별로 관심이 없었다. 그들은 장수(長壽)나 다산(多産)과 같은 현세의 이익을 얻고자 하는 것이 삶의 전부였다. 베다 시대의 아리야인들은 아직 불사(不死)에 대한 개념은 갖고 있지 않았으며, 사후(死後)의 생존문제와 관계가 있는 윤회에 대해서는 관심이 없었다. 따라서 『베다』에서는 윤회사상을 찾을 수 없다.

브라흐마나(Brāhmaṇa, 梵書) 시대(B.C. 1,000-800)에는 사후의 문제를 중요하게 여겼다. 이 시대의 사상가들은 이미 사후에 생존이 있다는 것을 알고 있었다. 그 때문에 그들의 관심사는 "사후의 삶이 얼마나 행복하고 얼마나 지속될 수 있는가?"라는 것이었다. 그래서 그들은 저승에서 영혼이 다시 사용할 새로운 육체를 만드는 일에 골몰했다. 그들은 그와 같은 육체를 얻기 위해서 이 세상에서 제사(祭祀)를 지내야 한다고 생각했다.[5]

한편 『우빠니샤드』는 이전의 『베다』와 『브라흐마나』와는 사상적으로 많은 차이가 있다. 『베다』와 『브라흐마나』는 제사문제에 전념했지만, 『우빠니샤드』는 철학적 사색에 몰두했다. 『브

5 호진, 『무아 · 윤회 문제의 연구』, p.39.

라흐마나』에서는 제사를 가장 중요하게 생각했지만, 『우빠니샤드』에서는 제사를 저급한 수준으로 여겼다. 『우빠니샤드』 사상의 두 중심 축(軸)은 아뜨만(ātman, 我)과 브라흐만(brahman, 梵)이었다. 『우빠니샤드』에서는 개인적 영혼(ātman)과 우주적 영혼(brahman)은 본질적으로 동일하다는 범아일여(梵我一如)의 사상을 갖고 있었다. 여기서 새로운 주제인 업(業, karman)과 윤회(輪廻, saṃsāra)의 사상이 나오게 되었다.[6]

2. 윤회의 구성 요소

윤회설은 내생에 다시 태어난다는 재생사상을 바탕으로 몇 가지 요소로 이루어져 있다. 즉 재생의 주체인 아뜨만(ātman, 我), 재생의 원인인 까르만(karman, 業), 아뜨만이 궁극적으로 도달해야 할 목표인 브라흐만(brahman, 梵)이다.

1) 아뜨만(ātman, 我)

『베다』와 『브라흐마나』에서 말하는 아뜨만과 『우빠니샤드』에서 말하는 아뜨만의 개념은 다르다. 『베다』와 『브라흐마나』에서 말하는 아뜨만은 불변적인 존재가 아니다. 그것은 육체의

6 호진, 『무아 · 윤회 문제의 연구』, pp.47-48.

소멸과 함께 사라져 버리는 것이고, 제사의 결과가 다하면 소멸되는 것이었다. 그러나 『우빠니샤드』에서 말하는 아뜨만은 실체적이고 영속적인 성질을 가진 '개체의 영혼'을 의미했다.

『우빠니샤드』의 사상가들이 생각한 아뜨만은 다음과 같다. "아뜨만은 순수한 정신적인 존재가 아니다. 지극히 미세하지만 크기를 가지고 있다. 그래서 아뜨만은 심장(心臟) 속에 머물고 있다. 역시 아뜨만은 육체적인 기능도 아니다. 인간이 죽어 육체가 사라져 버린 뒤에도 아뜨만은 혼자 존재할 수 있다. 아뜨만은 물질적인 것도 아니다. … 그것은 '미세한 실체적인 어떤 것처럼' 생각된다."[7]

2) 까르만(karman, 業)

까르만(karman)은 어근 kṛ(*to do*)에서 파생된 명사로, '일 · 행동 · 행위'를 뜻한다. 일반적으로 업(業)이라고 번역한다. 까르만의 개념은 "자기가 행동하고 자기가 그 결과를 받는다[自業自得]"라는 것이다. 이 사상은 재생신앙을 하나의 진정한 이론으로 만드는 데 결정적인 역할을 하게 되었다.[8]

또한 업설(業說)은 인간의 행복과 불행, 그리고 인간사회의 불평등한 원인을 설명할 수 있게 되었다. 업설로 인해 윤회사상이 더욱 확고해졌다고 볼 수 있다. 즉 윤회사상은 업설의 필연적인 귀

7 호진, 『무아 · 윤회 문제의 연구』, p.74.
8 호진, 『무아 · 윤회 문제의 연구』, p.75.

결이다. "까르만 사상의 출현은 인도의 모든 종교와 철학을 크게 변화시켰을 뿐만 아니라 그것은 그들의 중심 사상이 되었다."[9]

3) 브라흐만(brahman, 梵)

아뜨만[我]이 개체적인 영혼이라면 브라흐만[梵]은 우주적인 영혼이다. 브라흐만은 "태초에 혼자 존재했던 최초의 원리이고 모든 현상 속에 내재한 유일한 실체(實體)이다. 또한 경험적인 현실세계를 유지하는 힘이고 모든 것, 존재하는 것, 유일한 실재이고 변하는 모든 것 가운데 변하지 않는 근본이다."[10]

브라흐만의 개념은 『베다』와 『브라흐마나』를 거쳐 『우빠니샤드』에서 확립되었다. 이와 같이 우빠니샤드 시대에 이르러 브라흐만은 아뜨만과 함께 가장 중요한 주제가 되었다. 『우빠니샤드』의 사상가들은 모든 존재가 '그것'에서 나와서 '그것' 덕택으로 살다가 죽은 후에 '그것'으로 되돌아가는 '어떤 것'이 브라흐만이라고 생각했다. 즉 브라흐만은 모든 것의 근원이다. 그러나 모든 것 자체가 브라흐만은 아니다. 땅 · 물 · 불 · 바람 등 그것들 자체는 브라흐만이 아니다. 브라흐만은 모든 것 속에서 그것의 본질로서 내재하고 있는 것을 말한다. 즉 브라흐만은 모든 존재와 사물을 연결시켜 주고 그것들에게 생명을 주고 그것들

---

9 호진, 『무아 · 윤회 문제의 연구』, p.76.

10 호진, 『무아 · 윤회 문제의 연구』, p.80.

을 움직이게 하는 존재이다.[11]

만일 브라흐만이 존재하지 않는다면 우주의 질서는 유지될 수 없다. 태양과 달은 운행을 멈추고 하늘과 땅은 존재하지 못하게 된다. 이처럼 『우빠니샤드』의 사상가들은 브라흐만을 정의하는 데 열중했다. 하지만 궁극적으로 그것은 정의(定義)될 수 없는 것이다. 그래서 "아니다, 아니다(neti, neti)"와 같이 부정사를 되풀이해서 그것을 설명했다.[12]

한편 윤회사상을 논함에 있어서 빼놓을 수 없는 개념이 해탈이다. 해탈은 윤회의 구성 요소는 아니지만, 윤회에서 벗어난 궁극의 경지를 나타낸 것이기 때문에 매우 중요하다.

목샤(mokṣa)는 '놓아주다, 해방하다, …에서 벗어나다'라는 의미를 지닌 어근 'muc'에서 파생된 명사다. 그런데 『베다』에서 말하는 해탈은 '일찍 죽지 않는 것'을 의미했다. 즉 지상에서 100년까지 사는 것이었다. 『브라흐마나』에서 말하는 해탈이란 '저승에서 다시 죽지 않는 것', 즉 '신들의 세계에 들어가는 것'이었다. 그것은 제사를 지냄으로써 얻을 수 있는 것이라고 생각했다.[13] 『우빠니샤드』에서는 윤회사상의 출현과 함께 해탈의 의미가 바뀌었다. 해탈이란 '윤회의 굴레로부터의 해방'을 의미하게 되었다. 이제 해탈을 위한 제사(祭祀)는 효력을 잃어버렸다. 그것은 오히려 해탈을 방해하는 한 원인이 되었다.

『우빠니샤드』에서는 두 종류의 해탈이 나타난다. 브라흐마

---

11 호진, 『무아 · 윤회 문제의 연구』, , pp.81-82.

12 호진, 『무아 · 윤회 문제의 연구』, , p.83.

13 호진, 『무아 · 윤회 문제의 연구』, , p.84.

나 시대의 제사신앙을 바탕으로 한 해탈과 새로운 사상인 까르만과 윤회설이 결합된 해탈이다. 후자의 해탈은 구원을 위한 새로운 경지로서 개체적 영혼인 아뜨만과 우주적 영혼인 브라흐만의 만남 또는 두 실체의 결합을 의미한다. 이것이 '범아일여(梵我一如)'의 사상이다.[14] 다시 말해서 『우빠니샤드』에서는 아뜨만과 브라흐만이 융합하여 하나가 되는 것을 해탈이라고 보았다.

이상에서 살펴본 것이 불교 성립 이전에 인도의 종교와 철학에 널리 퍼져 있던 윤회사상의 핵심이다. 붓다는 당시에 널리 알려져 있던 이러한 윤회사상을 배척하지 않고 받아들이되, 『우빠니샤드』에서 말하는 윤회의 구성 요소인 아뜨만과 브라흐만의 존재 자체를 부정하고, 까르만도 새롭게 재해석했다. 이러한 과정을 거쳐 붓다는 자신의 고유한 사상인 무아설에 위배되지 않는 독자적인 윤회사상을 정립해 나갔던 것이다.

III. 불교의 윤회사상

1. 윤회의 의미

힌두교의 윤회와 불교의 윤회를 구분하기 위해 학자들은 산스끄리뜨 상사라(saṃsāra)를 다르게 번역한다. 힌두교의 윤회를

---

14 호진, 『무아 · 윤회 문제의 연구』, pp.84-85.

나타낼 때에는 transmigration(移住)이나 reincarnation(還生)으로 번역한다. 이 말은 윤회의 주체로서의 영혼이 한 세계에서 다른 세계로 옮겨가며 사는 것을 의미한다. 따라서 이 번역어는 불교의 윤회를 표현하기에는 적당하지 않다. 그래서 불교의 윤회를 나타낼 때에는 rebirth(再生) 또는 metempsychosis(윤회)로 번역한다. 이 번역은 업(業)을 짊어지고 있는 마음[心]이 이전(移轉) 변화하는 것을 의미한다.[15] 다시 말해서 불교에서는 윤회의 주체를 인정하지 않고 심상속(心相續, citta-santāna) 이론으로 윤회를 설명하기 때문에 재생(rebirth)으로 번역해야 한다.

붓다 생존 시 윤회사상은 갠지스 지역에 널리 유포되어 있었다. 당시 육사외도(六師外道) 중에서도 자이나교의 개조(開祖) 니간타 나따뿟따(Nigaṇṭha Nātaputta), 막칼리 고살라(Makkhali Gosāla), 뿌라나 깟사빠(Pūraṇa Kassapa) 등은 윤회사상을 알고 있었다. 특히 니간타 나따뿟따는 업과 윤회를 자신의 중심 교의로 삼았다.[16] 붓다 자신도 정각을 이루기 전에 이미 윤회사상을 믿고 있었다는 사실을 확인할 수 있다. "비구들이여, 내가 깨닫기 전, 아직 완전한 깨달음을 성취하지 못한 보살(수행자)이었을 때 나에게 이런 생각이 들었다. 참으로 이 세상은 괴로움으로 가득하구나. 태어나고 늙고 죽고 죽어서는 다시 태어난다."[17] 『증일아함

---

15 水野弘元. 『原始佛教』, p.53.

16 『중아함경』 제32권 제133경(T 1, p.628b-c); 『잡아함경』 제25권 제563경(T 2, p.147c).

17 SN.II.10, "pubbe va me bhikkhave sambodhā anabhisambuddhassa bodhisattasseva sato etad ahosi. kiccham vatāyaṃ loko āpanno jāyati ca jīyati ca mīyati ca cavati ca upapajjati ca."; 『잡아함경』 제12권 제28경(T 2, pp.79c-80a).

경』 제23권 제1경에 "이와 같이 괴로움과 즐거움을 받았다. 저기서 죽어 여기서 태어나고 여기서 죽어 저기서 태어난 인연의 처음과 끝을 모두 밝게 알게 되었다."[18] 이러한 경전의 근거를 통해 붓다는 깨달음을 이루기 전에 이미 윤회사상을 알고 있었을 뿐만 아니라 윤회설을 믿고 있었다는 것을 알 수 있다.

붓다는 초기경전의 여러 곳에서 "선과 악의 업도 없고 그 과보도 없으며, 이 세상도 저 세상도 없다"[19]고 생각하는 것은 그릇된 견해[邪見]라고 가르쳤다. 또한 붓다는 업과 윤회를 믿지 않는 외도(外道)가 불교로 개종하고자 할 때, 4개월 동안 지켜보고 나서 구족계를 주도록 제도화시켰다. 다만 불[火]를 숭배했던 사화외도(事火外道, Jaṭila)[20]에게는 즉시 계를 주고 제자로 받아들였다. 왜냐하면 그들은 업(業)을 믿고 있었기 때문이었다.[21] 이처럼 붓다의 모든 교설은 윤회설 위에 건립되어 있다. 만일 불교에서 업과 윤회를 부정하게 되면 붓다의 전체 교리체계가 무너져 버린다. 붓다는 처음부터 윤회를 전제로 자신의 가르침을 펼쳤기 때문이다.

일반적으로 윤회라고 하면 '생사를 끊임없이 되풀이하는 것'이라고 말한다. 즉 이 세상에서 죽으면 저 세상에 태어나고, 저

---

18 『증일아함경』 제23권 제1경(T 2, p.666b), "受如是苦樂, 從彼終而此間生, 死此生彼, 因緣本末皆悉明了."

19 『중아함경』 제3권 제15경(T 1, p.437c); 『중아함경』 제19권 제189경(T 1, p.735c); 『잡아함경』 제37권 제1037경(T 2, p.271), "無善惡業, 無善惡業報, 無此世 · 彼世."

20 사화외도(事火外道, Jaṭila)는 머리를 묶는 결발의 형식을 따르고 있었기 때문에 '결발행자(結髮行者)' 또는 '결발외도(結髮外道)'라고도 불렸다.

21 MN. Ⅰ.401; 『잡아함경』 제34권 제964경(T 2, p.247a).

세상에서 죽으면 다시 다른 세상에 태어난다. 이것을 윤회라고 한다. 윤회란 "바퀴가 돌고 돌아 끝이 없듯이, 중생은 자신이 저지른 행위에 따라 삼계(三界)와 육도(六道)를 돌고 돌면서 생사를 끊임없이 되풀이하는 것"[22]을 말한다.

2. 삼계 · 육도의 의미

1) 삼계의 의미

불교의 윤회설을 논함에서 있어서 빼놓을 수 없는 주제가 바로 삼계 · 육도에 관한 부분이다. 삼계 · 육도는 중생들이 생사를 되풀이하면서 윤회를 펼치는 영역으로 알려져 있기 때문이다. 삼계 · 육도는 분류하는 방법에 따라 다르게 표현한 것일 뿐 그 내용은 동일하다. 불교의 윤회를 이해하기 위해서는 삼계 · 육도의 개념부터 정확히 파악할 필요가 있다. 삼계 · 육도를 어떻게 이해하느냐에 따라 윤회를 이해하는 수준이 달라진다.

불교에서는 세계를 세간(世間)과 출세간(出世間)으로 구분한다. 세간은 윤회의 세계를 말하고, 출세간은 윤회를 초탈한 열반의 세계를 말한다. 세간을 삼계(三界)라고도 한다. 삼계란 욕계(欲界, kāmaloka) · 색계(色界, rūpaloka) · 무색계(無色界, arūpaloka)를 말한다.[23] 불교에서 세계를 삼계로 분류한 것은 오도(五道)와 사생(四生)

---

22 곽철환 편저, 『시공 불교사전』(서울: 시공사, 2003), p.561.

23 삼계를 욕계(kāmadhātu) · 색계(rūpadhātu) · 무색계(arūpadhātu)로 표기하기도

을 세계에 배치시키기 위해 고안된 것이라 할 수 있다.

중생을 태어나는 방법에 따라 네 가지 종류로 분류한다. 즉 사생(四生, catasso yoniyo)이 그것이다. 사생이란 태생(胎生, jalābujā) · 난생(卵生, aṇḍajā) · 습생(濕生, saṃsedajā) · 화생(化生, opapātikā)이다. 태생이란 보통의 사람이나 짐승처럼 모태(母胎)에서 태어나는 것을 말하고, 난생이란 새처럼 알로부터 태어나는 것을 말하며, 습생이란 모기처럼 습지에서 태어나는 것을 말하고, 화생이란 천계(天界) 또는 지옥처럼 앞의 세 가지 생 이외에 자연스럽게 화생하는 것을 말한다.[24]

불교의 사생은 『우빠니샤드』에 언급된 태생(胎生, jarāyujā) · 난생(卵生, aṇḍajā) · 습생(濕生, svedajā) · 종생(種生, bījajā)이라는 분류 방식을 차용한 것이다. 다만 불교에서는 네 번째 종생을 화생으로 바꾸었다. 불교에서는 식물을 윤회계에 포함시키지 않았고, 지옥사상 등이 성행함에 따라 그 태어나는 방법에 대한 설명을 요구받았기 때문이었다.[25]

오도와 사생을 세계에 배치한 삼계는 다음과 같다. 욕계란 욕망이 성행하는 곳으로, 지옥에서부터 천(天)의 일부까지 포함하며, 사생은 모두 욕계에 속한다. 색계와 무색계란 순전히 천계(天界)인 동시에 모두 화생에 속하며, 둘 다 선정력(禪定力)이 뛰어난 곳이지만, 색계에는 아직 물질적(신체적) 활동이 남아 있고, 무색계에는 그런 활동이 없기 때문에, 그 명칭을 따로 구분한 것이라

한다.

24 MN.I.73.

25 木村泰賢, 『原始佛教思想論』, p.175.

고 한다.[26]

불교의 세계관에 따르면, 삼계는 수메루(Sumeru, 須彌山)[27]를 중심으로 그 주위에 위치하고 있다. 욕계는 수메루의 아랫부분에, 색계는 중간 부분에, 그리고 무색계는 그 정상에 있다.[28] 그런데 삼계를 부파불교에서는 실제로 생물이 살고 있는 세계라고 인식했다. 즉 지옥 · 아귀와 같은 최하위의 세계가 있고, 지상에는 인간계가 수미산(須彌山)의 사방에 인사주(人四洲)[29]로서 존재한다. 그 위에 욕계라는 여섯 개의 하늘[六欲天]이 있다. 이 육욕천 가운데 사대주를 수호하는 사왕천(四王天)[30]이 수미산 기슭에 산다. 수미산 위에는 제석천(帝釋天)을 비롯한 도리천(忉利天, tāvatiṃsa)[31]이 궁전을 짓고 거주한다. 이 사왕천과 도리천은 지상에 살고 있으므로 지거천(地居天)이라고 부른다. 다시 그 위에 야마천(夜摩天) · 도솔천(兜率天) · 화락천(化樂天) · 타화자재천(他化自在天)이 있다. 이 네 개의 하늘[天]은 공중에 그 주거를 지어 살고 있기 때문에 공

---

26 木村泰賢, 『原始佛教思想論』, p.175.

27 수메루(Sumeru, 須彌山)는 히말라야 산을 이상화 한 것이다.

28 『장아함경』 제18권 제3 「世記經」(T 1, pp.114a-117c)에서 불교의 우주관에 대해 장황하게 설명하고 있다.

29 인사주(人四洲)를 다른 말로 사주(四洲) 또는 사대주(四大洲)라고 부른다. 수미산의 사방에 있다고 하는 네 대륙을 가리킨다. 네 대륙[四洲]이란 동승신주(東勝身洲) · 남섬부주(南瞻部洲) · 서우화주(西牛貨洲) · 북구로주(北俱盧洲)를 말한다.

30 사왕천(四王天)의 원래 이름은 사대왕천(四大王天, cāturmahārājakāyikā-devāḥ)인데, 사천왕(四天王)이라고도 한다. 사천왕이란 동쪽을 지키는 지국천왕(持國天王), 남쪽을 지키는 증장천왕(增長天王), 서방을 지키는 광목천왕(廣目天王), 북쪽을 지키는 다문천왕(多聞天王) 또는 비사문천(毘沙門天)을 말한다.

31 도리천(忉利天)의 산스끄리뜨 'trāyatriṃśat-devāh'는 삼십삼(三十三)이라는 뜻이기 때문에 삼십삼천(三十三天)이라고 번역하기도 하는데, 33개의 천(天)이 있는 것으로 혼동할 염려가 있다. 따라서 도리천으로 번역하는 것이 바람직하다.

거천(空居天)이라고 부른다.[32]

색계천(色界天)은 욕망에서는 벗어났으나 아직 형상에 얽매여 있는 세계로, 십칠천(十七天) 혹은 십팔천(十八天)이 있다.[33] 무색계천(無色界天)은 형상의 속박에서 완전히 벗어난 순수한 선정(禪定)의 세계로, 공무변처천(空無邊處天)·식무변처천(識無邊處天)·무소유처천(無所有處天)·비상비비상처천(非想非非想處天)이 있다. 이러한 삼계는 욕계 6천, 색계 18천, 무색계 4천으로, 합계 이십팔천(二十八天)으로 구성되어 있다.

부파불교에서는 삼계가 실제로 존재하는 사실세계라고 이해했다. 그러나 삼계는 실제로 존재하는 실존의 세계가 아니다. 우리의 정신세계를 그 수행의 정도에 따라 스물여덟 단계로 구분한 것에 불과하다. 미즈노 고겐(水野弘元)은 "부파불교에서와 같이 욕계·색계·무색계의 삼계를 생물이 생존하는 구체적인 세계로 상세하게 서술한 것은 석존 자신도 알지 못했던 것"[34]이라고 했다. 삼계설은 불멸후(佛滅後) 부파불교 시대에 지금과 같은 형태로 체계화되었다. 그렇다고 해서 붓다 자신이 욕계·색계·무색계라는 용어를 사용하지 않았던 것은 아니다. 붓다는 삼계를 실존하는 세계라는 의미로 사용하지 않았다.

색계천과 무색계천을 검토해 보면 삼계가 실존하는 세계가

---

32 水野弘元, 『原始佛敎』, p.77.

33 상좌부와 대승불교, 특히 유식파에서는 18천(天)으로 나타나지만, 살바다부(薩婆多部=설일체유부)에서는 16천(天), 경량부에서는 17천(天)으로 나타난다. 살바다부와 경량부에서는 열두 번째 무상천(無想天)을 열세 번째 광과천(廣果天)에 포함시킨다.

34 水野弘元, 『原始佛敎』, p.77.

아님을 알 수 있다. 선정에는 그 정신통일 상태의 높낮이에 따라 초선·제이선·제삼선·제사선이라는 네 가지 선정[四禪定]의 단계가 있다. 또 그 위에 공무변처정·식무변처정·무소유처정·비상비비상처정의 사무색정(四無色定)의 단계가 있다. 업설에 따르면, 현세에서 이와 같은 선정을 닦은 자는 사후에 그 과보로서 그에 상응하는 선정의 세계에 태어나게 된다는 것이다. 그것을 형상화한 것이 색계천과 무색계천이다.[35]

색계의 경우, 현세에서 초선정을 닦아 얻은 자는 사후에 초선천에 태어나게 된다. 초선정 중에서도 상·중·하의 단계가 있는데, 하급의 선정을 얻은 자는 초선천의 최하위인 범중천(梵衆天)에, 중급의 선정을 얻은 자는 중급의 범보천(梵輔天)에, 상급의 선정을 얻은 자는 최상의 대범천(大梵天)에 태어나게 된다.

제이선정·제삼선정에도 각각 세 단계가 있어 그것에 통달한 자는 사후에 그에 상응하는 각급의 천계에 태어나게 된다. 제사선천에 대해서는 부파에 따라 다소의 차이가 있지만, 7단계에서 9단계의 천계가 있는 것으로 되어 있다. 이것도 제사선정의 수행 정도에 따라 얻게 된다는 것이다. 마찬가지로 최고의 높은 단계인 무색계천도 사무색정을 닦은 과보로 사무색계천에 태어나게 된다는 것이다.[36] 그러나 사무색계천은 하늘[天]이라고 보기보다는 실제로 선정을 닦아 얻은 경지를 네 단계로 구분한 것이라고 볼 수 있다.

불교의 삼계설은 불교 성립 이전부터 있었던 베다 시대의 천(天)·

---

35 水野弘元, 『原始佛敎』, p.78.

36 水野弘元, 『原始佛敎』, pp.78-79.

공(空) · 지(地)라는 삼계의 개념을 채용하여 조직화된 것이다. 이것은 업보설을 구체적으로 설명하기 위한 필요에 의해 만들어진 것이다. "붓다시대에도 삼계를 말하기는 했지만, 그것은 구체적이고 사실적인 세계로서 이야기한 것이었다기보다 오히려 정신적인 세계를 의미한 것이었다. 욕계 · 색계 · 무색계라고 하는 것도 인간의 정신 상태 중에서, 감관의 욕구가 많은 경우를 욕계라고 하고, 초선에서 제사선까지의 선정의 상태를 색계라고 하고, 더욱 정적한 정신 통일의 상태를 무색계라고 말한 것이다."[37]

또한 출세간이라고 하는 성자의 세계가 삼계 밖에 있다고 하는 것도 성자의 정신 상태로서의 깨달음의 세계를 지칭하는 것일 뿐이다. 그런데 부파불교에 이르러 삼계를 생물이 존재하는 구체적인 세계라고 인식하게 되었던 것이다.

"만일 삼계를 실제로 존재하는 세계로 보면, 무색계는 물질이 없는 세계라는 뜻인데, 물질이 없는 정신만의 세계라든가 정신만을 가진 생물이라든가 하는 것이 과연 존재할 수 있는가? 구체적인 존재 현상은 반드시 시간과 공간 가운데 있지 않으면 안된다. 물질이 없는 세계는 공간적 연장선을 갖지 않는 세계인데, 공간성을 갖지 않는 존재가 있다고는 생각될 수 없다. 따라서 무색계천과 같은 세계나 생물은 실제로는 존재할 수 없다."[38]

요컨대 삼계는 실존하는 세계가 아니고 우리의 정신세계를 스물여덟 단계로 구분한 것이다. 이런 맥락에서 보면 생사를 되풀이하는 것뿐만 아니라 자신이 지은 업(業)으로 말미암아 그 과

---

37 水野弘元, 『原始佛教』, p.80.

38 水野弘元, 『原始佛教』, p.81.

보를 금생에서 받는 것을 윤회라고 해석할 수 있다. 삼계를 도표로 표시하면 다음과 같다.

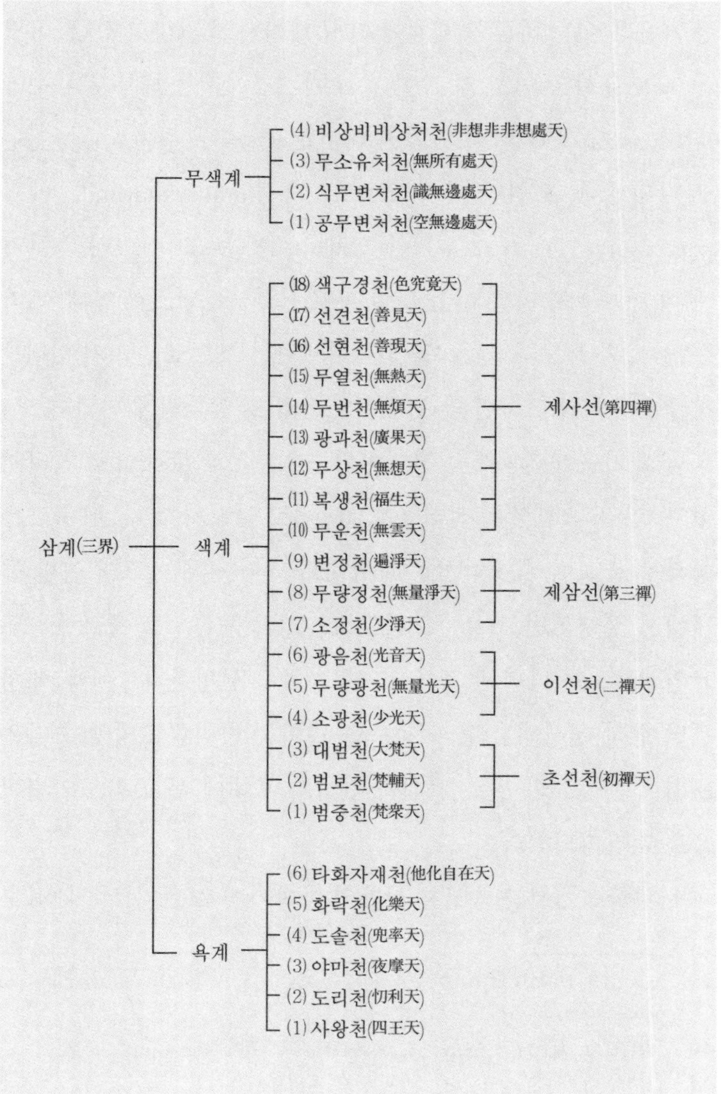

[도표 3]

2) 육도의 의미

흔히 사람이 죽으면 지옥 · 아귀 · 축생 · 아수라 · 인간 · 천상 가운데 어느 하나의 세계에 다시 태어나게 된다고 한다. 이것을 '육도윤회(六道輪廻)'라고 한다. 초기경전에서는 대부분 아수라(阿修羅, asura)가 빠진 '다섯 가지 태어날 곳', 즉 오취(五趣, pañcagati)로 나타난다. 오취란 지옥(niraya) · 축생(tiracchānayoni) · 아귀(pittivisayo) · 인간(manussā) · 천상(deva) 순으로 되어있다.[39] 여기에 네 번째 아수라를 더한 것이 바로 육취(六趣, chagati)인데, 독자부(犢子部)와 북도파(北道派) 등에서 내세웠던 것으로 알려져 있다.[40] 지금은 윤회라고 하면 의례히 '육도윤회'로 인식하게 되었다.

육도 가운데 지옥 · 축생 · 아귀는 악취(惡趣, duggati)로 알려져 있고, 인간과 천상은 선취(善趣, sugati)로 알려져 있다. 아수라를 상좌부 불교에서는 악처로 분류한다.[41] 아수라는 고대 이란 등지에서 성행했던 조로아스터교(배화교)의 주신으로 조로아스터교의 ahuroo를 나타낸 것이라고 학자들은 설명한다. 『베다』에서부터 항상 천상의 신들과 각축을 벌이는 바라문교의 아수라는 초기에는 불교와 별로 관계가 없다가 후대에 불교에 도입되어 육도로 정리되었다.[42]

부파불교에서는 육도를 삼계와 마찬가지로 실제로 존재하고

---

39 MN.I.73; DN.III.234; SN.V.474-477; AN.IV.459, "nirayo tiracchānayoni pittivisayo manussā deva."

40 『大智度論』 제10권(T 25, p.135c); 木村泰賢, 『原始佛教思想論』, p.173, n.35.

41 대림 옮김, 『맛지마 니까야』 제1권(울산: 초기불전연구원, 2012), p.404, n.528.

42 대림 옮김, 『청정도론』 제3권(울산: 초기불전연구원, 2004), p.48.

있는 세계라고 믿었다. 불교사전에서는 육도를 다음과 같이 설명하고 있다.

> (1) 지옥도(地獄道)는 수미산의 사방에 있는 네 대륙의 하나인 남쪽에 있는 남섬부주(南贍部洲) 밑에 있다고 하며, 뜨거운 불길로 형벌을 받는 팔열지옥(八熱地獄)과 혹독한 추위로 형벌을 받는 팔한지옥(八寒地獄)이 있다고 한다. (2) 아귀도(餓鬼道)는 재물에 인색하거나 음식에 욕심이 많거나 남을 시기 · 질투하는 자가 죽어서 가게 된다는 곳으로, 늘 굶주림과 목마름으로 괴로움을 겪는다고 한다. 남섬부주 밑과 인도(人道)와 천도(天道)에 있다고 한다. (3) 축생도(畜生道)는 온갖 동물들의 세계이다. (4) 아수라도(阿修羅道)는 인간과 축생의 중간에 위치한 세계로, 수미산과 지쌍산 사이의 바다 밑에 있다고 한다. (5) 인도(人道)는 수미산 동쪽에 있는 동승신주(東勝身洲), 남쪽에 있는 남섬부주(南贍部洲), 서쪽에 있는 서우화주(西牛貨洲), 북쪽에 있는 북구로주(北俱盧洲)의 네 대륙을 말한다. (6) 천도(天道)는 신들의 세계라는 뜻으로, 수미산 중턱에 있는 사왕천(四王天)에서 무색계의 유정천(有頂天)까지를 말한다.[43]

위 인용문에서 보듯이, 육도를 실존하는 세계로 묘사하고 있다. 그러나 육도는 삼계와 마찬가지로 실존하는 세계가 아니다. 육도 중에서 인간과 축생을 제외하고 모두 신화적 존재에 불과하다. 그러나 붓다는 당시의 관습에 따라 윤회계의 한 현상으로

---

43 곽철환 편저, 『시공 불교사전』, p.550.

간주했던 것이다.[44] 즉 "변화가 무시무종(無始無終)으로 계속되는 것이 바로 무한의 윤회이고, 더욱이 그 변화를 규정해 나가는 경과가 바로 인과(因果)라고 말하는 것인 바, 이것이 곧 불교의 진제적(眞諦的) 견지라는 것이다."[45]

기무라 다이켄(木村泰賢)에 의하면, 불교의 윤회론은 문자 그대로 의미의 윤회설이 아니라는 것이다. 문자 그대로 의미의 윤회설이란 영혼이 공간을 떠돌다가 다양한 신분을 취득하게 된다는 것이다. 그러나 붓다에 의하면 변화의 당체가 곧 윤회이고 공간을 떠도는 영혼과 같은 것이 없다. 마치 유충이 변하여 번데기와 나방이 되는 것과 같이 우리의 생명도 그 당체를 변화한 것이 바로 말[馬]이거나 소[牛]이고 지옥이거나 천당이라는 것이다. 즉 업(業) 자신이 스스로 이것을 변화시켜 지어 내는 것을 이름 하여 윤회라고 하는 것에 지나지 않는다는 것이다.[46]

『증일아함경』 제43권 제2경에서 "잘못된 견해의 과보 때문에, 자연히 팔대지옥(八大地獄)이 생긴다"[47]고 했다. 즉 주어진 것으로서 지옥이나 천당이 별도로 존재하는 것이 아니고, 우리들의 업(業)이 자기의 경계로서 이것을 창조한 것이다. 우리의 영혼이 나가서 말[馬]의 태(胎)에 의탁하는 것이 아니라, 우리의 업이 그 변화의 경과에 있어서 인간을 이루는 오온(五蘊) 대신 말을 이루는 오온으로 바뀐 것에 불과하다는 것이다. 붓다의 윤회론이

---

44 木村泰賢, 『原始佛教思想論』, p.174.

45 木村泰賢, 『原始佛教思想論』, p.164.

46 木村泰賢, 『原始佛教思想論』, pp.164-165.

47 『增壹阿含經』 제43권 제2경(T 2, p.781a), "由邪見報故, 自然生八大地獄."

간직한 진의(眞意)는 실로 여기에 있다.[48]

사실 육도의 '도(道)'는 상태·세계를 뜻한다. 중생이 저지른 행위에 따라 받는다고 하는 생존 상태, 또는 미혹한 중생의 심리 상태를 여섯 가지로 나누어 형상화한 것이다. 중생이 생각에 따라 머물게 되는 여섯 가지 세계를 말한다.[49]

이런 측면에서 보면 육도도 삼계와 마찬가지로 '번뇌 때문에 괴로운 생존을 끝없이 되풀이하는 것'[50]이라고 볼 수 있다. 즉 한 생애 동안에도 수없이 육도를 드나들고 있는 것이다. 옛 사람들이 "하룻낮 하룻밤 사이에도 수만 번 죽었다 태어난다(一日一夜 萬死萬生)"고 한 것은 바로 이러한 상태를 표현한 것이다.

그렇다고 해서 생사윤회를 부정하는 것은 아니다. 초기경전에서는 "천상에서 인간으로, 인간에서 축생으로, 축생에서 아귀로, … 이렇게 윤회하는 것이 아니라, 천상에서 바로 지옥으로 떨어질 수도 있고, 인간에서 다시 인간으로, 지옥에서 인간이나 다시 지옥으로 윤회한다"[51]고 설해져 있다. 즉 "중생들은 다섯 갈래 바퀴를 굴러, 지옥·축생·아귀·인간·천상에 윤회하면서 항상 굴러 쉬지 않는다."[52]

초기경전에서는 지옥·축생·아귀·인간·천상으로 윤회

48 木村泰賢, 『原始佛教思想論』, p.165.

49 곽철환 편저, 『시공 불교사전』, p.550.

50 곽철환 편저, 『시공 불교사전』, p.561.

51 『잡아함경』 제16권 제432경(T 2, p.112b); 제442경(T 2, p.114c); 『잡아함경』 제31권 제861경-제863경(T 2, p.219b); 호진, 앞의 책, p.142.

52 『잡아함경』 제34권 제955경(T 2, p.243b), "衆生轉五趣輪, 惑墮地獄·畜生·餓鬼及人·天趣, 常轉不息."

한다고 말한다. 그러나 초기경전에서는 윤회한다는 사실보다는 윤회에서 벗어난 경지, 또는 윤회에서 벗어나는 방법에 중점을 두고 있다. 「웃띠야-숫따(Uttiya-sutta)」(AN10:95)에서 붓다는 "웃띠야(Uttiya)여, '나는 최상의 지혜로 안 뒤에 제자들에게 법을 설하나니 그것은 중생들을 청정하게 하고, 근심과 탄식을 다 건너게 하며, 고통과 슬픔을 사라지게 하고, 옳은 방법으로 터득하게 하고, 열반을 실현하게 하기 위한 것"[53]이라고 했다. 이 경에 대응하는 『잡아함경』 제34권 제965경에서도 붓다는 "울지가(鬱底迦)여, 아는 사람이기도 하고 지혜로운 사람이기도 하는 나는 제자들을 위해 도에 대해 확실하게 설명하여 바로 괴로움을 다하게 하고, 마침내는 괴로움을 완전히 벗어나게 한다"[54]고 했다. 붓다의 사명은 제자들에게 법을 설해 그들이 마침내 괴로움에서 벗어나도록 하는 것이다. 그것이 곧 윤회의 종식이기 때문이다.

붓다는 「띠나깟타-숫따(Tiṇakaṭṭha-sutta, 薪草經)」(SN15:1)를 비롯한 여러 경에서 "그 시작을 알 수 없는 것이 바로 윤회이다. 무명에 덮이고 갈애에 묶여서 치달리고 윤회하는 중생들에게 [윤회의] 처음 시작점은 결코 드러나지 않는다"[55]고 했다. 『잡아함경』 제33권 제937경에서도 같은 내용을 설하고 있다. "중생들은 시

53 AN.V.194, "abhiññāya kho ahaṃ Uttiya sāvakānaṃ dhammaṃ desemi sattānaṃ visuddhiyā soka-paridevānaṃ samatikkamāya dukkhadomanassānaṃ atthaṅgamāya ñāyassa adhigmāya nibbānassa sacchikiriyāya' ti."

54 『잡아함경』 제34권 제965경(T 2, p.247c), "鬱底迦, 知者智者, 我爲諸弟子, 而記說道, 今正盡苦, 究竟苦邊."

55 SN.II.78, "anamataggāyaṃ bhikkhave saṃsāro pubbākoṭi na paññāyati avijjānīvaraṇānaṃ sattanaṃ taṇhāsaṃyojanānaṃ sandhāvataṃ saṃsarataṃ."; SN.III.149, 151; SN.V.226.

작이 없는 생사에서 무명(無明)에 덮이고 애욕에 목이 얽매여 과거 오랜 세월 동안 생사에 윤회하면서 괴로움의 본제(本際)를 알지 못한다."[56] 또 "오랜 세월 동안 윤회하면서 흘린 눈물이 사대해(四大海)의 바닷물보다 많다. … 이와 같이 오랜 세월 그대들은 괴로움을 겪었고 혹독함을 겪었고 재앙을 겪었고 무덤을 증가시켰다. 비구들이여 그러므로 형성된 것들[諸行]은 모두 염오해야 마땅하며 그것에 대한 탐욕을 여의어야 마땅하며 해탈해야 마땅하다."[57] 오랜 세월 동안 윤회해 왔기 때문에 지금 · 여기에서 해탈하지 않으면 안 된다는 것이 붓다의 가르침이다.

「아루나와띠-숫따(Aruṇavati-sutta)」(SN6:14)에서 "이 법과 율에서 방일하지 않고 머무는 자는, 태어남의 윤회를 버리고 괴로움을 끝낼 것이다."[58] 또 「아누룻다-숫따(Anuruddha-sutta)」(SN9:6)에서 "태어남의 윤회는 이것으로 끝났으니, 이제 다시 태어남은 없을 것이다."[59] "성스러운 제자로서 해탈했다는 지견이 생기면, '나의 생은 이미 다하고, 범행은 이미 섰으며, 할 일은 이미 마쳐 후세에 몸을 받지 않는다'고 스스로 안다."[60] 이 구절은 초기경전의 여러 곳에서 반복적으로 언급되고 있는 아라한의 선언이다.

---

56 『잡아함경』 제33권 제937경(T 2, p.240b), "衆生無始生死, 無明所蓋, 愛繫其頸, 長夜生死輪轉, 不知苦之本際."

57 SN.II.80, "evaṃ dīgharattaṃ kho bhikkhave dukkhaṃ paccanubhūtaṃ tibbam paccanubhūtaṃ vyasanaṃ paccanubhūtaṃ kaṭasi vaḍḍhita. yāvancidam bhikkhave alam eva saṅkharesu nibindituṃ alaṃ virajjitum alaṃ vimuccitunti."

58 SN.I.157, "yo imasmiṃ dhammavinaye, appamatto vihassati, pahāya jātisaṃsāraṃ, dukkhassantaṃ karissatī ti."

59 SN.I.200, "vikkhīno jātisaṃsāro, natthi dāni punabbhavo ti."

60 『잡아함경』 제33권 제937경(T 2, p.240c), "聖弟子, 如是觀者, 於色厭離, 於受 · 想 · 行 · 識厭離, 厭離已不樂, 不樂已解脫, 解脫知見. 我生已盡, 梵行已立, 所作已作, 自知不受後有."

이 선언은 곧 '윤회의 종식'을 의미한다.

그러면 윤회하는 원인은 무엇인가? 「마눗사쭈띠-숫따(Manussacuti-sutta)」(SN56:102)에 "비구들이여, 네 가지 성스러운 진리[四聖諦]를 보지 못했기 때문이다."[61] 「니다나-숫따(Nidāna-sutta, 因緣經)」(SN12:60)에서는 "이 법(연기법)을 깨닫지 못하고 꿰뚫지 못하기 때문에 이 사람들은 … 처참한 곳, 불행한 곳, 파멸처, 윤회를 벗어나지 못한다"[62]고 했다. 즉 사성제와 연기법을 알지 못하기 때문에 윤회한다는 것이다.

그러면 윤회에서 벗어나기 위해서는 어떻게 해야 하는가? 「가띠-숫따(Gati-sutta, 趣經)」(AN9:68)에서는 사념처(四念處)를 닦아야 한다고 말하고 있다. "비구들이여, 이러한 다섯 가지 태어날 곳을 버리기 위해서는 네 가지 마음챙김의 확립[四念處]를 닦아야 한다."[63] 결국 사념처를 닦지 않으면 윤회에서 벗어날 수 없다는 뜻이다.

「로히땃사-숫따(Rohitassa-sutta)」(SN2:26)에서 붓다는 "이 세상도 저 세상도 바라지 않는다"[64]고 했다. 이 대목은 윤회에 대한 붓다의 본회(本懷)를 드러낸 것으로 보인다. 왜냐하면 윤회의 종식이 수행의 목적이기 때문이다. 따라서 불교에서 윤회를 강조하는 것은 금생에서 윤회를 종식시키기 위함이다.

---

61 SN.V.474, "taṃ kissa hetu adiṭṭhattā bhikkhave catunnan ariyasaccānaṃ."

62 SN.II.92.

63 AN.IV.459, "imāsaṃ kho bhikkhave pañcannaṃ gatīnaṃ pahānaya … ime cattāro sati- paṭṭhānā bhāvetabbā ti."

64 SN.I.63, "lokāmisaṃ pajehe santipekkho ti."

3. 윤회의 주체

붓다는 윤회의 주체를 인정하지 않았다. 그러나 붓다시대에서부터 오늘날에 이르기까지 많은 사람들은 윤회의 주체를 인정하지 않으면, '누가 업(業)을 짓고, 누가 그 업의 과보(果報)를 받는가?' 하는 의문을 제기한다.[65] 다시 말해서 아뜨만 또는 영혼과 같은 '어떤 것'을 인정하지 않으면, '어떤 것'이 그런 기능을 담당하는가? 후대로 내려오면서 이러한 의문을 해결하기 위해 윤회의 주체와 같은 역할을 담당하는 '어떤 것'을 고안해 내게 되었다. 이른바 보특가라설(補特伽羅說), 식설(識說), 상속설(相續說) 등이 그것이다.

1) 보특가라설(補特伽羅說)

윤회의 주체를 인정하지 않는 불교의 내부에서 뿍갈라(puggala, Sk. pudgala, 補特伽羅)가 윤회의 주체 역할을 담당한다는 주장이 제기되었다. 부파불교 시대의 독자부(犢子部, Vajjiputtikā, Sk. Vātsīputrīyā)에서 뿌드갈라(pudgala)가 윤회의 주체라고 주장했다. 이것을 보특가라설(補特伽羅說, puggalavāda, Sk. pudgalavāda)이라고 한다. 『이부종륜론(異部宗輪論)』에 의하면, 독자부에서는 "보특가라는 오온(五蘊)에 상즉하거나[卽蘊] 오온을 여읜 것[離卽]

---

65 『잡아함경』 제2권 제58경(T 2, p.15a), "若無我者, 作無我業於未來世, 誰當受報."

도 아니고, 오온(五蘊) · 십이처(十二處) · 십팔계(十八界)에 의해 임시로 시설한 이름"[66]이라고 주장했다. 이른바 보특가라는 오온에 즉한 것도 아니고, 오온에 즉하지 않은 것도 아닌 것, 즉 '비즉비리온(非卽非離蘊)'이 윤회의 주체라고 주장했다.[67] 만약 오온을 윤회의 주체라고 하면 붓다의 무아설에 위배되기 때문에 보특가라는 오온도 아니고 오온이 아닌 것도 아니라는 궤변이다.

이러한 독자부의 주장에 대해 다른 부파에서는 불설(佛說)에 위배된다고 크게 반발했다. 특히 바수반두(Vasubandhu, 世親)는 경량부(經量部)의 입장에서 보특가라설이 불설에 위배된다고 강하게 비판했다. 그가 『아비달마구사론(阿毘達磨俱舍論)』의 「파집아품(破執我品)」을 저술한 목적도 바로 이 독자부의 보특가라설을 논파하기 위함이었다.[68] 만약 독자부에서 주장하는 것과 같은 보특가라를 윤회의 주체로 인정하게 되면, 바라문교에서 말하는 아뜨만(ātman, 自我)과 조금도 차이가 없게 된다.[69]

보특가라설을 주장하는 사람들은 「바라-숫따(Bhāra-sutta, 짐경)」(SN22:22)에서 붓다가 직접 뿍갈라(puggala)라는 용어를 사용했다는 것을 그 근거로 제시했다. 그러면 붓다는 윤회의 주체라는 의미로 뿍갈라라는 용어를 사용했는가? 그렇지 않다. 붓다는 '뿍갈라'라는 용어를 윤회의 주체라는 의미로 사용하지 않았다.

「바라-숫따(Bhāra-sutta, 짐경)」(SN22:22)에서 붓다는 오온에 대

66 『異部宗輪論』(T 49, p.16c), "謂補特伽羅, 非即蘊離蘊, 依蘊 · 處 · 界, 假施設名."

67 李秀昌(摩聖), 「三法印說의 起源과 展開에 관한 硏究」(박사학위논문, 東方文化大學院大學校, 2015), p.108.

68 N. Dutt, Buddhist Sect in India, Delhi: Motilal Banarsidass, 1978, pp.184-206 참조.

69 李秀昌(摩聖), 앞의 논문, p.111.

한 집착인 오취온(五取蘊)을 짐(bhāra), 짐꾼(bhārahāra), 짐을 짊어짐(bhāradāna), 짐을 내려놓음(bhāranikkhepana)에 비유하여 설명했다.[70] 이 경에 대응하는 『잡아함경』 제3권 제73경에서는 무거운 짐[重擔], 짐을 짊어짐[取擔], 짐을 내려놓음[捨擔], 짐꾼[擔者] 순으로 되어 있다.[71] 한역의 순서가 더 합리적이다. 붓다고사(Buddhaghosa, 佛音)는 『청정도론』(XVI.87)에서 이 부분을 사성제에 비유하여 설명했다. "비유하면 고제(苦諦)는 짐(bhāra)처럼, 집제(集諦)는 짐을 지는 것처럼, 멸제(滅諦)는 짐을 내려놓는 것처럼, 도제(道諦)는 짐을 내려놓는 방법처럼 보아야 한다."[72]

「바라-숫따(Bhāra-sutta, 짐경)」(SN22:22)에서 말하는 짐이란 오온에 대한 집착인 오취온(五取蘊)이다. 짐을 짊어짐이란 다시 태어남을 가져오고, 즐김과 탐욕이 함께하며 여기저기서 즐기는 갈애(渴愛)이다. 짐을 내려놓음이란 갈애가 남김없이 떠나 소멸함, 버림, 놓아버림, 벗어남, 집착 없음이다. "비구들이여, 짐꾼(bhārahāra)이란 무엇인가? '뿍갈라(puggala)'라고 말해야 한다. 이 존경받는 사람, 이와 같은 이름, 이와 같은 족성(族姓)을 가진 사람이다. 비구들이여, 이를 일러 짐꾼이라고 한다."[73] 한역에서는 "누가 짐꾼[擔者]인가? 이른바 '사부(士夫)'가 그들이니, 사부란 이

---

70 SN.III.25, "bhāraṃ ca vo bhikkhave desissāmi, bhārahāraṃ ca bhārādānaṃ ca bhāranikkhepanañca."

71 『잡아함경』 제3권 제73경(T 2, p.19a), "我今當說, 重擔 · 取擔 · 捨擔 · 擔者."

72 Vism. 512, "bhāro viya hi dukkhasaccaṃ daṭṭhabbaṃ, bhārādānaṃ ca bhāranikkhepanam iva nirodhassaccaṃ, bhāranikkhepanupāyo viya maggasaccaṃ.")

73 SN.III.25, "katamo ca bhikkhave bhārahāro, puggalo tissa vacāniyaṃ, yoyaṃ āyasmā evaṃnāmo evaṃgotto, ayaṃ vuccati bhikkhave bhārahāro."

러이러한 이름으로 이러이러하게 태어난 이러이러한 족성(族姓)으로 이러이러한 것을 먹으며, 이러이러한 괴로움과 즐거움을 겪고 이러이러한 수명을 누리다가 이러이러하게 오래 머무르며, 이러이러한 수명의 제한을 받는 사람들이다."[74]

「바라-숫따(Bhāra-sutta, 짐경)」(SN22:22)와 한역 「중담경(重擔經)」에 나타나는 '뿍갈라(puggala)'와 '사부(士夫)'는 그냥 '사람'을 의미한다. 어떤 본질적인 실체를 의미하는 용어로 사용되지 않았다. 뿍갈라, 개아(個我), 인간, 사람 등은 "단지 오온에서 파생된(upādāya) 것으로, 세상에서 통용되는 인습적 표현(vohāra)이나 개념(paññati)일 뿐, 그 자체로 본질적인 실체는 아니다."[75] 주석서에서도 "짐꾼(bhārahāra)이라는 말은 사람(puggala)을 의미하는 인습적 표현일 뿐임을 보여준다. 이 사람이라 불리는 것은 재생의 순간에 오온이라는 짐(khandha-bhāra)을 짊어지고 이 오온이라는 짐을 목욕시키고 먹이는 등 일생동안 유지하다가 죽음의 순간(cuti-kkhaṇa)에 그것을 버리고 다시 재생의 순간에 또 다른 오온이라는 짐을 취하기 때문"[76]이라고 해석한다.

이와 같이 짐꾼(bhārahāra)은 인습적으로 표현하는 어떤 '사람(puggala)'을 지칭한다. 결코 이 세상에서 저 세상으로 짐을 나르는 어떤 본체를 의미하는 것이 아니다. 그럼에도 불구하고 독

---

74 『잡아함경』 제3권 제73경(T 2, p.19a), "云何擔者? 謂士夫是, 士夫者, 如是名, 如是生, 如是姓族, 如是食, 如是受苦樂, 如是長壽, 如是久住, 如是壽命齊限."

75 Bhikkhu Bodhi, The Connected Discourses of the Buddha: A New Translation of the Saṃyutta Nikāya, Boston: Wisdom Publications, 2000, p.1051; 각묵 옮김, 『상윳따 니까야』 제3권(울산: 초기불전연구원, 2009), p.155, n.97.

76 SA.Ⅱ.263-264; Bhikkhu Bodhi, op. cit., p.1051; 각묵 옮김, 『상윳따 니까야』 제3권, p.155, n.97 참조.

자부에서는 이 보특가라를 윤회의 주체라고 인식했던 것이다. 학자들 중에서도 짐꾼(보특가라)을 사람이 죽을 때 짐을 내려놓고 다시 태어날 때 짐을 짊어지고 가는 어떤 실체라고 보았다.[77] 그러나 이러한 견해는 잘못된 것이다. 월폴라 라훌라(Walpola Rahura)가 지적했듯이, "오온 내에서 뿐만 아니라 오온 밖이나 오온에서 멀리 벗어난 곳 어디에도 자아나 아뜨만이 없다는 것은 아주 명백하다."[78] 따라서 '바라하라(bhārahāra)'를 '짐을 나르는 자'로 번역하면 '어떤 실체를 운반하는 자'로 오해할 소지가 있다. '짐꾼'이 가장 적합한 번역어라고 생각한다.

2) 식설(識說)

초기경전에 나타난 식(識, viññāṇa, Sk. vijñāna)은 오온의 식, 육식의 식, 십이지연기의 식 등 세 가지 종류가 있다. 일반적으로 식(識)이라고 하면 여섯 감각기관[六根]이 그 대상인 여섯 감각대상[六境]과 접촉할 때 생기는 여섯 가지 앎[六識]을 말한다. 이 육식(六識)은 일종의 정신현상으로 고정된 실체가 아니다. 그런데 십이연기에서 '행(行)을 조건으로 식(識)이 있다'고 할 때의 식은 두 가지로 해석된다. 이른바 인식판단의 의식작용으로서의 식

---

77 Mrs. C.A.F. Rhys Davids, Buddhist Psychology, London: Luzac & co., 1924, pp.259-260.

78 SN.III.132-133; W. Rahula, What the Buddha taught, p.58.

과 인식판단의 주체로서의 식이다.[79] 후자의 경우는 식을 식체(識體)로 해석하기 때문에 윤회의 주체로 인식할 가능성이 높다.

몇몇 초기경전에서는 식을 윤회의 주체로 설명하고 있다.[80] 이른바 식(識)과 명색(名色)의 관계를 설명하면서 식이 모태(母胎)에 들어가지 않으면 명색이 생기지 않는다고 설한다.「마하니다나-숫따(Mahānidāna-sutta, 大因緣經)」(DN15)에 의하면, "아난다여, '식을 조건으로 명색이 있다' 이것은 이 설명에 의해 알려져야 한다. 아난다여, 만약 식이 모태에 하강하지 않을지라도 명색이 모태에서 축적되겠는가?" "아닙니다. 세존이시여" "아난다여, 식이 모태에 하강하고 나서 일탈할지라도 명색이 이 상태로 생기겠는가?" "아닙니다. 세존이시여" "아난다여, 식이 소년이나 소녀인 어린아이일 때 일탈할지라도 명색이 증가하고 성장하며 풍부해질 수 있겠는가?" "아닙니다. 세존이시여" "아난다여, 그러므로 식이 명색의 원인이고 근원이고 기원이고 조건이다."[81] 이 경에 대응하는 『중아함경』 제97「대인경(大因經)」에서도 같은

---

79 水野弘元,『原始佛教』, p.157.

80 DN.Ⅱ.55-71;『중아함경』 제97「大因經」(T 1, pp.578b-582b);『장아함경』제13「大緣方便經」(T 1, pp.60a-62b);『大本欲生經』(T 1, pp.241c-246a);『緣起經』(T 2, pp.547b-548a);『大生義經』(T 1, pp.844b-846c) 등이다.

81 DN.II.63, "tad Ānanda iminā p' etaṃ pariyāyena veditabbaṃ yathā viññāṇa paccayā nāmarūpaṃ. viññāṇaṃ va hi Ānanda mātu kucchiṃ na okkamissatha, api nu kho nāmarūpaṃ mātu kucchismiṃ samucchissathāti?' 'no h' etaṃ bhante.' 'viññāṇaṃ va hi Ānanda mātu kucchiṃ okkamitvā vokkamissatha, api nu kho nāmarūpaṃ itthattāya abhinibbattissathāti?' 'no h' etaṃ bhante.' viññāṇaṃ va hi Ānanda daharass' eva sato vocchijjissatha kumārassa vā kumārikāya vā, api nu kho nāmarūpaṃ vuddhiṃ virūḷhiṃ vepullaṃ āpajjissathāti?' no h' etaṃ bhante.' 'tasmāt ih' Ānanda es' eva hetu etaṃ nidānaṃ esa samudayo esa paccayo nāmarūpassa, yadidaṃ viññāṇaṃ."

내용을 설하고 있다.[82] 이러한 경설(經說)로 인해 많은 사람들이 식을 윤회의 주체로 오해하게 되었다.

이러한 경들의 특징은 십이연기를 삼세양중인과(三世兩重因果), 즉 태생학적으로 설명하고 있다는 점이다.「마하딴하카야-숫따(Mahātaṇhākhaya-sutta, 愛盡大經)」(MN38)에서는 수태(受胎) 과정을 좀 더 자세히 묘사하고 있다. "비구들이여, 세 가지가 만나서 수태가 이루어진다. 여기[83] 어머니와 아버지가 교합하더라도 어머니의 경수(經水)가 없고, 간답바(gandhabba)가 없으면 수태가 이루어지지 않는다."[84] 여기서 간답바(gandhabba, Sk. gandharva, 乾達婆)는 윤회의 주체와 같은 역할을 담당하고 있다.

그러나 붓다는 십이연기를 태생학적으로 설명하지 않았다. 미즈노 고겐(水野弘元)은 삼세양중인과설에 대해 "이것은 초기불교의 연기설을 왜곡한 것이고, 잘못 이해한 것이라고 할 수 있다"[85]고 강하게 비판한다. 십이연기를 삼세양중인과로 해석한

---

82 『중아함경』 제97「大因經」(T 1, p.579c), "아난다여, 만일 '식(識)'이 어머니 태[母胎]에 들어가지 않더라도 이 몸을 이루는 명색이 있겠는가?" "없습니다." "아난다여, 만일 식이 태어나갔다가 곧 나온다면 정(精)을 만나겠는가?" "만나지 못합니다." "아난다여, 만일 어린 소년과 소녀의 식(識)이 처음부터 끊어지고 부서져서 없다면 명색이 더 자랄 수 있겠는가?" "없습니다." "아난다여, 그러므로 마땅히 알아야 하나니, 이 명색의 원인, 명색의 성취, 명색의 근본, 명색의 인연은 곧 이 식이다. 무슨 까닭인가? 식을 인연하여 곧 명색이 있기 때문이다(阿難, 若識不入母胎者, 有名色, 成此身耶? 答曰: 無也. 阿難, 若識入胎卽出者, 名色會精耶? 答曰: 不會. 阿難, 若有童男童女識, 初斷壞不有者, 名色轉增長耶? 答曰: 不也. 阿難, 是故當知是名色因 · 名色習 · 名色本 · 名色緣者, 謂此識也. 所以者何? 緣識故則有名色)."

83 '여기(idha)'는 중생 세계(satta-loka)를 말한다.

84 MN.I.265-266, "tiṇṇaṃ kho pana bhikkhave sannipātā gabbhassāvakkanti hoti: idha mātāpitaro ca sannipatitā honti, mātā ca na utunī hoti, gandhabbo ca na paccupaṭṭhito hoti, n' eva tāva gabbhassāvakkanti hoti."

85 水野弘元,『原始佛教』, pp.170-171.

것은 부파불교 시대였다. 따라서 십이연기를 태생학적으로 설명한 경들은 후대 경전 편찬 과정에서 삽입된 것으로 추정해 볼 수 있다. 왜냐하면 부파불교에서는 의도적으로 무아설(無我說, anattāvāda)을 유아설(有我說, attavāda)로 해석하고자 시도했기 때문이다. 예를 들면 설일체유부의 명근(命根, jīvitindriya), 대중부의 근본식(根本識), 독자부와 정량부의 보특가라(補特伽羅, pudgala), 상좌부의 유분식(有分識, bhavaṅga), 경량부의 종자(種子, bīja), 화지부의 궁생사온(窮生死蘊) 등이 그것이다.

십이연기를 삼세양중인과로 설명하기 위해서는 식(識)을 윤회의 주체로 해석할 수밖에 없다. 이것은 논리적으로 필연적인 귀결이다. 그러나 붓다는 색 · 수 · 상 · 행과 분리된 별도의 식의 존재를 인정하지 않았다.[86] 「우빠야-숫따(Upaya-sutta, 속박경)」(SN22:53)에서 붓다는 "비구들이여, 어떤 사람이 말하기를 '나는 색(色)과도 다르고 수(受)와도 다르고 상(想)과도 다르고 행(行)과도 다른 식(識)이 오거나 가거나 죽거나 다시 태어나거나 자라거나 증장하거나 충만하게 되는 것을 천명하리라'고 한다면 그런 경우는 존재하지 않는다"[87]고 잘라 말했다. 이와 같이 붓다는 색 · 수 · 상 · 행과 분리된 별도의 식의 오고 감, 사라짐과 발생, 증장, 성장, 풍부는 가능하지 않다고 가르쳤다.

「마하딴하카야-숫따(Mahātaṇhākhaya-sutta, 愛盡大經)」(MN38)

---

86 우동필, 「태생학적 연기설 재검토」, p.18.

87 SN.III.53, "yo bhikkhave evaṃ vadeyya, aham aññatra rupa aññatra vedanāya aññatra saññāya aññatra saṅkhārehi viññāṇassa āgatiṃ vā gatiṃ vā cutiṃ vā upapattiṃ vā vuddhiṃ vā virūḷhiṃ vā vepullaṃ vā paññāpessamīti netaṃ ṭhānaṃ vijjati."

에 의하면, 사띠(Sāti)라는 비구가 '내가 세존께서 설하신 법을 알기로는, 다름 아닌 바로 이 의식이 계속되고 윤회한다'라는 나쁜 견해[惡見, diṭṭhi-gata]를 일으켰다. 그는 오온(五蘊, pañcakkhandha) 가운데 물질[色]과 느낌[受]과 인식[想]과 심리현상[行]들은 소멸하지만 의식[識]은 이 세상에서 저 세상으로 저 세상에서 이 세상으로 달리고 윤회한다'는 상견(常見, sassata-diṭṭhi)을 일으켰던 것이다.

이에 대해 붓다는 그를 크게 꾸짖었다. "어리석은 자여, 도대체 내가 누구에게 그런 법을 설했다고 그대는 이해하고 있는가? 어리석은 자여, 참으로 나는 여러 가지 방편으로 식(識)은 조건에 따라 일어난다고 설했고, 조건이 없어지면 식(識)도 일어나지 않는다고 하지 않았던가?"[88] 식은 조건에 따라 일어나기도 하고, 조건에 따라 사라지기도 한다. 식은 불변하는 실체가 아니다. 요컨대 붓다는 윤회의 주체를 상정하지 않았다. 만약 식을 윤회의 주체로 인정한다면, 윤회의 주체를 인정하지 않았던 붓다의 교설이 거짓이 되고 만다.

3) 상속설(相續說)

불교에서 윤회의 주체를 인정하지 않으면서도 윤회와 그 과보를 설명할 수 있는 이론이 바로 상속설(相續說, santāna, Sk.

---

88 MN.I.258, "kassa nu kho nāma tvaṃ moghapurisa mayā evaṃ dhammaṃ desitaṃ ājanāsi. nanu mayā moghapurisa anekapariyāyena paṭiccasamuppannaṃ viññāṇaṃ vuttaṃ annetra paccayā natthi viññāṇassa sambhavo ti."

saṃtāna)이다. 상속설에 의하면, "어떠한 영혼도, 어떠한 정신적 육체적 요소도 한 생에서 다른 생으로 이동하지 않는다."[89] 상속은 실체적인 존재가 없음에도 불구하고 끊임없이 변화하면서 계속 앞으로 나아가는 것이다. 존재가 죽어도 중단되지 않고 계속되는 것이 상속이다. 불교에서 아뜨만과 같은 존재를 인정하지 않으면서도 윤회와 그 과보를 설명할 수 있는 것도 이 상속이론 때문이다. 발레 뿌쌩은 이 상속개념(saṃtati)으로 말미암아 실체를 인정하지 않는 교리(즉 무아설)는 윤회신앙과 양립할 수 있게 되었다고 주장했다.[90]

불교철학에서 '마음의 흐름(mindstream)' 즉 심상속(心相續, citta-santāna)은 감각적 인상과 정신현상의 순간적인 연속으로, 이 생(生)에서 다른 생으로 이어지는 것으로 묘사된다. 심상속은 글자 그대로 마음의 흐름이나 자각의 연속된 순간의 흐름이다. 이것은 '자아(自我)'가 없는 상황에서 인격의 연속성을 제공한다. 마음의 흐름은 한 촛불에서 다른 촛불로 전해질 수 있는 촛불의 불꽃과 유사하게 하나의 삶에서 다른 삶으로 연속성을 제공한다. 붓다에 의하면, 우리의 생활은 결코 한 시기의 존재인 것이 아니고, 업(業)의 힘에 의해 무시무종(無始無終)으로 상속하는 것이다. 더욱이 그 업의 성질에 따라 다양한 경우 및 다양한 상태의 유정(有情)으로서 삶을 받기에 이른다. 이것을 '업에 의한 윤회'라고

---

89 La Vallee-Poussin, Nirvāṇa, p.42; 호진, 『무아 · 윤회 문제의 연구』, p.154에서 재인용.

90 호진, 『무아 · 윤회 문제의 연구』, pp.154-155.

한다.[91]

불교에서는 우유의 비유로 윤회의 주체 없이도 윤회와 그 과보가 이루어질 수 있다고 설명한다. 즉 "비유하면 우유와 같다. 우유가 변하여 낙(酪: 凝乳, 야쿠르트)이 되고, 낙이 변하여 생소(生酥: 버터)가 되고, 생소가 변하여 숙소(熟酥: 정제된 버터)가 되고, 숙소가 변하여 제호(醍醐: 치즈)가 된다."[92]

우유에서 제호로 변하면서 계속된다. 그렇지만 '변하지 않는 어떤 것'이 다른 변화로 넘어가는 것은 없다. 낙은 더 이상 우유가 아니고, 생소 역시 낙이 아니다. 이들 사이에 동일성은 없다. 그러나 이들 사이에 불가분의 관계가 있다. 우유 없이 낙은 없고 낙 없이 생소는 없다. 역시 생소 없이 숙소는 존재할 수 없다. 동일한 조건을 갖추어 준다 해도 물이나 기름과 같은 다른 어떤 것으로는 낙을 얻을 수 없다. 그리고 우유의 질(質)이 좋으면 낙의 질도 좋게 된다. 우유의 질이 좋지 않으면 낙의 질도 좋지 않게 된다. 낙은 그 전 상태인 우유와 다른 것이지만 낙의 질은 우유의 질에 좌우된다. 마찬가지로 살아 있는 존재에게도 한 생에서 다른 생으로 변하지 않고 계속되는 주체(主體) 같은 것은 없지만 생은 계속되고, 한 생에서 만들어진 업은 다른 생에 절대적인 영향을 미친다.[93]

붓다는 「제일의공경(第一義空經, Paramārthaśūnyatā-sūtra)」에서 "눈[眼]이 생길 때 오는 곳이 없고, 소멸할 때도 가는 곳이 없다.

---

91 木村泰賢, 『原始佛教思想論』, p.149.

92 『장아함경』 제28 「布吒婆樓經」(T 1, p.112b), "譬如牛乳, 乳變爲酪, 酪爲生酥, 生酥爲熟酥, 熟酥爲醍醐."

93 호진, 『무아 · 윤회 문제의 연구』, p.156.

이와 같이 눈은 진실이 아니건만 생겨나고, 그렇게 생겼다가는 다시 다 소멸한다. 업보(業報, kammavipāka)는 있지만 짓는 자[作者]는 없다"[94]고 했다. 붓다고사(Buddhaghosa, 佛音)는 이 「제일의 공경」을 인용하여 『청정도론』에서 "괴로움은 있지만 괴로워하는 자는 발견되지 않는다. 행위는 있지만 행위자는 발견되지 않는다"[95]고 했다. 이와 같이 불교에서는 윤회의 주체는 인정하지 않지만, 업과 과보는 물론 윤회도 있다고 본다. 이것이 바로 윤회의 주체를 상정하지 않는 불교의 윤회설이다.

이상에서 살펴본 바와 같이, 인도의 다른 종교와 철학에서 말하는 윤회설과 불교에서 말하는 윤회설은 다르다. 인도의 다른 종교와 철학에서는 아뜨만(ātman, 自我) 또는 지와(jīva, 靈魂)와 같은 윤회의 주체를 인정한다. 그러나 불교에서는 그와 같은 윤회의 주체를 인정하지 않는다. 즉 '무아 · 윤회'를 가르친다.

Ⅳ. 업과 재생의 관계

1. 업설의 의미

업설(業說, kammavāda, Sk. karmavāda)은 인도에서 짜르와까

94 『잡아함경』 제13권 제335경(T 2, p.92c), "眼生時無有來處, 滅時無有去處. 如是眼不實而生, 生已盡滅, 有業報而無作者."

95 Vism. 513, "dukkham eva hi na koci dukkhito kārako na kiriyā va vijjati. atthi nibbuti, na nibbuto puma, maggam atthi, gamako na vijjatīti."

(Cārvāka, 唯物論)를 제외한 모든 종교와 철학의 윤리사상을 대표하는 교설이다. 인도의 종교와 철학에서 전통파는 물론 비전통파에서도 업설을 중요하게 여겼다.[96] 특히 업설은 수세기 동안 인도사회에서 계급을 형성하는데 매우 큰 영향을 미쳤다.[97]

인도의 종교와 철학은 크게 유신론(有神論)과 무신론(無神論)으로 구분된다. 짜르와까와 자이나교와 불교는 무신론에 속하고, 나머지는 유신론에 속한다. 유신론의 종교철학은 영혼(soul)의 영원성과 창조주의 존재, 그리고 내세와 베다(Veda)의 권위를 절대적으로 믿는다. 반면 무신론인 자이나교와 불교는 사후 아뜨만(ātman, 自我)이 내세에서도 계속된다는 것을 믿지 않는다. 그러나 특이한 점은 무신론의 종교인 자이나교와 불교에서는 유신론의 종교에서 나온 업설을 받아들였다는 것이다. 그러나 짜르와까는 끝까지 업설을 믿지 않았다. 짜르와까는 다른 종교와 철학들과는 완전히 다른 그들만의 고유한 사상을 갖고 있었다. 그들은 오직 현세에만 관심을 기울인 요소론자(要素論者)들이었다. 그래서 그들은 지구상에서 가능한 모든 수단을 동원하여 삶을 즐기는 것을 목적으로 삼았다. 그들에게는 공평함도 수단이 아니었으며, 반칙적인 것도 수단이 아니었다. 그들의 좌우명은 인생을 즐기는 것이었으며, 내세에 관해 아무 것도 걱정할 것이 없다고 주장했다.[98]

---

96 B. G. Gokhale, *Indian Thought through the Ages: A study of some dominant concepts*, London: Asia Publishing House, 1961, p.93.

97 S. Radhakrishnan, *The Principal Upaniṣads*, New York: Harper & Brother Publishers, 1953, p.125.

98 K. K. Anand, *Indian Philosophy (The Concept of Karma)*, Delhi: Bharatiya Vidya

라다크리쉬난(S. Radhakrishnan)은 "업설이야말로 자신의 행동과 자신의 생애에서 가장 가치 있는 이론이다. 업설은 이성적인 술어로써 우주를 설명하고자 시도된 것이다. 업은 도덕적 세계에서 확실히 알 수 없는 일이거나 변덕스러운 것이 아니라고 말해진다"[99]고 했다. 하지만 업의 과보는 실제로 일상생활에서 긍정적이지 않다는 근본적인 의문이 제기된다. 불행하게도 인간은 자신이 나약해지거나 최선을 다하지 않았을 때, 업설은 운명론(運命論) 혹은 숙명론(宿命論)으로 혼동되었다.[100]

몇몇 학자들은 업설에 의해 인종차별인 카스트(Caste) 제도가 보다 강화되었기 때문에 문제가 있는 이론이라고 지적하기도 한다. 게다가 사회학적으로 적용되었던 업설은 인도에서 그 사람의 사회적 지위와 경제적 상황의 억압을 정당화하는데 이용되었다.[101]

인도에서 업에 의한 윤회설이 나타난 것은 브라흐마나(Brāhmaṇa, 梵書) 시대 말기(末期)였다. 그런데 우빠니샤드 시대에 이르러 아뜨만의 상주론[常我論]과 더불어 업설이 완성되었다. 이후 업설은 일반화되었고, 붓다시대에 이르면 유물론자를 제외하고 일반인들의 인생관이 되었다.[102]

업설은 윤회설과 마찬가지로 당시 인도 사회에 널리 퍼져 있

Prakashan, 1982, p.46.

99 S. Radhakrishnan, *The Principal Upaniṣads*, p.120; B. G. Gokhale, *Indian Thought through the Ages: A study of some dominant concepts*, p.93.

100 S. Radhakrishnan, *Hindu View of Life*, London: Unwin Books, 1974, p.55.

101 J. H. Hutton, *Cast in India*, 4th edition, Bombay: Oxford University Press, 1963, p.125.

102 木村泰賢, 『原始佛教思想論』, 149.

던 사상이었다. 그것을 받아들여 재해석한 것이 불교의 업설이다. 불교의 업설은 인도의 전통적인 업설과는 사뭇 다르다. 인도 바라문 전통의 업설과 윤회설은 상주(常住)하는 아체(我體, ātman)를 인정하는 데 반해, 불교는 그러한 아체를 인정하지 않는 무아론을 주장하면서도 업설과 윤회설을 인정한다. 즉 다른 파에서는 영혼의 사후상속(死後相續)을 설명함에 있어서 자아라는 탄환이 업(業)이라는 화약의 힘에 의해 발사되어 일정한 장소로 가고, 다시 그로부터 새로운 화약에 의해 다른 장소로 발사되는 것이 곧 영혼불멸에 기초한 윤회설이다. 반면 불교에서는 그런 탄환이 항시 존재한다는 것을 부정하면서 이른바 화약과 그 힘에 의한 윤회만을 인정하는 형태가 되었다.[103]

인도의 종교와 철학에서 까르만(karman, 業)이라는 똑같은 용어를 사용하지만, 그 의미는 다르게 쓰인다. 이를테면 베다시대의 업의 개념과 우빠니샤드 시대의 업의 개념이 다르고, 또 자이나교(Jainism)에서 말하는 업의 개념과 불교에서 말하는 업의 개념이 다르다. 여기서는 다른 전통의 업설은 논외로 하고, 불교의 업설에 대해서만 간략하게 살펴보고자 한다.

2. 불교의 업설

빨리어 깜마(kamma)나 산스끄리뜨 까르만(karman)은 어근

---

103 木村泰賢, 『原始佛敎思想論』, 150.

kṛ(*to do*)에서 파생된 명사로 '행위, 행함'을 뜻한다. 그러나 불교의 업설에서 깜마는 특별한 의미로 해석된다. 불교에서는 모든 행위가 업이 되는 것이 아니고, 오직 '의도적 행위'만을 업이라고 한다. 붓다는 "비구들이여, 내가 업이라고 부르는 것은 의도(意圖, cetanā)이다. 의도를 가지면 몸과 입과 뜻으로 행동하게 된다"[104]고 했다. 여기서 우리는 붓다가 내린 업의 정의를 기억해야만 한다. 의도는 정신적 구축이며 정신적 활동이다. 의도의 기능은 선(善)이나 악(惡) 혹은 무기(無記)로 마음을 향하게 하는데 있다. 따라서 의도가 없으면 어떠한 업도 지을 수 없다.

불교 성립 이전, 업설은 고대 인도에서 사성계급(四姓階級)[105]을 정당화시키고, 그 제도를 더욱 굳건하게 다질 필요성에 의해 고안된 이론이었을 것이다. 업설이 성립된 이후 사성계급 제도는 더욱 확고하게 굳어졌기 때문이다. 이를테면 노예 신분으로 태어난 자는 자신이 과거 생에 지은 업(業) 때문이라고 스스로 받아들이게 된다.

초기경전에서도 업설이 인간 불평등의 원인을 설명하는데 동원된다. 「쭐라깜마위방가-숫따(Cūḷakammavibhaṅga-sutta, 小業分別經)」(MN135)에 의하면, 수바(Subha)라는 바라문 학도가 세존께 이렇게 여쭈었다.

---

104 AN.III.415, "cetanāhaṃ bhikkave kammaṃ vadāmi; cetayitvā kammaṃ karoti kāyena vācāya manasā."

105 사성계급(四姓階級)이란 고대 인도의 세속적 계급제도를 말한다. 즉 바라문(婆羅門, brāhmaṇa)은 제사와 교육을 담당하는 바라문교의 사제(司祭) 계급이고, 찰제리(刹帝利, kṣatriya)는 왕족 · 귀족 · 무사 계급이다. 폐사(吠奢, vaiśya)는 농 · 공 · 상업에 종사하는 평민 계급이고, 수다라(首陀羅, śūdra)는 노예 계급이다.

"고따마 존자시여, 어떤 원인과 어떤 조건 때문에 [같은] 인간으로서 천박한 사람들도 있고 고귀한 사람들도 있습니까? 고따마 존자시여, 수명이 짧은 사람들도 있고 수명이 긴 사람들도 있으며, 병약한 사람들도 있고 건강한 사람들도 있으며, 못생긴 사람들도 있고 잘생긴 사람들도 있으며, 세력이 없는 사람들도 있고 세력이 있는 사람들도 있으며, 가난한 사람들도 있고 부유한 사람들도 있으며, 낮은 가문의 사람들도 있고 높은 가문의 사람들도 있으며, 지혜가 없는 사람들도 있고 지혜를 갖춘 사람들도 있습니다. 고따마 존자시여, 어떤 원인과 어떤 조건 때문에 [같은] 인간으로서 천박한 사람들도 있고 고귀한 사람들도 있습니까?"

"바라문 학도여, 중생들은 업이 바로 그들의 주인이고, 업의 상속자이고, 업에서 태어났고, 업이 그들의 권속이고, 업이 그들의 의지처이다. 업이 중생들을 구분지어서 천박하고 고귀하게 만든다."[106]

이 경에 대응하는 『중아함경』 제44권 제170 「앵무경」에서도 같은 내용을 설하고 있다.

"구담(瞿曇)[107]이시여, 어떤 인연으로 저 중생들은 다

106 MN.III.202-203, "ko nu kho, bho Gotama, hetu ko paccayo yena manussānaṃ yeva sataṃ manussabhūtānaṃ dissati hīnappaṇītatā? … kammassakā māṇava, sattā kammadāyādā kammayonī kammabandhū kammapaṭisaraṇā. kammaṃ satte vibhajati yadidaṃ hīnappaṇītatāyāti."

107 구담(瞿曇)은 고따마(Gotama)의 음사(音寫)다. 붓다의 제자들은 스승인 붓다를 호칭할 때 '세존이시여!' 혹은 '선서시여!'라고 호칭한다. 그러나 외도들을 붓다를 존경하지 않았기 때문에 붓다의 속성(俗姓)인 '고따마(瞿曇)'라고 호칭했다.

> 같이 사람 몸을 받고도 지위의 높고 낮음이 있고, 얼굴이 묘하고 묘하지 않습니까? 무엇 때문입니까? 구담이시여, 제가 살펴보니 단명하는 자와 장수하는 자가 있고, 병이 많은 이와 병이 적은 이가 있으며, 얼굴이 단정한 자와 얼굴이 단정하지 못한 자가 있고, 위덕이 없는 자와 위덕이 있는 자가 있으며, 비천한 종족과 존귀한 종족이 있고, 재물이 없는 자와 재물이 있는 자가 있으며, 나쁜 지혜를 가진 자와 착한 지혜를 가진 자가 있습니다."
>
> 세존께서 말씀하셨다. "저 중생들은 자기가 행한 업으로 말미암아, 업에 따라 과보를 받는다. 업을 인연하고 업을 의지하여, 업에 따른 장소에서 중생은 그 업에 따라 높아지기도 하고 낮아지기도 하며, 묘하고 묘하지 않은 곳에 태어난다."[108]

위에서 인용한 「소업분별경(小業分別經)」과 「앵무경(鸚鵡經)」의 내용은 '인간의 불평등한 원인이 무엇인가?'라는 바라문 학도의 질문에 대해 붓다가 답변한 것이다. 붓다는 업(業) 때문에 인간의 차별이 생기게 된다고 말했다. 자이나교의 경전에서도 인간의 차별은 과거에 지은 공덕(merit) 때문이라고 설하고 있다. 『수뜨라끄리땅가(Sūtrakṛtāṅga)』(2.1.13)에서 "여기 이 세상의 거주자로서 동·서·남·북에서 많은 사람들이 그들의 공덕에 따라 태어났다. 즉 아리야(Ārya)인, 비아리야인, 귀족 가문, 하층 가문, 키 큰 사람, 키

---

108 『중아함경』 제44권 제170 「鸚鵡經」(T 1, p.704c), "'瞿曇! 何因何緣, 彼衆生者, 俱受人身而有高下·有妙不妙? 所以者何? 瞿曇! 我見有短壽·有長壽者, 見有多病·有少病者, 見不端正·有端正者, 見無威德·有威德者, 見有卑賤族·有尊貴族者, 見無財物·有財物者, 見有惡智·有善智者.' 世尊答曰: '彼衆生者, 因自行業, 因業得報, 緣業·依業·業處, 衆生隨其高下處妙不妙.'"

작은 사람, 좋은 혈색, 좋지 않은 혈색, 잘 생긴 사람, 못생긴 사람 등이다."[109] 이처럼 자이나교에서도 인간이 불평등하게 태어나는 것은 그들이 과거에 지은 업 때문이라고 진단하고 있다.

붓다도 과거의 업 때문에 어쩔 수 없이 불평등하게 태어난다는 것을 인정하면서도, 태어난 이후의 업은 자신의 노력 여하에 따라 개선할 수 있음을 강조한다. 이것이 다른 종교와 철학에서 말하는 업과 다른 점이다. 아리야(Ārya)인들은 자신들의 종족이나 신분의 우수성을 정당화하는 도구로 업설을 이용했다면, 붓다는 개인의 인격을 향상시키기 위한 방편으로 업설을 강조했던 것이다. 왜냐하면 착한 행위를 하면 좋은 과보[善果]를 받고, 나쁜 행위를 하면 나쁜 과보[惡果]를 받기 때문이다.

업과(業果, kammaphala)의 개념은 초기경전인 니까야나 아가마에서는 모호하게 정의된 이론이었는데, 후기 아비달마 문헌에서 보다 정교하게 기술되었다.[110] 빨리 경전에서는 업과 과보의 기본 원리만 제시되어 있다. 다른 종류의 건전한 행동은 좋은 재생의 형태로 좋은 결과를 가져오고, 다른 종류의 불건전한 행동은 나쁜 재생의 형태로 나쁜 결과를 가져오며,[111] 다양한 종류

---

109 Hermann Jacobi, tr., Jaina Sūtras: Part I, *The Ācārāṅa Sūtra*, *The Kalpa Sutra*, The Sacred Books of East, vol. xlv, ed. F. Max Müller, Oxford: Oxford University Press, reprints 1963, 1968, Delhi: Motilal Banarsidass Publishers, 1895, p.339.

110 Ulrich Timme Kragh, *Early Buddhist Theories of Action and Result: A Study of Karmaphalasambandha Candrakīrti's Prasannapadā*, Verses 17.1-20, Wien: Arbeitskreis Für Tibetische und Buddhistsche Studien Universität Wien, 2006, p.14.

111 DN.II.316-357; MN.I.285-290; MN.I.290-291; MN.I.305-309; MN.I.309-317; MN.I.401-410; MN.I.454-461; DN.III.217; DN.III.230; MN.I.389-391; Sn.v.649-654.

의 건전하고 불건전한 행동이 대부분 나열되어 있는데, 일반적으로 열 가지이다.[112]

「사뭇다까-숫따(Samuddaka-sutta, 海邊聖者經)」(SN11:10)에 의하면, 해변에 사는 선신들이 아수라 왕 삼바라(Sambara asurinda)에게 자신들의 요구를 들어주지 않는다고 다음과 같은 저주를 퍼부었다. "씨앗을 뿌리는 대로 열매 맺나니, 선을 행하는 자에게는 선이 있으며, 악을 행하는 자에게는 악이 있으리. 그대 이제 씨앗을 뿌렸으니, 그대 오직 그 열매를 경험하리라."[113] 이것은 업과 과보의 관계를 설명한 것이다. 즉 선행자(善行者, kalyāṇakārī)는 선과(善果, kalyāṇaphala)를 받고 악행자(惡行者, pāpakārī)는 악과(惡果, pāpaphala)를 받는다는 것이다. 이와 유사한 내용이 『별역잡아함경』 제3권 제44경에도 나타난다.[114]

착한 행위를 하면 좋은 과보[善果]를 받고, 나쁜 행위를 하면 나쁜 과보[惡果]를 받는다는 인과성(因果性, hetuphalatā)은 불교의 독창적인 사상이 아니다. 불교 발생 이전의 고대 인도인들은 이미 선인선과(善因善果) 악인악과(惡因惡果)의 인과를 믿고 있었다. 이러

---

112 DN.I.4-5; DN.I.63-64; DN.I.99-100; DN.I.138-139; MN.I.179-180; MN.I.345; MN.II.113; MN.I.360-363; DN.III.82; DN.III.269; DN.III.290; MN.I.489-490; MN.II.49-150; MN.II.181-182.

113 SN.I.227, "yādisaṃ vappate bījaṃ, tādisaṃ harate phalaṃ, kalyāṇakārī kalyāṇaṃ, pāpakārī ca pāpakaṃ, pavuttaṃ vappate bījaṃ, phalaṃ paccanubhossasī ti."

114 『별역잡아함경』 제3권 제44경(T 2, p.388c), "가령 사람들은 스스로 지어서, 스스로 과보를 받나니, 착한 일을 하면 저절로 착한 과보를 받고, 악한 일을 하면 악한 과보가 저절로 오네. 비유컨대 종자를 심는 것과 같으니, 종자에 따라 그 과보 얻듯이, 그대가 이제 괴로움의 종자 심으면 나중에 되돌아서 저절로 받으리(如人自造作, 自獲於果報, 行善者獲善, 行惡惡自報. 譬如下種子, 隨種得果報, 汝今種苦子, 後必還自受)."

한 인과사상을 불교에서 받아들여 몸과 입과 뜻으로 짓는 세 가지 행위, 즉 신(身) · 구(口) · 의(意) 삼업(三業)으로 말미암아 좋은 과보를 받기도 하고 나쁜 과보를 받기도 한다는 업설(業說)로 체계화시켰다. 이러한 업설을 기반으로 불교의 인과론이 형성되었다.

욕망이 상대적으로 선이나 악이 될 수 있는 것처럼 의도도 상대적으로 선이나 악이 된다. 따라서 까르만은 상대적으로 선이나 악이 된다. 좋은 업[kusala, 善業]은 좋은 결과를 낳고, 나쁜 업[akusala, 惡業]은 나쁜 결과를 낳는다. '갈애', '의도', '업'은 선이든 악이든 여하튼 그 결과로써 어떤 힘, 즉 좋은 방향 혹은 나쁜 방향으로 지속하려는 힘을 갖고 있다. 선이든 악이든 업은 상대적이며, 윤회의 순환 속에 있다. 아라한(阿羅漢)은 비록 행동하긴 하지만 업을 쌓지는 않는다. 왜냐하면 그는 잘못된 자아 관념으로부터 벗어났으며, 윤회와 재생을 가져오는 '갈애'와 모든 번뇌에서 벗어났기 때문이다. 그에게는 다시 태어남[再生]이 없다.[115]

업설은 '도덕적 정의[道德律]'나 '상벌(賞罰)'과 혼동되어서는 안 된다. 도덕적 정의 혹은 상벌의 개념은 심판대에 앉아서 법을 부여하며, 옳고 그름을 판단하는 최고의 존재, 즉 신의 개념에서 나온 것이다. '정의(正義)'라는 용어는 모호하고 위험하며, 그 이름으로 인간에게 선보다 악을 더 많이 가했다. 업설은 원인과 결과, 작용과 반작용의 이론이다. 이것은 자연 법칙으로 정의나 상벌의 개념과는 관계가 없다. 모든 의도적 행위는 그 효과나 결과를 낳는다. 좋은 행위는 좋은 결과를 낳고 나쁜 행위는 나쁜 결

---

115 W. Rahula, *What the Buddha taught*, p.32.

과를 낳는다면, 그것은 당신의 행위를 심판하는 자리에 앉은 권력이나 심판자가 정하는 '정의'나 '상벌'이 아니다. 반면 이것은 법칙 자체의 성질에 스스로 좌우되는 것이다. 이것은 이해하기 어려운 것이 아니다. 하지만 업설에 의하면, 의도적 행위의 결과가 사후의 생에서조차 모습을 드러낸다는 사실이 이해하기 어려운 것이다.[116]

한 존재는 단지 정신적 · 육체적인 힘이나 에너지의 결합에 불과하다. 우리가 죽음이라고 부르는 것은 육체적인 신체가 그 활동을 모두 정지한 것을 뜻한다. 이러한 모든 정신적 · 육체적인 힘과 에너지는 육체적 활동의 중지와 함께 모두 멈추는 것인가? 불교에서는 아니라고 말한다. 의지, 의도, 욕망, 존재하고 윤회하고 더욱 더 많아지려는 욕망은 모든 생명체와 모든 존재를 움직이고, 전 세계조차 움직이는 엄청난 힘이다. 이것이 세상에서 가장 큰 힘이고 가장 큰 에너지이다. 불교에 의하면, 이 힘은 죽음인 육체의 기능 정지와 함께 멈추는 것이 아니라, 다른 형태로 자신을 나타내어 지속되며, 재생(再生)이라고 부르는 윤회를 낳는다.[117]

이처럼 초기불교에서 업설을 강조하는 까닭은 죽어서 천상(deva)에 태어나기 위함이 아니라 이 세상에서 더 이상 악업(惡業, pāpakamma)을 짓지 않도록 경계하기 위함이다. 인간은 몸과 입과 뜻으로 의도적 행위를 행함으로써 업(業)을 짓는다. 그가 지은 업으로 말미암아 당장 괴로움이라는 과보를 받는다. 또 그가 지은 업은 곧바로 사라지는 것이 아니라 어떤 형태로든 남아 있

116 W. Rahula, *What the Buddha taught*, p.32.

117 W. Rahula, *What the Buddha taught*, pp.32-33.

다가 내생을 결정짓는다. 이와 같이 어떤 사람이 선(善)을 행하면 행복해지고, 악(惡)을 행하면 불행해진다. 이 때문에 선행 혹은 악행을 행하는 것이지, 결코 내세에 선취(善趣, sugati)나 악취(惡趣, duggati)에 태어나기 위해 행하는 것이 아니라는 것이다.

3. 재생(再生)의 의미

여기서 의문이 제기된다. 만약 아뜨만(ātman, 自我)이나 지와(jīva, 靈魂)와 같은 영원하고 변하지 않는 실재나 본질이 없다면, 죽은 후에 다시 존재하거나 태어나는 것은 무엇인가? 우리가 죽은 후의 삶에 들어가기에 앞서 현재의 삶은 무엇이고 어떻게 지속되는지 깊이 생각해 보아야 한다. 우리가 삶이라고 부르는 것은 오온(五蘊)의 집합, 즉 육체적 · 정신적 에너지의 결합이다. 이것은 끊임없이 변화하며, 두 연속적인 순간에도 같은 상태로 남아 있지 않다. 매 순간마다 그것들은 태어나고 죽는다. 그러므로 이 생애 중에도 매 순간마다 우리는 태어나고 죽지만 우리는 지속한다. 만일 이 생에서 자아 혹은 영혼과 같은 영원하고 불변하는 본질이 없이도 우리가 존속한다면, 왜 몸의 기능이 정지한 후 그 배후에 자아 혹은 영혼이 없이도 그러한 에너지 자체가 지속될 수 있다는 것을 이해할 수 있게 될 것이다.[118]

이 육체가 더 이상 제 기능을 발휘하지 못할 때, 에너지는 육

118 W. Rahula, *What the Buddha taught*, p.33.

체와 더불어 죽지 않고, 우리가 다른 삶이라고 부르는 어떤 다른 형상이나 모습을 계속 취한다. 어린이에게는 모든 육체적, 정신적, 지적 능력이 미숙하고 약하지만, 그 내부에 완전히 성숙한 어른으로 자랄 수 있는 잠재력을 갖고 있다. 이른바 존재를 형성하는 육체적 · 정신적 에너지는 그 내부에 새로운 형태를 취해서 점점 자라나 완전히 성숙하게 되는 힘을 갖고 있다.[119]

영원하고 불변하는 실재가 없듯이, 한순간에서 다음 순간으로 통과하는 것은 아무것도 없다. 따라서 아주 명백하게, 한 생에서 다른 생으로 통과하거나 윤회할 수 있는 영원하거나 불변하는 것은 아무것도 없다. 파괴되지 않고 지속하지만 매 순간마다 변화하는 것은 하나의 연쇄이다. 이 연쇄는 사실대로 말하면 단지 운동일 뿐이다. 이것은 밤을 새워 타는 불꽃과 같다. 이것은 똑같은 불꽃이 아니며 그렇다고 다른 불꽃도 아니다. 어린아이가 자라서 60세의 어른이 된다. 분명히 60세의 그 사람은 60년 전의 어린아이와 같지는 않지만 그렇다고 다른 사람도 아니다. 이처럼 여기서 죽고 다른 곳에서 태어난 사람은 같은 사람도 아니고 다른 사람도 아니다(na ca so na ca anno). 그것은 동일한 연쇄의 지속인 것이다. 태어남과 죽음의 차이는 오직 한 순간의 생각이다. 금생에서 마지막 생각의 순간이 이른바 내생에서의 처음 생각의 순간을 조건 짓는데, 이것은 실로 동일한 연쇄의 윤회이다. 금생 자체에서도 한 순간의 생각은 다음 순간의 생각의 조건이 된다. 그래서 불교적인 시각에서는 죽은 후의 삶의 문제

---

119 W. Rahula, *What the Buddha taught*, p.33.

는 대단한 신비가 아니며, 불교신자는 이 문제에 대해서 결코 근심하지 않는다.[120] 그리고 존재하고 재생하려는 '갈애'가 있는 한 윤회는 계속된다. 실재(實在)·진리·열반을 보는 지혜를 통해 이것의 추진력인 이 '갈애'가 단절되었을 때, 비로소 윤회를 멈출 수 있다.[121]

대부분의 종교에서 최고선(最高善, *summum bounm*)은 사후에 비로소 성취될 수 있다고 말한다. 하지만 열반(涅槃, nirvāṇa)은 금생에 실현될 수 있으며, 열반을 이루기 위해 죽을 때까지 기다릴 필요는 없다.[122] 열반인 진리를 깨우친 사람은 이 세상에서 가장 행복한 존재이다. 그는 모든 강박 관념과 망상, 다른 사람들을 괴롭히는 근심과 걱정으로부터 자유롭다. 그의 정신 건강은 완벽하다. 그는 과거를 후회하지 않으며, 미래를 염려하지도 않는다. 그는 현재를 충실하게 산다.[123] 그러므로 그는 자아투영(自我投影)없이 가장 순수한 의미에서 사물을 음미하고 즐긴다. 그는 즐겁고 당당하며, 청정한 삶을 즐기고, 그의 감각 기관은 충족되며, 고뇌에서 벗어나 고요하고 평온하다.[124] 그는 이기적인 탐욕·증오·무지·자만·자존심을 비롯한 모든 '오욕'으로부터 벗어났기 때문에, 그는 순수하고 부드러우며, 보편적인 사랑·자비·친절·동정, 이해와 관용으로 가득 차 있다. 그는 자아에 대한 생각을 갖고 있지 않으므로 다른 사람에 대한 봉사가 아주 순

---

120 W. Rahula, *What the Buddha taught*, p.34.

121 W. Rahula, *What the Buddha taught*, p.34.

122 W. Rahula, *What the Buddha taught*, p.43.

123 SN.I.5.

124 MN.II.121.

수하다. 그는 자아라는 환상에서 벗어나 있고 무엇인가 되려는 탐욕에서 벗어나 있기 때문에, 심지어 정신적인 것까지도, 획득하거나 축적하려고 하지 않는다.[125]

지금까지 살펴본 바와 같이 업설은 인도의 중요한 사상 가운데 하나일 뿐만 아니라 가장 이해하기 어려운 교리 가운데 하나이기도 하다. 비록 업이라는 같은 용어를 사용하지만, 업설의 개념은 인도의 다른 종교사상과 불교의 개념은 전혀 다르다. 이를테면 힌두교에서 말하는 까르마와 자이나교에서 말하는 까르마의 개념이 다르다. 불교의 업설은 의도를 말하며, 결코 숙명론이 아니다. 붓다는 숙명론을 거부하였으며, 자기 자신의 노력에 의해 아라한과를 증득할 수 있다고 말했다.

한편 업설의 개념이 다르기 때문에 윤회 혹은 재생에 대한 설명도 완전히 다르다. 힌두교에서 말하는 윤회와 불교에서 말하는 윤회의 의미가 다르다. 이를테면 힌두교에서는 불변하는 아뜨만(ātman, 自我)이 있어서 금생에서 내생으로 '재육화(再肉化, reincarnation)'하는 것을 윤회라고 한다. 하지만 불교는 금생의 흐름[santati, 相續]이 내생으로 연결되어 다시 태어나는 것, 즉 재생(再生, rebirth)을 윤회라고 한다. 이러한 차이점을 명확하게 이해해야만 한다.

결론적으로 불교는 실재적인 아뜨만의 존재를 인정하지 않는다. 그렇다고 해서 윤회를 인정하지 않는 것은 아니다. 불교에서 윤회의 주체는 인정하지 않지만, 업과 과보가 없다거나 윤회

---

125 W. Rahula, *What the Buddha taught*, p.43.

가 없다고 말하지 않는다. 다시 말해서 윤회의 주체는 인정하지 않지만 윤회는 인정한다. 이것이 윤회의 주체를 인정하지 않는 불교의 윤회설이다. 따라서 무아와 윤회는 결코 모순적인 것이 아니다.

제3부

초기불교의 실천수행론

제10장 초기불교의 수행론

초기불교의 수행론에 대해서는 국내에서도 많은 연구가 이루어졌다. 특히 남방불교의 위빳사나(vipassanā) 수행법이 국내에 소개되면서 초기불교의 수행론에 관한 관심이 고조되었다. 이 때문에 명상과 관련된 많은 서적들이 출판되었고, 일일이 열거할 수 없을 정도로 많은 논문들이 발표되었다. 그 중에서 대부분의 논문들은 사마타(samatha, 止)와 위빳사나(vipassanā, 觀)의 관계를 다룬 것이다. 이러한 논문들은 수행에 관한 너무 세부적인 사항들이기 때문에 이 분야의 전문가가 아니면 크게 도움이 되지 않는다. 따라서 여기서 새삼스럽게 기존의 논의를 되풀이 하고자 하는 것은 아니다.[1]

여기서는 초기불교의 수행론과 관련된 몇 가지 사항에 초점을 맞춰 논의를 전개하고자 한다. 첫째, 초기불교의 수행체계는 어떻게 이루어져 있는가? 둘째, 초기불교의 다양한 수행법과 수행의 단계는 어떻게 조직되어 있는가? 셋째, 불교수행의 궁극적 목표는 무엇이며, 그것을 어떻게 실현할 수 있는가? 이에 대한 해답을 초기경전에서 찾아보고자 한다.

---

1 필자는 한국불교의 수행법에 문제가 있다고 지적한 바 있다. 마성, 「한국불교 수행법, 무엇이 문제인가」, 『불교평론』 제48호(2011 · 가을), pp.224-248 참조.

Ⅰ. 초기불교의 수행체계

초기불교의 수행은 삼학(三學)의 체계로 이루어져 있다. 삼학이란 지계(持戒, sīla) · 선정(禪定, samādhi) · 지혜(智慧, paññā)를 말한다. 이것은 깨달음을 이루고자 하는 자가 반드시 닦아야 할 세 가지 수행이라는 뜻이다. 지계는 계율을 잘 지켜 실천하는 것이고, 선정은 마음을 집중시켜 산란하지 않게 하는 것이며, 지혜는 세간과 출세간의 진리를 꿰뚫어 아는 것이다.

삼학은 세발솥[三鼎足]과 같아서 어느 하나라도 결핍되면 똑바로 서지 못한다. 「마하빠리닙바나-숫따(Mahāparinibbāna-sutta, 大般涅槃經)」(DN16)에서 붓다는 계 · 정 · 혜 삼학의 관계에 대해 이렇게 설했다. "이러한 계 · 정 · 혜가 있다. 지계의 실천을 통해 선정의 큰 이익과 과보가 있다. 선정의 실천을 통해 지혜의 큰 이익과 과보가 있다. 지혜의 실천을 통해 마음은 번뇌(āsava),[2] 즉 욕루(欲漏, kammāsavā), 유루(有漏, bhavāsavā), 견루(見漏, diṭṭhāsavā), 무명루(無明漏, avijjāsavā)로부터 해탈하게 된다."[3] 욕루(欲漏)는 감

---

2 여기서 '번뇌'로 옮긴 아사와(āsava)는 ā(향하여)+√sru(*to flow*)에서 파생된 남성명사다. '흐르는 것'이라는 문자적인 의미에서 원래는 종기에서 흘러나오는 고름이나 오랫동안 발효된 술(madira) 등을 의미했다고 한다. 이것이 우리 마음의 해로운 상태를 나타내는 말로 정착된 것이며, 중국에서는 번뇌라고 옮겼다. 이런 마음 상태들을 아사와(āsava, 흘러나오는 것)라고 부르는 이유는 이것도 흘러나오는 고름이나 악취 나는 술과 같기 때문이다. 각묵 옮김, 『디가 니까야』 제1권(울산: 초기불전연구원, 2006), p.259, n.260참조.

3 DN.II.81, "iti sīlaṃ iti samādhi iti paññā, sīla-paribhāvito samādhi mahāpphalo hoti mahānisaṃso, samādhi-paribhāvita paññā mahāpphala hoti mahānisaṃsa, paññā-paribhāvitaṃ cittaṃ sammad eva āsavehi vimuccati, seyyathīdaṃ kammāsavā bhavāsavā diṭṭhāsavā avijjāsavā ti."

각적 욕망에 기인한 번뇌이고, 유루(有漏)는 존재에 기인한 번뇌이며, 견루(見漏)는 사견(邪見)에 기인한 번뇌이고, 무명루(無明漏)는 어리석음에 기인한 번뇌이다.

이 경에 대응하는 『장아함경』 제2권 제2경 「유행경(遊行經)」에서도 같은 취지의 내용이 설해져 있다. "계를 닦아 선정을 얻으면 큰 과보(果報)를 얻고, 선정을 닦아 지혜를 얻으면 큰 과보를 얻는다. 지혜를 닦아 마음이 깨끗해지면 등해탈(等解脫)을 얻어 삼루(三漏)인 욕루(欲漏)·유루(有漏)·무명루(無明漏)가 없어지게 된다.[4] 해탈을 얻고 나면 해탈의 지혜[解脫智]가 생긴다. 나고 죽음이 다하고, 청정한 범행(梵行)은 이미 확립되었으며, 해야 할 일을 다 해 마쳤기에 다시는 다음의 생(生)을 받지 않는다."[5]

니까야에서는 계→정→혜→해탈의 순서로 되어있고, 아가마에서는 계→정→혜→해탈→해탈지견의 순서로 되어있다. 전자를 '네 가지 법의 모임(cattāro dhamma-kkhandhā, 四法蘊)'[6]이라 하고, 후자를 '다섯 가지 법의 모임(pañca dhamma-kkhandhā, 五法蘊)'[7]이라 한다. 한역 「유행경」에서는 계→정→혜→해탈→해탈지견의 다섯 단계를 거쳐 아라한과를 증득하게 된다고 명확히

---

4 니까야에서는 욕루·유루·견루·무명루의 사루(四漏)를 나열하고 있다. 반면 아가마에서는 욕루·유루·무명루의 삼루(三漏)를 나열하고 있다. 견루와 무명루는 그릇된 견해[邪見]나 어리석음에 기인한 것이기 때문에 동일한 것으로 볼 수 있다.

5 『장아함경』 제2권 제2경 「遊行經」(T 1, p.12a), "修戒獲定得大果報. 修定獲智得大果報. 修智心淨得等解脫, 盡於三漏, 欲漏·有漏·無明漏. 已得解脫, 生解脫智. 生死已盡, 梵行已立, 所作已辨, 不受後有."

6 DN.III.229, "sīla-kkhandho, samādhi-kkhandho, paññā-kkhandho, vimutti-kkhandho."

7 DN.III.279, "sīla-kkhandho, samādhi-kkhandho, paññā-kkhandho, vimutti-kkhandho, vim utti-ñāṇa-dassana-kkhandho."

밝히고 있다.

또 다른 초기경전에서는 지계와 지혜의 관계 또는 선정과 지혜의 관계에 대해 언급하고 있다. 「소나단다-숫따(Soṇadaṇḍa-sutta, 種德經)」(DN4)에서는 "지계를 통해서 청정하게 되는 것이 지혜이고, 지혜에 의해서 청정하게 되는 것이 지계이다. 지계가 있는 곳에 지혜가 있고, 지혜가 있는 곳에 지계가 있다. 지계를 갖춘 자에게 지혜가 있고, 지혜를 갖춘 자에게 지계가 있다. 그러므로 지계와 지혜는 이 세상에서 최고의 것이다. 마치 손으로 손을 씻고 발로 발을 씻는 것과 같이 지계를 통해서 청정하게 되는 것이 지혜이고, 지혜에 의해 청정하게 되는 것이 지계이다."[8]

이 경에 대응하는 『장아함경』 제15권 제22경 「종덕경(種德經)」에서는 "계가 있으면 곧 지혜가 있고, 지혜가 있으면 곧 계가 있다. 계는 능히 지혜를 깨끗하게 하고, 지혜는 능히 계를 깨끗하게 한다. (종덕이여!) 그것은 마치 사람이 손을 씻을 때 왼손과 오른손이 서로를 필요로 하여 왼손이 오른손을 깨끗하게 해주고 오른손이 왼손을 깨끗하게 해주는 것과 같다."[9] 위 내용은 소나단다 바라문과 붓다가 서로 대화하면서 동의한 부분이다. 이것은 바라문교에서 말하는 지계 · 지혜의 관계와 불교에서 말하는 지계 · 지혜의 관계가 서로 일치한다는 것을 의미한다. 이와 같이

---

8 DN.I.124, "sīla-paridhotā hi paññā, paññā-paridhotaṃ sīlaṃ, yattha sīlaṃ tattha paññā, yattha paññā tattha sīlaṃ, sīlavato paññā paññāvato sīlaṃ, sīla-paññānañ ca pana lokasmiṃ aggam akkhāyati. seyyathā pi hatthena vā hatthaṃ dhopeyya, pādena vā pādaṃ dhopeyya, evam eva kho sīla-paridhotā paññā, paññā-paridhotaṃ sīlaṃ."; 『장아함경』 제15권 제22경 「種德經」(T 1, p.96b).

9 『장아함경』 제15권 제22경 「種德經」(T 1, p.96b), "有戒卽有慧, 有慧卽有戒. 戒能淨慧, 慧能淨戒. (種德) 如人洗手左右相須, 左能淨右, 右能淨左, 此亦如是."

지계 없이는 지혜가 있을 수 없고, 지혜 없이는 지계가 있을 수 없다. 즉 지계와 지혜는 어느 것이 먼저라고 순서를 가릴 수 없는 불가분의 관계로 서로 연결되어 있음을 알 수 있다.

또 선정과 지혜의 관계에 대해서는 『담마빠다(Dhammapada, 法句經)』 제372게에서 확인할 수 있다. "지혜 없는 자에게 선정이 없고, 선정이 없는 자에게 지혜가 없다. 선정과 지혜를 갖춘 사람은 열반에 가까이 간다."[10]

한편 계·정·혜 삼학 가운데 어느 것을 중요하게 여기느냐에 따라 수행관(修行觀)이 달라진다. 일반적으로 대승불교에서는 지계보다는 지혜를 중요하게 여기는 경향이 있다. 그것은 보살의 실천 덕목인 육바라밀(六波羅蜜) 중에서 반야바라밀(般若波羅蜜)을 최상으로 여기는 전통 때문일 것이다. 그러나 초기불교에서는 처음부터 끝까지 지계를 가장 중요하게 여긴다. 왜냐하면 도덕적 기초 없이는 어떠한 정신적 발전도 기대할 수 없기 때문이다. 도덕적 규범은 보다 높은 정신적 성취를 위한 불가피한 기반으로 간주되고 있다. 사실 출가·재가를 막론하고 도덕적으로 청정하지 않으면 마음이 불안하여 정신을 통일·집중시킬 수 없다. 마음이 산란한 상태에서는 어떠한 지혜도 나올 수 없다.

일반적으로 계를 지킨다는 것은 '도덕적 행위'를 실천한다는 뜻이다. 지계(持戒)를 다른 말로 '심신(心身)의 조절'이라고 할 수 있다. 심신의 조절이란 몸과 마음의 컨디션을 최상의 상태로 유지하는 것을 의미한다. 계를 지킴으로써 건강한 신체와 건전한 정

---

10 Dhp.372, "natthi jhānaṃ apaññassa paññā natthi ajhāyato, yamhi jhānaṃ ca paññā ca sa ve nibbāṇasantike."

신을 유지할 수 있다. 이처럼 몸과 마음을 조절하는 것을 지계라고 한다. 최상의 컨디션을 유지하기 위해서는 신체적으로 건강하고, 정신적으로는 안정되어 있어야 한다. 그래야만 어떤 일을 하더라도 완벽하게 처리할 수 있게 된다.[11]

이를테면 수면 부족이라든가, 과로라든가, 과식이나 폭음이라든가, 질병이나 부상 또는 정신 쇠약 때문에 신체의 컨디션이 나빠지거나, 어떤 부도덕한 행위나 불의를 행하여 마음의 부담이나 불안 등이 생기면 마음이 안정되지 않는다. 마음이 안정되지 않으면 정신을 통일·집중시키기 어렵다. 그러므로 정신을 통일시키기 위해서는 먼저 신체의 컨디션이 양호하고 정신상태가 안정되어 있지 않으면 안 된다.[12]

이 세상에서의 온갖 비난과 지탄을 받는 것은 '잘못된 행위'로 말미암아 생긴다. 다시 말해서 계율을 지키지 않기 때문에 비난을 받는 것이다. 반면 '도덕적 행위'인 계율을 지키는 지계 생활을 영위하면 어떠한 비난도 받을 것이 없다. 오히려 칭찬과 찬탄 그리고 존경을 받게 되는 것이다.[13]

이와 같이 몸과 마음을 최상의 상태로 조절하는 것을 지계라고 한다. 따라서 지계는 반드시 윤리·도덕적인 선행(善行)을 실천하는 것뿐만 아니라 여기에 덧붙여 건강한 신체와 건전한 정신도 포함된다. 선한 습관이 붙은 건강한 육체와 건전한 정신의 상태를 유지하는 것이 바로 지계이다. 이처럼 지계가 먼저 확립

---

11 마성, 『불교신행공덕』(서울: 불광출판부, 2004), p.131.

12 마성, 『불교신행공덕』, p.131.

13 마성, 『불교신행공덕』, p.131-132.

되어야만 비로소 선정을 쉽게 얻을 수 있게 되는 것이다.[14]

선정(禪定, samādhi)을 등지(等持) 또는 삼매(三昧)라고 번역한다. 선정이란 정신을 집중시켜 산란하지 않은 상태를 말한다. 즉 마음이 한 곳에 집중되어 심일경성(心一境性, citta-ekaggatā)의 경지를 체득해야만 보다 높은 지혜를 얻을 수 있게 된다.

선정은 그 자체가 목적이 아니다. 불교에서는 선정을 통해 지혜를 얻는 것을 궁극의 목적으로 삼는다. 붓다시대의 외도 중에는 선정을 수행의 최후 목적으로 삼는 사람들이 있었다. 그들은 선정을 얻으면 그것으로 열반의 이상경에 도달한 것이라고 주장했다. 이들을 선정주의자(禪定主義者) 또는 주정주의자(主定主義者)라고 한다. 그 대표적인 인물이 바로 붓다가 수행 시에 사사(師事)했던 알라라 깔라마(Āḷāra Kālāma)와 웃다까 라마뿟따(Uddaka Rāmaputta)라는 두 선인이다.[15]

그러나 선정에 들어가 있는 동안에는 일체의 불안이나 고뇌가 없게 되지만, 선정에서 깨어나면 다시 불안이나 고뇌가 일어나게 된다. 따라서 주정주의자들은 불안이나 고뇌가 전혀 없는 경우는 육체가 소멸된 사후가 아니면 얻을 수 없다고 한다. 그러나 사후에 이상경에 도달한다고 하는 것은 영원히 거기에 도달할 수 없다고 하는 것과 다를 바 없다. 이 세상에서 이상적인 생활을 영위하지 않으면 아무런 의미가 없다. 이 세상에서 이상적인 사회를 이루고자 하는 것이 종교의 목적이어야 한다. 주정주의에 의해서는 이 목적이 달성될 수가 없다. 붓다가 두 선인의 곁을 떠난 것도

---

14 水野弘元,『原始佛教』, p.217.

15 水野弘元,『原始佛教』, p.218.

그와 같은 주정주의의 결함을 발견했기 때문이다.[16]

붓다가 깨달은 이상의 상태는 선정이라는 특별한 정신 통일을 얻은 동안뿐만 아니라 일상생활에서도 불안이나 고뇌가 없는 것이다. 이와 같은 이상적인 상태는 단지 선정에 의해서만 얻어지는 것이 아니고, 일상생활 그 자체가 올바른 세계관 · 인생관과 부합할 때 비로소 얻어지는 것이다. 그 올바른 세계관 · 인생관, 즉 연기(緣起)나 사제(四諦)의 이법을 아는 마음의 작용을 불교에서는 지혜라고 부른다.[17]

지혜(paññā)는 반야(般若)라고 음역한다. 지혜는 단순히 지식만을 의미하는 것이 아니라, 거기에서 더 나아가 지식이 실천과 결합하여 몸으로 체험되는 것 그 자체를 말한다. 이러한 지혜를 얻기 위해서는 그 전제로서 선정이 필요하다. 붓다가 보리수 아래에서 연기의 도리를 깨달은 것은 선정의 상태에서였다고 한다. 이처럼 올바른 지혜를 얻기 위해서는 우리의 정신이 통일되어야 한다. 얻고자 하는 지혜가 고도로 순수한 것일수록, 그 지혜를 얻기 위한 선정도 정신이 극도로 순화되고 통일된 것이 아니면 안 된다. 또한 선정은 올바르고 뛰어난 반야의 지혜를 획득하는 데 필요할 뿐만 아니라, 이미 얻은 지혜 · 경험을 최고도로 활용하는 데에도 필요하다. 가령 우리가 이미 뛰어난 지혜 · 경험을 얻었다고 하더라도 정신이 통일되어 있지 않으면, 그 지혜 · 경험을 충분히 구사할 수 없다.[18]

---

16 水野弘元, 『原始佛教』, p.218.

17 水野弘元, 『原始佛教』, p.219.

18 水野弘元, 『原始佛教』, pp.219-220.

다시 말해서 계를 바르게 지킴으로써 정신 통일의 선정을 얻을 수 있고, 바른 선정을 얻음으로써 충분한 지혜를 얻을 수 있으며, 또 그 기능을 완전히 발휘할 수 있게 되는 것이다. 따라서 세간적인 일에서도, 계 · 정 · 혜 삼학을 구비하는 것은 매우 필요한 일이다. 사무나 사업을 순서대로 척척 처리해 나가는 사람은 이와 같은 세간적인 의미의 삼학을 갖추고 있다고 할 수 있다. 이처럼 삼학은 일반 사회생활에서도 필요할 뿐만 아니라 불교의 수행에 있어서도 근간이 되고 있다.[19]

이상에서 살펴본 바와 같이, 초기불교의 수행은 계 · 정 · 혜 삼학의 체계로 이루어져 있다. 이를테면 우선 도덕적으로 청정을 유지하고[戒], 그 다음으로 마음을 고요히 안정시켜 수행하는 데 적절하도록 단련하며[定], 마지막으로 모든 사물의 존재 방식에 대한 명확한 통찰과 풍부한 지혜[慧]를 계발시키는 것이다. 그러나 실제 수행에 있어서는 계 · 정 · 혜 삼학을 통해 모든 번뇌를 먼저 제거하지 않으면 안 된다. 번뇌를 제거하게 되면 해탈하게 되고, 해탈하면 해탈했다는 해탈지견(解脫知見)이 생긴다. 이렇게 해탈지견을 얻은 사람이 바로 '지금 · 여기'에서 곧바로 현법열반(現法涅槃)을 실현한 아라한이다. 불교수행의 목적은 '지금 · 여기'에서 현법열반을 증득하는 데 있다.

---

19 水野弘元, 『原始佛教』, p.220.

II. 다양한 수행법과 수행의 단계

1. 다양한 형태의 수행법

초기경전의 여러 곳에서 다양한 형태의 수행법을 제시하고 있다. 불교에서는 이상을 향해 나아가는 수행이 무엇보다도 중요하기 때문이다. 부파불교에서는 초기경전에 나타나는 다양한 수행법을 서른일곱 가지로 정리했다. 이것을 삼십칠보리분(三十七菩提分, bodhipakkhiya dhamma) 혹은 삼십칠조도품(三十七助道品)이라고 부른다. '깨달음에 이르는 서른일곱 가지 부분'이라는 뜻이다. 그 내용은 대략 다음과 같다.

(1) 사념처(四念處, cattāri satipaṭṭhānāni)는 사념주(四念住)라고도 하는데, 신(身, kāya), 수(受, vedanā), 심(心, citta), 법(法, dhamma)의 네 가지 염처(念處)를 말한다. 즉 육체는 부정(不淨)하고, 느낌은 괴로움이며, 마음은 무상한 것이고, 법은 무아임을 통찰하는 것이다. 팔정도 가운데 정념(正念)이 이에 해당된다.

(2) 사정근(四正勤, cattāri sammappadhānāni)은 사정단(四正斷)이라고도 한다. 즉 아직 일어나지 않은 선(善)을 생기게 하고, 이미 일어난 선을 증대시키며, 아직 일어나지 않은 악(惡)을 생기지 않게 하고, 이미 일어난 악을 소멸시키기 위해 정진하는 것이다.

(3) 사여의족(四如意足, cattāri iddhipādā)은 사신족(四神足)이라고도 번역한다. 이것은 욕여의족(欲如意足, chanda), 정진여의족(精進如意足, viriya), 심여의족(心如意足, citta), 사유여의족(思惟如意足, vīmaṃsa) 등의 네 가지를 말한다. 올바른 이상에의 욕구와 정진

노력과 마음을 통일한 선정과 사유의 지혜가 뜻대로 자유롭게 작용하는 것이다.

(4) 오근(五根, pañca indriyāni)은 신근(信根, saddhā), 정진근(精進根, viriya), 염근(念根, sati), 정근(定根, samādhi), 혜근(慧根, paññā) 등 다섯 가지를 말한다. 근(根)이란 자유롭게 작용하는 능력을 말한다. 이른바 불(佛)·법(法)·승(僧) 삼보(三寶)에 대한 신(信)과 정진(精進)·염(念)·정(定)·혜(慧)가 이상을 향해 작용하는 능력을 가리킨다.

(5) 오력(五力, pañca balāni)은 오근(五根)과 같은 항목이다. 다만 오근이 능력의 작용임에 반해 오력은 거기에서 더 나아가 더욱 큰 힘을 발휘하는 것을 말한다.

(6) 칠각지(七覺支, satta bojjhaṅga)는 염각지(念覺支, sati), 택법각지(擇法覺支, dhamma-vicaya), 정진각지(精進覺支, viriya), 희각지(喜覺支, piti), 경안각지(輕安覺支, passaddhi), 정각지(定覺支, samādhi), 사각지(捨覺支, upekkhā) 등 일곱 항목을 말한다. 칠각지는 깨달음에 이르는 일곱 가지 부분이라는 뜻이다. 이 가운데 택법(擇法)은 진리인 법을 판별 사유하여 연구하는 지혜이고, 희(喜)는 높은 선정을 얻기 전의 정신의 만족 희열이며, 경안(輕安)은 선정을 얻기 전에 심신이 경쾌하고 명랑한 것이다. 사(捨)는 애증·취사의 생각을 버려 어떤 일에도 마음이 치우치거나 마음의 평정이 흔들이지 않는 것이다.

(7) 팔정도(八正道, ariyo aṭṭhaṅgiko maggo, 八支聖道)는 '여덟 가지 성스러운 길'이라는 뜻이다. 팔정도는 사성제의 네 번째 괴로움의 소멸로 이끄는 길(苦滅道聖諦)에 해당되지만, 다른 한편으로는 별도의 수행도(修行道)로서도 매우 중요한 실천 덕목이다. 「마하

빠리닙바나-숫따(Mahāparinibbāna-sutta, 大般涅槃經)」(DN16)에서 붓다는 팔정도의 가르침이 없으면, 예류과(預流果) · 일래과(一來果) · 불환과(不還果) · 아라한과(阿羅漢果)를 증득한 성자도 없다고 말했다.[20] 팔정도의 내용에 대해서는 제6장 사성제에서 자세히 설명했기 때문에 여기서는 생략한다.

이상에서 언급한 일곱 항목의 각 사항을 더하여 모두 서른일곱 가지가 된다. 그러나 일곱 항목의 각각은 하나의 독립된 수행법이기 때문에 그것 하나만으로도 수행의 완성을 이룰 수 있다. 이와 같이 어느 하나의 수행법만으로도 깨달음을 이룰 수 있다는 것이 바로 '일승도(一乘道, ekayāna magga)'이다. 사념처(四念處)[21]와 사여의족(四如意足)[22]이 그 대표적인 수행법이다. 또 사념처 · 오근 · 칠각지 · 팔정도 등에 의해서도 성자로서의 네 가지 깨달음, 즉 사과(四果)를 얻을 수 있다고 한다.[23]

따라서 일곱 항목으로 된 서른일곱 가지 항목을 모두 행할 필요는 없다. 다양한 수행법이 나타나게 된 것은 붓다가 제자들의 성격이나 능력에 따라 적합한 수행법을 제시하는 과정에서 나온 것이다. 다양한 수행법 가운데 오근과 오력은 믿음[信]을 강조하

---

20 DN.II.251.

21 사념처(四念處)를 일승도라고 한 경은 SN47:18 「Brahmā-sutta(梵天經)」((SN.Ⅴ.167); SN47:43 「Magga-sutta(道經)」((SN.Ⅴ.185); 『잡아함경』 제19권 제535경(T2, p.139a), 『잡아함경』 제24권 제607경(T2, p.171a) 등이다.

22 사여의족(四如意足)을 일승도라고 한 경은 SN51:4 「Nibbidā-sutta(厭惡經)」(SN.Ⅴ.255); 『잡아함경』 제21권 제561경(T2, p.147a) 등이다.

23 사념처에 의해 사과(四果)를 얻을 수 있다고 한 경은 『잡아함경』 제24권 제618경(T2, p.173b)이다. 또 오근에 의해 사과를 얻을 수 있다고 한 경은 『잡아함경』 제26경 제652경(T2, p.183a); 제653경(T2, p.183b) 등이다.

고 있기 때문에 지혜가 낮은 초보자에게 설한 것으로 보인다. 또 칠각지는 선정을 강조하고 있기 때문에 선정 수행자에게 설한 가르침으로 보인다. 따라서 일곱 항목 가운데 자신의 성격에 적합한 어느 항목을 선택해서 집중적으로 수행해도 상관이 없다.

초기경전에서는 사념처나 사여의족과 같이 오온(五蘊)이나 사성제(四聖諦)를 통해서도 깨달음을 이룰 수 있다고 한다. 「실라-숫따(Sīla-sutta, 戒經)」(SN22:122)에 의하면, 계를 지키는 비구는 오취온(五取蘊)을 무상 · 고 · 무아로 보아야 한다. 예류자(預流者)가 된 비구도, 일래자(一來者)가 된 비구도, 불환자(不還者)가 된 비구도, 아라한(阿羅漢)이 된 비구도 무상 · 고 · 무아를 관찰해야 한다.[24] 이것은 오온의 무상 · 고 · 무아를 관찰하는 것만으로도 깨달음을 얻을 수 있음을 의미한다.

또한 사성제를 관찰하는 것만으로도 깨달음을 성취할 수 있다고 한다. 『잡아함경』 제15권 제393경에 의하면, 수다원과(須陀洹果)를 얻기 위해서도 사제의 관찰이 필요하고, 사다함과(斯陀含果)를 얻기 위해서도, 아나함과(阿那含果)를 얻기 위해서도, 아라한과(阿羅漢果)를 얻기 위해서도 사제를 여실히 관찰하지 않으면 안 된다. 또 벽지불(辟支佛)의 깨달음을 얻는 것도 사제에 의한 것이고, 무상등정각(無上等正覺)도 사제의 관찰과 실천 체험에 의해 깨달음을 성취하게 된다.[25]

---

24 SN.III.167-169; 『잡아함경』 제10권 제259경(T 2, p.65b-c).

25 『잡아함경』 제15권 제393경(T 2, p.106a-b). 또한 붓다는 「전법륜경(轉法輪經)」(SN56:11)에서 사성제의 삼전십이행(三轉十二行)을 통해 깨달음을 얻게 되었다고 선언한 적이 있다.

이와 같이 어느 하나의 수행법만으로도 깨달음을 이룰 수 있지만, 몇 가지 수행법을 단계적으로 실시하는 경우도 있다. 최초의 불제자가 된 다섯 비구는 「전법륜경(轉法輪經)」(SN56:11)을 통해 사성제와 팔정도의 가르침을 듣고, 「무아상경(無我相經)」(SN22:59)을 듣고 오온을 관찰 사유함으로써 깨달음을 얻었다.

또한 붓다는 여러 가지 수행법을 순서에 따라 실천하면 깨달음을 얻을 수 있다고 말했다. 「아난다-숫따(Ānanda-sutta, 阿難經)」(SN54:13)에서 붓다는 "아난다여, 한 가지 법을 닦고 많이 지으면 네 가지 법을 가득 채우게 되고, 네 가지 법을 닦고 많이 지으면 일곱 가지 법을 가득 채우게 되고, 일곱 가지 법을 닦고 많이 지으면 두 가지 법을 가득 채우게 된다"[26]고 했다. 이 경에서 말하는 한 가지 법이란 들숨과 날숨에 대한 마음챙김을 통한 삼매(三昧)를 말하고, 네 가지 법이란 네 가지 마음챙김의 확립[四念處]을 말한다. 일곱 가지 법이란 일곱 가지 깨달음의 구성 요소[七覺支]를 말하고, 두 가지 법이란 명지(明智, vijjā)와 해탈(解脫, vimutti)을 말한다. 이것을 정리하면 출입식념(出入息念)을 통해 삼매를 얻고, 사념처와 칠각지를 순서대로 닦으면 명지와 해탈을 얻게 된다는 것이다.

이와 같이 어느 하나의 수행법만을 실천하는 경우도 있었지만, 실제로는 여러 가지 수행법을 병행하는 경우가 더 많았을 것이다. 그 때문에 부파불교 시대에는 초기경전에 나타난 많은 수

---

26 SN.V.329, "atthi kho Ānanda eko dhammo bhāvito bahulīkato cattāro dhamme patipūrehi, cattāro dhamma bhāvita bahulīkata satta dhamme paripūrenti, satta dhamma bhāvita bahulīkata dve dhamme paripūrentī ti." 이 경에 대응하는 『잡아함경』 제29권 제810경(T 2, p.208a-c)에도 같은 내용이 설해져 있다.

행 항목을 삼십칠보리분(三十七菩提分)으로 정리하고, 여기에 다시 사선정(四禪定) · 사범주(四梵住) 등을 더하여 사십 여종으로 정리했다. 그러나 삼십칠보리분에는 중복되는 항목이 적지 않다. 따라서 삼십칠보리분은 수행체계라기보다는 수행법에 관한 교리체계에 가깝다.

2. 수행의 단계

앞에서 살펴본 삼십칠보리분(三十七菩提分)은 중생들의 근기에 따라 제시한 수행법이기 때문에 전체적으로 통일된 하나의 수행체계는 아니다. 비록 부파불교에서 초기경전에 나타난 다양한 수행법을 하나로 묶어 '삼십칠보리분'이라고 부르지만, 사념처(四念處)를 제외하고 실제 수행법으로 널리 실천되었던 것은 아닌 듯하다. 그보다는 오히려 『맛지마 니까야』(MN39)와 『중아함경』 제48권 제182경에 나타나는 수행의 단계에 따라 실천했을 가능성이 높다. 「마하앗사뿌라-숫따(Mahā-assapura-sutta, 馬邑大經)」(MN39)[27]에서 수행의 과정을 열일곱 단계로 구분하여 설명하고 있다.[28]

---

27 MN.I.271-280.

28 이 경에 대응하는 『중아함경』 제48권 제182경 「馬邑經」(T 1, pp.724c-725c)에서는 열일곱 단계의 수행 과정이 빨리 경전에서처럼 자세히 명시되어 있지 않고 생략된 부분도 있다. 그래서 여기서는 「마하앗사뿌라-숫따(Mahā-assapura-sutta, 馬邑大經)」(MN39)에 나타난 열일곱 단계를 소개한다.

(1) 참괴구족(慚愧具足, hirottappena samannāgata)
(2) 신행청정(身行淸淨, parisuddha-kāyasamācāra)
(3) 어행청정(語行淸淨, parisuddha-vacī-samācāra)
(4) 의행청정(意行淸淨, parisuddha-manosamācāra)
(5) 활명청정(活命淸淨, parisuddha-ājīva)
(6) 수호근문(守護根門, indriyesu-guttadvāra)
(7) 어식지량(於食知量, bhojane mattaññū)
(8) 경오정진(警寤精進, jāgariyam anuyutta)
(9) 정념정지구족(正念正知具足, sati-sampajaññena samannāgata)
(10) 독주원리(獨住遠離, vivitta senāsana),
오개사단(五蓋捨斷, pañcanīvaraṇa-pahāna)
(11) 초선(初禪, paṭhamajjhāna)
(12) 제이선(第二禪, dutiyajjhāna)
(13) 제삼선(第三禪, tatiyajjhāna)
(14) 제사선(第四禪, catutthajjhāna)
(15) 숙주수념지(宿住隨念智, pubbenivesānussati-ñāṇa)
(16) 천안지(天眼智, sattānaṃ cutūpapāta-ñāṇa, 有情死生智)
(17) 누진지(漏盡智, āsavānaṃ khaya-ñāṇa)

위에서 열거한 열일곱 단계의 수행법 그대로 「마하앗사뿌라숫따(Mahā-assapura-sutta, 馬邑大經)」에 기록되어 있는 것은 아니다. 위에서 인용한 것은 경의 내용을 요약 정리한 것이다. 이 수행의 단계는 출가자를 위한 것임은 말할 필요도 없다.

첫째, 참괴구족(慚愧具足)은 세간에 대해서도 자기의 내심에 대해서도 부끄러움을 아는 것이며, 올바른 양심을 가지는 것이다. 둘째, 신행청정(身行淸淨)은 팔정도 중의 정업(正業)에 해당된다. 셋째, 어행청정(語行淸淨)은 팔정도의 정어(正語)에 해당된다. 넷째, 의행청정(意行淸淨)은 팔정도의 정사유(正思惟)에 해당된다. 다섯째, 활명청정(活命淸淨)은 팔정도의 정명(正命)에 해당된다. 여섯째, 수호근문(守護根門)이란 감관을 지켜 감각 · 지각의 인식작용에 즈음하여 외경(대상)에 집착하지 않아 방일 무참한 상태에 빠지지 않는 것이다. 그러므로 팔정도의 정명(正命)에 포함시킬 수 있을 것이다. 일곱째, 어식지량(於食知量)이란 자신이 먹을 음식물의 분량을 알아 과식 · 폭음하지 않는 것이다. 그러므로 팔정도의 정명(正命)에 포함시킬 수 있을 것이다. 여덟째, 경오정진(警寤精進)은 팔정도의 정정진(正精進)에 해당된다. 이것은 좌선을 하면서 졸거나 하지 않고 전심으로 노력하는 것이다.

아홉째, 정념정지구족(正念正知具足)은 팔정도의 정념(正念)에 해당된다. 열째, 독주원리(獨住遠離)와 오개사단(五蓋捨斷)은 선정 직전의 예비적 단계이다. 이 가운데 독주원리란 좌선을 하는 데 적합한 고요한 장소에서 홀로 사는 것을 말한다. 오개사단이란 올바른 선정에 들어가는 데 장애가 되는 다섯 가지 장애[五蓋, pañca-nīvaraṇa], 즉 탐욕(貪欲), 진에(瞋恚), 혼침수면(昏沈睡眠), 도거악작(掉擧惡作), 의혹(疑惑) 등을 끊어버리는 것이다. 이 다섯 가지 장애가 완전히 소멸되면 드디어 초선에서 제사선까지의 색계사선정(色界四禪定)에 들어갈 수 있다.

올바른 선정에 의해 정신이 통일되고, 통일된 정신에 의해 그릇됨이 없는 올바른 지혜가 얻어져, 거기에서 아라한과라고 하는 최후의 깨달음을 얻을 수 있는 것이다. 열다섯째, 숙주수념지(宿住隨念智)에서 열일곱째, 누진지(漏盡智)까지는 삼명(三明)이라고 하는데, 아라한의 깨달음에 도달한 때에는 반드시 삼명이 얻어진다고 하며, 또 붓다도 보리수 아래에서 삼명을 얻음으로써 깨달음을 얻어 붓다가 되었다고 한다.

첫 번째에서 여덟 번째까지의 단계는 주로 좌선에 들어가기에 적합한 심신의 상태를 정비하는 것이다. 이것을 계·정·혜 삼학에 대비하면 계학에 속한다. 아홉 번째부터 열네 번째까지는 삼학 가운데 정학에 속하며, 마지막 세 가지 지혜는 혜학에 속한다.

어쨌든 초기불교 말기에는 이와 같은 통일성 있는 수행 단계가 제시되었던 것으로 보인다. 이것은 후세의 초기불교가들이 임의로 만들어 낸 것이 아니라고 생각한다. 그 수행 과정의 각 덕목은 보다 이른 시대의 초기경전 여러 곳에 나타나고 있기 때문에 붓다에 의해 설해진 것으로 추정된다. 이 통일성 있는 수행법은 그 개개의 덕목을 묶어서 열일곱 단계로 체계화시킨 것이다. 이것이 부파불교에 이르면 더욱 상세하게 설명된다. 예를 들면 좌선의 수행에 있어서도 정신 통일을 가장 용이하게 얻는 방법은 그 사람의 성격 여하에 따라 달라진다. 욕심이 많은 사람, 격노하기 쉬운 사람, 우둔한 사람, 침착하지 못한 사람, 잘 믿는 사람, 의심이 많은 사람 등 다양한 성격으로 나누어, 그 성격에 따라 부정관(不淨觀), 자비관(慈悲觀), 연기관(緣起觀), 계분별관(界分別觀), 수식관(數息觀) 등의 좌선관법(坐禪觀法)을 실시했다.[29] 이러한

29 후대에는 오정심관(五停心觀)으로 체계화되었다. 오정심관이란 다섯 가지 불건전한 마음을 정화하는 수행법이라는 뜻이다. 첫째, 부정관(不淨觀)은 탐욕의 성향이 강한 사람이 닦아야 한다. 둘째, 자비관(慈悲觀)은 분노의 성향이 강한 사람이 닦아야 한다. 셋째, 연기관(緣起觀)은 어리석은 사람이 닦아야 한다. 넷째, 계분

것은 초기경전에는 나오지 않지만, 아마도 초기불교 시대로부터 비구들 사이에 실제 수행 방법으로 채용되었던 것으로 보인다.[30]

위에서 언급한 열일곱 단계의 수행도정에서 삼학의 내용을 보면, 먼저 심신의 조정인 계학으로는 신(身) · 구(口) · 의(意) 세 가지 행위를 청정하게 하는 신행청정(身行淸淨), 어행청정(語行淸淨), 의행청정(意行淸淨)이 제시되고 있다. 그리고 일상생활을 규칙적으로 하고, 의식주에 대해서 지나치거나 모자람이 없이 적당한 생활을 하는 것이 활명청정(活命淸淨)이며 정명(正命)이다.

그밖에 수호근문(守護根門)은 오관의 감성적 욕락에 빠져 제멋대로 하거나 외경에 마음을 빼앗기지 않는 것이고, 경오정진(警寤精進)은 수면을 탐하지 않고 항상 올바르게 노력하는 것이며, 어식지량(於食知量)은 음식의 양을 적당히 하여 수행 활동이 충분히 가능하도록 하는 것이므로, 이 세 항목도 정명(正命)이나 활명청정(活命淸淨) 가운데 포함시켜야 할 것이다.

이와 같은 수행 내용이 초기경전에 제시되어 있기 때문에 열일곱 단계 수행법에서 이를 더욱 상세하게 설명한 것이다. 위의 계학(戒學)에 관계된 제 항목에서 알 수 있듯이, 계학에 의해 심신의 상태가 생리적으로 심리적으로 바르게 정비되면, 그것으로 정학(定學)을 얻기 위한 모든 준비가 이루어진 것이다.[31]

다음 정학(定學)은 열일곱 단계 수행법 중의 정념(正念) · 정지(正

별관(界分別觀)은 아집의 성향이 강한 사람이 닦아야 한다. 다섯째, 수식관(數息觀)은 분별심이 강한 사람이 닦아야 한다.

30 水野弘元,『原始佛教』, pp.208-209.

31 水野弘元,『原始佛教』, pp.221-222.

知)는 팔정도의 정념에 해당되고, 독주원리(獨住遠離)와 오개사단(五蓋捨斷)은 올바른 선정을 얻기 위한 직접적인 심신의 조정을 말한다. 간접적인 심신의 조정인 계학(戒學)을 얻고, 다시 직접적인 심신의 조정과 선정에 적합한 환경을 얻으면 거기에서 비로소 올바른 선정이 이루어지게 된다. 선정에 숙달한 사람이라면 이와 같은 조건이 완비되지 않아도 어떤 환경에서건 용이하게 정신 통일의 상태에 들어갈 수 있지만, 적어도 초보자에게는 위에 서술한 것과 같은 예비적 조건을 갖추는 것이 바람직하다.

선정으로는 보통 초선(初禪)에서 제사선(第四禪)까지를 든다. 이것은 불교 이전부터 인도의 선정가들이 말한 것을 불교에서 채용한 것이다. 선정을 네 단계로 구분한 것은 정신의 통일 상태가 점차로 깊고 고요하게 되어 가는 정도에 따른 것인데, 실은 이 네 가지 선정 이전에 욕계정(欲界定)이라고 하여 아직 본래의 선정으로 간주할 수 없는 정신 통일의 상태가 있다. 우리가 일상적으로 경험하는 정신 통일은 거의 모두 이 욕계정에 해당된다.

그리고 색계사선정(色界四禪定)이나 그 이상의 사무색정(四無色定) 등의 선정은 일상생활에 있어서의 업무 실천에 직접적으로 도움이 되지는 않지만, 그와 같은 높은 선정에 숙달된 사람은 그 마음이 욕계심(欲界心)이라고 하는 일상 업무에 대처하는 정신 상태에 있어서도 높은 선정에서와 같은 정신 통일을 얻을 수 있다. 높은 선정이 일상생활의 정신 작용에 직접 관여하지 않는 이유는, 욕계정이라고 하는 일상적인 마음에서는 세속적인 사유 작용이 왕성하게 행해지고 있는 데 반해, 높은 선정에서는 이 사유 작용

이 완전히 사라져 버리기 때문이다.[32]

욕계정에서는 세속적 사유 작용이 강하게 일어난다고 했는데, 본래의 선정에 들어간 경우에도 초선에서는 아직 오관 작용이나 세속적인 사유 작용이 얼마간 남아 있다고 한다. 따라서 초선정까지는 외계의 사실을 보고 들을 수 있지만, 제이선(第二禪)이 되면 세속적인 사유 작용은 완전히 없어져 버리게 된다. 다시 제삼선(第三禪)이나 제사선(第四禪)에서는 고락의 감정도 없어지고 오관으로부터의 영향도 전혀 없게 되어 순수하게 정화된 내관(內觀)만이 남게 된다.

제사선을 지관균등(止觀均等)의 상태라고 하는데, 지(止)라는 것은 마음이 정지 · 정착되어 무념무상의 상태로 되는 것이다. 관(觀)이라고 하는 것은 통일된 마음에 의한 사유 관찰의 작용이 균등하게 갖추어져 있어 선정으로서는 가장 이상적인 것이라고 되어 있다. 지(止)만이 있는 무념무상의 무색정(無色定)에서는 어떠한 사유 작용도 일어나지 않는다. 이에 반해 사유 관찰만이 있는 초선 정도에서는 아직 정적한 정신 통일이 얻어졌다고 할 수 없다. 이 양 극단의 중간에 있는 제사선은 지(止)와 관(觀)이 균등하게 갖추어져 있기 때문에 뛰어난 정신 작용을 위해서는 가장 적절한 것이다. 숙명지(宿命智)나 천안지(天眼智) 등의 초월적 지혜를 얻는 것도 제사선(第四禪)에서라고 하며, 붓다가 입멸할 때에도 제사선의 상태에 있었다고 한다. 거기에는 충분한 의식이 있어 무색정(無色定)과 같이 의식이 상실되거나 또는 미약하게 되는 것

---

32 水野弘元, 『原始佛教』, pp.223-224.

이 아니다.[33]

불교에서는 사무색정(四無色定) 위에 다시 상수멸정(想受滅定)[34]이라고 하는 것을 들고 있다. 그것은 감수작용[受]이나 개념 표상의 작용[想]이 소멸된 상태로, 아라한과 같은 뛰어난 성자만이 거기에 들어가 선정의 열락을 즐길 수 있다고 한다. 세속의 티끌을 제거하고 순수하게 정신적 위안을 얻는 것이라고 할 수 있다.[35]

무념무상(無念無想)[36]이라고 하는 무색정은 실제 생활에는 도움이 되지 않는다고 하지만, 앞에서도 서술한 바와 같이 무색정에 숙달된 사람은 욕계정이라고 하는 보통의 정신 상태에 있어서도 쉽게 무념무상으로 될 수가 있다. 그리고 지혜를 신속 정확하게 활용할 수 있기 위해서는 반드시 명경지수(明鏡止水)와 같은 무념무상의 상태로 되는 것이 필요하다. 붓다는 선정에 들어가지 않은 일상의 정신 상태에서도 선정에 있는 것과 같은 무념무상의 정신 통일을 얻었다고 한다.[37]

"나가(nāga, 那伽)[38]는 걸어가면서도 선정에 있고, 나가는 서 있

---

33 水野弘元,『原始佛教』, pp.224-225.

34 상수멸정(想受滅定)은 멸수상정(滅受想定) 또는 멸진정(滅盡定)이라고도 한다.

35 水野弘元,『原始佛教』, p.225.

36 무념무상(無念無想)이라는 용어는 선불교(禪佛教)에서 널리 통용되고 있다.『육조단경(六祖壇經)』에서 무념(無念)은 "생각 속에 있으면서, 생각이 없는 것[於念而無念]"으로 정의된다. '생각 속에 있다'는 말은 '생각을 떠나지 않는다'는 뜻이고, '생각이 없다'는 말은 '그 생각에 대한 집착이 없다. 또는 물들지 않는다'는 뜻이다. 이 두 가지 뜻이 무념이라는 한 가지의 상황에 녹아 있다. 김영욱,『왕초보 육조단경 박사되다』(서울: 민족사, 2012), p.172.

37 水野弘元,『原始佛教』, p.225.

38 나가(nāga, 那伽)는 뱀이나 용, 코끼리 등을 말한다. 여기서는 붓다를 나가에 비유한 것인데, '위대한 영웅'이라는 의미로 쓰였다.

으면서도 선정에 있고, 나가는 누워서도 선정에 있고, 나가는 앉아서도 선정에 있다."[39] 실제로 붓다는 선정력(禪定力)이 매우 뛰어난 분이었던 것 같다.

최후의 혜학(慧學)은 열일곱 단계의 수행법에서는 숙명지(宿命智) · 천안지(天眼智) · 누진지(漏盡智) 세 가지가 제시되었고, 팔정도에서는 정견(正見) · 정사유(正思惟) 두 항목으로 되어 있다. 팔정도를 닦아 아라한의 깨달음을 얻는 자에게는 십무학법(十無學法)이 갖추어진다고 한다. 십무학법이란 팔정도에 다시 정지(正知, sammā-ñāṇa)와 정해탈(正解脫, sammā-vimutti) 두 가지를 더한 것이다. 이 정지 · 정해탈도 혜학에 속한다.[40]

이상에서 살펴본 바와 같이 초기경전에 나타난 다양한 수행법은 중생들의 근기에 따라 제시한 개별적 수행법이다. 따라서 전체적으로 통일된 하나의 수행체계로 이루어져 있는 것은 아니다. 그러나 실제 수행에 있어서는 열일곱 단계의 수행과정을 거친다. 그런데 이 열일곱 단계의 수행도 삼학에 토대를 두고 있다. 이와 같이 초기불교의 수행체계와 수행 원리는 모두 삼학에 토대를 두고 있다. 다시 말해서 초기불교의 수행론은 삼학의 체계에서 벗어나지 않는다. 만약 삼학의 체계에서 벗어나면 불교의 수행법이라고 할 수 없다. 앞에서 언급했듯이 초기불교에서는 삼학 가운데 특히 지계를 중요하게 여긴다. 왜냐하면 지계가

---

39 AN.III.346-347; Theragāthā 696-697, "gacchaṃ samāhito nāgo, ṭhito nāgo samāhito, sayaṃ samāhito nāgo, nisinno pi samāhito, sabbattha saṃvuto nāgo."; 『중아함경』 제29권 제118경 「龍象經」(T 1, p.608c), "龍行止具定, 坐定臥亦定, 龍一切時定, 是謂龍常法."

40 水野弘元, 『原始佛教』, p.229.

선행되지 않으면 선정을 이룰 수 없고, 선정을 획득하지 않으면 지혜를 얻을 수 없기 때문이다.

III. 불교수행의 궁극적 목적

불교수행의 궁극적 목적은 무엇이며, 그것을 어떻게 실현할 수 있는가? 즉 어떻게 괴로움으로 가득 찬 이 현실세계에서 벗어나 해탈(解脫, mokkha) · 열반(涅槃, nibbāna)을 실현할 수 있는가? 불교의 궁극적 목적은 '지금 · 여기'(here and now)에서 현법열반(現法涅槃, diṭṭhadhamma-nibbāna)을 실현하는 것이다. 이 몸을 받았을 때, '지금 · 여기'에서 열반을 증득하지 못하면 생사의 윤회를 벗어날 가능성이 희박하다.

붓다는 「아리야빠리세사나-숫따(Ariyaparisesana-sutta, 聖求經)」(MN26)에서 생로병사와 우비고뇌의 현실에서 어떻게 열반을 증득하게 되었는지 다음과 같이 술회한 적이 있다. "비구들이여, 그런 나는 자신이 태어나기 마련이면서 태어나기 마련인 것에서 재난을 알아 태어남이 없는 위없는 유가안온(瑜伽安穩)인 열반을 구하여, 태어남이 없는 위없는 무가안온인 열반을 증득했다."[41] 이것은 붓다가 성도했을 당시의 심경을 회상한 것으로, 생

41 MN.I.167, "kho ahaṃ bhikkhave attanā jātidhammo samāno jātidhamme ādīnavaṃ vidatvā ajātaṃ anuttaraṃ yogakkhemaṃ nibbānaṃ pariyesamo ajātaṃ anuttaraṃ yogakkhemaṃ nibbānaṃ ajjhagamaṃ."; 『중아함경』 제204경 「羅摩經」(T 1, p.777a), "我今寧可捨此法, 更求無病, 無上安穩涅槃. 求無老 · 無死 · 無愁憂慼 · 無穢污, 無上安穩涅槃. 我即捨此法. 更求無病無上安穩涅槃. 求無老 · 無死 · 無愁憂慼 ·

로병사의 현실을 타파하여 마침내 불생불멸(不生不滅)의 경지에 이르게 되었다는 자각(自覺)의 선언이다.[42]

그리하여 그는 마침내 깨달음을 성취했다. 붓다는 자신이 깨달은 자임을 『숫따니빠따(Suttanipāta, 經集)』에서 분명히 밝히고 있다. "나는 알아야 할 것을 알았고, 닦아야 할 것을 닦았고, 버려야 할 것을 버렸다. 바라문이여, 그래서 나는 붓다(깨달은 자)이다."[43] 여기서 알아야 할 것을 알았다는 것은 고성제(苦聖諦)를 말하고, 닦아야 할 것을 닦았다는 것은 도성제(道聖諦)를 말하고, 버려야 할 것을 버렸다는 것은 집성제(集聖諦)를 말한다. 즉 붓다는 사성제의 원리를 체득함으로써 붓다, 즉 깨달은 자[覺者]가 되었다고 선언했다.

사실 "열반은 금생에 실현하는 것이지 죽은 뒤에 이루어지는 것이 아니다. 열반을 이루기 위해 죽을 때까지 기다릴 필요가 없다. 초기불교에서는 죽어서 하늘에 태어나는 것, 즉 생천(生天)을 이상으로 삼지 않았다. 현법열반(現法涅槃)은 죽어서 얻는 것이 아니라 이 몸을 가진 상태에서 무지와 집착으로부터 벗어나 해탈하기만 하면 곧바로 얻을 수 있는 것이다. 우리가 불교를 신행하는 것은 '지금 · 여기'에서 최상의 행복인 열반을 실현하기 위한 것이다."[44] 따라서 현법열반을 실현하는데 도움이 되지 않는 것

無穢汚, 無上安穩涅槃已."

42 木村泰賢, 『原始佛教思想論』, pp.237-238.

43 Sn.558, "abhiññeyyaṃ abhiññātaṃ, bhāvetabbañ ca bhāvitam, pahātabbaṃ pahīnam me, tasmā Buddho'smi brāhmaṇa." 이 게송은 MN91(MN.Ⅱ.143); 『장로게』(Thag.79); 『청정도론』 Ⅶ.26에도 나타난다.

44 마성, 『잡아함경 강의』, p.5.

이라면 무가치한 잡사(雜事)에 불과하다. 초기불교에서 실천을 강조하는 것도 바로 이 때문이다.

현법열반을 실현하기 위해서는 먼저 번뇌(āsava)를 제거하지 않으면 안 된다. 번뇌를 제거하지 않으면 해탈하지 못하기 때문이다. 이런 의미에서 보면 불교의 수행은 '번뇌의 소멸' 또는 '번뇌의 단절'이라고 할 수 있다. 자이나교(Jainism)에서의 수행이란 곧 고행을 의미한다. 고행이란 스스로 육체적 고통을 참고 견디는 것이다. 하지만 불교에서는 억지로 육체를 괴롭힐 필요가 없다고 가르친다. 불교에서의 수행이란 탐(貪) · 진(瞋) · 치(癡) 삼독(三毒)에 토대를 둔 잘못된 생활습관을 올바른 생활습관으로 바꾸는 과정을 의미한다. 그 과정에서 사람의 근기(根機: 가르침을 받아들이는 지적 능력을 말함)에 따라 다양한 수행법이 제시되었던 것이다.

이와 같이 불교수행의 핵심은 '번뇌의 소멸' 또는 '번뇌의 단절'에 있다. 지계가 번뇌의 단절에 직접적으로 기여한다. 번뇌의 단절에 지계가 가져다주는 이익은 이루 말로 다 헤아릴 수 없을 정도로 많다. 붓다는 초기경전의 여러 곳에서 지계의 중요성에 대해 언급했다. 붓다는 만년에 빠딸리가마(Pāṭaligāma)를 방문하여 그곳 재가신자들에게 계(戒)를 범하면 다섯 가지 손해가 있고, 계를 지키면 다섯 가지 공덕이 있다고 설했다.

"사람이 계를 범하면 다섯 가지 손해가 있다. 다섯 가지란 무엇인가? 첫째는 재물을 구하여도 뜻대로 되지 않는다. 둘째는 비록 얻은 것이 있더라도 점점 줄어든다. 셋째는 이르는 곳마다 사람들의 존경을 받지 못한다. 넷째는 추한 이름과 나쁜 소문이 천하에 퍼진다. 다섯째는 목숨을 마쳐 죽은 뒤에는 지옥에 들어간다. … 사람이 계를 지키면 다섯 가지 공덕이 있다. 다섯 가지란 무엇인가? 첫째는 바라는 것이 있으면 무엇이든 원하는 대로 다 이루어진다. 둘째는 자기가 가진 재산은 더욱 늘어나 손해가 되지 않는다. 셋째는 가는 곳마다 사람들의 존경과 사랑을 받는다. 넷째는 좋은 이름과 착한 칭송이 천하에 두루 퍼진다. 다섯째는 목숨을 마쳐 죽은 뒤에는 천상에 태어난다."[45] 이 경에 대응하는 니까야의 내용은 약간 다르다.[46]

불교수행의 최종 단계에서 '번뇌를 소멸하는 지혜(āsavakkhyaya-ñāṇa, 漏盡智)'를 얻게 된다. 「사만냐팔라-숫따(Sāmaññaphala-sutta, 沙門果經)」(DN2)에서는 누진지를 얻게 되는 과정을 다음과 같이 기술하고 있다.

> 그는 이와 같이 마음이 삼매에 들고, 청정하고, 깨끗하고, 흠이 없고, 번뇌가 사라지고, 부드럽고, 활발하고, 안정되고, 흔들림이 없는 상태에 이르렀을 때 모든 번뇌를 소멸하는 지혜[漏盡智]로 마음을 향하게 하고 기울게 한다. 그는 '이것이 괴로움이다'라고 있는 그대로 꿰뚫어 안다. '이것이 괴로움의 일어남이다'라고 있는 그대로 꿰뚫어 안다. '이것이 괴로움의 소멸이다'라고 있는 그대로 꿰뚫어 안다. '이것이 괴로움의 소멸로 이끄

---

45 『장아함경』 제2권 제2경 「遊行經」(T 1, p.12b), "凡人犯戒, 有五衰耗. 何謂為五? 一者求財, 所願不遂. 二者設有所得, 日當衰耗. 三者在所至處, 眾所不敬. 四者醜名惡聲, 流聞天下. 五者身壞命終, 當入地獄. … 凡人持戒, 有五功德. 何謂為五? 一者諸有所求, 輒得如願. 二者所有財產, 增益無損. 三者所往之處, 眾人敬愛. 四者好名善譽, 周聞天下. 五者身壞命終, 必生天上."

46 DN.II.86.

> 는 길이다'라고 있는 그대로 꿰뚫어 안다. '이것이 번뇌다'라고 있는 그대로 꿰뚫어 안다. '이것이 번뇌의 일어남이다'라고 있는 그대로 꿰뚫어 안다. '이것이 번뇌의 소멸이다'라고 있는 그대로 꿰뚫어 안다. '이것이 번뇌의 소멸로 이끄는 길이다'라고 있는 그대로 꿰뚫어 안다. 이와 같이 알고 이와 같이 보는 그는 감각적 욕망의 번뇌[欲漏]로부터 마음이 해탈한다. 존재의 번뇌[有漏]로부터 마음이 해탈한다. 무명의 번뇌[無明漏]로부터 마음이 해탈한다. 해탈에서 해탈했다는 지혜가 있다. '태어남은 다했다. 청정범행은 성취되었다. 할 일을 다 해 마쳤다. 다시는 어떤 존재로도 되돌아오지 않을 것이다'라고 꿰뚫어 안다.[47]

이 경에서 말하는 '번뇌를 소멸하는 지혜[漏盡智]'란 사성제의 원리를 아는 것으로 되어있다. 사성제를 알면 번뇌와 번뇌의 원인, 번뇌의 소멸, 번뇌의 소멸로 이끄는 길에 대해서도 꿰뚫어 알 수 있다는 것이다. 이처럼 사성제의 원리를 아는 것이야말로 해탈 · 열반의 실현이라고 한다.

붓다가 말하는 현실의 초월이란 어떤 의미일까? 그것은 무명(無明), 욕애(欲愛), 아집(我執), 아욕(我欲) 등으로 표현되는 개체의 의지적 속박으로부터 벗어나는 것을 의미한다. 즉 욕망으로 가득 찬 현실로부터 이탈(離脫)함으로써 진정한 의미의 자주적 생활이 가능하게 된다.[48]

---

47 DN. Ⅰ.83-84; 각묵 옮김, 『디가 니까야』 제1권(울산: 초기불전연구원, 2006), pp.258-260 참조.

48 木村泰賢, 『原始佛敎思想論』, p.238.

한때 아난다(Ānanda) 존자는 웃띠야(Uttiya)라는 유행자(paribbājaka)에게 불교의 수행 원리에 대해 이렇게 말했다. "그러나 여래는 '세상으로부터 [열반으로] 인도되었고, 인도되고, 인도될 자들은 모두, 다섯 가지 장애[五蓋]를 제거하고, 지혜로써 마음의 번뇌들을 무력하게 만들고, 네 가지 마음챙김의 확립[四念處]에 마음을 잘 확립하고, 일곱 가지 깨달음의 구성 요소[七覺支]를 있는 그대로 닦은 뒤에 비로소 세상으로부터 [열반으로] 인도되었고, 인도되고, 인도될 것이다'라고 압니다."[49] 이처럼 아난다 존자는 이교도에게 불교의 수행 원리를 간단명료하게 설명하고 있다. 불교의 수행 원리를 이보다 더 잘 설명하기란 쉽지 않다.

또한 사리뿟따(Sāriputta) 존자도 「삼빠사다니야-숫따(Sampasadanīya-sutta, 自歡喜經)」(DN28)에서 과거의 모든 정등각자들도 다음과 같은 수행법을 통해 깨달음을 성취하게 되었다고 찬탄했다.

> 과거의 모든 세존 · 아라한 · 정등각자께서는 다섯 가지 장애[五蓋]를 제거하고, 지혜로써 마음의 번뇌들을 무력하게 만들고, 네 가지 마음챙김의 확립[四念處]에 마음을 잘 확립하고, 일곱 가지 구성 요소[七覺支]를 성취하게 되었다.[50]

---

49 AN.V.195, "attha kho evam ettha Tathāgatassa hoti 'ye kho keci lokamhā niyyiṃsu vā niyyanti vā niyyissanti vā, sabbe te pañca nīvaraṇe pahāya cetaso upakkilese paññāya dubbalīkaraṇe catūsu satipaṭṭhānesu supatiṭṭhitacittā satta bojjhaṅge yathābhūtaṃ bhāvetvā evaṃ ete lokamhā niyyiṃsu vā niyyanti vā niyyissanti vā' ti."

50 DN.III.101, "ye te ahesuṃ atītam addhānaṃ arahanto sammā-sambuddhā, sabbe te bhagavanto pañca nīvaraṇe pahāya, cetaso upakkilese paññāya dubbalīkaraṇe, catusu saṭipaṭṭhānesu supatiṭṭhitacittā, satta bojjhaṅge yathābhūtaṃ bhāvetvā

이와 마찬가지로 현재 · 미래의 정등각자께서도 이와 같은 수행 과정을 거쳐 깨달음을 성취하게 된다는 것이다. 따라서 모든 수행자들도 먼저 다섯 가지 장애를 제거하고 지혜로써 마음의 번뇌들을 무력화시키고, 사념처와 칠각지를 닦아 무상정등정각(無上正等正覺)을 성취하게 된다는 것이다.

---

anuttaraṃ sammāsambodhiṃ abhisambujjhiṃsu."

제11장 초기불교에서 본 깨달음[1]

Ⅰ. 붓다는 무엇을 깨달았는가?

붓다는 앗삿타(assattha, pippala라고도 함) 나무 아래에서 명상하다가 드디어 '위없는 바른 깨달음'(anuttara sammāsambodhi, 無上正等覺)을 얻어 붓다(Buddha), 즉 각자(覺者)가 되었다. 이것을 중국·한국·일본에서는 '성도(成道)'라고 부른다. 붓다의 성도는 출가의 목적인 해탈의 완성이며 현세에서의 열반을 실현한 것이다. 이런 측면에서 보면 붓다의 깨달음 자체가 바로 불교의 출발점이라고 할 수 있다.

그렇다면 과연 붓다는 무엇을 깨달았을까? 이것은 예로부터 매우 중요한 주제 가운데 하나였다. 이를테면 중국의 선승(禪僧)들이 '무엇이 곧 부처인가?'라든가 '조사(祖師)가 서쪽에서 온 까닭은 무엇인가?'라는 질문들도 '붓다의 깨달음이란 무엇인가?'라는 질문과 다르지 않을 것이다. 왜냐하면 자신이 체득한 경지가 붓다의 깨달음과 일치하는가를 점검하는 과정이라고 말할 수 있기 때문이다.[2]

---

1 이 글은 마성, 「초기불교에서 본 깨달음」, 『불교평론』, 제66호(2016·여름), pp.30-51에 게재되었던 것을 대폭 수정·보완한 것이다.

2 후지타 코타츠 外, 『초기·부파불교의 역사』, pp.64-65.

그러나 초기성전에서는 붓다의 깨달음에 대해 여러 가지 형태로 서술하고 있다. 초기경전에 언급된 붓다의 깨달음에 관한 내용은 일치하지 않으며 많은 이설(異說)들이 있다. 최근의 연구에 의하면 열다섯 가지 정도의 이설이 있는 것으로 파악되었다. 이 열다섯 가지 이설은 크게 네 가지로 요약할 수 있다.

첫째는 사성제(四聖諦) · 십이연기(十二緣起)와 같은 이법(理法)의 증득에 의했다고 하는 설이다. 둘째는 삼십칠조도품(三十七助道品: 四念處 · 四正勤 · 四如意足 · 五根 · 五力 · 七覺支 · 八正道)과 같은 수행도(修行道)의 완성에 의했다고 하는 설이다. 셋째는 오온(五蘊) · 십이처(十二處) · 십팔계(十八界)와 같은 제법(諸法)의 관찰에 의했다고 하는 설이다. 넷째는 사선(四禪) · 삼명(三明)의 체득에 의했다고 하는 설이다.[3]

이처럼 붓다의 깨달음은 문헌에 따라 각기 다르게 나타난다. 이것은 붓다가 자신의 깨달음을 특정한 교설로서 고정시켜 설하지 않았기 때문이다. 붓다는 듣는 자의 근기에 따라 설하는 방법을 달리했기 때문에 깨달음의 내용이 여러 가지 형태로 전해지게 되었던 것이다.

그러나 '붓다의 깨달음에서 가장 근본적인 것은 무엇인가?'라고 묻는다면, 붓다의 깨달음은 연기(緣起)의 자각(自覺)이었다고 말할 수 있을 것이다. 다만 이때의 연기(緣起)는 십이지연기(十二支緣起)처럼 완성된 형태는 아니었을 것으로 추정된다. 연기의 자각이란 다른 말로 사성제에 대한 통찰이었다고 할 수 있다. 연기법을 실천수행의 체계로 조직한 것이 사성제이기 때문이다. 예컨

---

3 후지타 코타츠 外, 『초기 · 부파불교의 역사』, p.41.

대 고성제(苦聖諦)와 집성제(集聖諦)는 유전연기(流轉緣起)에 해당되고, 멸성제(滅聖諦)와 도성제(道聖諦)는 환멸연기(還滅緣起)에 해당된다. 부파불교시대에 '깨달음에 이르는 서른일곱 가지 부분'이라는 삼십칠조도품(三十七助道品, bodhipakkhiya-dhamma)으로 조직화된 사념처(四念處) · 사정근(四正勤) 등의 실천 수행법도 연기의 역관(逆觀)에서 드러나는 무명(無明) · 갈애(渴愛)를 소멸시키기 위한 방법에 지나지 않는다.[4]

붓다의 최초 설법으로 알려져 있는 「담마짝까빠왓따나(Dhammacakkapavattana-sutta, 轉法輪經)」(SN56:11)에서는 붓다가 사성제의 삼전십이행(三轉十二行, tiparivaṭṭaṃ dvādasākāraṃ)을 통해 '위없는 바른 깨달음'을 이루게 되었다고 기술하고 있다. 「전법륜경」(SN56:11)에 의하면 붓다는 "비구들이여, 내가 이와 같이 세 가지 양상과 열두 가지 형태[三轉十二行]를 갖추어서 네 가지 성스러운 진리[四聖諦]를 있는 그대로 알고 보는 것이 지극히 청정하게 되지 못했다면 나는 위없는 바른 깨달음을 실현했다고 신(神)과 마라와 범천을 포함한 세상에서, 사문 · 바라문과 신과 인간을 포함한 무리 가운데에서 스스로 천명하지 않았을 것"[5]이라고 밝히고 있다. 이처럼 붓다는 사성제를 있는 그대로 통찰함으로써 위없는 바른 깨달음을 실현하게 되었다고 한다.

---

4 후지타 코타츠 外, 『초기 · 부파불교의 역사』p.65.

5 SN.V.422-423, "yāva kīvañca me bhikkhave imesu catusu ariyasaccesu evaṃ tiparivaṭṭaṃ dvādasākāraṃ yathābhūtaṃ ñāṇadassanaṃ na suvisuddham ahosi, neva tāvāham bhikkhave sadevake loke samārake sabrahmake sassamaṇa-brāhmaṇiyā pajāya sadevamanussāya anuttaraṃ sammāsambodhim abhisambuddho ti paccaññāsiṃ."

「전법륜경」(SN56:11)에서 붓다는 "비구들이여, 나에게는 '이 것이 괴로움의 진리이다'라는, 전에 들어보지 못한 법들에 대한 눈[眼]이 생겼다. 지혜[智]가 생겼다. 통찰지[慧]가 생겼다. 명지[明]가 생겼다. 광명[光]이 생겼다"[6]고 말했다. 이에 대응하는 한역 「전법륜경」(SN56:11)에서는 "이 괴로움에 대한 성스러운 진리는 과거에 일찍이 들어보지 못한 법이니 마땅히 바르게 사유하라. 그러면 그때 눈[眼] · 지혜[智] · 밝음[明] · 깨달음[覺]이 생길 것이다"[7]고 설해져 있다.

이와 같이 붓다는 사성제라는 진리를 통해 눈[眼]이 생기고, 지혜[智]가 생기고, 통찰지[慧]가 생기고, 명지[明]이 생기고, 광명[光]이 생겼던 것이다. 한역에서는 이것을 안(眼) · 지(智) · 명(明) · 각(覺)이 생겼다고 옮기고 있다.

II. 수행의 단계와 깨달음의 경지

1. 초기경전에 묘사된 아라한

「전법륜경」(SN56:11)에 의하면 붓다의 설법을 들고 마침내 "꼰단냐(Koṇḍañña) 존자에게 '일어나는 법은 그 무엇이건 모두

---

6 SN.V.422, "idaṃ dukkham ariyasaccan ti me bhikkhave pubbe ananussutesu dhammesu cakkhum udapādi ñāṇam udapādi paññā udapādi vijjā udapādi āloko udapādi."

7 『잡아함경』 제15권 제379경(T 2, p.103c), "此苦聖諦, 本所未曾聞法, 當正思惟. 時, 生眼 · 智 · 明 · 覺."

소멸하기 마련인 법이다'라는 티 없고 때가 없는 법의 눈[法眼]이 생겼다"[8]고 묘사되어 있다. 그때 붓다는 "참으로 꼰단냐는 완전하게 알았구나. 참으로 꼰단냐는 완전하게 알았구나"[9]라고 읊었다. 이렇게 해서 꼰단냐 존자는 안냐꼰단냐(Aññāta-Koṇḍañña)라는 이름을 가지게 되었다.[10]

이와 같이 꼰단냐는 붓다의 설법을 듣고, '일어난 법은 모두 소멸한다(集法卽滅法)'라는 사실을 깨달았던 것이다. 이것은 꼰단냐가 사성제에 대한 붓다의 설법을 듣고 연기(緣起)의 이치를 터득했다는 것을 의미한다. 이른바 진리에 대한 눈을 뜨게 되었던 것이다. 그래서 경에서는 법안(法眼, dhamma-cakkhu)이 생겼다고 묘사하고 있다.

이와 같이 『율장』의 「대품」에서는 최초의 다섯 비구를 비롯한 야사와 그의 친구 네 명, 그리고 귀족의 자제 50명이 붓다의 설법을 듣고 얼마 지나지 않아서 모두 아라한과를 증득한 것으로 기술되어 있다.

실제로 초기경전에서는 붓다에게 귀의하고 그 가르침을 실천한 제자들은 곧바로 아라한이 되었다고 기술되어 있다. 이를테면 최초의 다섯 비구들은 붓다에게 귀의한 지 5일 만에 아라한이 되었다고 한다.[11] 붓다의 상수제자였던 사리뿟따(Sāriputta, 舍利弗)는 라자가하에서 유행하다가 다섯 비구 중 한 명이었던 앗

---

8 『잡아함경』 제15권 제379경(T 2, p.103c), "此苦聖諦, 本所未曾聞法, 當正思惟. 時, 生眼 · 智 · 明 · 覺."

9 SN.V.424, "aññāsi vata bho Koṇḍañño aññāsi vata bho Koṇḍañño ti."

10 SN.V.424.

11 후지타 코타츠 外, 『초기 · 부파불교의 역사』p.134.

사지(Assaji, 馬勝)를 만나 그로부터 붓다의 가르침을 전해 듣게 되었다. 앗사지는 사리뿟따에게 "모든 법은 인(因)으로 말미암아 생긴다. 여래께서는 이 인(因)을 설하셨다. 모든 법의 소멸에 대해서도 위대한 사문은 그와 같다고 설하셨다."[12] 사리뿟따는 이 게송을 듣고 먼지와 때를 멀리 여읜 법안을 얻었다. 곧 '생겨난 것은 모두 소멸하는 것'이라고 깨달았던 것이다. 그는 그 자리에서 예류과(預流果)를 얻었다.[13] 목갈라나(Moggallāna)도 사리뿟따로부터 앗사지가 전해준 게송을 듣고 예류과를 얻었다. 그리고 목갈라나는 붓다에게 귀의한 지 7일 만에 아라한과를 증득했고,[14]사리뿟따는 2주가 지나기 전에 아라한이 되었다.[15]

또한 사마(Sāmā) 장로니는 아난다 존자의 법문을 듣고 통찰력을 얻은 후 7일째 되는 날 아라한이 되었다.[16] 수자따(Sujātā) 장로니는 사께따(Saketa)의 백만장자의 딸이었는데, 같은 부류의 남편과 결혼하여 행복하게 살았다. 어느 날 그녀는 여행을 갔다가 집으로 돌아오는 도중 안자나와나(Añjanavana)에서 붓다를 친견하고 법문을 들었다. 그녀는 붓다의 법문을 듣고 곧바로 아라한이 되었다. 집으로 돌아와 남편의 허락을 얻어 출가했다.[17] 한편 닷바-말라뿟따(Dabba-Mallaputta) 장로는 여섯 살에 아라한이 되

---

12 Vin.I.40, "ye dhammā hetuppabhavā, tesaṃ heuṃ tathāgato āha, tesañ ca yo nirodho, evaṃvādī mahāsamaṇo."

13 Vin.I.40.

14 G. P. Malalasekera, *Dictionary of Pali Proper Names*, (=DPPN.) New Delhi: Munshiram Manoharlal, 1983, vol. II, p.542.

15 DPPN. II, p.1109.

16 Thig. 37-38; ThigA. 44.

17 Thig. 145-150; ThigA. 136f.

었으며,[18] 밧다(Bhadda) 장로는 일곱 살에 아라한이 되었다.[19] 이러한 기술은 붓다에게 귀의하고 그 가르침을 실천한 사람들이 어떻게 도(道)를 구했는가 하는 사실을 설명하는 동시에 아라한에 대한 초기불교의 입장을 잘 나타내는 것이라고 할 수 있다.

이처럼 초기경전에서는 붓다의 제자가 된 사람이 비교적 짧은 기간에 깨달음을 얻어 아라한이 되었다고 기록되어 있다. 초기불교에서는 처음부터 수행의 과정을 네 가지 단계로 나누었던 것은 아닌 것 같다. 초기불교의 네 가지 수행단계는 나중에 체계화된 것으로 추정된다.

네 가지 수행단계는 대략 다음과 같다. 첫째는 예류과(預流果, sotāpanna, 須陀洹으로 음역되기 함)로서 성자의 흐름에 들어간 단계이다. 둘째는 일래과(一來果, sakadāgāmin, 斯陀含으로 음역되기도 함)로서 한 번만 욕망 · 미혹의 세계로 돌아오고 해탈을 얻는 단계이다. 셋째는 불환과(不還果, anāgamin, 阿那含)로서 다시 미혹한 세계에 태어나지 않는 단계이다. 넷째는 아라한과(阿羅漢果, arahant)로서 최고의 해탈을 완성한 단계이다.

이 가운데 세 번째까지는 아직 배워야 할 것이 있기 때문에 '유학(有學)의 성자'라고 한다. 반면 마지막 아라한은 모든 수행을 완전히 실천하여 더 이상 배워야 할 어떠한 것도 없는 단계이기 때문에 '무학(無學)의 성자'라고 한다. 이러한 네 가지 단계는 다시 그것으로 향하는 상태와 거기에 도달한 상태로 나누어 모두 여덟 가지의 상태로 설명한다. 이것을 사향사과(四向四果) 또는 사

---

18 DPPN. I, p.1059.

19 DPPN. II, p.348.

쌍팔배(四雙八輩)라고 부른다.

그러나 후대 부파불교의 아비달마 논사들에 의해 수행의 단계는 매우 복잡한 체계로 정리되었다. 그 결과 마지막 아라한과는 대단히 높은 수준인 것으로 간주되었다. 따라서 일반인들은 도저히 도달할 수 없는 경지로 설명되었다. 그러나 초기경전에 설해져 있는 아라한은 수행에 의해 도달되는 것이지 아비달마 교학에서 말하는 것처럼 도달하기 어려운 것이 아니다.

그러면 최초기 아라한의 경지는 어떤 것인가? 나중에 체계화된 네 가지 수행 단계에 의하면, 처음 다섯 비구들이 터득한 경지는 성자의 초기 단계인 예류향(預流向)이나 예류과(預流果)를 얻은 것으로 추정된다. 꼰단냐의 경우를 살펴보면 알 수 있다. 비록 꼰단냐가 연기의 원리를 터득함으로써 법안(法眼)이 생겼지만, 그가 궁극의 목적인 열반을 증득한 것으로 보기 어렵다. 열반은 탐(貪)·진(瞋)·치(癡)의 삼독(三毒)이 완전히 소멸된 경지를 의미하기 때문이다. 『율장』의 「대품」에서는 "오라. 비구여, 법은 잘 설해져 있으니, 바르게 괴로움의 끝을 이루기 위해 범행(梵行)을 닦으라"[20]고 설해져 있다. 이것은 꼰단냐가 비로소 법의 눈[法眼]을 뜨게 되었으므로, 이제부터 본격적으로 괴로움을 종식시키기 위해 범행을 닦으라는 것이다. 이를 통해 알 수 있듯이, 비록 다섯 비구들이 붓다의 설법을 듣고 깨달음을 얻었다고 해서 끝이 아니라는 것이다.

'전도선언(傳道宣言)'을 통해서도 초기 아라한들의 경지를 엿

---

20 Vin.I.3.

볼 수 있다. 『상윳따 니까야』의 「빠사-숫따(pāsa-sutta, 올가미경)」(SN4:4)에 "비구들이여, 나는 신들과 인간들의 모든 덫으로부터 벗어났다. 비구들이여, 그대들도 신들과 인간들의 모든 덫으로부터 벗어났다"[21]라는 대목이 나온다. 빨리어 빠사(pāsa)는 '올가미', '덫'이라는 뜻이다. 이 경에 대응하는 『잡아함경』 제39권 제1096경에는 "나는 이미 인간과 천상의 속박에서 벗어났다. 그대들도 인간과 천상의 속박을 벗어났다"[22]고 설해져 있다.

붓다는 60명의 제자들에게 전도의 길을 떠나라고 당부하면서 제일 먼저 "나는 신들과 인간들의 모든 덫으로부터 벗어났다. 그대들도 신들과 인간들의 모든 덫으로부터 벗어났다"[23]고 말했다. 이것은 '전법자의 자격'을 말한 것이다. 즉 붓다의 가르침에 대한 이해와 체험이 갖추어졌음을 의미한다.

이를테면 '신들과 인간들의 모든 덫으로부터 벗어났다'는 것은 붓다시대 바라문의 전변설(轉變說, pariṇāmavāda)과 사문의 적취설(積聚說, ārambhavāda)에서 벗어났음을 상징한 것이다. 바라문의 전변설은 상주론(常住論)이고, 사문의 적취설은 단멸론(斷滅論)이다. 붓다는 연기의 자각을 통해 전변설과 적취설, 혹은 상주론과 단멸론이 진리가 아님을 깨달았던 것이다. 붓다는 자신이 깨달은 내용을 60명의 제자들에게 가르쳤다. 그러자 60명의 제자들도 짧은 기간에 그 이치를 터득했다. 그래서 붓다는 각자 전

---

21 Vin.I.20, "tena kho pana samayena ekasaṭṭhi loke arahanto honti."

22 『잡아함경』 제39권 제1096경(T 2, p.288a), "我已(以)解脫人天繩索, 汝等亦復解脫人天繩索."

23 Vin.I.20.

도의 길을 떠나라고 명령했다.

이런 측면에서 보면 그때 60명의 제자들이 터득한 경지는 그렇게 높은 차원은 아니었던 것 같다. 필자는 초기불교 아라한들의 경지는 '진리에 대한 눈뜸'이라고 본다. 그리고 이러한 깨달음은 한번으로 끝나는 것이 아니고 계속되며 점차 그 깊이를 더하게 된다. 그리하여 최종적으로 아라한과를 증득하게 된다. 그때 비로소 모든 속박으로부터 벗어나게 된다. 이것을 해탈의 완성, 혹은 현세에서의 열반을 실현한 것이라고 한다.

『율장』의 「대품」에는 붓다의 설법을 듣고 깨달음을 얻어 구족계를 받은 제자가 60명이 되었을 때, "그때 이 세상에는 61명의 아라한들이 있었다"[24]고 기록되어 있다. 이것은 붓다도 아라한들 가운데 한 명으로 포함시킨 것이다. 이처럼 초기승가에서는 붓다도 다른 아라한들과 차이가 없음을 알 수 있다. 그러나 점차 후대로 내려오면서 붓다와 다른 아라한들을 구별하기 시작했다. 아라한들은 붓다의 가르침으로 인해 깨달음을 이루었기 때문에 '붓다누붓다(buddhānubuddha)'라는 말이 생기게 되었다.

이상에서 살펴보았듯이 초기불교에서 말하는 깨달음, 즉 아라한의 경지는 선불교에서 말하는 구경각(究竟覺)과는 너무나 큰 차이가 있음을 알 수 있다.

---

24 Vin.I.20, "tena kho pana samayena ekasaṭṭhi loke arahanto honti."

2. 법을 본다는 의미와 점차적 수행

『맛지마 니까야』(MN28)에 "연기를 보는 자는 법을 보고, 법을 보는 자는 연기를 본다"[25]고 했다. 또한 『상윳따 니까야』(SN22:87)에서 붓다는 왁깔리 존자(āyasmā Vakkali)에게 "법을 보는 자는 나[붓다]를 보고, 나[붓다]를 보는 자는 법을 본다"[26]고 설했다. 왁깔리 존자는 이러한 붓다의 설법을 듣고 곧바로 깨달음을 얻었기 때문에 자결했다.[27]

여기서 '본다'는 동사 빳사띠(passati)는 불교의 가르침에서 '철저한 부정의 사고로 내부의 성품이나 본연의 진리를 꿰뚫어 보는 지혜를 지닌다'라는 뜻으로 쓰인다. 그러므로 '진리(법)를 보는'이란 무아(無我)를 이해하는 것이고, '연기를 보는'이란 인과법을 이해하는 과학적 눈뿐만 아니라, 모든 현상들은 상관관계로 이루어져 있다는 사실을 체계적으로 깨우치는 진리의 눈(法眼, dhamma-cakkhu)도 갖추었음을 의미한다.

앞에서 언급했듯이, 붓다는 사성제를 통찰함으로써 '위없는 바른 깨달음'을 이루었다. 하지만 사성제를 실현해 나가는 과정은 사다리를 타고 위로 올라가는 것에 비유되고 있다.[28] 이를테면 괴로움, 괴로움의 원인, 괴로움의 소멸, 괴로움의 소멸에 이

---

25 MN.I.190-191, "yo paṭiccasamuppādaṃ passati so dhammaṃ passati, yo dhammaṃ passati so paṭiccasamuppādaṃ passatī'ti."; 『중아함경』 제10 「象跡喩經」(T 1, p.467a), "若見緣起便見法, 若見法便見緣起."

26 SN.Ⅲ.120, "yo kho dhammaṃ passati so maṃ passati, yo maṃ passati so dhammaṃ passati."; 『증일아함경』 제20권(T 2, p.652c), "若觀法者, 則觀我已."

27 SN.III.119f.

28 SN.V.452f.

르는 길에 대해 차례대로 하나씩 깨달아 나간다. 이처럼 사성제의 깨달음은 단박에 이루어지는 것이 아니라 점진적으로 성취된다는 것이 초기불교의 시각이다.

「끼따기리-숫따(Kīṭagiri-sutta)」(MN70)에 의하면, "비구들이여, 나는 완전한 지혜의 성취가 단 한 번에 이루어진다고 말하지 않는다. 비구들이여, 그와 반대로 점차적으로 배우고 점차적으로 실천하고 점차적으로 닦아 완전한 지혜의 성취가 있게 된다."[29] 이것은 완전한 지혜의 성취, 즉 아라한과는 단 한 번에 이루어지는 것이 아니라는 것을 의미한다. 이와 같이 붓다는 점차적인 닦음에 의해 점진적으로 무르익는 깨달음을 가르쳤다. 그러면 어떻게 점차적으로 배우고 점차적으로 실천하고 점차적으로 닦아 완전한 지혜가 이루어지는가?

> 비구들이여, 여기 스승에 대해 믿음이 생긴 자는 스승을 친견한다. 친견하면서 공경한다. 공경하면서 귀를 기울인다. 귀 기울이면서 법을 배운다. 배우고 나서 법을 호지한다. 호지한 법들의 뜻을 자세히 살펴본다. 뜻을 자세히 살필 때에 법을 사유하여 받아들인다. 법을 사유하여 받아들이기 때문에 열의가 생긴다. 열의가 생길 때에 시도한다. 시도할 때 세밀하게 조사한다. 세밀하게 조사한 뒤 노력한다. 노력할 때 몸으로 최상의 진리를 실현하고 지혜로써 그것을 꿰뚫어본다.[30]

---

29 MN.I.479-480, "nāhaṃ bhikkhave ādiken' eva aññārādhanaṃ vadāmi, api ca bhikkhave anubbasikkhā anupubbakiriyā anupubbapaṭipadā aññārādhanā hoti."

30 MN.I.480, "idha bhikkhave saddhājāto upasaṅkamati, upasaṅkamanto payirupāsati, payirupāsanto sotaṃ odahati, ohitasoto dhammaṃ suṇāti, sutvā

이와 같이 점차적으로 배우고 점차적으로 실천하고 점차적으로 닦아 수행을 완성해 나간다. 초기불교에서 가르치는 깨달음에 대해 임승택 교수는 "사성제를 내용으로 하는 깨달음의 경지는 결코 현실과 유리된 초월적 상태가 아니다. 이것은 붓다의 가르침과 행적을 통해 확인할 수 있는 사실이다. 붓다가 이룬 사성제의 깨달음이란 일상에서 출발하여 한 걸음 한 걸음 실현하여 완성하는 것이다. 따라서 그것은 결코 단박에 성취하였던 것이 아니며 또한 성취하고 나면 그만인 그러한 경지도 아니다. 그것은 탐욕과 집착이 남아있는 한에서 끊임없이 닦아나가야 할 과제로 제시되는 그러한 경지라고 할 수 있다"[31]고 했다. 이것은 초기불교 수행론의 점수적(漸修的) 성격을 잘 표현한 것이라고 할 수 있다.

3. 선정 없는 지혜는 없다

어떤 사람은 선정이 없어도 깨달을 수 있다고 주장한다. 그러나 선정 없는 지혜는 상상할 수도 없다. 초기불교에서 팔정도(八正道)는 수행의 근간이다. 또한 팔정도는 계(戒)·정(定)·혜(慧) 삼

dhammaṃ dhāreti, dhatānaṃ dhammānaṃ atthaṃ upaparikkhati, atthaṃ upaparikkhato dhammā nijjhānaṃ khamanti, dhammanijjhānakhantiyā sati chando jāyati, chandajāto ussahati, ussahitvā tuleti, tulayitvā padahati, pahitatto samāno kāyena c' eva paramaṃ saccaṃ sacchikaroti paññāya ca naṃ ativijjha passati."

31 임승택, 『초기불교: 94가지 주제로 풀다』(서울: 종이거울, 2013), p.30.

학(三學)의 체계로 이루어져 있다. 따라서 불교수행의 핵심은 계 · 정 · 혜 삼학이라고 할 수 있다. 이것은 초기불교에서부터 대승불교에 이르기까지 불교 고유의 전통설이다.

붓다는 선정을 배척하지 않았다. 다만 당시의 수행자들이 수행의 목적을 선정에 두었기 때문에 그것을 비판했을 뿐이다. 즉 목적과 수단이 뒤바뀐 것을 붓다가 지적했을 뿐, 선정 자체를 배척한 것이 아니다. 따라서 선정 없이 깨달음을 이룰 수 있다는 주장은 바른 견해라고 할 수 없다. 불교의 모든 수행은 계 · 정 · 혜 삼학의 체계로 이루어져 있으며, 특히 사마타(samatha, 止)와 위빳사나(vipassanā, 觀)는 동전의 양면과 같다. 따라서 지관겸수(止觀兼修)는 초기불교에서부터 대승불교에 이르기까지 수행의 지남침이 되고 있음을 간과해서는 안 된다.

「마하빠리닙바나-숫따(Mahāparinibbāna-sutta, 大般涅槃經)」(DN16)에 의하면, "이러한 계 · 정 · 혜가 있다. 지계의 실천을 통해 선정의 큰 이익과 과보가 있다. 선정의 실천을 통해 지혜의 큰 이익과 과보가 있다. 지혜의 실천을 통해 마음은 번뇌(āsava), 즉 욕루(欲漏, kammāsavā), 유루(有漏, bhavāsavā), 견루(見漏, diṭṭhāsavā), 무명루(無明漏, avijjāsavā)로부터 해탈하게 된다."[32]

『담마빠다(Dhammapada, 法句經)』 제372게에 의하면, "지혜 없는 자에게 선정이 없고, 선정이 없는 자에게 지혜가 없다. 선

32 DN.II.81, "iti sīlaṃ iti samādhi iti paññā, sīla-paribhāvito samādhi mahāpphalo hoti mahānisaṃso, samādhi-paribhāvita paññā mahāpphala hoti mahānisaṃsa, paññā- paribhāvitaṃ cittaṃ sammad eva āsavehi vimuccati, seyyathīdaṃ kammāsavā bhavāsavā diṭṭhāsavā avijjāsavā ti."

정과 지혜를 갖춘 사람은 열반에 가까이 간다."[33]

이와 같이 지계(持戒)·선정(禪定)·지혜(知慧) 세 가지 중에서 지계가 가장 중요하다. 왜냐하면 도덕적 기초 없이는 어떠한 정신적 발전도 기대할 수 없기 때문이다. 사실 지계는 선정이나 지혜를 얻기 위한 필수적인 전제 조건이다. 그러면 왜 선정이 필요한가? 통일·집중된 정신을 통해 올바른 지혜를 얻기 위함이다. 따라서 선정 그 자체는 목적이 아니다.

그러나 붓다 당시 외도(外道) 중에는 선정을 수행의 최후 목적으로 삼아 선정을 얻으면 그것으로 열반의 이상경에 도달한다고 주장하는 사람들이 있었다. 붓다가 성도 전에 사사(師事)했던 알라라 깔라마(Āḷāra Kālāma)와 웃다까 라마뿟따(Uddaka Rāmaputta)라는 두 선인과 62견(見) 가운데 초선(初禪) 내지 제사선(第四禪)의 선정 그 자체를 열반이라고 주장한 사람들이 이에 속한다. 이들을 주정주의자(主定主義者), 혹은 수정주의자(修定主義者)라고 부른다. 붓다가 알라라 깔라마와 웃다까 라마뿟따를 만나 무소유처정(無所有處定)과 비상비비상처정(非想非非想處定)을 체험했지만, 그들의 곁을 떠났다. 이것은 붓다가 선정이나 수정주의를 버린 것이 아니다. 그들은 선정 수행 자체를 그 목적으로 삼고 있었기 때문이다. 즉 수단과 목적이 뒤바뀐 모순을 극복하기 위해 그들의 곁을 떠났던 것이다. 학자들은 이것을 붓다가 수정주의를 버린 것으로 잘못 해석하지만, 붓다는 결코 선정이나 수정(修定)을 버리지 않았다.

---

33 Dhp.372, "n'atthi jhānaṃ apaññassa paññā n'atthi ajhāyato, yamhi jhānañ ca paññā ca sa ve nibbānasantike."

또한 붓다는 선정이 무익(無益)하다고 말하지도 않았다.[34] 선정의 중요성을 강조한 초기경전은 수없이 많다.

선정은 그 자체가 목적은 아니지만 지혜를 얻기 위한 전제 조건임은 분명하다. 붓다가 보리수 아래에서 연기의 도리를 깨달은 것은 선정의 상태에서였다. 올바른 지혜를 얻기 위해서는 우리의 정신이 통일되어 있지 않으면 안 된다. 얻고자 하는 지혜가 고도로 순수한 것일수록 선정도 극도로 순화되고 통일되어야만 한다. 이와 같이 선정은 올바르고 뛰어난 반야의 지혜를 획득하는 데 꼭 필요할 뿐만 아니라, 이미 얻은 지혜 · 경험을 최고도로 활용하는 데에도 필요한 것이다. 가령 우리가 이미 뛰어난 지혜 · 경험을 얻었다고 해도, 정신이 통일되어 있지 않고 냉철한 마음의 상태를 유지하지 못하면, 그 지혜 · 경험을 충분히 구사할 수가 없게 된다.

따라서 팔정도가 없는 수행은 바른 수행법이라고 할 수 없다. 그리고 깨달았다는 자가 사성제와 연기법을 잘못 이해하거나 존재의 세 가지 특성인 무상 · 고 · 무아의 삼특상(三特相)에 대해 잘못 이해하고 있다면, 그의 깨달음은 한 번쯤 의심해 볼만 하다. 사성제, 연기법, 삼법인에 벗어난 것이라면 붓다의 가르침이 아니기 때문이다. 또한 깨달았다고 하는 자가 아직도 탐 · 진 · 치 삼독에서 벗어나지 못했다면 바르게 수행했다고 볼 수 없다. 불교의 궁극적 목표는 열반의 증득에 있기 때문이다.

---

34 조준호, 「석가모니 붓다는 수정주의(修定主義)를 버렸는가」, 『韓國禪學』 제11호(한국선학회, 2005), pp.193-238 참조.

제12장 초기승가의 조직과 운영 체계[1]

Ⅰ. 머리말

불교는 사꺄무니 붓다(Sakyamuni Buddha)의 깨달음으로부터 시작되었다. 붓다는 괴로움의 문제를 해결하기 위해 출가하여 6년 동안 치열하게 수행했다. 그 결과 그는 마침내 완전한 깨달음을 이루었다. 붓다는 깨달음을 이룬 뒤 자신이 생각하고 있던 이상사회를 실현하기 위해 법(法)을 설하기로 결심했다. 그리하여 최초로 바라나시(Bārāṇasī)에서 다섯 고행자들을 교화시켜 제자로 만들었다. 그때 최초로 '불교승가(Buddhist Saṅgha)'[2]가 성립되었다.

불교승가의 성립은 곧 '불교'라는 종교의 성립을 의미한다. 그때 비로소 종교가 갖추어야 할 기본 요소인 교조[佛] · 교리[法] · 교단[僧]이 완전히 갖추어졌기 때문이다. 이른바 붓다(Buddha, 佛) · 담마(Dhamma, 法) · 상가(Saṅgha, 僧)가 그것이다. 삼보는 불교를 형성하고 있는 가장 기본적이고 근본적인 뼈대이다. 이 가운데 어느 하나라도 빠지면 불교라는 종교는 성립할 수 없다.

---

1 이 글은 몇 년 전에 작성한 미발표 논문이다.

2 불교 외의 다른 단체도 '상가(saṅgha)'라고 불렸기 때문에 그것을 구별하기 위해 불교학자들은 일반적으로 'Buddhist Saṅgha'로 표기한다.

그런데 삼보 중에서 붓다와 담마는 변함이 없지만, 상가는 시간과 공간에 따라 변화한다. 그러면서도 셋 가운데 상가가 가장 중요하다. 왜냐하면 상가가 없으면 붓다와 담마를 보존할 수 없기 때문이다. 그러면 붓다는 상가를 통해 무엇을 이루고자 했는가? 붓다는 상가를 통해 '평화(열반)'을 실현하고자 했다.[3] 따라서 상가는 '화합'을 바탕으로 평화를 실현하는 불교공동체이다.

'상가'라는 용어는 붓다시대 이전부터 사용되고 있었다. 정치 단체는 물론 상공업자의 조합 등을 나타내는 용어로도 사용되었다. 그런데 붓다시대의 다른 종교단체에서도 이 용어를 차용하여 사용했다. 붓다도 '상가'라는 용어를 불교공동체의 명칭으로 차용하여 사용했다. 그때 단순히 '상가'라는 명칭만 차용한 것이 아니라 상가의 단체조직이나 운영방법, 의사결정의 방법 등도 차용한 것으로 추정하고 있다.[4]

이 장에서는 초기승가의 조직과 운영 체계에 대해 살펴보고자 한다. 먼저 초기승가의 성립에 대해 살펴보고, 이어서 초기승가의 조직 체계에 대해 살펴본 다음, 마지막으로 초기승가의 운영 체계에 대해 살펴볼 것이다. 특히 이 장에서는 불교승가의 궁극의 목적인 '평등'과 '평화'에 초점을 맞춰 논의를 전개하고자 한다.

---

3 平川彰, 석혜능 옮김, 『원시불교의 연구』(서울: 민족사, 2003), p.6.

4 平川彰, 『원시불교의 연구』, p.28 참조.

II. 초기승가의 성립

1. 교단과 승단의 차이

불교공동체 혹은 불교교단은 크게 두 집단, 즉 빅쿠(bhikkhu, 比丘)와 빅쿠니(bhikkhunī, 比丘尼)로 이루어진 출가자 집단과 우빠사까(upāsaka, 優婆塞, 淸信士)와 우빠시까(upāsikā, 優婆夷, 淸信女)로 이루어진 재가자 집단으로 구성되어 있다. 전자의 출가자 집단을 '상가(Saṅgha, 僧伽 혹은 僧團)'라고 부르고, 후자의 재가자 집단을 '빠리사(parisā, 衆)'라고 부른다. 두 집단을 통틀어 '짜뚜-빠리사(catu-parisā, 四衆)'[5] 혹은 '짜땃소-빠리사(catasso-parisā, 四衆)'[6]라고 부른다.

이와 같이 빠리사(parisā, 衆)와 상가(saṅgha, 僧)는 전혀 다른 용어이다. '빠리사'는 불교교단(佛敎敎團, Buddhist Community)을 가리키고, '상가'는 불교승단(佛敎僧團, Buddhist Order)을 가리킨다. 그런데 빨리어 상가(saṅgha)를 한역에서 '중(衆)'으로 번역하는 경우가 많았다. 한역 불전에서 '비구중(比丘衆)'이라고 번역한 경우에도 그 원어를 조사해 보면 비구(Sk. bhikṣu)의 복수인 경우도 있지만, 비구승가(Sk. bhikṣu-saṃgha)인 경우도 있다.[7] 이 때문에 중(衆, parisā)과 승(僧, saṅgha)을 혼동하게 되었던 것이다.

---

5 A. P. Buddhadatta, Concise Pali-English Dictionary, Delhi: Motilal Banarsidass, 1989, p.101, "catu-parisā, f. the fourfold assembly, viz. monks, nuns, laymen, and laywomen."

6 AN.IV.166.

7 平川彰, 『원시불교의 연구』, p.67

지금도 많은 사람들은 교단과 승단을 혼동하고 있다.[8] 교단은 출가자 집단과 재가자 집단 모두를 포함하는 넓은 개념이지만, 승단은 출가자 집단만을 일컫는 좁은 개념이다. 이른바 '짜뚜빠리사(catuparisā)'는 교단을 의미하고, '상가(saṅgha)는 승단을 의미한다.

'빠리사(parisā, Sk. pariṣad)'는 pari(주위에)+√sad(*to sit*)에서 파생된 여성명사이다. 영어로는 company(집단), assembly(會衆), association(會) 등으로 번역된다.[9] 한문으로는 중(衆), 중회(衆會), 회중(會衆) 등으로 번역된다.[10] 그런데 '짜뚜빠리사(catuparisā)'는 '네 가지 회중(會衆)', 즉 사중'(四衆, catu-parisā) 혹은 사부대중'(四部大衆, catasso-parisā)으로 번역된다.

'짜뚜빠리사(catuparisā)'는 빅쿠-빠리사(bhikkhu-parisā, 比丘衆), 빅쿠니-빠리사(bhikkhunī-parisā, 比丘尼衆), 우빠사까-빠리사(upāsaka-parisā, 優婆塞衆), 우빠시까-빠리사(upāsikā-parisā, 優婆夷衆)를 말한다. 『앙굿따라 니까야(Aṅguttara Nikāya, 增支部)』(AN8:8)에 "인간들 가운데는 '네 가지 회중(catasso parisā, 四衆)'이 있다. 즉 비구들(bhikkhū), 비구니들(bhikkhuniyo), 우바새들(upāsakā), 우바이들(upāsikāyo)이다."[11]라는 대목이 나온다. 따라서 '짜뚜빠리사'는 분명히 비구 · 비구니 · 우바새 · 우바이를 의미한다. 이러한 용례는 다른 곳에서도 발견된다.

---

8 김재영, 『초기불교의 사회적 실천』(서울: 민족사, 2012), pp.80-98 참조.

9 A. P. Buddhadatta, Concise Pali-English Dictionary, p.175.

10 水野弘元, 『パーリ語辭典』 二訂版(東京: 春秋社, 1981), p.182.

11 AN.IV.166, "manussesu catasso parisā bhikkhū bhikkhuniyo upāsakā upāsikāyo."

> 비구들이여, 아난다에게는 네 가지 경이롭고 놀라운 법이 있다. 무엇이 넷인가?
>
> 비구들이여, 만일 비구 회중이(비구니 회중이, 청신사 회중이, 청신녀 회중이) 아난다를 보기 위해서 다가가면 보는 것으로 그들은 마음이 흡족해진다. 만일 거기서 아난다가 법을 설하면 가르침으로 그들은 마음이 흡족해진다. 만일 아난다가 침묵하고 있으면 비구 회중은(비구니 회중은, 청신사 회중은, 청신녀 회중은) 흡족해 하지 않는다.[12]

이와 같이 초기불교교단에서는 비구 · 비구니 · 우바새 · 우바이라는 '사중(四衆)'이 실제로 존재하고 있었다. 이러한 조직은 이미 붓다시대부터 확립되어 있었던 것으로 보인다. 『Dīgha Nikāya(長部)』 제4장 「소나단다-숫따(Soṇadaṇḍa-sutta, 種德經)」에 "존자들이여, 참으로 사문 고따마께서는 '사부대중'으로부터 존경받고 존중되고 숭상되고 공경됩니다"[13]라는 대목이 나온다.

그러나 '사중(四衆)' 가운데 승단은 오직 빅쿠-빠리사(比丘衆)와 빅쿠니-빠리사(比丘尼衆)만을 의미한다. 그런데 상가(saṅgha) 속에 우바새(청신사)와 우바이(청신녀)가 포함된다고 주장하는 학자들도 있다. 에띠엔 라모뜨(É. Lamotte, 1903-1983)는 "상가 혹은 불교공동체는 비구 · 비구니 · 우바새 · 우바이의 네 가지 회중[四衆, pariṣad]으로 구성되어 있다"[14]고 말했다. 그는 상가가 곧 불교공

---

12 AN.II.132.

13 DN.I.116, "samaṇo khalu bho Gotamo catunnaṃ parisānaṃ sakkato garukato mānito pujito apacito."

14 É. Lamotte, *History of Indian Buddhism*, (Louvain: Peeters Press, 1988), p.54, "The Saṃgha or Buddhist community consists of four assemblies *(pariṣad)*: mendicant

동체 혹은 불교교단이라고 이해한 것 같다. 왜냐하면 '상가'가 불교교단을 가리키는 고유명사로 사용된 용례도 발견되기 때문이다.[15]

그러나 초기불교교단에서는 '상가'에 재가자가 포함되지 않았던 것은 거의 확실하다. 초기경전이나 율장에 빅쿠상가(bhikkhu-saṅgha)와 빅쿠니상가(bhikkhunī-saṅgha)라는 용례는 나타나지만, 우빠사까상가(upāsaka-saṅgha)와 우빠시까상가(upāsikā-saṅgha)라는 용어 자체가 발견되지 않기 때문이다. 히라카와 아키라(平川彰, 1915-2002)는 "불교에서 상가라고 하면 불교 교단을 가리키는 것이고, 그 가운데에는 불교도(佛教徒) 모두를 포함한다고 생각하기 쉽다. 물론 현재 불교에 있어서 그렇게 생각하는 것은 자유이지만, 원시불교시대부터 상가가 그러한 구조를 가지고 있었다고 생각하는 것은 옳지 못하다"[16]고 지적했다. 또한 그는 "율장에서 다루고 있는 '비구승가'와 '비구니승가'에 재가신자가 포함되어 있지 않다고 하는 것은 그 명칭에서 보아도 분명한 것이다"[17]라고 결론지었다.

사실 불교의 이상적인 공동체는 '사부대중(四部大衆)'이다. 그러나 "역사적으로 사부대중을 포괄하는 실체적이며 총체적인 불교도 공동체가 유기적으로 작동한 사례를 찾아보기 어렵

---

monks (*bhikṣu*), nuns (*bhikṣunī*), laymen (*upāsaka*) and laywomen (*upāsikā*)."

15 아소까의 석주법칙(石柱法勅) 제7장에 나오는 '상가'는 불교교단을 가리키는 고유명사로 사용되었다. 平川彰, 『원시불교의 연구』, p.75 참조.

16 平川彰, 『원시불교의 연구』, p.59.

17 平川彰, 『원시불교의 연구』, pp.59-60.

다."[18] 불교사를 통해 알 수 있듯이,[19] 불교교단은 붓다 재세시(在世時)는 물론 불멸후에도 상가(승단)가 주도적으로 이끌어왔다. 불교는 처음부터 출가자 중심으로 교단이 운영되었고, 재가자는 수행과 교화에만 전념할 수 있도록 승단을 보호하고 후원하는 역할을 담당해 왔기 때문이다. 붓다시대에는 "일반 사람들이 수행 집단에 관여하지 않고, 뒤에서 묵묵히 그들의 수행을 도우면서 그들이 증득한 진리를 듣는 것에 그쳤다"[20]고 볼 수 있다. 그러나 나중에 교단이 점차 확대되면서 사중(四衆) · 오중(五衆) · 칠중(七衆)이라는 술어가 생겨나게 되었다.

2. 승가의 성립과 구족계

기원전 6세기 인도에서 불교승가(Buddhist Saṅgha)가 성립되기 이전에 이미 '빠릿바자까(paribbājaka, Sk. parivrājaka)'라고 불렸던 유행자(遊行者) 혹은 편력자(遍歷者)들의 집단이 존재하고 있었다.[21] 이러한 유행자 집단은 크게 두 가지 계통으로 분류할 수 있다. 하나는 바라문(婆羅門, brāhmaṇa) 계통이고,[22] 다른 하나는

18 김재영, 『초기불교의 사회적 실천』, p.83.

19 P. V. Bapat ed., *2500 Years of Buddhism*, Delhi: Publication Division, Ministry of Information and Broadcasting, Government of India, 1959, 참조.

20 李太元, 『초기불교 교단생활』(서울: 운주사, 2000), p.17.

21 T. W. Rhys Davids, *Buddhist India*, New Delhi: Motilal Banarsidass, 1971, p.141.

22 빠니니(Pāṇini, iv. 3. 110)에 의하면, Karmandinas와 Pārāsāriṇas라는 두 개의 바라문 교단이 있었다고 한다. 리스 데이빗은 Majjhima-nikāya vol. III, p.298에 나오는 Pārāsariya 바라문은 두 번째 집단의 개조(開祖)이거나 계승자(繼承者)일 것

사문(沙門, śramaṇa) 계통이다. 불교승가와 당시의 육사외도(六師外道)들은 사문 계통에 속한다. 어느 집단에 속한 유행자 혹은 은둔자(隱遁者)이든 집을 나와 유행하면서 금욕적인 생활을 하면서 수행했다는 공통점을 갖고 있다. 그러나 그들이 속한 집단에 따라서 견해는 분명히 달랐다. 붓다도 당시 이러한 유행자들의 전통에 따라 출가하여 수행했다.

그런데 불교승가는 '석자사문(釋子沙門, Sākyaputtīya Samaṇa)'이라고 불리기도 했다. 당시의 다른 유행자 집단도 '상가'라고 불렸다. 자이나교의 집단은 '니간타(Nigaṇṭha, 尼乾陀)'라고 불렸는데, '족쇄에서 벗어남[離繫]'이라는 뜻이다. 그리고 '생계 수단을 위한 사람들'이라는 뜻을 가진 '아지와까(Ājīvaka, 邪命外道)'[23]라는 집단도 있었다. '니간타'와 '아지와까'는 불교승가보다 먼저 성립되었다.[24]

붓다는 깨달음을 이루고 처음에는 법을 설할 생각이 없었다. 그러나 범천의 권청을 받고 법을 설하기로 결심했다. 그는 제일 먼저 바라나시로 가서 꼰단냐(Koṇḍañña), 밥빠(Vappa), 밧디야(Bhaddiya), 마하나마(Mahānāma), 앗사지(Assaji) 등 다섯 고행자들에게 법을 설했다. 붓다의 가르침을 듣고 제일 먼저 꼰단냐가 깨달음을 이루었다.[25] 그때 꼰단냐는 "대덕이시여, 저는 세존

이라고 말했다. T. W. Rhys Davids, *Buddhist India*, p.144.

23 Ājīvaka는 Ājīvika라고도 하는데, 생계를 유지하기 위해 출가한 자들이기 때문에 활명자(活命者), 사명자(邪命者), 사명외도(邪命外道)로 번역된다.

24 T. W. Rhys Davids, *Buddhist India*, p.143.

25 Vin.I.11

께 출가하여 구족계(具足戒, upasampadā)를 받고자 합니다"[26]라고 말했다. 그러자 붓다는 "오라. 비구여!(ehi bhikkhu, 善來比丘) 법은 잘 설해져 있으니, 바르게 괴로움의 끝을 이루기 위해 범행(梵行)을 닦으라. 이것이 사실 이 존자의 구족계였다"[27]고 기록되어 있다. 이것이 역사상 최초의 '선래비구구족(善來比丘具足, ehi-bhikkhu-upasam padā)'이다.

비록 붓다로부터 가르침을 받아 깨달음을 이루었더라도 반드시 구족계를 받아야만 한다. 그래야 상가의 구성원이 된다. 제자가 구족계를 받는 것은 상가 성립의 가장 기본적인 절차이다. 이어서 밥빠, 밧디야, 마하나마, 앗사지 등도 같은 방식으로 구족계를 받았다.[28] 그때 비로소 '상가'가 형성되었다. 왜냐하면 율(律)에서 상가의 최소 단위는 4명이기 때문이다. 따라서 다섯 비구가 모두 구족계를 받았기 때문에 당연히 상가가 성립된 것으로 보아야 한다.

그러나 『율장』에서는 상가 성립에 관한 언급은 없다. 다만 "그때 세간에 여섯 명의 아라한이 있었다"[29]고만 기록되어 있다. 그런데 야사(Yasa)를 찾아 나섰던 야사의 아버지가 붓다의 가르침을 듣고, 그 자리에서 삼귀의를 외우고 최초로 재가신자가 되었다. 『율장』에서는 "이와 같이 그는 삼귀의를 외움으로써 이 세

---

26 Vin.I.12.

27 Vin.I.13: "ehi bhikkhū 'ti bhagavā avoca, svākkhāto dhammo, cara brahmacariyaṃ sammā dukkhassa antakiriyāyā 'ti. sā 'va tassa āyasmato upasampadā ahosi."

28 Vin.I.13.

29 Vin.I.14, "tena kho pana samayena cha loke arahanto honti."

상에서 첫 번째의 우바새가 되었다"[30]라고 기술되어 있다. 이로 미루어 다섯 비구가 구족계를 받았기 때문에 이미 '상가'가 성립되어 있었던 것이다.[31] 율의 편찬자들도 이것을 명확히 인식하고 있었던 것으로 보인다.[32]

그 뒤 야사(Yasa)도 구족계를 받아 붓다의 여섯 번째 제자가 되었다.[33] 이어서 야사의 친구, 즉 위말라(Vimala), 수바후(Subāhu), 뿐나지(Puṇṇaji), 가왐빠띠(Gavampati)[34] 등도 똑같은 방식으로 구족계를 받아 상가에 합류했다.[35] 또한 야사의 친구였던 50명의 젊은 귀족의 자제들도 똑같은 방식으로 구족계를 받아 상가에 합류했다.[36] 『율장』에는 "그때 이 세상에는 61명의 아라한들이 있었다"[37]고 기록되어 있다.

그때 붓다는 60명의 제자들에게 전도의 길을 떠나라고 명령했다. 이것이 저 유명한 '전도선언(傳道宣言)'이다.[38] 그런데 제자들이 교화를 하게 되면 출가를 원하는 자에게 구족계를 줄 수 있

---

30 Vin.I.16-17, "so 'va loke paṭhamaṃ upāsako ahisi tevāciko."

31 I. B. Horner는 이 부분을 영어로 번역하면서 dvevācika(二歸依) 대신 tevācika(三歸依)가 삽입된 것에 주목하여, 삼귀의에 bhikkhusaṃgha(比丘僧伽)가 포함된 것으로 보았다. 또한 그녀는 다섯 명의 비구가 붓다의 제자가 되었을 때, 이미 상가가 형성된 것으로 간주하고 있다. I. B. Horner, tr., *The Book of the Discipline (Vinayapiṭaka)*, London: PTS, 1982, vol. Ⅳ, p.24.

32 平川彰, 『원시불교의 연구』, p.90.

33 Vin.I.17-18.

34 가왐빠띠(Gavampati)에 대해서는 니까야의 두 군데(DN.Ⅱ.356; SN.V.436)에 언급되어 있다.

35 Vin.I.18-19.

36 Vin.I.20.

37 Vin.I.20, "tena kho pana samayena ekasaṭṭhi loke arahanto honti."

38 Vin.I.20-21; SN.Ⅰ.105-106.

어야만 한다. 그래야 상가를 확대시킬 수 있기 때문이다. 붓다는 '선래비구구족'에 의해 상가에 합류시켰지만, 제자들은 그렇게 할 수가 없었다. 그래서 새로운 구족계 의식이 제정되었다. 그것이 바로 '삼귀의에 의한 구족계(tīhi saraṇagamanehi upasampadā)' 의식이다.[39]

제자들이 전도를 떠난 뒤, 붓다는 다시 마가다(Magadha)국의 우루웰라(Uruvalā)로 돌아왔다. 그때 붓다는 우루웰라의 숲속에서 유흥을 즐기고 있던 30명의 젊은이들을 교화시켰다. 그들은 붓다로부터 '오라. 비구들이여!(etha bhikkhavo)'라는 구족계를 받고 상가에 합류했다.[40] 그런 다음 깟사빠(Kassapa, 迦葉) 삼형제와 그들의 추종자를 교화시켜 상가에 합류시켰다. 이른바 우루웰라깟사빠(Uruvelakassapa)와 그의 제자 500명, 나디깟사빠(Nadīkassapa)와 그의 제자 300명, 가야깟사빠(Gayākassapa)와 그의 제자 200명이었다. 이들을 동시에 개종시킨 것은 큰 사건이었다. 특히 "우루웰라깟사빠는 500명의 결발(結髮, jaṭila) 수행자들의 지도자(指導者, nāyaka)이고, 교도자(敎導者, vināyaka)이며, 최상자(最上者, agga)이고, 상수자(上首者, pāmokkha, 最上)였다."[41] 그러한 최고의 종교 지도자를 개종시킴으로써 붓다의 명성은 크게 드높아졌다.

그 후 마가다국의 라자가하(Rājagaha, 王舍城)에서 산자야(Sañjaya)의 제자였던 사리뿟따(Sāriputta)와 목갈라나(Moggallāna)

---

39 Vin.I.22.

40 Vin.I.23-24.

41 Vin.I.24.

가 붓다의 제자가 되었다. 이어서 산자야의 제자 250명도 불교로 개종했다. 그들은 모두 붓다로부터 '오라. 비구들이여!'라는 구족계를 받고 상가에 합류했다.[42] 『율장』의 「대품」에서는 여기까지만 언급되어 있다.

이와 같이 초기의 구족계 의식은 매우 간소했다. 구족계 의식은 개종하는 사람이 단수(singular)인지 혹은 복수(plural)인지에 따라서 '오라, 비구여!(ehi bhikkhu)' 혹은 '오라, 비구들이여!(etha bhikkhavo)'라는 오직 두 단어로 된 붓다의 환영사뿐이었다. 이 환영사가 끝나고 나면 곧바로 그들은 '비구' 혹은 '비구들'이 되었다. 그 뒤 불교승가에 안내하는 별도의 정식 절차도 없었다.[43] 당시는 불교승가 뿐만 아니라 모든 빠립바자까(paribbājaka, 遊行者)라면 모두 사의법(四依法, cattāri nissayā)에 의해 생활해 왔기 때문이다. 특히 이미 유행자로 생활하다가 불교로 개종한 사람들에게는 굳이 별도의 설명이 필요하지 않았다.

이런 과정을 거쳐 초기승가가 형성되었지만, 그들 모두를 수용할 수 있는 시설, 즉 승원(vihāra)을 갖춘 상태는 아니었다. 『율장』의 「대품」에 의하면, 붓다의 재가신자가 된 마가다국의 빔비사라(Bimbisāra) 왕이 자신의 대나무 동산, 즉 웰루와나(Veḷuvana, 竹林)를 붓다와 상가에 기증하여 비구들이 머물 수 있도록 배려해 주었다. 이것이 최초의 불교사원이다.[44]

---

42 Vin.I.43.

43 K. L. Hazra, *Constitution of the Buddhist Sangha*, Delhi: B. R. Publishing co., 1988, p.83.

44 K. L. Hazra, *Constitution of the Buddhist Sangha*, p.83.

그러나 우기(雨期) 3개월 동안은 유행하기가 어려웠다. 이 기간은 유행을 잠시 중단하고 일정한 장소에 머무는 것이 유행자 집단의 공통된 관습이었다. 비구들은 걸식(乞食)으로 생활해야 했기 때문에 그들이 정착한 주거지[定住處]는 도시나 시골이었다. 그리하여 "안거(安居, vassa)를 위한 두 가지 형태의 정주지(定住地), 즉 주처(住處, āvāsa)와 원(園, ārāma)이 생겨나게 되었다. 처음에는 주처도 원도 안거 중의 일시적 정주처에 불과했지만, … 얼마 지나지 않아서 주처와 원은 반영구적인 정주처(定住處)의 성격으로 변하게 되었다."[45] 이와 같이 초기불교교단은 유행생활(遊行生活)에서 점차 정주생활(定住生活)로 바뀌어가게 되었다. 그 때문에 새로운 규정들이 제정되었다.

III. 초기승가의 조직 체계

1. 승가의 이중구조

불교승가는 현전승가(現前僧伽, sammukhībhūta-saṅgha)와 사방승가(四方僧伽, cātuddisa-saṅgha)의 이중구조(二重構造)로 이루어져 있다. 현전승가는 '지금 여기에' 성립되어 있는 승가를 말한다. 이 승가는 '지금'과 '여기에'라는 두 가지 조건에 의해 한정되어 있다.[46] '지금'이라는 시간은 '현재'를 뜻하고, '여기에'라는 공간은 '이

---

45 佐々木教悟 外, 권오민 역, 『인도불교사』(서울: 경서원, 1985), pp.51-52.

46 平川彰, 『원시불교의 연구』, p.313.

지방'을 의미한다. 따라서 현전승가는 시간적인 '현재'와 공간적인 '이 지방'에 한정되어 있다. 만일 이러한 시간적 · 공간적 제한을 두지 않으면 한 단위의 '승가'라는 단체가 형성될 수 없다. 그러므로 승가가 하나의 단위로서 활동하기 위해서는 무제한적으로 넓혀갈 수 없다. 특정한 지역적 한계 속에 비구들이 모여서 하나의 승가를 형성하게 된다. 따라서 과거에 있었거나 미래에 올 승려들은 현전승가에 포함되지 않고, 또 포함될 수도 없다.[47]

반면 사방승가는 현전승가와 같이 '지금, 여기에'라는 한정이 없는 승가를 말한다. 사방승가를 다른 말로 '이래당래사방승가(已來當來四方僧伽, āgatānāgata- cātuddisa-saṅgha)'라고 부른다. 이것은 '이미 와 있는(已來, āgata) 혹은 '미래에 올(當來, anāgata)' 승가라는 뜻이다. 다시 말해서 사방승가는 공간적으로 확대될 뿐만 아니라 시간적으로도 미래에까지 확대되는 승가를 말한다. 이와 같이 사방승가는 공간적으로나 시간적으로 한계가 없으므로 무한정으로 확대되는 승가이다. 여기에는 미래의 비구 · 비구니들도 포함된다.[48] 사방승가는 한마디로 시간과 공간의 한계를 초월한 승가를 말한다.[49]

사방승가는 시간적으로나 공간적으로 한계가 없기 때문에 구체적으로 파악할 수 없는 이념적인 성격이 강하다. 하지만 사방승가는 현전승가의 기반이 되고 있다. 사방승가는 승가의 재산을 소유하는 주체가 되기도 한다. 현전승가가 활동하기 위해

---

47 平川彰, 『원시불교의 연구』, p.313.

48 平川彰, 『원시불교의 연구』, pp.333-334 참조.

49 平川彰, 『원시불교의 연구』, p.334.

서는 반드시 그 기반이 되는 사방승가가 존재해야만 한다. 그렇지 않으면 현전승가의 기능을 다할 수 없게 된다.[50] 현전승가와 사방승가의 관계에 대해 히라카와 아키라(平川彰)는 다음과 같이 말했다.

> 현전승가만으로는 상가의 모든 성격을 나타낼 수 없다. 그렇다고 사방승가만으로도 상가의 기능을 바르게 표명할 수 없다. 활동하는 상가는 시간적으로도 공간적으로도 한정된 현전승가이다. 그러나 현전승가가 활동하기 위해서는 활동의 장이 되고 모태가 되는 보다 깊은 상가가 필요하다. 그것이 사방승가이다.[51]

사방승가에 관한 기록은 빨리 문헌과 비문[52]에서도 발견된다. 빨리 『율장』의 「대품」[53]과 「소품」[54]에 언급되어 있다. 또한 『Dīgha Nikāya(長部)』의 제5 「꾸따단따-숫따(Kūṭadanta-sutta, 究羅檀頭經)」에 "바라문이여, 사방승가를 위해서 승원을 짓는 것이오"[55]라는 대목이 나온다. 이 경에서 승원을 짓는 것은 미래에 올 사방승가를 위한 것임을 분명히 밝히고 있다.

이와 같이 사방승가와 현전승가는 전체와 부분의 유기적인

---

50 平川彰, 『원시불교의 연구』, pp.313-314.

51 平川彰, 『원시불교의 연구』, p.334.

52 S. Dutt, *Early Buddhist Monachism*, New Delhi: Munshiram Manoharlal Publishers, 1996, pp.67-68 참조.

53 Vin.I.305.

54 Vin.II.147; Ⅱ.164.

55 DN.I.145: "yo kho brahmaṇa cātuddisaṃ saṃgha uddissa vihāraṃ karoti."

관계일 뿐만 아니라 상호보완적인 관계를 갖고 있다. 그러면 왜 붓다는 사방승가의 개념을 도입했는가? 그것은 '단위 승가의 범위를 정하기 위한 것'으로 보인다. 만일 지역이 너무 광범위하면 전체 비구가 한 자리에 모일 수 없게 된다. 승가에서 실시하는 모든 갈마는 전원 참석을 원칙으로 하고 있기 때문에 한계를 정하지 않을 수 없다. 그래서 현전승가를 구성하기 위해서는 제일 먼저 경계(境界, sīmā)를 정해야 하는 것이다.

경계(境界)를 정하는 기준은 그 주처(住處, āvāsa)의 비구들이 집합하는데 어려움이 없어야 한다. 그래서 붓다는 "비구들이여, 3 요자나(yojana, 由旬)를 최대로 하여 경계를 규정하는 것을 허락한다"[56]고 규정했다. 이렇게 형성된 승가가 바로 현전승가이다. 이러한 현전승가는 지역별로 점차 확장되어 나간다.

한편 현전승가는 빅쿠상가(bhikkhu-saṅgha, 比丘僧伽)와 빅쿠니상가(bhikkhunī-saṅgha, 比丘尼 僧伽)로 구분한다. 이것은 두 '상가'가 동등한 입장이라는 뜻이다. 비록 비구니승가가 비구승가보다 나중에 성립되었지만, 그렇다고 해서 비구승가에 종속되었던 것은 아니다. 붓다 재세시에는 비구승가와 비구니승가가 동등한 입장에서 상호 불가침의 영역으로 분리되어 있었다. 그러나 나중에 비구니승가가 자력으로 갈마와 설계를 할 수 없는 단계에 이르렀을 때, 비구승가에서 지원해 준 흔적은 도처에서 발견할 수 있다. 이에 대해서는 생략한다.

---

56 Vin.I.106; 『五分律』 제18권(T 22, p.124a); 『摩訶僧祇律』 제8권(T 22, p.295c)에서는 '삼유순(三由旬)'으로 되어 있다. 그러나 다른 이설(異說)도 있다.

2. 바라제목차에 의한 승단 통제

그러면 현전승가는 어떤 체계로 조직되어 있는가? 결론부터 말하면 현전승가는 바라제목차로 조직되어 있다. 바라제목차(波羅提木叉)의 원어는 빨리어 '빠띠목카(pātimokkha, Sk. prātimokṣasūtra)'이다. 빨리 『율장』의 「포살건도(布薩犍度)」에서 "빠띠목카(pātimokkha)란 곧 처음(ādi)이고 얼굴(mukha)이며, 모든 선법(善法)의 으뜸(pamukha)이다. 이로부터 빠띠목카라고 한다"[57]라고 풀이하고 있다. 하지만 '빠띠목카'의 어원은 불분명하며, 이 말이 원래 어떠한 의미를 가지고 있었는지에 대해서는 정확하게 알 수 없다. 다만 "이것은 율의 각 조문, 즉 '학처(學處, sikkhāpada, Sk. śikṣāpada)'를 뭉뚱그려 놓은 문헌을 가리키는 말임이 분명하다."[58]

좀 더 정확히 말하면, "바라제목차는 비구·비구니의 계율 조문을 모은 것을 가리키는 것인데, 넓은 의미로는 비구·비구니계의 조문을 모은 것뿐만 아니라, 정학녀의 육법계(六法戒)와 사미·사미니의 십계(十戒), 우바새·우바이의 오계(五戒), 나아가서 신자의 팔재계(八齋戒) 등 여덟 가지의 각각을 모두 '바라제목차'라고 한다. 따라서 '이백오십계'보다도 '바라제목차'쪽이 의미가 더 넓은 점이 있다."[59]

비유하자면, 바라제목차는 국가의 헌법, 법인의 정관, 단체의

---

57 Vin.I.103.

58 平川彰, 박용길 역, 『율장 연구』(서울: 土房, 1995), p.449.

59 平川彰, 『二百五十戒の研究』(東京: 春秋社, 1993), p.3.

회칙과 같은 것이다. 모든 단체의 구성원들은 그 단체가 정한 규정을 따라야 한다. 불교승가도 마찬가지이다. 승가의 구성원이라면 누구나 반드시 지켜야 한다. 한마디로 불교승가는 바라제목차를 근거로 조직된 수행 공동체이다.

최초기의 불교승가는 오직 붓다가 설한 '담마(dhamma, 法)'에 의존하였을 뿐, 특별한 '위나야(vinaya, 律)'을 갖고 있지 않았다.[60] 그러나 불교승가의 규모가 확대되면서 '빠띠목카(pātimokkha, 波羅提木叉)'를 제정하지 않을 수 없게 되었다.[61] 이것은 '상가(Saṅgha)'의 본래 목적인 '평등'과 '평화'를 실현하기 위함이었다.

그러나 최초기의 불교승가는 바라제목차에 의해 생활하지 않았다. 최초기의 불교승가는 붓다의 가르침인 법(法)에 따라 당시 유행자들의 삶의 방식이었던 사의법(四依法, cattāri nissayā)에 의해 생활했다. 그러나 다양한 계급에서 출가한 자들이 tmd가에 합류하여 생활하면서 공동체 내부의 화합을 깨뜨리는 사건들이 발생하게 되었다. 그래서 붓다는 그러한 문제점들을 해결하고, 앞으로는 똑같은 사건이 재발하지 않도록 미연에 방지하기 위해 율(律)을 제정하게 되었다. 붓다 입멸 후에는 붓다의 법(法)과 율(律)이 절대적 기준이 되었다.

사실 불교승가는 자발적인 모임이다. 누구의 강요에 의해 모인 집단이 아니다. 그러나 많은 사람들이 모인 집단인 이상, 모든 사람의 생각이 똑같을 수는 없다. 서로 의견이 다를 수 있고, 다른 사람에게 폐를 끼치는 행위를 하는 사람도 있었다. 이것을

---

60 S. Dutt, *Early Buddhist Monachism*, p.70.

61 K. L. Hazra, *Constitution of the Buddhist Sangha*, p.82.

방지하기 위해서는 강제적인 규칙을 시설할 필요가 있었다. 만일 승가의 구성원들이 제멋대로 생활한다면 공동생활의 질서를 유지할 수 없으며, 단체생활을 원활하게 운영할 수도 없다. 따라서 비구들의 의식주에 관한 제반 사항의 규칙을 제정하지 않으면 안 되었다. 이러한 필요성에 의해 여러 규정들이 제정되었던 것이다.[62]

'율(律, vinaya)'이란 승가의 규칙을 가리킨다. 율을 제정하게 된 이유는 『율장』의 '십리(十利, dasa-atthavaso)'에 나타난다. "비구들이여, 이러한 까닭으로 나는 십리(十利)에 연(緣)하여 비구들을 위해 학처(學處, sikkhāpada)를 제정해야 한다."[63] 즉 제계(制戒)의 이유를 밝힌 것이다. '십리'의 내용은 다음과 같다.

첫째는 '상가를 도와주기 위함'이다. 즉 상가를 단결시키고, 질서를 유지할 목적으로 율이 제정되었다. 둘째는 '상가를 기쁘게 하기 위함'이다. 셋째는 안락주(安樂住)를 위함'이다. 율의 규정을 따름으로써 구성원이 안심하고 수행할 수 있다. 넷째는 '악인을 조복하기 위함'이다. 상가에 악인이 나오면 본인의 수행을 파괴할 뿐만 아니라 다른 구성원들에게 폐를 끼치게 된다. 또한 세상 사람들로부터 비난을 받게 됨으로써 상가의 명예를 더럽힐 수 있다. 그것을 막기 위해 율이 제정되었다.

다섯째는 '유참괴자(有慚愧者)는 안락주(安樂住)를 얻게 하기 위

---

62 平川彰, 『원시불교의 연구』, p.248.

63 Vin.III.21; 『오분율』 제1권(T 22, p.3b-c); 『마하승기율』 제1권(T 22, p.228c); 『사분율』 제1권(T 22, p.570c); 『십송율』 제1권(T 23, p.1c); 『근본설일체유부비나야』 제1권(T 23, p.269b).

함'이다. 여섯째는 '불신자(不信者)를 믿게 하기 위함'이다. 일곱째는 '이신자(已信者)의 믿음을 증대하게 하기 위함'이다. 상가가 계율에 의하여 품위를 가지고 수행하면 세간의 사람들은 상가를 존경하고 믿음을 증대하기 때문이다. 믿음을 일으키기 전의 사리뿟따(Sāriputta)는 앗사지(Assaji) 비구의 위의가 엄중함을 보고 입문을 결심하게 되었다. 율 속에는 엄격한 행의작법(行儀作法)도 규정되어 있고, 도덕적으로 청정한 행위를 하는 것과 어우러져 세간의 존경과 귀의를 얻기 위함이다.

여덟째는 '현재의 누(漏)를 차단하기 위함'이다. 아홉째는 '미래의 누(漏)를 차단하기 위함'이다. 율에는 번뇌를 끊는 힘이 있다. 열째는 '정법구주(正法久住)를 위함'이다. 율에 의해 상가가 존속된다. 상가가 존속하기 때문에 거기에서 교법이 전지(傳持)되고 다음 세대에까지 전해진다. 그 때문에 '율은 불교의 수명'이라고 한다. 따라서 율의 제정은 정법구주(正法久住)를 위한 목적을 가지고 있다.[64] 이러한 목적으로 율이 제정되었다.

Ⅳ. 초기승가의 운영 체계

1. 승가갈마에 의한 승단 운영

앞에서 살펴본 바와 같이, 현전승가는 바라제목차에 그 근거

64 平川彰, 『원시불교의 연구』, pp.249-250.

를 두고 있다. 그러면 현전승가는 어떤 체계로 운영되고 있는가? 불교승가는 근본적으로 붓다가 설한 법(法)과 율(律)에 근거를 두고 운영되는 수행 공동체이다. 붓다 재세시에는 승가에 문제가 생기면 그때마다 붓다가 직접 그 문제를 해결했다. 그러나 불멸 후에는 붓다가 직접 제정한 바라제목차를 근거로 승가갈마(僧伽羯磨)를 통해 해결한다.

빨리어 깜마(kamma, Sk. karman)는 업(業), 행위(行爲), 작업(作業), 가업(家業), 갈마(羯磨), 의식(儀式) 등의 뜻을 갖고 있다.[65] 그러나 여기서 말하는 깜마(kamma, 羯磨)는 승가에서의 '의사 결정 방법'이나 '종교행사'를 의미한다.[66] 다시 말해서 승가 내부에서 일어나는 모든 사안, 즉 행사(行事) · 행정(行政) · 인사(人事) · 수계(授戒) · 참회(懺悔) · 징벌(懲罰) 등을 처리하는 '의사 결정 방법'을 통틀어 '상가깜마(saṅgha-kamma, 僧伽羯磨)'라고 부른다. 이처럼 불교승가는 승가갈마를 통해 운영되고 있다. 승가갈마의 "목적은 교단[승단]을 통제하고 유지하며 발전시켜 화합된 승가를 만드는데 있다."[67] 이 승가갈마는 붓다 당시의 정치체계였던 공화제의 운영 방식을 모방한 것이라고 한다.

승가갈마의 종류는 너무나 많다. 그리고 학자에 따라 그 분류 방식이 각기 다르기 때문에 매우 혼란스럽다. 그러나 승가갈마는 크게 징벌갈마(懲罰羯磨)와 비징벌갈마(非懲罰羯磨) 둘로 나눌 수

---

65 水野弘元, 『パーリ語辭典』 p.84.

66 平川彰, 『원시불교의 연구』, pp.317-318.

67 李太元, 『초기불교 교단생활』, p. 227.

있다.[68] 이것을 다른 말로 쟁사갈마(諍事羯磨)와 비쟁사갈마(非諍事羯磨)라고도 한다. 전자의 징벌갈마는 승가 내부에 쟁사(諍事)가 생기거나 계를 범한 자가 있을 때 실시하는 갈마이고, 후자의 비징벌갈마는 승가 내부의 일상적인 행사를 집행할 때 실시하는 갈마이다. 이 두 가지 외에 칠멸쟁법(七滅諍法)을 별로로 취급하여 갈마를 세 가지로 분류하는 학자도 있다.[69] 여기서는 먼저 징벌갈마와 비징벌갈마에 대해 살펴보고, 그 다음 칠멸쟁법과 쟁사 해결 방법에 대해 살펴보기로 한다.

징벌갈마를 히라카와 아키라(平川彰)는 '제재갈마(制裁羯磨)'라고 표현했다. 그는 제재갈마의 종류를 크게 참회갈마(懺悔羯磨, mānatta-kamma), 거죄갈마(擧罪羯磨, ukkhepaniya-kamma), 절복갈마(折伏羯磨, tajjaniya-kamma) 등 세 가지로 분류했다. 첫 번째 참회갈마는 죄를 범한 자가 참회하도록 결정하는 갈마이다. 이것은 승잔죄(僧殘罪)를 범했을 경우에 적용된다. 바라이죄(波羅夷罪)를 범한 경우에는 이미 자동적으로 비구성(比丘性)을 상실했기 때문에 이 갈마에서 다루지 않는다. 두 번째 거죄갈마는 범죄를 들추어내어 죄를 인정하고 참회하도록 하는 갈마이다. 이른바 250계를 어긴 자에게 속죄하도록 적발하여 징계(懲戒)하는 갈마를 말한다. 세 번째 절복갈마는 불여법(不如法)의 비구를 징계하는 갈마이다. 이를테면 악견(惡見)을 가진 비구를 절복시킬 때 사용

---

68 둣뜨(S. Dutt)는 saṅghakamma(승가갈마)를 disciplinary saṅghakamma(징벌갈마)와 non-disciplinary saṅghakamma(비징벌갈마) 둘로 구분했다. 그러나 그가 다룬 것은 실제로 징벌갈마에 관한 것이 주류를 이루고 있다. S. Dutt, *Early Buddhist Monachism*, pp.136-145 참조.

69 K. L. Hazra, *Constitution of the Buddhist Sangha*, p.103.

하는 갈마이다.[70] 이 세 가지 제재갈마 중에서 거죄갈마가 가장 중요하다.

거죄갈마(擧罪羯磨, ukkhepaniya-kamma)는 어떤 비구가 죄를 범했을 때, 그가 다른 비구로부터 죄를 뉘우치고 참회하며 악견을 버릴 것을 권고(勸告)받고도 응하지 않으면 승가로부터 별주(別住)시키기 위해 이 갈마를 실시한다. 이 갈마는 다시 세 가지 종류로 분류한다. 즉 ①불견죄거죄갈마(不見罪擧罪羯磨, āpattiya-adassane-ukkhepaniya-kamma),[71] ②불참회거죄갈마(不懺悔擧罪羯磨, āpattiyā-appaṭikamme-ukkhepaniya-kamma),[72] ③불사악견거죄갈마(不捨惡見擧罪羯磨, pāpikāya-dutthiyā-appaṭinissagge-ukkhepaniya-kamma)[73] 등이다.

첫 번째 불견죄거죄갈마는 죄를 지은 비구가 지은 죄를 되돌아보지 않으려고 하는 데서 생긴 갈마이다. 두 번째의 불참회거죄갈마는 죄를 지은 비구가 참회하지 않을 때 실시하는 갈마이다. 세 번째의 불사악견거죄갈마는 죄를 지은 비구가 악견(惡見)을 버리지 않을 때 실시하는 갈마이다. 이 세 가지 갈마는 청정한 승가와 같이 머물지 못하게 하기 위함이다.

이러한 제재갈마의 목적은 징계를 위한 것이 아니다. 승가의 화합을 파괴하거나 승가의 명예를 실추시킨 자들로 하여금 스스로 반성하고 참회하게 하여 승가의 질서를 지키고, 나아가 승

---

70 平川彰, 「僧伽における制裁の問題」, 森章司 編 『戒律の世界』(東京: 溪水社, 1993), p.216.

71 南傳 제4권, pp.30-35; 『四分律』(T 22, p.894a-c).

72 南傳 제4권, pp.35-36; 『四分律』T 22, p.894c-895b).

73 南傳 제4권, pp.36-40; 『四分律』(T 22, p.895b-896b).

가의 화합(samagga)을 유지하는데 그 목적이 있다. 다시 말해서 제재갈마는 징계보다는 참회와 출죄(出罪)에 초점이 맞추어져 있다는 사실에 주목할 필요가 있다. 불교승가의 목적은 오직 화합한 승가, 즉 '화합승'을 최고의 가치로 여기기 때문이다.

그런데 징벌갈마가 성립되기 위해서는 죄를 지은 당사자가 고백(告白)하고 참회(懺悔)하는 것을 전제로 한다. 그러나 당사자가 범계 사실을 인정하지 않을 경우에는 매우 난처해진다. 이러한 문제를 하기 위해 별도의 여러 갈마법들이 생겨나게 되었다.

한편 비징벌갈마는 비쟁사갈마(非諍事羯磨)라고도 한다. 비구·비구니가 모여 공동생활을 하면서 상가의 구성원들의 의견을 청취해야 할 경우가 많다. 이를테면 포살(布薩), 수구의식(授具儀式, 入團儀式)은 물론 의지(依支)·자자(自恣)·가치나의(迦絺那衣)에 관한 의사 결정 및 승원의 공동시설·공유물의 관리·일상용품의 분배에 대한 관리자 결정 등이 심의의 대상이 된다.[74] 이러한 행사를 집행하는 것을 '비징벌갈마'라고 한다.

한편 칠멸쟁법(七滅諍法)은 불교승가에서 일어난 쟁사(諍事)를 해결하는 일곱 가지 방법을 말한다. 칠멸쟁법의 내용은 다음과 같다.

제1 현전비니(現前毘尼, samukha-vinaya)란 원고와 피고는 물론 관계자의 전원 출석을 말한다. 제2 억념비니(憶念毘尼, sati-vinaya)란 무고로 피소되었을 때 당사자의 억념(기억)이 요구되는 것을 말한다. 제3 불치비니(不癡毘尼, amūḷha-vinaya)란 피의자의 정신상태가 정상인가를 확인하는 것을 말한다. 제4 자언치비니(自言

74 李太元, 『초기불교 교단생활』, pp.232-233.

治毘尼, paṭiññāka-vinaya)란 피고의 자백을 말한다. 제5 다인어(多人語, yebhuyyasikā, 多覓)란 다수결로 결정하는 것을 말한다.[75]

제6 멱죄상(覓罪相, tassapāpiyyasikā)이란 문책과 힐난으로 죄상을 규명하는 것을 말한다. 이것은 법정에서 신문(訊問)하는 도중에 생긴 쟁사를 해결하기 위한 것이다. 즉 신문을 받고 있는 비구가 증언을 할 때에 횡설수설하여 판단을 어렵게 할 경우, 그에게 멱죄상갈마(覓罪相羯磨)를 실시하고, 그 비구에게는 공권(公權)을 정지시킨다. 이것은 일종의 징벌갈마에 해당된다.[76] 제7 여초부지(如草覆地, tiṇavitthāraka)란 의견이 달라 대중이 둘로 나뉘어 다툼이 계속될 때에는 논쟁을 중지시키고 풀로 땅을 덮는 것과 같이 하는 것을 말한다.[77]

이러한 칠멸쟁법은 쟁사(諍事)의 종류에 따라 각기 다르게 적용된다. 쟁사에는 쟁론쟁사(諍論諍事), 교계쟁사(敎誡諍事), 범죄쟁사(犯罪諍事), 사쟁사(事諍事) 등 네 가지 종류가 있다. 첫째의 쟁론쟁사를 해결하는 방법은 현전비니만으로 해결하는 방법, 현전비니와 다인어 등 두 가지로 해결하는 방법이 있다. 둘째의 교계쟁사를 해결하는 방법은 현전비니와 억념비니로 해결하는 방법, 현전비니와 불치비니로 해결하는 방법, 현전비니와 멱죄상으로 해결하는 방법 등 세 가지가 있다. 셋째의 범죄쟁사를 해결하는 방법은 현전비니와 자언치비니로 해결하는 방법, 현전비니와

---

75 이수창(마성), 「四種諍事와 七滅諍法의 意義」, 불교교단사연구소 편, 『僧伽和合과 曹溪宗의 未來』(서울: 도서출판 혜민기획, 2014), pp.184-190.

76 李太元, 『초기불교 교단생활』, p.249.

77 이수창(마성), 「四種諍事와 七滅諍法의 意義」, pp.191-194.

여초부지로 해결하는 방법 등 두 가지가 있다. 넷째의 사쟁사를 해결하는 방법은 현전비니 한 가지가 있다. 이것은 빨리 『율장』을 근거로 한 것인데, 『사분율』에서는 약간 다르다. 이것은 각 부파가 발전하면서 자기 나름대로 해결하는 방법을 약간 달리 적용했기 때문일 것이다.[78]

이와 같이 쟁사의 종류에 따라 그 해결 방법도 다르다. 그러나 어떠한 쟁사이든 그것을 해결하기 위해서는 반드시 현전비니(現前毘尼)가 갖추어져야 한다. 현전비니란 승가현전(僧伽現前), 법현전(法現前), 율현전(律現前), 인현전(人現前), 경계현전(境界現前) 등이다. 이러한 다섯 가지 조건을 구비한 상태에서 갈마가 이루어져야 한다. 이것이 갈마의 기본 원칙이다.

승가현전이란 승가갈마를 실시함에 있어서 필요한 조건, 즉 승가 구성원 전원이 출석해야 하고, 부재자(不在者)는 위임을 종료해야 하며, 출석한 비구는 죄가 없어야 하는 등 세 가지를 갖추는 것을 말한다. 법현전과 율현전이란 붓다의 법과 율에 따라 쟁사를 해결하는 것을 말한다. 인현전이란 논쟁자(論諍者)와 대논쟁자(對論諍者), 즉 쟁론하는 두 사람이 반드시 함께 참석해야 한다는 것을 의미한다.[79]

경계현전이란 사건을 해결하기 위해 참석할 사람을 정하기 전에 먼저 승원의 범위를 정하고, 그 범위 안에 거주하는 모든 승려가 참석하도록 하는 것을 말한다. 이러한 것은 승가에서 행하는 하나의 재판 형식이다. 즉 사회 법정에서 하는 하나의 재판

---

78 李太元, 『초기불교 교단생활』, p.256.

79 이수창(마성), 「四種諍事와 七滅諍法의 意義」, p.184-186.

형식을 갖춘 것으로 일정한 장소를 정하는 것이다.[80] 여기에 대중현전(大衆現前)을 추가하기도 한다. 대중현전이란 참석한 모든 대중이 한 장소에 모여 여법하게 갈마가 진행되는가를 증명하는 사람들이다.[81]

이와 같은 모든 조건이 갖추어진 상태에서 이루어진 승가갈마라야 여법갈마(如法羯磨)라고 할 수 있다. 아무튼 이러한 의사를 결정함에 있어서도 반드시 원칙에 의해 실시되어야 한다. 불교 승가에서 의사를 결정하는 형식에는 세 가지가 있다.

첫째는 단백갈마(單白羯磨, ñatti-kamma)이다. 이것은 총명하고 유능한 갈마사(羯磨師)가 낫띠(ñatti, 白), 즉 의제(議題)를 발표하는 것을 말한다. 이를테면 자자(自恣)와 같은 행사를 알리는 절차다.

둘째는 백이갈마(白二羯磨, ñatti-dutiya-kamma)이다. 이것은 한번 의제를 말하고, 한번 찬반 여부를 묻는 방법을 말한다. 이것은 처음 의제를 발표하고, 그 사안에 대해 찬반 여부를 묻는다. 이때 찬성자는 침묵하고, 반대자는 의견을 개진한다. 만일 반대자가 없으면 의사(議事)가 결정된 것이라고 선포한다.

셋째는 백사갈마(白四羯磨, ñatti-catuttha-kamma)이다. 이것은 의제(議題)를 한번 외운 다음 세 번 반복해서 찬반 여부를 묻는 방법이다. 세 번 반복해서 침묵을 지키면 통과된다. 이것은 승가 내부의 중요한 사항을 결정할 때 사용한다. 이를테면 구족계를 수여할 화상(和尙)을 선출할 때 이 방법을 사용한다.

요컨대 승가에서 실시하는 모든 승가갈마는 여법(如法)하게 실

---

80 李太元, 『초기불교 교단생활』, p.240.

81 李太元, 『초기불교 교단생활』, p.240.

시되어야 한다. 만약 그 진행 절차상 하자(瑕疵)가 있으면 법적 효력을 얻지 못한다. 그러한 문제를 사전에 방지하기 위해서는 다음과 같은 요건이 갖추어졌는지 살펴보아야 한다.

첫째, 의사(議事) 심의를 위해 최소한의 정수(定數)를 넘어야 한다. 현전승가의 전원 참석을 원칙으로 한다. 둘째, 해당하는 승가 가운데 부재자는 희망하는 뜻을 대리한 사람에게 위임해야 한다. 만약 대리인에게 위임하지 않으면 현전(現前)에 있는 사람들이 꾸짖을 만한 것은 꾸짖고 백이갈마(白二羯磨)와 백사갈마(白四羯磨)를 하면 된다. 셋째, 백(白, 의제)을 제안해야 한다. 넷째, 갈마는 1회 또는 3회 반복해야 한다. 다섯째, 출석자의 침묵에 의해 승인된다.[82]

이상의 요건들이 갖추어진 상태에서 실시된 갈마라야 비로소 '여법화합갈마(如法和合羯磨, dhamma samagga-kamma)'[83]라고 할 수 있다. 이 가운데 어느 하나라도 결여된 상태에서 결의된 갈마는 '비법갈마(非法羯磨)'가 된다.

한편 승가갈마에 있어서 총명하고 유능한 지도자, 즉 갈마사(羯磨師)와 행주인(行籌人)의 역할이 매우 중요하다. 이들의 지혜로 승가 공동체의 화합을 이끌어낼 수 있기 때문이다. 승가갈마의 궁극적 목표는 승가의 화합을 이끌어 내기 위한 것이다. 화합이야말로 승가의 최고 이상이자 가치이기 때문이다.

이상에서 살펴본 바와 같이 불교승가는 이러한 여법갈마를 통해 승가 구성원 전원이 만족할 수 있는 결론을 도출했던 것이

82 李太元, 『초기불교 교단생활』, pp.234-235 참조.

83 T 22, pp.885-886a: 南傳 제3권, p.550; Mahāvagga 제3권, p.242.

다. 따라서 승가갈마는 그 "어떤 제도보다도 훌륭한 결의 방식이며, 자기 정화의 방식이어서 수행자적 삶의 기준에서 이에 버금가는 제도는 없다."[84] 왜냐하면 민주사회에서는 만장일치가 불가능하지만 불교승가에서는 만장일치가 가능하기 때문이다. 사회는 개인이나 집단의 이익이라는 목적을 향해 움직이지만, 불교승가는 세속적 목적이 아닌 초세속적 목적, 즉 열반(평화)을 지향하기 때문에 만장일치를 이끌어 낼 수 있다. 이런 측면에서 보면 승가갈마는 오늘날의 민주주의 제도보다도 한 단계 더 발전된 형태라고 할 수 있다.

2. 승가의 궁극적 목표

불교승가의 목적은 '화합'을 통한 '평화'의 실현에 있다. 불교승가는 화합을 바탕으로 평화를 실현하고자 하는 수행자 집단 혹은 공동체이다. 여기서 말하는 평화란 불교의 궁극적 목표인 열반을 말한다. 이 열반의 본질은 '평화'이다. 깨달은 사람에게는 무엇이 남겨져 있는가? 그것은 평화의 실현이다. "깨닫고부터 평화(열반)가 있게 된다면, 깨닫기 전에도 평화가 수행의 목적으로 되지 않으면 안 된다. 따라서 평화의 실현은 승가의 궁극목표이자 이상인 동시에 날마다의 생활에서 그것을 실현해 나가야 한다."[85]

---

84 율장연구회 편, 『출가자의 계율정신』(서울: 토방, 2010), pp.16-19 참조.

85 平川彰, 『원시불교의 연구』, p.36.

그러면 평화는 어떻게 실현하는가? 이것은 불교승가의 화합(和合僧, samagga-saṅgha)'[86]을 통해 실현 가능하다. 화합승은 승가의 이상이며 최고의 가치인 동시에 현실이다. 그것은 현실에서 실현되어 있지 않으면 안 된다. 승가가 화합하기 위해서는 동일한 경계에서 동일하게 머물면서 동일한 이념을 가지고 동일하게 움직여야 한다. 마치 우유와 물이 화합하듯이 승가도 하나가 되어야 한다.

율장에서는 승가의 화합을 정신적인 면과 물질적인 면의 두 가지 방면에서 규정하고 있다. 이것을 '법식(法食)과 미식(味食)'이라고 한다. 법식은 교법을 신봉하는 것을 말하고, 미식은 물질생활을 공동으로 하는 것을 말한다.[87] 이러한 단위별 현전승가가 모여 전체의 현전승가를 형성하게 된다. 또한 현전승가는 사방승가를 위해 붓다의 법(法)과 율(律)을 전지(傳持)해야만 한다.

또한 불교승가는 사방승가를 위해 문호를 개방하고 있다. 원하는 자는 누구나 입단할 수 있다. 붓다가 성도 후 범천의 권청에 의해 설법하기로 결심했을 때, "감로의 법문은 열려져 있다. 귀가 있는 자는 들어라"[88]고 선언한 바 있다. 이것은 불교승가가 모든 사람들에게 개방되어 있음을 의미한다. 교리를 이해하고 실천할 수 있는 사람이라면 누구나 승가에 들어올 수 있다. 계급과 성별을 묻지 않는다. 오직 붓다의 가르침을 실천하겠다는 의

---

86 Vin.III.172.

87 平川彰,『원시불교의 연구』, p.316.

88 Vin.I.7.

지만 있으면 입단(入團)이 가능하다.[89]

그리고 승가의 위계질서는 출가 순으로 정해진다. 출가자는 본래 가문에 의해 상하의 질서가 정해지는 것이 아니고, 또한 깨달음의 깊고 얕음에 의해 상하의 질서가 정해지는 것도 아니다. 물론 젊은 나이임에도 불구하고 깊은 깨달음에 도달한 사람은 그것만으로도 존경을 받아야 하겠지만, 승가의 상하 질서는 깨달음의 단계에 의해 정해지는 것이 아니다. 먼저 출가한 자가 선배가 된다. "비구들이여, 연장자의 순서로 경례 · 환영 · 합장 · 공경 · 제일좌(第一座) · 제일수(第一水) · 제일식(第一食)을 얻도록 하는 것을 허락한다"[90]고 규정되어 있다. 이 '연장(年長)'이라는 것은 태어난 햇수를 말하는 것이 아니라 구족계를 받고 난 뒤의 연수(年數), 즉 법납(法臘)을 말한다. 다만 사미의 경우는 생년에 의한다고 규정되어 있다.[91] 이러한 것은 모두 불교승가의 특징인 평등을 드러낸 것이다. 한마디로 불교승가는 평등사상을 바탕으로 화합을 통해 평화를 실현해 가는 것을 그 목적으로 삼는다.

V. 맺음말

최초의 불교승가는 붓다가 처음 바라나시 녹야원에서 다섯 고행자들을 교화시켜 제자로 받아들였을 때 성립되었다. 초기

89 平川彰, 『원시불교의 연구』, p.29.

90 Vin.II.162.

91 『사분율』 제50권(T 22, p.940b).

에는 승가에 들어오는 특별한 절차가 없었다. 초기에는 '오라. 비구!' 혹은 '오라. 비구들이여!'라는 두 단어가 구족계 의식이었다. 그러나 승가의 범위가 확대되면서 점차 구족계 의식은 체계화되었다.

초기승가의 조직은 이중구조로 이루어져 있으며, 그 생활의 기준은 바라제목차였다. 그러나 바라제목차는 처음부터 구비되어 있었던 것은 아니다. 최초기의 불교승가는 바라제목차에 의해 생활하지도 않았다. 초기에는 붓다의 가르침인 법(法)에 따라 당시 유행자들의 삶의 방식이었던 사의법(四依法)에 의해 생활했다. 그러나 승가 내부에서 문제를 일으키는 사람들이 있어서 이것을 방지하기 위해 바라제목차를 하나하나 제정해 나갔다. 붓다 입멸후(入滅後)에는 바라제목차가 절대적 기준이 되었다.

원래 불교승가는 붓다의 법(法)과 율(律)에 따라 수행하는 공동체였다. 그러나 불멸 후에는 붓다가 직접 제정한 바라제목차를 근거로 승가갈마(僧伽羯磨)를 통해 불교승가가 운영되었다. 승가갈마는 붓다 당시의 정치체계였던 공화제의 운영 방식에서 빌려온 것이다. 그러나 불교승가에서는 이 승가갈마를 더욱 발전시켰다.

요컨대 불교승가는 바라제목차에 근거를 둔 조직 체계이며, 바라제목차에 의해 통제되고, 승가갈마에 의해 운영된다. 따라서 바라제목차는 실체법이고, 승가갈마는 절차법이다. 이러한 실체법과 절차법을 통해 불교승가가 이루고자 하는 것은 바로 불교의 궁극적 목표인 열반(평화)을 실현하기 위한 것이다.

제13장 결론

Ⅰ. 붓다의 신격화와 바라문화

1. 붓다의 신격화

붓다의 신격화(神格化)는 붓다의 입멸 직후부터 일어나기 시작했다고 볼 수 있다. 현존하는 니까야(Nikāya)와 아가마(Āgama)에 이미 신격화된 붓다의 모습이 나타나고 있기 때문이다. 이를테면 초기경전에 붓다의 신장은 보통 사람의 두 배나 되며, 신체는 금빛으로써 32상(相)을 갖추고 있고, 정신적으로는 십팔불공법(十八不共法)을 갖추었다고 묘사되어 있다. 『디가 니까야(長部)』의 「대반열반경」에 붓다는 사신족(四神足)을 갖추고 있기 때문에 원하기만 한다면 1겁(劫) 동안이라도 세상에 머물 수 있다고 설해져 있다. 또한 붓다의 본질은 형상으로 파악할 수 없는 '법신(法身)'임을 암시하고 있다. 그러나 초기불교 시대에는 비록 붓다가 32상을 갖추었더라도 부모로부터 태어났고 육체를 가진 붓다로 생각하고 있었던 것이다.

그러나 불전문학(佛傳文學)이나 부파불교 시대에는 32상뿐만 아니라 80종호(種好)도 설해진다. 32상은 전륜성왕(轉輪聖王)도 갖추고 있지만, 80종호는 붓다와 대력보살(大力菩薩)만이 갖추고 있다고 묘사되어 있다. 과거불(過去佛) 사상도 초기경전에 나타난다. 『장아함경』의 「대본경」 등에는 과거칠불에 대해 자세히 설해져 있다.[1] 그리고 『중아함경』의 제66「설본경」에는 미래불로서의 미륵(彌勒)이 설해져 있다.[2]

좀 더 후대에 이르면, 타방세계(他方世界)의 제불(諸佛)이 설해지고, 다불사상(多佛思想)이 나타난다. 『이부종륜론(異部宗輪論)』에 의하면, 대중부의 '본종동의(本宗同義)'에는 스스로 원해서 악취(惡趣)에 태어나는 보살, 즉 원생신(願生身)의 보살이 설해져 있다. 대중부에서는 "모든 부처님 세존은 모두가 세간에 출현하고 모든 여래께서 유루법(有漏法)이 없으며, 모든 여래의 말씀은 모두가 전법륜(轉法輪)이고, 부처님은 한 음성[一音]으로써 온갖 법을 설명하며 세존께서 하신 말씀은 여여(如如)하지 않은 뜻[不如義]이 없다. 여래의 색신(色身)은 실로 끝이 없고 여래의 위력(威力)도 또한 끝이 없고 모든 부처님의 수명도 끝이 없다"[3]고 주장했다. 이것은 분명히 '생신(生身)' 이상의 붓다를 설하고 있다. 그러나 대중부가 무엇을 근거로 이러한 불타관(佛陀觀)을 주장했는지는 알 수 없다.

한편 "대승불교는 보살사상을 제시하는 동시에 약속과 희망의 종교를 제공한다. 일상적인 삶의 투쟁에 찌들어 있는 자신을 발견하고 또한 그의 본질적인 이기심에도 불구하고 고통에서 벗어나는 데 실패했을 때, 그의 나약한 영혼은 실패를 모르는 자

---

1 『장아함경』 제1권 제1경 「大本經」(T 1, p.1c).

2 『중아함경』 제13권 제66경 「說本經」(T 1, pp.510b-511b).

3 『異部宗輪論』(T 49, p.15a).

비와 도움의 어떤 원천을 갈망한다. 그는 신(神)에게로 달려간다. 초기불교와 같은 자력의 종교는 그에게 차디찬 위안이 될 뿐이다. 대승불교는 그처럼 고독한 대중에게 '붓다의 자비로운 눈길이 모든 고통 받는 존재에게 주어진다'는 희망을 펼쳐 보인다."[4]

붓다와 동시대에 살았던 자이나교 개조 바르다마나 마하위라(Vardhamāna Mahāvīra)가 주장했던 것과 유사한 '전지성(全知性, sabbaññutā)'을 붓다에게 귀속시켰다.[5] "이와 같은 귀속에서는, 붓다가 과거·현재·미래의 모든 것에 관한 절대적인 앎을 소유하지 않았다면 그가 사람들을 자신이 했던 대로 전향시키는데 성공하지 못했을 것이라고 가정함으로써, 깨달음이 지닌 지적인 내용을 선별적으로 과장하는 경향이 나타난다. … 결국 그는 최고의 존재자 차원으로 격상되고 있었던 것이다."[6]

"대승불교철학은 붓다를 초월적 실재와 동일시한다. '가우따마(Gautama)'라는 역사적 붓다는 궁극적 실재 또는 부처의 화신으로 받아들여진다. 붓다의 수많은 전생의 화신들 역시 믿어져 여러 전생의 삶의 이야기를 담은 유명한 『자따까(Jātaka, 本生譚)』들이 구성되었다."[7]

"무속성적 브라흐만(Nirguna Brahman)을 주장하는 아드바이타 베단타 철학에서와 마찬가지로 대승불교철학에서도 궁극적

---

4 S. C. Chatterjee · D. M. Datta, 김형준 옮김, 『학파로 보는 인도 사상』(서울: 예로서원, 1999), p.170.

5 MN. Ⅰ.482.

6 D. J. Kalupahana, *A History of Buddhist Philosophy: Continuities and Discontinuities*, Delhi: Motilal Banarsidass, 1994, p.122.

7 S. C. Chatterjee · D. M. Datta, 『학파로 보는 인도 사상』, p.170.

실재 자체는 모든 언어적 표현을 넘어서 있는 것으로 간주된다. 그러나 동시에 이 실재는 스스로를 현실 속에 우주의 조절자인 법신(法身, dharmakāya)으로 드러내고 있다고 여겨진다. 법신의 면에서 궁극적 실재 또는 붓다는 모든 존재의 해탈을 간절히 바라면서 스스로를 각기 다른 스승들로 화현시켜 중생들이 고통을 벗어나도록 돕는다. 그렇기 때문에 법신으로서의 붓다는 나약한 영혼의 소유자들이 자비와 도움 등 모든 실제적인 목적을 위하여 기도할 수 있도록 하는 신(神)의 위치를 차지한다. 이러한 면에서 붓다는 또한 아미타불(Amitābha Buddha)이라고 불린다. 결국 불교는 붓다를 신과 동일시함으로써 불교를 받아들인 사람들의 종교적 열망을 충족시킨다."[8]

붓다의 신격화를 한자 문화권에서는 천화(天化), 혹은 범화(梵化)라고 부른다.[9] 붓다는 자신이 사후에 신격화되는 것을 원하지 않았던 것 같다. 붓다는 입멸 직전 아난다 존자를 불러서 이렇게 말했다. "아난다여, 내가 가고난 후에는 내가 그대들에게 가르치고 천명한 법(法)과 율(律)이 그대들의 스승이 될 것이다"[10]고 말했다. 이것은 붓다가 자신을 사후에 신격화시키지 말라는 뜻으로 해석할 수 있다.

그러나 붓다의 뜻과는 달리 초기경전을 편집할 때부터 이미 붓다는 신격화되기 시작했다. 「왁깔리-숫따(Vakkali-sutta)」

---

8 S. C. Chatterjee · D. M. Datta, 『학파로 보는 인도 사상』, pp.170-171.

9 呂凱文, 「對比 · 詮釋與典範轉移(2): 以兩種『善生經』探究佛教倫理的詮釋學轉向問題」, 『正觀』第35期(2005. 12), pp.19-23 참조.

10 DN.Ⅱ.154, "yo vo ānanda mayā dhammo ca vinayo ca desito paññatto, so vo mam' accayena satthā."

(SN22:87)에 의하면, 중병(重病)에 걸린 왁깔리(Vakkali) 존자가 붓다께 예배드리기 위해 침상에서 일어나려고 했다. 그러자 붓다는 "왁깔리여, 그만 두어라. 그대가 썩어문드러질 이 몸을 봐서 무엇 하겠는가? 왁깔리여, 법을 보는 자는 나를 보고 나를 보는 자는 법을 본다"[11]고 했다. 이처럼 붓다는 형식적인 예배조차 거부했다.

한편 이 경에 나오는 '법을 보는 자는 나를 보고 나를 보는 자는 법을 본다'는 대목은 붓다가 설한 법을 봐야만 진정으로 붓다를 보게 된다는 의미이다. 이것은 붓다가 설한 무상(無常)·고(苦)·무아(無我)의 가르침을 바르게 이해하면, 그때 비로소 붓다를 볼 수 있게 된다는 것이다. 그러나 아이러니하게도 후대의 '법신(法身, dhammakāya)'이라는 개념이 이 대목에서부터 비롯되었다. 『상응부주(相應部註)』에 나오는 "대왕이시여, 여래는 법을 몸으로 하는 자입니다'라고 하셨는데 [이 말씀을 통해서] 당신이 법을 몸으로 함을 보이신 것이다. 아홉 가지 출세간법(出世間法, lokuttara-dhamma)이 여래의 몸이기 때문이다"[12]라는 대목이 그 증거라고 할 수 있다. 사실 니까야에서는 "법을 보는 자는 나를 보고 나를 보는 자는 법을 본다"고만 언급되어 있다. 그런데 주석서에서는 이 대목을 '법신(法身)'으로 확대 해석하고 있다. 이로 미루어 니까야의 주석서를 저술할 때 이미 '법신'이라는 개념이 확립되어 있었음을 알 수 있다.

---

11 SN.III.120, "alaṃ vakkali kiṃ te iminā pūtikāyena diṭṭhena. yo kho vakkali dhammaṃ passati so maṃ passati, yo maṃ passati so dhammaṃ passati."

12 SA.II.314.

한편 빨리 『율장』「대품」에 녹야원에서 다섯 비구들이 깨달음을 이루고 구족계(具足戒)를 받았을 때, 붓다는 "그때 세간에 여섯 명의 아라한이 있었다"[13]고 선언했다. 이것은 붓다 자신도 아라한 가운데 한 사람이었기 때문에 여섯 아라한 속에 포함시켰던 것이다. 그러나 불멸 후 붓다는 점차 신격화되어갔다. 제일 먼저 붓다와 아라한 사이에는 현격한 차이가 있음을 인정하게 되었다. 그것이 바로 '붓다누붓다(buddhānubuddha)'라는 개념이다. 이른바 '붓다를 따라 붓다가 되었다'는 것이다. 그 후 붓다는 더욱더 신격화되었다. 비록 붓다의 육신은 소멸하지만, 붓다의 법신은 상주한다는 이른바 '법신상주(法身常住)'의 불신관(佛身觀)으로 바뀌게 되었다.[14] 대승불교의 불신관, 특히 『법화경』에서 강조된 '영원한 붓다'의 개념은 이미 초기경전인 「마하빠리닙바나-숫따(Mahāparinibbāna-sutta, 大般涅槃經)」에서부터 시작되었다.[15] 이 경에서 붓다는 생명을 더 연장할 수도 있었지만 일부러 생명을 버렸다고 하는 이른바 '화연완료 임의사명(化緣完了 任意捨命)'의 사상을 주장하고 있기 때문이다.[16] 이러한 사실은 이미 우이 하쿠주(宇井伯壽)에 의해 지적된 바 있다. 이러한 불신관의 변천으로 인해 대승불교에서는 붓다를 '인간 붓다'가 아닌 '초인 붓다'로 이해하게 되었다. 라다크리슈난(S. Radhakrishnan, 1888-1975)

---

13 Vin. Ⅰ.14: "tena kho pana samayena cha loke arahanto honti."

14 李箕永, 「佛身에 관한 研究」, 『佛敎學報』 제3 · 4합집(동국대 불교문화연구원, 1966), pp.205-279 참조.

15 이 내용은 일본의 불교학자 奈良康明의 견해이다. 中村元, 金知見 譯, 『佛陀의 世界』(서울: 김영사, 1984), pp.423-424 참조.

16 平川彰, 박용길 역, 『율장연구』(서울: 土房, 1995), p.549.

은 붓다의 신격화와 관련하여 다음과 같이 말했다.

> 인간의 종교적 본능은 신적인 존재를 요구하며, 따라서 붓다의 실천적인 종교에서 – 그의 당부에도 불구하고 – 그 자신은 신격화되었다. …(중략)… 그럼에도 불구하고 인간의 본성은 억제되어 잠자코 있을 수 없다. 세상의 눈(lokacakṣus)이며, 우리가 본받아야 할 전형이며, 완전에 이르는 길을 우리에게 드러내 보인 사람이며, 자신은 그 길을 발견하여 다른 사람들이 그의 발자취를 따라 걸을 수 있도록 만든 현자에 불과하다고 생각했던 붓다는 대중들의 유일한 피난처인 신(神)이 된다.[17]

이처럼 교주의 신격화는 필연적인 것임을 알 수 있다. 칼루파하나가 지적한 바와 같이, "과거의 여러 종교 지도자들의 경우가 그러하듯이, 붓다의 생애에 관한 이야기도 온갖 형태의 신화와 전설들로 점철되어 왔다."[18] 이러한 과정을 거쳐 붓다는 점차 신격화되었다. 최종적으로 대승불교의 『법화경』에서 석가모니불은 '인간 붓다'가 아닌 구원실성불(久遠實成佛)로 신격화되었다. 법화경에 묘사된 구원실성불은 유일신의 개념과 아무런 차이가 없다. 『법화경』에서 무신론의 종교가 유신론의 종교로 변해 버렸다. 이처럼 붓다를 신격화시킴으로써 불교의 정체성은 크게 훼손되고 말았다. 참으로 안타까운 일이 아닐 수 없다.

---

17 라다크리슈난, 이거룡 옮김, 『인도철학사(I)』(서울: 한길사, 1996), pp.279-280.

18 D. J. Kalupahana, A History of Buddhist Philosophy, p.22.

2. 불교의 바라문화(婆羅門化)

붓다시대의 종교사상계는 크게 정통파인 바라문교와 비(非)정통파인 사문 그룹으로 나뉘어져 있었다. 역사적으로 인도종교의 주류는 바라문교였다. 바라문교가 인도의 종교와 문화의 주도권을 쥐고 있었다. 불교가 인도의 종교사상계에서 두각을 나타내기 위해서는 정통파인 바라문교와 사문 계통인 육사외도(六師外道)의 사상을 동시에 논파하지 않으면 안 되었다.

정통파인 바라문교를 대표하는 사상은 '전변설(轉變說, pariṇāmavāda)'이었고, 육사외도를 대표하는 사상은 '적취설(積聚說, ārambhavāda)'이었다. 전변설은 자아(自我)나 세계는 유일한 브라흐마(brahmā, 梵天)에서 유출 전변했다고 보는 것이다. 이에 반해 적취설은 그러한 유일의 절대자를 인정하지 않는 대신 개개의 요소를 불멸의 실재로 믿고, 그것들이 모여 인간과 세계 등 일체가 성립한다고 보는 것이다.

전자의 전변설에 입각한 수행 방법은 요가(yoga)와 선정(禪定)을 닦아 해탈을 실천하려는 '수정주의(修定主義)'였다. 반면 후자의 적취설에 바탕을 둔 수행 방법은 고행을 통해 마음을 속박하고 있는 미혹의 힘을 끊고 해탈하려고 하는 '고행주의(苦行主義)'였다.

붓다시대에는 전통적인 바라문사상은 이미 그 빛을 상실해 가고 있었다. 그러나 그것을 대신할 만한 새로운 종교 사상의 권위 또한 확립되어 있지 않았다. 사문과 같은 자유로운 사상가들이 등장하여 다양한 견해와 교설을 주장하고 있었다. 그때 붓다가 출현하여 두 계통의 사상을 모두 극복할 수 있는 새로운 사상을 펼쳤던 것이다.

이런 측면에서 보면 불교와 바라문교는 처음부터 경쟁, 혹은 적대 관계에 있었다. 그러나 붓다시대에는 일시적으로나마 불교가 바라문교를 주도한 것으로 보인다. 초기경전에는 붓다가 바라문들보다는 한수 우위에 있었음을 나타내는 대목이 많이 나오기 때문이다. 『디가 니까야(Dīgha Nikāya, 長部)』 제3경 「암밧타-숫따(Ambaṭṭha-sutta, 阿摩晝經)」에는 붓다 재세시(在世時) 꼬살라(Kosala)국에서 가장 존경받았던 '뽁카라사띠(Pokkharasāti)'라는 바라문이 붓다에게 귀의했다는 내용이 나온다. 그리고 『디가 니까야』 제4경 「소나단다-숫따(Sonadaṇḍa-sutta, 種德經)」에는 당시 마가다(Magadha)국에서 가장 연로(年老)하고 학식과 명성이 높았던 '소나단다(Sonadaṇḍa)'라는 바라문이 붓다에게 귀의하여 재가신자가 되었다는 내용이 나온다. 이로 미루어 당시에는 붓다를 능가할 수 있는 바라문이 없었던 것 같다.

특히 붓다는 많은 바라문들을 교화시켜 불교로 귀의시켰다. 붓다의 뛰어난 제자 중에는 특히 바라문 출신자들이 많았다. 이러한 사례들은 현존하는 초기경전의 여러 곳에서 확인할 수 있다. 『장아함경』 제1권 제1경 「대본경」에는 바라문교의 최고신인 범천왕(梵天王)이 비바시불(毘婆尸佛)에게 법(法)을 청하는 대목이 나온다.

> 그때 범천왕은 오른 무릎을 꿇고 손을 모아 합장하고 부처님께 아뢰었느니라. "원컨대 세존이시여, 때를 보아 법을 베푸소서. 지금 이 중생들은 업장이 엷고 모든

> 감각 기관이 영리하며 공경하는 마음이 있어 교화하기 쉽습니다. 뒷세상에서는 구제할 수 없는 죄를 지을까 두려우니 온갖 악한 법을 멸하고 좋은 세계에 태어날 수 있게 하소서.[19]

위 경전의 내용은 범천왕이 매우 겸손하게 비바시불에게 설법을 청하는 것으로 되어 있다. 범천왕은 인도종교의 전통에서 지고무상(至高無上)의 신분이다. 그런데 인도종교의 창조주인 범천왕이 비바시불에게 예배드리는 장면이 묘사되어 있다. 이것은 비바시불이 바라문교의 최고신인 범천왕보다 우위에 있었음을 상징적으로 표현한 것이다. 그러나 붓다시대의 바라문들은 자기 종족에 대한 자부심과 특권 의식을 갖고 있었다. 그 대표적인 예문은 다음과 같다.

> 바라문들만이 최상의 계급이다. 다른 계급들은 저열하다. 바라문들만이 밝은 계급이고 다른 계급들은 어둡다. 바라문들만이 청정하고 비(非) 바라문들은 그렇지 않다. 바라문들만이 범천의 아들들이요 직계 자손들이요 입으로 태어났고 범천에서 태어났고 범천이 만들었고 범천의 상속자이다.[20]

---

19 『장아함경』 제1권 제1경 「大本經」(T 1, p.8b).

20 DN.III.81; MN.II.84, "brāhmano va seṭṭho vaṇṇo, hīno añño vaṇṇo; brāhmaṇo va sukko vaṇṇo, kaṇho añño vaṇṇo; brāhmaṇā va sujjhanti no abrāhmaṇā; brāhmaṇā va brahmuno puttā orasā mukhato jāta brahma-ja Brahma-nimmitā Brahma-dāyādā."

이러한 바라문들의 주장에 대한 불교도들의 반대 논리는 다음과 같다.

> 그런 사람에게는 '나는 세존의 아들이요 직계 자손이요 입으로부터 태어났고 법에서 태어났고 법이 만들었고 법의 상속자이다'는 말이 어울린다. 그것은 무슨 이유 때문인가? 와셋타(Vāseṭṭha)여, 여래에게는 '법을 몸으로 가진 자[法身]'라거나 '브라흐만을 몸으로 가진 자[梵身]'라거나 '법의 존재[法體]'라거나 '최상의 존재[梵體]'라는 이런 다른 이름이 있기 때문이다.[21]

위 두 경문을 비교해 보면 논리가 똑같다. 이를테면 바라문들은 '범천의 아들'이라고 했다. 반면 불교도들은 '세존의 아들'이라고 맞받아쳤다. 또한 바라문들은 '범천에서 태어났고 범천이 만들었고 범천의 상속자이다'고 주장했다. 이에 대해 불교도들은 '법에서 태어났고 법이 만들었고 법의 상속자이다'고 반박했다. 이른바 '범천'이라는 단어 대신 '법'이라는 단어를 삽입했다. 이 경에서는 왜 '범천' 대신 '법'을 삽입하게 되었는지 그 이유를 밝히고 있다. 이른바 "여래에게는 '법을 몸으로 가진 자[法身]'라거나 '브라흐만을 몸으로 가진 자[梵身]'라거나 '법의 존재[法體]'라거나 '브라흐만의 존재[梵體]'라는 이런 다

---

21 DN.III.84, "bhagavato 'mhi putto oraso mukhato jāto dhamma-jo dhamma-nimmito dhamma-dāyādo'ti. taṃ kissa hetu? tathāgatassa h'etaṃ vāseṭṭha adhivacanaṃ—dhamma-kāyo iti pi brahma-kāyo iti pi, dhamma-bhūto iti pi brahma-bhūto iti pīti."

른 이름이 있기 때문이다"[22]라고 설명하고 있다. 이 경에 나오는 '법신(法身, dhammakāya)', '범신(梵身, brahmakāya)', '법체(法體, dhammabhūta)', '범체(梵體, brahmabhūta)'는 동의어(adhivacana)로 쓰이고 있다. 이와 같이 초기경전에서는 '여래(如來) · 법(法) · 범(梵)'을 같은 뜻으로 해석하고 있다. 이러한 해석이야말로 붓다의 범천화(梵天化), 즉 바라문화(梵化)의 증거인 것이다.

또한 이것은 붓다의 범화(梵化), 즉 바라문화(婆羅門化)를 막기 위해 동원된 논리라고 해석할 수 있다. 『디가 니까야』 제27경 「악간냐 숫따(Aggañña-sutta, 起世因本經)」에 나오는 다음의 대목은 주목할 만하다.

> 와셋타(Vāseṭṭha)여, 여기서 그대들은 각자 다른 태생과 다른 이름과 다른 족성과 다른 가문에 속하는 집을 떠나 출가하였다. '그대들은 누구시오?'라고 질문을 받으면 그대들은 '우리는 사꺄무니 교단에 속하는 사문입니다'라고 대답한다. 와셋타여, 누구든 여래에 믿음을 가져 흔들리지 않고 뿌리내려 확고하고 굳세며 어떤 사문도 바라문도 신도 마라도 범천도 이 세상의 그 누구도 그것을 빼앗아갈 수 없다.[23]

---

22 DN.III.84, "vāseṭṭha adhivacanaṃ, dhamma-kāyo iti pi brahma-kāyo iti pi, dhamma-bhūto iti pi brahma-bhūto iti pīti."

23 DN.III.84, "tumhe khv attha vāseṭṭha nānā-jaccā nānā-nāmā nānā-gottā nānā-kulā agārasmā anagāriyaṃ pabbajitā. 'ke tumhe ti?' puṭṭhā samānā, 'samaṇā sakya-puttiy' amhati' paṭijānātha. yassa kho pan' assa vāseṭṭha tathāgate saddhā niviṭṭhā mūla-jātā patiṭṭhitā daḷhā asaṃhārikā samaṇena vā brāhmaṇena vā devena vā mārena vā brahmunā vā kenaci vā lokasmiṃ."

위 인용문에 따르면, 바라문들만이 진정한 범천의 아들이요, 범천의 입에서 태어났으며, 범천이 만든 것이며, 범천이 창조한 것이며, 범천의 상속자라고 주장하는 것에 주눅 들지 말고 당당히 맞서라고 당부한 것이다. 같은 경에 "우리들은 모두 진정한 세존의 아들이며, 그의 입에서 태어났으며, 그의 법을 따라 태어났으며, 법이 창조하였기 때문에 이 법의 계승자이다"[24]고 설해져 있다. 이 가르침은 불교도들에게 자긍심을 심어주기 위한 것이다.

그리고 초기경전의 여러 곳에서 '진리의 수레바퀴(法輪, dhammacakka)'라는 단어 대신에 '범천의 수레바퀴(梵輪, brahmacakka)'을 굴렸다는 대목을 발견할 수 있다.[25] 이를테면 『맛지마 니까야』의 제12경 「마하시하나다-숫따(Mahāsīhanāda-sutta, 師子吼大經)」에 "사리뿟따여, 여래에게는 여래의 열 가지 힘이 있는데 그 힘을 갖춘 여래는 최상의 지위를 선언하고 대중 가운데 사자후를 토하며 '범천의 수레바퀴[梵輪]'을 굴린다"[26]라는 대목이 그것이다. 이 경은 릿차비(Licchavi)족의 아들 수낙캇따(Sunakkhatta)가 승단을 떠나서 붓다를 비방하고 다녔기 때문에 붓다의 위대함을 천명하기 위해 붓다가 사리뿟따(Sāriputta)에게 설한 것이다. 이 경도 역시 바라문교와의 경쟁에서 이기기 위해

---

24 DN.III.84, "bhagavato 'mhi putto oraso mukhato jāto dhamma-jo dhamma-nimmito dhamma-dāyādo'ti.

25 『잡아함경』 제26권 제684경(T 2, p.186c); 『증일아함경』 제19권(T 2, p.645c); 『증일아함경』 제42권(T 2, p.776a); 『증일아함경』 제49권(T 2, p.816c); 『중아함경』 제49권(T 1, p.736c).

26 MN.I.69, "dasa kho pan' imāni sāriputta tathāgatassa tathāgata-balāni yehi balehi samannāgato tathāgato āsabhaṇ ṭhānaṃ paṭijānāti, parisāsu sīhanādaṃ nadati, brahmacakkam pavateti."

설해진 것임을 알 수 있다.

그러나 불멸후 바라문부흥시대에 불교는 점차 바라문의 영향에서 벗어나지 못했다. 인도에서 불교의 흥기(興起)는 바라문교(후대의 힌두교)라는 큰 호수에 하나의 작은 파도에 지나지 않았다. 붓다시대에는 불교가 주도권을 잡았지만, 불멸 후에는 사정이 달라졌다. 모든 측면에서 불교는 힌두교에 기대고 합치는 쪽으로 좇아갔다. 그리하여 불교는 점점 쇠퇴하여 나중에는 힌두교 속으로 흡수되어 버리고 말았다.

이것은 역사적 사실이며, 불교가 인도문화를 주도하는 강력한 사상의 위치를 차지하지 못했음을 의미한다. 바라문교와 불교를 비교해 볼 때, 바라문교가 강력한 세력을 가진 종교였다면, 반대로 불교는 약세적(弱勢的)·변연적(邊緣的)·피주도적(被主導的)·타자(他者)에 지나지 않았다. 후세의 불제자들이 불교가 바라문화 되는 것을 막기 위해 몸부림쳤지만, 약한 세력은 강한 세력에 따라갈 수밖에 없었다. 결국 인도에서 불교는 점차 바라문화 혹은 힌두교화 되고 말았던 것이다.

II. 무아(無我)의 실천행

무아(無我)의 이론이란 모든 것은 고정적으로 자성(自性)을 가지지 않는다고 하는 것이다. 무아를 무자성(無自性)의 의미로 보기도 한다. 말하자면 어떠한 존재도 절대적·고립적·독자적인 것이 아니고, 모든 것은 상대적·상관적·의존적·협동적인 상태에 있다는 것이다. 이것은 연기의 이법에 의해서도 충분히 이해될 수 있다.[27] 이것은 이론적인 무아를 말한 것이다. 그러나 불교에서는 이러한 이론적 무아를 이해하는 것만으로는 충분하지 않기 때문에 실천적 무아를 체득하는데 그 목적을 두고 있다. 이른바 불교의 무아설(無我說)은 이론적 무아를 설명하기 위한 것이 아니라 실천적 무아의 체득 · 완성을 강조하기 위한 것이다.

우리는 자칫하면 눈앞에 있는 것을 고정된 영원불변의 것이라고 생각하거나, 혹은 의식적으로 그렇게 생각하지는 않는다 해도, 무의식적으로 영원불변한 것으로 간주하고, 또 그러하기를 희망하여 거기에 애착을 갖고 집착하기 쉽다. 제3자의 입장에서 보면, 고집하여도 쓸데없음이 분명히 판단되는데도 당사자는 무리하게 집착하여 손을 떼려하지 않는 경향이 있다.[28]

십이연기(十二緣起)의 무명이나 갈애 등의 번뇌 망상이 아집이며, 불교의 수행이란 이러한 정의적 아집을 타파하기 위한 것이다. 초기경전에서는 구체적으로 실천적 무아가 무엇인지 명시하지는 않았지만, 스스로의 수행에 의해 체득되어야 할 열반의 경지를 가리킨다. 거기에는 무아의 진전 정도에 따라 '무집착(無執着)의 무아(無我)'와 '무애자재(無碍自在)의 무아(無我)'라고 하는 두 가지가 있다.[29] 대승불교에서는 초기불교에서의 무아(無我)와 동일한 의미로 공(空, sūññā)이라는 용어를 사용했다. 그래서 대승불교에서는 초기불교의 실천적 무아의 두 종류를 '무소득(無所

27 水野弘元, 『原始佛教』, p.239.

28 水野弘元, 『原始佛教』, p.240.

29 水野弘元, 『原始佛教』, p.241.

得)·무집착의 공(空)'과 '무애자재의 공(空)'이라는 두 개의 공(空)으로 지칭했다. 공(空)에 무소득공과 무애공이 있다고 하는 것이 그것이다. 이를테면 반야의 십팔공(十八空) 등은 결국 무소득공을 말한 것이다. 그리고 무애공(無碍空)에 관해서는 구체적으로 문헌에 기록되어 있지 않지만, 무소득공(無所得空)이 완성되면 무애자재(無碍自在)의 공(空)으로 될 것이다. 반야심경(般若心經)에 "무소득고(無所得故), 보리살타(菩提薩唾), 의반야바라밀다고(依般若波羅蜜多故), 심무가애(心無罣碍), 무가애고(無罣碍故), 운운(云云)"이라고 한 것은 무소득공에서 더욱 진전하여 무가애(無罣碍)의 무애공(無碍空)을 얻음에 이르는 것을 서술한 것이다.[30]

무집착의 무아라고 하는 것은 어떠한 일에도 집착하지 않는 것이다. 집착하면 안 될 것에 집착하지 않음은 물론, 집착할 가치가 있는 것에조차 지나치게 집착하지는 않는 것이다. 나쁜 일에 집착하지 않아야 할 것은 말할 필요도 없고, 선한 일에 대해서도 집착하지 않아야 한다는 것이다.[31] 이와 같이 완전한 무아 실천의 태도를 무가애(無罣碍)의 무아 또는 무애(無碍)의 공(空)이라고 한다. 무애라고 하는 것은 자유자재로 작용하는 것으로, 유아적(有我的)인 합리적인 요소를 완전히 갖추고 있으면서도 그것에 하등 구애됨이 없이 자유 무애의 활약을 보이는 것이다.[32] 이러한 실천적 무아행이 바로 중도적 삶이라고 할 수 있다. 앞에서 언급한 바와 같이 무아설과 중도설 등도 이처럼 상섭(相攝)의 관

30 水野弘元,『原始佛教』, pp.241-242.

31 水野弘元,『原始佛教』, p.242.

32 水野弘元,『原始佛教』, p.251.

계에 있음을 알 수 있다. 따라서 실천적 무아는 반야의 지혜에 의해서 얻어지며, 실천적 무아의 완성이 곧 불교의 깨달음이라고 할 수 있다.[33]

이상에서 살펴본 바와 같이 붓다의 가르침은 '인간형성의 길'이다. 한마디로 불교는 '인간학(人間學)'이라고 할 수 있다. 붓다의 가르침은 천신(天神)이나 축생(畜生)을 위한 가르침도 아니며, 더더구나 유령이나 귀신과 같은 죽은 자를 위한 가르침도 아니기 때문이다. 붓다의 관심사는 오직 이 땅에 몸담고 있는 모든 사람들이 겪고 있는 괴로움을 어떻게 제거 할 것인가에 있었다.

그런데 중생들은 너무나 다양하기 때문에 그들에게 설한 붓다의 가르침도 다양할 수밖에 없다. 그 다양한 가르침을 하나의 사상 체계로 정리한다는 것은 쉽지 않다. 그럼에도 불구하고 이 책에서 논술한 내용은 지금까지 필자가 이해한 초기불교사상이다. 이 책의 내용 중에서 잘못된 부분이나 다루지 못한 주제들은 후학(後學)들의 몫으로 남겨둔다.

---

33 水野弘元,『原始佛教』, p.240.

부 록

부록1: 초기불교의 경제사상

Ⅰ. 경제의 중요성

흔히 불교도는 무소유(無所有)의 청빈(淸貧)한 삶을 살아야 한다고 말한다. 이러한 덕목은 출가자에게 해당되는 것이다. 출가자는 삼의일발(三衣一鉢)에 의한 무소유의 삶이 미덕(美德)이다. 반면 재가자는 보다 많은 재화(財貨)를 획득해야만 생활의 안정을 유지할 수 있다. 그런데 출가자에게 요구되는 금욕적인 무소유의 생활을 재가자에게 강요하는 것은 잘못된 것이다. 붓다는 출가자가 아닌 재가자에게는 정당한 방법에 의해 열심히 노력하여 보다 많은 재화를 획득하라고 가르쳤다. 붓다는 가난을 찬양하지 않았다. 왜냐하면 재물은 자신의 삶은 물론 타인에게도 안락을 줄 수 있고, 또 나머지 여력으로 성자나 출가자에게 공양할 수도 있기 때문이다.[1]

인간의 생활에 있어서 가장 중요한 것 가운데 하나가 경제행위(經濟行爲, economic activity)이다. 인간은 이러한 경제행위를 떠나서는 단 하루도 살아갈 수 없다. 바꾸어 말하면 인간으로 태어

---

1 이수창(마성), 「초기경전에 나타난 경제사상」, 『불교문화연구』 제5집(동국대학교 불교사회문화연구원, 2004), p.30.

난 이상, 그 누구도 이러한 경제행위로부터 자유로울 수가 없다. 출가자도 생존을 위한 최소한의 물질이 요구되기 때문에 예외일 수 없다. 인간을 호모 에코노미쿠스(homo economicus, 경제적 동물)라고 특징짓는 까닭이 바로 여기에 있다.[2]

이처럼 인간의 생활에서 경제가 차지하는 비중은 매우 높다. 또한 현대사회에서 잘못된 경제 정책으로 말미암아 사회적 갈등이 심화되고 있는 것도 부인할 수 없다. 월폴라 라훌라(Walpola Rahula)는 인간생활에 있어서 경제의 중요성을 다음과 같이 말했다.

> 불교는 오직 숭고한 이상, 더 높은 도덕적 철학적 사상에만 관심을 갖고 있으며, 사람들의 사회적 경제적 복지를 무시한다고 생각하는 사람들은 잘못이다. 붓다는 인간의 행복에 관심을 기울였다. 붓다는 행복은 도덕적 정신적 원리에 바탕을 둔 청정한 삶을 살지 않고는 가능하지 않다고 말했다. 그러나 붓다는 바람직하지 못한 물질적 사회적 조건에서 그러한 삶을 영위하기가 어렵다는 것을 알았다. 불교는 물질적 풍요 그 자체를 목적으로 삼지 않는다. 그것은 단지 한 목표에 대한 보다 높고 고귀한 목표를 향한 수단이다. 그러나 이것은 인간의 행복을 위한 보다 높은 목적을 성취하는데 필수 불가결한 수단이다. 그래서 불교에서는 정신적 성공에 도움이 되는 최소한의 물질적 조건의 필요성을 인정한다. 어떤 고적한 곳에서 명상에 전념하고 있는 승려에게도 최소한의 물질이 요구된다.[3]

---

2 이수창(마성), 「초기경전에 나타난 경제사상」, p.32.

3 W. Rahula, *What the Buddha taught*, p.81.

이와 같이 물질은 인간생활에 있어서 필수 불가결한 것이다. 이를테면 음식, 의복, 주거 등 기본적인 필수품들은 재산을 소유하지 않고는 만족스럽게 충족될 수 없다. 실제로 이 세상에서 가난한 자가 할 수 있는 것은 아무 것도 없다. 재물이 없으면 그가 속한 집단에서의 사회적 역할은 물론 부모와 자식 간의 관계조차 유지할 수 없는 것이 현실이다.[4]

가난은 이 세상에서 가장 큰 괴로움이다. 『금색왕경(金色王經)』에서 "무엇을 괴로움이라고 하는가? 이른바 빈궁이다. 어떤 괴로움이 가장 무서운가? 이른바 빈궁의 괴로움이다. 죽는 괴로움과 가난한 괴로움 두 가지가 모두 다름이 없으나 차라리 죽는 괴로움을 받을지언정 빈궁하게 살지는 않으리라"[5]고 했다. 이처럼 불교는 빈곤을 인류의 적으로 간주한다.[6] 또한 가난은 범죄와 사회 타락의 근본적인 원인 가운데 하나이다.[7]

붓다는 「짝까왓띠시하나다-숫따(Cakkavattisīhanāda-sutta, 轉輪聖王獅子吼經)」(DN26)에서 빈곤(dāḷiddiya)이 절도, 거짓말, 폭력, 증오, 잔혹 등과 같은 부도덕과 범죄의 원인이라고 분명히 밝히고 있다. 고대의 왕들은 오늘날의 정부처럼 형벌로써 범죄를 억제하려고 했다.[8] 그러나 붓다는 「꾸따단따-숫따(Kūṭadanta-sutta, 究

---

4 이수창(마성), 「초기경전에 나타난 경제사상」, pp.34-35.

5 『金色王經』(T 3, p.389c), "何法名為苦? 所謂貧窮是. 何苦最為重? 所謂貧窮苦. 死苦與貧苦, 二苦等無異, 寧當受死苦, 不用貧窮生."

6 박경준, 「자본주의와 빈곤, 그리고 무소유」, 『불교평론』 제19호(2004년 여름), p.45.

7 이수창(마성), 「초기경전에 나타난 경제사상」, pp.34-35.p.35.

8 DN.III.65f.

羅檀頭經)」(DN5)에서 범죄를 근절시키기 위해서는 국민들의 경제적 조건이 개선되어야 한다고 말했다.

> 종자와 다른 농업 설비가 농부와 경작자에게 공급되어야 하고, 자본금이 무역업자나 사업을 하는 사람들에게 제공되어야 하며, 적정한 임금이 고용인들에게 지급되어야만 한다. 이와 같이 국민들에게 충분한 소득을 올릴 기회가 주어진다면, 그들은 만족하게 될 것이고, 근심과 불안을 갖지 않을 것이며, 따라서 나라는 평화롭고 범죄로부터 자유로울 것이다.[9]

붓다는 이러한 인간사회의 원리를 잘 알고 있었기 때문에 가난을 예찬하지 않았다. 붓다는 기회 있을 때마다 경제의 중요성에 대해 재가자들에서 설했다.

한때 디가자누(Dīghajānu)라는 사람이 붓다에게 '금생의 이익과 행복을 가져다주고 내생의 이익과 행복을 가져다주는 법'을 설해 달라고 요청했다. 그러자 붓다는 다음과 같이 말했다.

> 재가자여, 네 가지 법은 선남자에게 금생의 이익과 행복을 준다. 무엇이 넷인가? 근면을 구족함, 보호를 구족함, 선우를 사귐, 바르게 생계를 유지함이다.[10]

---

9 DN.I.135.

10 AN.IV.281, "cattāro 'me byagghapajja dhammā kulaputtassa diṭṭhadhammahitāya saṃvattanti diṭṭhadhammasukhāya. katme cattāro? uṭṭhānasampadā ārakkhasampadā kalyāṇamittatā samajīvitā."

위 경전의 내용을 요약하면, 재가자가 근면구족(勤勉具足, uṭṭhānasampada), 수호구족(守護具足, ārakkhasampada), 선우(善友, kalyāṇamitta), 등명(等命, samjīva) 등을 갖추면 금생에 이익과 행복을 얻을 수 있다는 것이다. 이에 대한 붓다의 자세한 설명은 다음과 같다.

> 그러면 어떤 것이 근면을 구족함인가? 여기 선남자는 농사나 장사나 목축이나 궁술이나 왕의 신하가 되거나 그 이외 어떤 공예의 직업을 가지고 생계를 유지하나니, 그가 거기에 숙련되고 게으르지 않으며 그것을 완성할 수 있는 검증을 거쳐 충분히 실행할 수 있고 충분히 연구할 수 있는 자가 된다. 이것을 일러 근면을 구족함이라 한다.[11]
>
> 그러면 어떤 것이 보호를 구족함인가? 여기 선남자는 열정적인 노력으로 얻었고, 팔의 힘으로 모았고, 땀으로 획득했으며, 정의롭게 법에 따라서 얻은 그의 재물을 보호하고 지키는 것을 구족한다. … 이것을 일러 보호를 구족함이라 한다.[12]
>
> 그러면 어떤 것이 선우를 사귐인가? 여기 선남자가 어떤 마을이나 성읍에 산다. 그곳에는 믿음을 구족하고 계를 구족하고 베풂을 구족하고 지혜를 구족한, 장자나 장자의 아들이나 계행이 원숙한 젊은이나 혹은 계행이 원숙한 노인들이 있다. 그는 이러한 사람들과 함께 지내고 대화하고 토론한다. … 이것을 일러 선우를 사귐이라

---

11 AN.IV.281.

12 AN.IV.281-282.

> 한다.[13]
>
> 그러면 어떤 것이 바르게 생계를 유지함인가? 여기 선남자는 재물의 수입과 지출을 알고, 지나치게 풍족하지도 않고 지나치게 궁핍하지도 않게 바르게 생계를 유지한다. … 이것을 일러 바르게 생계를 유지함이라고 한다.[14]

위 경전에서 언급한 네 가지 항목 중에서 '선우(善友)'를 제외한 세 가지 항목은 재가신자의 경제생활과 관련된 것이다. 이와 같이 인간생활에 있어서 중요한 부분을 차지하는 것이 재산임을 알 수 있다. 오늘날에도 경제적으로 안정되어 있지 않으면 자신의 어떠한 미래의 꿈도 실현할 수가 없다. 재가자의 삶에 있어서 가장 시급한 선결 과제는 바로 경제적 안정이다. 붓다는 인간 사회에서 재산이 미치는 두드러진 역할을 인식하고 있었다. 또한 붓다는 경제적 조건은 개인과 국가의 힘을 판단하는 기준이 된다는 것도 알고 있었다.[15]

II. 재화의 획득과 소비

재산은 궁핍의 고통을 제거하는 묘약(妙藥)이기 때문에 붓다는 재가자들에게 정당한 방법으로 재산을 획득하도록 권장했다. 재산을 획득하기 위해서는 무엇보다도 직업을 가져야 한다.

---

13 AN.IV.282.

14 AN.IV.282-283.

15 이수창(마성), 「초기경전에 나타난 경제사상」, pp.38-39.

그래서 붓다는『중아함경』제33권, 제135경「선생경(善生經)」에서 "처음에는 먼저 기술을 배워라. 그 다음으로 재물을 구하라"[16] 고 했다. 붓다는『숫따니빠따(Suttanipāta, 經集)』에서도 재가자는 우선 "많이 배우고 익히며 절제하고 훈련하여 의미 있는 대화를 나누니, 이것이야말로 더 없는 축복"[17]이라고 말했다. 또한 붓다는 재물을 획득하기 위해서는 재가신자가 근면해야 한다고 강조했다.

> 비구들이여, 세 가지 특징을 가진 상인은 아직 얻지 못한 재산을 얻을 수 없고 이미 얻은 재산은 늘릴 수 없다. 어떤 것이 셋인가?
>
> 비구들이여, 여기 상인이 새벽에도 성실히 일을 돌보지 않고, 낮 동안에도 성실히 일을 돌보지 않고, 저녁에도 성실히 일을 돌보지 않는다. 비구들이여, 이러한 세 가지 특징을 가진 상인은 아직 얻지 못한 재산은 얻을 수 없고 이미 얻은 재산은 늘릴 수 없다. ……
>
> 비구들이여, 세 가지 특징을 가진 상인은 아직 얻지 못한 재산을 얻을 수 있고 이미 얻은 재산은 늘릴 수 있다. 어떤 것이 셋인가?
>
> 비구들이여, 여기 상인이 새벽에도 성실히 일을 돌보고, 낮 동안에도 성실히 일을 돌보고, 저녁에도 성실히 일을 돌본다. 비구들이여, 이러한 세 가지 특징을 가진 상인은 아직 얻지 못한 재산을 얻을 수 있고 이미 얻은

16 『중아함경』제33권 제135경「善生經」(T 1, p.642a), "初當學技術, 於後求財物."

17 Sn.261, "bāhusaccañ ca sippañ ca, vinayo ca susikkhito, subhāsitā ca vācā, etaṃ maṅgalamuttamaṃ."; 전재성 역주,『숫타니파타』, pp.145-146.

> 재산은 늘릴 수 있다.[18]

위 경전에 의하면, 열심히 노력하지 않고 재화를 바라는 것은 올바른 불교도의 태도가 아니다. 붓다는 『중아함경』 제33권, 제135경 「선생경」에서 "만일 사람이 게으르면 사업을 경영하지 못하고, 사업을 경영하지 못하면 공업을 이루지 못하며, 아직 얻지 못한 재물을 얻을 수 없고, 본래 있던 재물은 자꾸 없어진다"[19]고 했다.

붓다는 재가신자가 재물을 획득해야 하는 이유에 대해 다음과 같이 설했다.

> 장자여, 여기 성스러운 제자는 열정적인 노력으로 얻었고 팔의 힘으로 모았고 땀으로 획득했으며 법답고 법에 따라서 얻은 재물로 자신을 행복하게 하고 만족하게 하고 바르게 행복을 지키도록 한다. 부모를 행복하게 하고 만족하게 하고 바르게 행복을 지키도록 한다. 아들과 아내와 하인과 일꾼들을 행복하게 하고 만족하게 하고 바르게 행복을 지키도록 한다. 친구와 친척들을 행복하게 하고 만족하게 하고 바르게 행복을 지키도록 한다. 장자여, 이것이 [네 가지 가운데서] 첫 번째이니, 그가 합리적이고 알맞게 재물로써 행한 것이다.[20]

위 경전에 의하면, 재물이 있어야 자신과 부모, 아들과 아내와

---

18 AN.I.115-116.

19 『중아함경』 제33권 제135경 「善生經」(T 1, pp.639c-640a).

20 AN.II.67.

하인과 일꾼, 그리고 친구와 친척들을 행복하게 하고, 만족하게 하고 바르게 행복을 지킬 수 있다. 이것이 재가자가 재물을 획득해야 하는 첫 번째 이유이다.

> 다시 장자여, 여기 성스러운 제자는 열정적인 노력으로 얻었고 팔의 힘으로 모았고 땀으로 획득했으며 법답고 법에 따라서 얻은 재물로 모든 재난, 즉 불과 물과 왕과 도둑과 적과 [나쁜 마음을 가진] 상속인 등의 여러 가지 재난으로부터 자신을 보호한다. 그는 자신을 안정하게 지킨다. 장자여, 이것이 두 번째이니, 그가 합리적이고 알맞게 재물로써 행한 것이다.[21]

위 경전에 의하면, 재물이 있어야 재난을 만났을 때 자신을 보호할 수 있다. 재난이란 불과 물과 왕과 도둑과 적으로부터 재산을 빼앗긴 경우를 말한다. 이처럼 재산이 있어야 재난을 당했을 때에도 자신을 지킬 수 있다. 이것이 재가자가 재물을 획득해야 하는 두 번째 이유이다.

> 다시 장자여, 여기 성스러운 제자는 열정적인 노력으로 얻었고 팔의 힘으로 모았고 땀으로 획득했으며 법답고 법에 따라서 얻은 재물로 다섯 가지 헌공을 하나니, 그것은 친지에게 하는 헌공, 손님에게 하는 헌공, 조상신들에게 하는 헌공, 왕에게 하는 헌공(세금), 신에게 하는 헌공이다. 장자여, 이것이 세 번째이니, 그가 합리적

21 AN.II.68.

> 이고 알맞게 재물로써 행한 것이다.[22]

위 경전에 의하면, 재물이 있어야 다섯 가지 헌공을 할 수 있다. 이것이 재가자가 재물을 획득해야 하는 세 번째 이유이다.

> 장자여, 여기 성스러운 제자는 열정적인 노력으로 얻었고 팔의 힘으로 모았고 땀으로 획득했으며 법답고 법에 따라서 얻은 재물로 사문 · 바라문들에게 정성을 다한 보시를 한다. 그러한 사문 · 바라문들은 교만과 방일함을 금하고 인욕과 온화함에 헌신하여 살면서 각자 자신을 길들이고 각자 자신을 제어하고 각자 자신을 완전한 열반에 들게 한다. 이러한 사문 · 바라문에게 하는 보시는 고귀한 결말을 가져다주고 신성한 결말을 가져다주며 행복을 얻게 하고 천상에 태어나게 한다. 장자여, 이것이 네 번째이니, 그가 합리적이고 알맞게 재물로써 행한 것이다.[23]

위 경전에 의하면, 재가자는 재물이 있어야 사문과 바라문에게 보시할 수 있고, 그 보시의 공덕으로 현세에서는 행복하게 살고 내생에서는 천상에 태어나게 된다는 것이다. 이것이 재가자가 재물을 획득해야 하는 네 번째 이유이다.

이와 같이 재가자에게 재물이란 자신의 행복은 물론 가족과 친척을 행복하게 해줄 수 있고, 조상신들에게 헌공할 수 있으며,

---

22 AN.II.68.

23 AN.II.68.

사문과 바라문에게 공양할 수도 있게 해주는 것이다. 그러므로 재가자는 가능한 한 많은 재물을 획득하여 경제적으로 안정을 이루어야 한다는 것이다.

그렇다고 해서 붓다가 인간의 끝없는 욕망과 집착으로 축재(蓄財) 하는 것을 인정했다는 의미는 아니다. 붓다는 재물을 얻기 위해 수단과 방법을 가리지 않는 것을 찬성한 것도 아니다. 붓다는 재물을 획득함에 있어서 일정한 윤리적 규범에 따라야 한다고 가르쳤다. 즉 정당한 방법에 의해 재산을 증대하고 집적하라는 것이다. 이를테면 자기도 남도 괴롭히지 않고 정당한 방법에 의해 재산을 증대하고 집적하는 것이다. 또한 붓다는 "거래할 경우에도 부정한 화폐, 부정한 도량형, 부정한 수단 등도 배척하고 있다."[24]

『잡아함경』 제48권, 제1283경 「기능경」에 의하면, "이와 같이 잘 숙달하여 지혜로써 그 재물을 구하면 그에 따라 재물이 생기니, 모든 물이 바다로 흐르는 것과 같다. 그리하여 그 재물의 이익은 꿀벌이 온갖 맛을 모으는 것과 같고 밤낮으로 그 재물이 불어나가는 것이 마치 개미가 쌓은 흙더미와 같다."[25]

이와 같이 재물을 축적하기 위해서는 꿀벌이 꽃의 꿀을 채취하듯이 정려하지 않으면 안 된다. 붓다는 『중아함경』 제33권, 제135경 「선생경」에서 "그는 이렇게 재물을 구하기, 마치 꿀벌이 꽃을 따듯이 하나니, 오랫동안 재물을 구해 마땅히 스스로 쾌락

24 DN.III.176.

25 『잡아함경』 제48권 제1283경 「技能經」(T 2, p.353b), "如是善修業, 黠慧以求財. 財寶隨順生. 如衆流歸海. 如是財饒益. 如蜂集衆味. 晝夜財增長. 猶如蟻積堆."

을 받는다"[26]고 설했다. 즉 재물을 구하되 나와 남을 함께 괴롭히지 않고 바른 법에 의해야 한다는 것이다.

이와 같이 초기불교에서는 재가자들로 하여금 적극적으로 재산을 획득하라고 권장하고 있다. 그렇다고 해서 정당하지 않은 방법으로 재산을 축적하라는 의미는 아니다. 재가자가 재산을 획득하되 정당한 방법, 즉 '이법에 적합한 행위', '비난을 받지 않는 행위', '순수한 노력에 의한 행위' 등에 의해 재산을 획득하라는 것이다.

한편 붓다는 정당한 방법으로 재산을 모으는 것도 쉽지 않지만, 그 재산을 지키는 것은 더욱 어렵다고 했다. 왜냐하면 정당한 방법으로 벌어들인 재산이라 할지라도 언제 어떤 사정에 의해 소실될지 모르기 때문이다.

앞에서 인용했던 『앙굿따라 니까야(Aṅguttara Nikāya, 增支部)』(AN7:54)에 의하면, 자신이 벌어들인 재산은 잘 지키고 보호해야 한다. 그래야 왕이 이를 강탈하지 못하고, 도적 떼가 이를 훔쳐가지 못하고, 불이나 물이 이를 파괴하지 못하며 불필요한 상속자들이 이를 제거하지 못한다.[27] 이처럼 화재나 천재로부터 자신의 재산을 잘 보호하는 것도 재산의 획득만큼 중요하다는 것이다.

그런데 재산은 이러한 이유만으로 소실되는 것이 아니다. 이보다는 자신의 잘못된 행위로 말미암아 재산이 소진될 가능성이 더 높다. 사치와 향락에 빠지는 방탕한 생활은 재산을 소실시

---

26 『중아함경』 제33권 제135경 「善生經」(T 1, p.642a), "彼如是求財, 猶如蜂採化, 長夜求錢財, 當自受快樂."

27 AN.IV.281-282.

킨다. 붓다는 재산이 소진되고 인격이 손상되며 결국 파멸에 이르게 하는 여섯 경로를 경계해야 한다고 했다. 그 여섯 가지는 음주에의 탐닉, 하릴없는 때의 거리 방황, 유흥과 오락의 과도한 애호, 도박 중독, 악행을 일삼는 자들과의 교우 및 게으름에 익숙해짐이다. 보가위나사무카(Bhogavinasamukha)로 알려진 재산을 탕진하는 여섯 가지 그릇된 행실은 「시갈로와다-숫따(Sigālovāda-sutta, 教授尸迦羅越經)」(DN31)에 자세히 설명되어 있다.

> 재산을 낭비하는 여섯 가지 행위는 무엇인가? 그것은 음주, 방탕, 유흥, 노름, 악한 친구와의 교제, 게으름이다.
>
> 젊은이여, 음주에는 여섯 가지 위험이 있다. 그것은 재산의 손실, 잦은 싸움질, 병, 나쁜 소문, 무례함, 지능 저하이다.
>
> 젊은이여, 알맞지 않은 시간에 거리를 쏘다니는 방탕에는 여섯 가지 위험이 있다. 그 자신이 보호받을 수 없고, 처자식과 재산도 그러하며, 보호받을 수 없는 범죄의 혐의를 받으며, 이름에 나쁜 소문이 붙어 다니며, 많은 말썽에 부딪치게 된다.
>
> 젊은이여, 유흥장에 자주 출입하는 데에도 여섯 가지 위험이 있다. 유흥장에 가면 춤과 노래와 음악과 낭송과 악기와 손뼉 소리가 어디에서 나는가를 찾게 된다.
>
> 젊은이여, 노름에는 여섯 가지 위험이 있다. 이기면 원한을 낳고, 지면 잃은 재산 때문에 슬퍼하며, 재산이 탕진되고, 그의 말이 의회나 법정에서 신뢰받지 못하며, 친구와 동료들의 경멸을 받으며, 사람들이 노름꾼은 좋은 남편이 될 수 없다고 얘기하기에 결혼 상대를 구하지

> 못하게 된다.
>
> 나쁜 친구와 사귀는 데에도 여섯 가지 위험이 있다. 노름꾼 · 난봉꾼 · 술꾼 · 사기꾼 · 협잡꾼 · 깡패가 그의 친구나 동료가 되기 때문이다. 게으름에도 여섯 가지 위험이 있다. 너무 추워서, 너무 더워서, 너무 늦어서, 너무 일러서, 너무 배고파서, 너무 배불러서 일하지 못한다는 게으름뱅이는 해야 할 일이 쌓이는 동안 돈을 벌지 못하며, 결국 갖고 있는 재산마저 날려버리게 된다.[28]

대부분의 사람들은 이러한 여섯 경로를 통해 재산을 탕진해 버린다. 그러나 음주, 방탕, 유흥, 노름, 악한 친구와의 교제, 게으름으로부터 자신을 지킬 수 있는 사람은 재산의 손실을 막을 수 있을 뿐만 아니라 자신의 행복과 번영을 보장받을 수 있다.[29]

재물을 축적하기 위해서는 될 수 있는 한 소비를 줄이지 않으면 안 된다. 재물의 축적과 소비에 대한 붓다의 충고는 널리 알려져 있다. 『잡아함경』에 의하면, "수입을 사등분하여 그 중 1/4은 자신의 생계비로 사용 하고, 2/4는 생업을 영위하거나 자본으로 재투자하고, 나머지 1/4은 저축하여 자기 또는 타인의 빈궁에 대비하도록 권하고 있다."[30]

그런데 한역 『중아함경』 제33권 제135경 「선생경」에서는 "재물을 구한 뒤에는 그것을 나누어 사등분으로 만들어라. 한 몫은 음식을 만들고, 한 몫은 농사를 장만하고, 한 몫은 모두 간

---

28 DN.III.183-184.

29 이수창(마성), 「초기경전에 나타난 경제사상」, p.43.

30 『잡아함경』 제48권 제1283경(T 2, p.353a-b).

직해 두어 급한 때의 쓰임에 이바지 하라. 나머지 한 몫은 농사꾼이나 장사꾼에게 주어 이자를 나게 하라"[31]고 했다. 두 경의 내용이 약간 다르게 설해져 있다.

여기서 자기 또는 타인의 빈궁에 대비한 이 1/4이 중요한 의미를 가진다. 한때 과소비가 사회문제화 된 적이 있었던 사례에 비추어 보더라도 축재된 재물은 이웃과 사회를 위해 보시 하거나, 어떤 특별한 용도를 위해 비축해 두라는 가르침은 되새겨 볼만하다.[32]

이와 같이 붓다는 재가자들에게 수입과 지출의 균형잡힌 생활수준을 유지하도록 권했다. 이것은 한마디로 자신의 분수에 맞게 생활하라는 것이다. 이를테면 너무 많지도 적지도 않게 자신의 소득과 비례해 합리적으로 소비해야 한다는 것을 의미한다. 즉 너무 탐욕스럽게 축재해서도 안 되며 너무 낭비해도 안 된다.[33] 그래야 지나친 사치에 빠지지도 않고 지나친 궁핍에 시달리지도 않게 된다.[34]

모든 사람들은 재물을 얻고 나면, 그 재물을 통해 향락적 생활을 즐기고자 한다. 이러한 향락적 생활을 삶의 목표로 삼기 쉽다. 그러나 향락적인 생활은 결국 파멸을 초래할 뿐이다.

여색에 미치고 술에 중독되고 도박에 빠져있어, 버는

---

31 『중아함경』 제33권, 제135「善生經」T 1, p.642a), "後求財物已, 分別作四分. 一分作飮食, 一分作田業, 一分擧藏置, 急時赴所須, 耕作商人給, 一分出息利."

32 이수창(마성),「초기경전에 나타난 경제사상」, pp.43-44.

33 AN.IV.281-283.

34 이수창(마성),「초기경전에 나타난 경제사상」, p.44.

것마다 없애버린다면, 그것이야말로 파멸의 문입니다.[35]

붓다는 어떤 사람이 재물을 획득했을지라도 그 재물을 향락적인 쾌락을 위해 낭비해서는 안된다고 충고했다. 붓다는 '돈을 비(雨)처럼 써도 결코 욕망을 채울 수 없다'[36]고 했다. 이처럼 재물을 획득하는 것도 중요하지만, 그 재물을 어떻게 활용할 것인가에 대해서도 깊이 생각해 보아야만 한다.[37]

『앙굿따라-니까야』(AN4:61)에 따르면, 붓다는 바른 방법으로 재산을 획득하여 축적하는 것을 긍정적인 것으로 보았다. 붓다는 "축적된 재산으로 인해 첫째는 부모를 안락하게 해드릴 수 있고, 둘째는 처자 · 친족 · 사용인 · 객인에 대하여 적절하게 물건을 베풀어 안락케 할 수 있고, 셋째는 성자들을 존경하고 공양할 수 있다"[38]고 했다.

또 다른 경전에 의하면, "재물을 획득한 뒤에는 무엇을 해야 합니까?"라는 어떤 사람의 물음에 대해 붓다는 "성전을 배워야 한다"[39]고 했다. 그러므로 재가자는 가능한 한 많은 재물을 축적하되, 축재가 되면 그 재물은 궁극적으로 종교적인 목적을 달성하기 위해 사용해야 한다는 것이다.[40]

---

35 Sn.106, "itthidhutto surādhutto, akkhadhatto ca yo naro, laddhaṃ laddhaṃ vināseti, tam parābhavato mukhaṃṃ."; 전재성 역주, 『숫타니파타』, p.104.

36 JātakaII.232.

37 이수창(마성), 「초기경전에 나타난 경제사상」, pp.44-45.

38 AN.II.67-68.

39 Jātaka IV.378-379.

40 이수창(마성), 「초기경전에 나타난 경제사상」, p.45.

III. 불교의 직업관과 분배의 윤리

직업이 올바른 생활과 조화를 이루려면 두 가지 요건이 충족되어야 한다. 첫째, 직업은 적어도 생활의 기본적인 필수품들을 제공할 수 있어야 한다. 둘째, 업무는 윤리적으로 건전해야 한다. 많은 유형의 직업은 충분한 수입은 보장되지만, 정직하지 못하거나 착취 또는 잔혹함을 수반하기도 한다. 붓다는 당시 만연했던 비윤리적 직업의 유형들을 예로 들어 재가자가 그러한 업종에 종사해서는 안 된다고 훈계했다.[41]

흔히 직업에는 귀천이 없다고 말한다. 이러한 사고는 물질 만능주의에서 나온 것으로써 불교적 가치관에서 보면 올바른 직업관이라고 할 수 없다. 불교에서는 바른 직업과 바르지 못한 직업을 분명히 구분하고 있다. 붓다는 「와닛자-숫따(Vaṇijjā-sutta, 商人經」(AN5:177)에서 재가신자는 다섯 가지 장사를 해서는 안 된다고 가르쳤다.

> 비구들이여, 우바새는 다섯 가지 장사를 해서는 안 된다. 다섯 가지란 무엇인가? 무기를 파는 것(satthavaṇijjā), 사람을 파는 것(sattavaṇijjā), 고기를 파는 것(maṃsavaṇijjā), 술을 파는 것(majjavaṇijjā), 독극물을 파는 것(visavaṇijjā)이다. 비구들이여, 우바새는 이러한 다섯 가지 장사를 해서는 안 된다.[42]

---

41 이수창(마성), 「초기경전에 나타난 경제사상」, pp.45-46.

42 AN.III.208, "pañc'imā bhikkhave vaṇijjā upāsakena akaraṇīyā. katamā pañca? satthavaṇijjā, sattavaṇijjā, maṃsavaṇijjā, majjavaṇijjā, visavaṇijjā. imā kho

위 경전에 의하면, 재가신자는 이른바 ①무기 매매, ②인신 매매, ③육류의 매매, ④주류 매매, ⑤마약 매매 등과 같은 다섯 가지 업종에 종사해서는 안 된다는 것이다. 또한 "어부 · 엽사 또는 양 · 돼지 · 노루 등의 도살자와 같은 살생업, 사형 집행자"[43] 등은 바르지 못한 직업으로 분류했다. 이러한 것들은 재가자가 지켜야 할 오계 중 불살생계와 불음주계에 위배되기 때문이다. 특히 붓다는 무기의 생산이나 판매와 같은 특정한 거래는 사악한 생계 수단이라고 비판했다.[44]

오늘날에는 바르지 못한 직업의 목록에 보다 많은 것들이 추가될 것이다. 예를 들면 절도 · 사기 · 수뢰 · 강탈, 부당이득 등과 같이 정직하지 못하거나 잔인함을 수반하는 것은 모두 이 비윤리적 업종에 해당된다. 건전한 것으로 간주되는 농업과 농작 분야에서조차도 농지의 경계 변경과 타인 소유지의 침해, 소유권을 위한 거짓 소송, 타인 소유지의 재배나 소작 시의 산출 몫의 부당한 할당 등과 같은 것도 악행에 속한다.[45] 불교에서 말하는 바른 직업이란 다음과 같다.

> 생활을 경영하는 그 업으로는 농사짓기와 장사하기와 소나 양을 먹이어 번식시키기, 전세를 놓아 이익 구하기, 집을 짓기와 침구 만들기, 이것은 여섯 가지 바른 직업이니, 방편으로써 온갖 직업에 힘쓰면, 이 세상을

---

bhikkhave pañca vaṇijjā upāsakena akaraṇiyā ti."

43 Theragāthā, pp.240-242.

44 이수창(마성), 「초기경전에 나타난 경제사상」, p.46.

45 이수창(마성), 「초기경전에 나타난 경제사상」, pp.46-47.

안락하게 살아가리라.[46]

이 경전에서 말하는 직업은 농업, 상업, 행상, 목축, 금대, 대가업, 건축업, 목공업 등이다. 『본생경(本生經)』에서는 "경작, 상매, 금대, 목납업"등을 예로 들고 있다. 또한 「삼빠다-숫따(Sampada-sutta, 具足經)」(AN8:76)에서는 "농사, 장사, 목축, 관리"[47] 등을 바른 직업으로 보았다. 이러한 직업의 종류는 시대에 따라 변한다. 다만 다른 사람과 생명체에게 피해를 주는 비윤리적인 직업은 올바른 직업이라고 할 수 없다.[48] 그리고 불교에서는 직종에 의한 사회적 신분의 고하귀천은 본래적인 것이 아니라고 본다.

> 날 때부터 천한 사람인 것이 아니고, 태어나면서부터 바라문인 것도 아니요, 행위에 의해서 천한 사람도 되고, 행위에 의해서 바라문도 되는 것이요.[49]

즉 태생에 의해 신분이 나눠지는 것이 아니라, 직업에 의해 신분이 달라진다는 뜻이다. 그가 어느 직종에 종사하느냐에 따라 사회적 신분이 달라진다. 그러므로 직업은 매우 중요하다.[50]

그런데 재가자는 자신의 노력에 의해 재화를 축적했더라도 자기 혼자서 독점해서는 안 된다. 그것을 타인에게 베풀어야 한

---

46 『잡아함경』 제48권 제1283경 「技能經」(T 2, p.353b).

47 AN.IV.322.

48 이수창(마성), 「초기경전에 나타난 경제사상」, p.47.

49 Sn.136, "jaccā vasalo hoti, na jaccā hoti brāhmaṇo, kammanā vasalo hoti, kammanā hoti brāhmaṇo."; 전재성 역주, 『숫타니파타』, p.110.

50 이수창(마성), 「초기경전에 나타난 경제사상」, pp.47-48.

다. 우리가 재물을 모으는 것도 결국은 다른 사람들에게 복리를 나누어주기 위한 것임을 알아야 한다. 불교에서 베푸는 일, 즉 보시(dāna)를 강조하는 까닭이 바로 여기에 있다. 이것은 오늘날의 경제학에 있어서 분배의 윤리가 될 것이다.[51]

무릇 모든 인간은 재물을 갖기 원한다. 그런데 그 얻고자 하는 재물을 얻을 수 없거나, 상대적으로 빈곤감을 느낄 때 통치자와 정부에 대한 불만을 토로하게 되며, 그 불만이 가중되어 사회의 불안으로 연결된다. 오늘날 우리 사회가 겪고 있는 불만 중에서도 이 경제적 불평등 때문에 사회적으로 많은 문제가 발생된다. 이러한 경제의 분배 방식에 따라 사회체제 내지 정부형태까지 달라지는 것을 볼 때 얼마나 분배가 중요한 것인가를 알 수 있다.[52] 분배에 관한 언급은 초기경전의 여러 곳에서 발견할 수 있다.

> 주기 전에는 마음이 즐겁고, 주고 있을 때는 마음이 청정해지며, 준 뒤에는 마음이 기쁘다.[53]
>
> 법에 어긋남이 없이 얻은 부를 시여하면서 마음을 청정케 한다.[54]

이와 같이 남에게 베풀고 나면 마음이 기쁘다. 그러나 재물을 많이 갖고 있으면서도 남에게 베풀 줄 모르는 사람들이 있다. 붓다는 이런 사람들에게 다음과 같이 충고했다.

---

51 이수창(마성),「초기경전에 나타난 경제사상」, p.48.

52 이수창(마성),「초기경전에 나타난 경제사상」, p.48.

53 AN.III.337.

54 AN.III.354.

자기는 풍족하게 살면서도, 늙게 되어 젊음을 잃은 부모를 돌보지 않는다면, 그것이야말로 파멸의 문이다.[55]

엄청나게 많은 재물과 황금과 먹을 것이 있는데도 혼자서 맛있는 것을 먹는다면, 그것이야말로 파멸의 문이다.[56]

이처럼 붓다는 재산의 획득과 함께 보시를 강조함으로써 올바른 분배가 이루어지도록 했다. 즉 물질적 보시를 통해 사회로의 회향을 최고의 미덕으로 삼았다. 요컨대 붓다는 재가자들에게 자신의 노력을 통해 최대한 재물을 축적하되, 그 재물을 향락적인 생활에 낭비하지 말고, '이웃을 위해 널리 베푸는 일'에 사용하라고 했다. 사실 헐벗고 가난한 이웃들에게 필요한 물품과 금전을 베풀어주는 것은 그들에게 있어서는 백 마디의 금언보다 값진 감로법우가 될 것이다.[57]

불교에서 강조하는 보시와 자비의 실천은 사회적 입장에서 보면 공동체의 이상사회 실현을 위한 것이라고 할 수 있다.

---

55 Sn.98, "yo mātaraṃ vā pitaram vā, jiṇṇkaṃ gatayobbanaṃ, pahū santo na bharati, taṃ parābhavato mukhaṃ."; 전재성 역주, 『숫타니파타』, p.102.

56 Sn.102, "pahūtavitto puriso, sahiraññо sabhojano, eko bhuñjati sādūni, tam parābhavato mukhaṃ."; 전재성 역주, 『숫타니파타』, p.103.

57 이수창(마성), 「초기경전에 나타난 경제사상」, p.49.

IV. 불교의 노동관

현재의 사회문제 가운데 하나는 실업(失業)이다. 생산 활동에 종사할 직장과 직업이 없다는 것은 참으로 불행한 일이다. 실업은 한 개인의 불행에 머물지 않고 곧바로 국가의 위기로 이어진다. 이런 측면에서 보면 현재 한국의 '청년실업'은 심각한 문제가 아닐 수 없다. 이제 실업은 전 지구적 현상으로 나타나고 있다. '국제노동기구(ILO)'에서는 이러한 세계적 위기를 '노동의 위기'로 진단하고 있다.

노동의 위기에 대해서는 이미 제레미 리프킨(Jeremy Rifkin)이 그의 저서 『노동의 종말(The End of Work)』에서 구체적인 증거들을 제시한 바 있다. 리프킨은 이 노동의 위기에 대해 "세계 곳곳의 사람들은 자신들의 미래에 대해 불안해하고 있다. 젊은이들은 좌절감과 분노를 반사회적 행위 속에 발산하고 있으며, 노년층 노동자들은 과거의 영광과 암울한 미래 사이에서 포기하거나 자신들이 통제할 수 없는 사회적 힘에 사로잡혀 있다는 생각에 빠져 있다"[58]고 진술했다.

실업자가 증대하면 사회적 긴장이 증대한다. 실제로 실업의 상승은 범죄와 폭력의 상승으로 이어진다. '머바와 파울스의 연구'(Merva and Fawles Study)에서 연구자들은 미국에서 1%의 실업 상승이 6.7%의 살인 및 3.4%의 폭력범죄, 그리고 2.4%의 재산범죄를 증가시킨다는 사실을 발견했다.[59] 그런데 붓다는 「짝

58 제레미 리프킨, 이영호 역, 『노동의 종말』(서울: 민음사, 1996), p.23.

59 제레미 리프킨, 『노동의 종말』, p.280.

까왓띠시하나다-숫따(Cakkavattisīhanāda-sutta, 轉輪聖王獅子吼經)」(DN26)에서 빈곤(dāḷiddiya)이 절도, 거짓말, 폭력, 증오, 잔혹 등과 같은 부도덕과 범죄의 원인이라고 이미 밝혔다.[60]

그러면 전 지구적 실업이 증대하는 근본적인 원인은 무엇인가? 그것은 이윤의 극대화를 추구하는 자본주의의 본질적 속성 때문이다. 이러한 자본주의의 본질적 속성은 급기야 '세계화된 경제' 또는 '세계 자본주의'를 낳았으며 거침없이 질주하는 세계 자본주의는 노동의 위기를 초래함은 물론 약소국과 주변국을 끊임없이 괴롭히고 있다.[61]

이러한 '노동의 위기'는 잘못된 노동에 대한 인식 때문이다. 노동은 본래 신성한 것이다. 그런데 노동이 교환가치 또는 화폐가치를 지닌 하나의 상품으로서의 임금노동으로 전락해 버렸다. 노동을 단순히 상품으로만 인식하게 되었다.[62] 그러나 노동을 하나의 상품가치로만 취급하는 풍토 속에서는 건강한 삶을 기대하기 어렵고, 노사갈등이나 실업문제도 완전히 해결하기 어렵다. 그러면 불교에서는 노동을 어떻게 보고 있으며, 불교적 입장에서 본 노동의 진정한 의미는 무엇인가에 대해 살펴보자.

---

60 DN.III.65 f.

61 박경준, 『불교사회경제사상』, p.230.

62 박경준, 『불교사회경제사상』, p.230.

1. 노동의 개념

불교적 입장에서의 노동은 의식적이고 합목적적 성격을 지닌 것으로 이해하고 있다. 현재 우리가 쓰고 있는 노동(勞動, labor)이라는 말과 완전히 일치하는 불교용어는 없다. 다만 '업(業, karma)'이라는 단어가 가장 근접할 뿐이다.

불교의 업설(業說)에 따르면, 인간의 행위는 행위 그 자체로서 끝나는 것이 아니라 그 행위의 내용에 상응하는 결과, 즉 과보(果報)가 수반된다. '선인선과(善因善果) 악인악과(惡因惡果)'라고 일컬어지는 인과응보의 법칙이 그것이다. 그러나 업이 과보를 초래하기 위해서는 의도와 의지의 개입이 요청된다. 따라서 적극적인 의지작용에 바탕을 둔 선업과 악업에는 반드시 과보가 따른다. 하지만 의지를 필요로 하지 않는 무의식적 행위라 할 수 있는 무기업(無記業: 선하지도 않고 악하지도 않은 업)에는 과보가 없다고 설한다.[63]

이러한 불교의 업설은 오늘날 경제학에서 말하는 노동의 의미와 합목적성과 일치한다. 일반적으로 "노동이란 인간이 자신의 생활을 유지하고 자신을 실현시키기 위해 의식적이고도 합목적적으로 그의 신체적 · 정신적 힘을 자연에 작용시켜, 또는 도구나 기계를 매개로 해서, 자연을 인간생활에 적합한 형태로 변화시키는 활동"[64]이라고 정의된다.

---

63 윤병식, 「佛敎思想에 있어서의 勞動哲學의 意味發見」, 『哲學思想의 諸問題(III)』(성남: 한국정신문화연구원, 1985), pp.298-299.

64 전기호, 『신노동경제학』(서울: 무역경영사, 1995), p.26; 김종호, 『노동과 인간』(서울: 이문출판사, 1990), pp.7-9.

한편 노동을 육체노동과 정신노동, 생산노동과 비생산노동 등으로 구분하는 경우도 있다. 또는 노동과 작업을 구분하여, 노동은 기본적으로 자연적 생명과정에 대응하는 것으로서 생존을 위해 필요한 물질을 획득하는 활동으로 정의하고, 작업(work)은 개성을 표현하고 형태화와 지속적 성격을 가지는 작품을 제작하는 활동으로 규정하기도 한다.[65] 하지만 불교에서는 '인간과 세계', '정신과 육체'의 유기적이고도 역동적인 관계를 중시한다. 따라서 굳이 노동의 개념을 세분할 필요는 없다고 본다.[66]

2. 불교에서 본 노동의 의미

불교의 연기법은 크게 두 가지 방식으로 설해지는데, 하나는 괴로움의 성립과정을 보여주는 유전문(流轉門)이고, 다른 하나는 괴로움의 소멸과정을 보여주는 환멸문(還滅門)이다.[67] 이와 같이 우리의 삶도 크게 두 부류로 구분된다. 한 부류는 유전문에 빠져 있는 사람들이고, 다른 한 부류는 환멸문의 흐름을 타고 있는 사람들이다. 노동이 삶의 필수적인 조건이라고 볼 때, 두 부류의 삶은 모두 노동을 떠나서는 생각할 수 없다. 그렇다면 노동 역시 두 가지로 분류될 수 있다. 이른바 '유전문의 노동'과 '환멸문의

---

65 김종호, 『노동과 인간』, pp.9-10.

66 박경준, 『불교사회경제사상』, p.234.

67 박경준, 『불교사회경제사상』, p.238

노동'이 그것이다.[68]

이와 같이 '유전문의 노동'과 '환멸문의 노동'으로 구분하는 것은 불교의 노동관을 정립하는데 있어 참으로 중요한 두 핵심축이다. 불교의 입장에서 보면, 노동은 단순히 경제적 의미만을 갖는 것이 아니고, 사회 · 윤리적 의미, 심리적 · 종교적인 의미까지 갖는다. 그리하여 노동은 인간의 다양한 속성과 차원을 반영하는 삶의 총체성이기도 한 것이다.

1) 노동의 경제적 의미

인간이 의식주 생활을 영위하고 생계를 유지하기 위해서는 재화(財貨)의 획득이 필요하다. 생산의 세 가지 요소는 토지 · 자본 · 노동이다. 그 중에서 노동은 이러한 재화의 획득과 증식이라는 경제적 의미가 그 기본적 의미이다.[69]

초기경전에서는 이러한 노동의 경제적 의미에 대해 언급하고 있다. 거기에는 재화의 획득과 증식을 위한 수단으로서의 노동의 의미가 확실하게 밝혀져 있다.[70] 더 나아가 재화의 획득과 증식을 위해서는 단순한 육체적 힘만으로는 만족스러운 결과를 얻을 수 없으므로 먼저 자기가 원하는 직업에 필요한 지식과 기

---

68 박경준, 『불교사회경제사상』, p.239.

69 박경준, 『불교사회경제사상』, p.240.

70 AN.I.116-118.

술을 습득할 것을 경전은 설한다.[71]

현대사회에서는 노동의 경제적 측면이 지나치게 부풀려져 있다. 노동은 상품가치 이상의 것으로는 취급되지 않고 있다. 대량생산 체제하에서의 인간은 한낱 기계의 부품이나 노예에 불과한 존재가 되었다. 노동의 경제적 의의는 아무리 강조해도 지나치지 않겠지만, 이 경제적 측면에만 너무 집착할 때 오히려 인간의 진정한 행복 또는 총체적 행복이 파괴된다.[72]

2) 노동의 사회적 의미

인간의 노동은 개별적 · 독립적으로 고립 분산되어 행해지는 것이 아니라, 언제나 사회생활 가운데서 여러 개체적 노동과 유기적인 관련을 갖고 이루어진다. 특히 현대사회는 고도로 분업화된 사회로서 어떤 사람도 자신의 생활에 필요한 작은 물건 하나라도 자신의 노동에 의하여 직접 생산할 수 없는 상황이다.[73]

인간의 노동은 항상 분업과 협업으로 이루어진다는 점에서 노동 자체가 이미 사회성을 띠고 있다고 보아야 할 것이다. 왜냐하면 혼자서 일하는 것보다 여럿이 협동해서 할 때 그 일의 성과는 훨씬 커지기 때문이다. 그러므로 역사적으로도 분업과 협업의 발

---

71 『장아함경』 제11권 제16경 「善生經」(T 1, p.72b), "先當習伎藝, 然後獲財業; 財業既已具, 宜當自守護."

72 박경준, 『불교사회경제사상』, p.241.

73 전기호, 『신노동경제학』, p.26.

전은 사회적 생산력의 발전과 궤를 같이하고 있는 것이다.[74]

노동은 단순히 개인의 이익만을 추구하기 위함이 아니다. 자신의 노동은 사회의 이익에 이바지하게 된다. 그런데 많은 사람들이 노동의 사회성을 망각한 채 노동을 통해 개인적인 이익만 추구해서는 안 된다.

붓다는 「차왈라따-숫따(Chavalata-sutta, 火葬場炬火經)」(AN4:95)에서 네 가지 부류의 사람에 대해 설했다.

> 자신을 위해서도 남의 이익을 위해서도 수행하지 않는 사람, 남의 이익을 위해서 수행하지만 자신의 이익을 위해서는 수행하지 않는 사람, 자신의 이익을 위해서 수행하지만 남의 이익을 위해서는 수행하지 않는 사람, 자신의 이익과 남의 이익을 위해서 수행하는 사람이다. … 비구들이여, 이 가운데 자신의 이익과 남의 이익을 위해서 수행하는 사람은 네 사람 가운데 으뜸이고 가장 뛰어나고 가장 훌륭하고 가장 높고 가장 탁월하다.[75]

위 경전에서 '수행한다' 대신에 '일한다'라고 대입하면, 노동의 사회적 의미가 명확해진다. 이른바 자신의 이익과 남의 이익을 위해서 노동하는 사람이야말로 가장 훌륭한 사람이다.

인간은 수많은 사회적 노동의 은덕에 의존해 살아가고 있다. 이를테면 한 채의 집을 지으려면 목재상, 목수, 미장이, 유리 가게, 석공, 전기공사, 기와공사, 하수도공사 등 많은 사람들의 협

---

74 한국철학사상연구회 편, 『삶, 사회 그리고 과학』(서울: 동녘, 1994), pp.80-81.

75 AN.II.95.

력이 필요하다.[76] 이와 같이 노동은 공동체 사회를 유지하는 원천이 된다.

결국 불교에서는 노동의 사회적 의무를 두 가지 측면에서 설하고 있다. 하나는 사회 질서의 유지 또는 공동체 사회 건설의 원동력으로서의 의미이고, 다른 하나는 사회적 신분 또는 지위의 향상과 명예를 고양시키는 동인(動因)으로서의 의미이다.[77]

3) 노동의 종교적 의미

인간은 '생존의 욕구'(survival needs)와 '초생존의 욕구'(trans-survival needs)를 동시에 갖고 있다.[78] 인간은 동물처럼 본능적 욕구에만 만족하지 않고 보다 숭고한 종교적 이상을 실현하고자 한다. 그런데 이러한 종교적 이상은 땀 흘리는 노동의 현장에서 실현된다는 것이다.

불교 궁극의 목적은 열반(涅槃, nirvāṇa) 증득에 있다. 열반은 이 세상을 떠나 저 멀리 피안의 영역에 속하는 것이 아니라 현재의 삶에 그 기반을 두고 있다. 이것을 현법열반(現法涅槃, diṭṭhadhamma-nibbāna)이라고 한다. 불교에서는 무명(無明, avijjā)과 갈애(渴愛, taṇhā)에 뿌리를 둔 '윤회의 삶'과 그것을 벗어난 '열

76 大野信三, 박경준 · 이영근 옮김, 『佛教社會經濟學』(서울: 불교시대사, 1992), p.239.

77 박경준, 『불교사회경제사상』, pp.245-246.

78 Erich Fromm, The Revolution of Hope, New York: Harper & Row, 1968, p.70; 박경준, 『불교사회경제사상』, p.246에서 재인용.

반의 삶'을 구분한다. 겉으로 드러난 두 가지 삶의 양태는 동일할지 모르나, 그 주관적 내면은 사뭇 다르다. '윤회의 삶'이나 '열반의 삶'이 노동을 필수조건으로 하는 것은 당연한 일이다. 이때에 노동 역시 그 객관적 · 외적 형식은 동일할지라도, 그 윤리적 · 정신적 내용은 크게 다르다. 앞에서 노동을 '유전문(流轉門)의 노동'과 '환멸문(還滅門)의 노동'으로 구분한 것도 바로 이러한 이유 때문이다.[79]

초기불교 승가에서는 출가자의 노동을 엄격히 금지했다. 이것은 당시의 사회 · 문화적 배경에서 이해해야 한다. 붓다시대의 인도에서는 유행자(遊行者), 즉 출가자는 사의법(四依法: 걸식, 분소의, 수하좌, 진기약)에 의존하여 살아가도록 되어 있었다. 그러나 오늘날에 있어서는 출가자도 수행과 노동을 겸하지 않으면 생존하기 어려운 시대에 접어들었다.

그런데 출가자의 노동은 재화의 획득 그 자체가 노동의 동기가 될 수는 없다. 출가자의 궁극적 목표는 열반의 성취이기 때문이다. 따라서 출가자의 노동은 출가 공동체의 건전한 운영과 유지, 그리고 종교적 목표의 성취를 위한 수단으로서의 의미만 갖게 된다. 한마디로 출가자의 노동은 그 자체가 곧 수행인 것이다.[80] 이러한 정신은 '하루 일하지 않으면 하루 먹지 않는다'(一日不作 一日不食)[81]는 「백장청규(百丈淸規)」라든가 백용성(白龍城)의 '선농일치

---

79 박경준,『불교사회경제사상』, p.247.

80 박경준,『불교사회경제사상』, p.248.

81 『百丈懷海禪師語錄』(『卍續藏』 69, p.7b).

(禪農一致)'[82] 운동으로 이어지고 있다.

이러한 노동은 욕망에 근거한 것이 아니라, '환멸문의 노동'인 것이다. '환멸문의 노동'은 근본적으로 '욕망의 질적 전환'에 바탕을 둔 노동이다. 따라서 '환멸문의 노동'은 더 이상 이기적 욕망을 좇지 않고 불교의 궁극적 이상인 열반을 지향한다. 그리하여 아무리 그 노동이 힘들고 괴로울지라도 그것을 회피하지 않고 하나의 수행 과정으로 받아들인다. 또한 '환멸문의 노동'은 그 노동 및 노동의 결실을 모든 중생에게 회향하고자 한다.[83]

결국, 불교적 입장에서 본 노동의 종교적 의미는 노동이 '종교적 수행을 위한 수단'으로서의 기본적인 성격을 갖고 있으며, 노동 그 자체가 수행의 과정이며, 노동과 노동의 결과가 고통 받는 중생에게 회향한다는 의미로 정리될 수 있다.[84]

이상에서 살펴본 바와 같이, 불교에서는 노동의 다양한 의미가 언급되고 있는데, 가장 중요한 것으로는 경제적 의미, 사회적 의미, 종교적 의미 등이다. 경제적 의미란 재화의 획득 및 증식을 위한 수단으로서의 노동의 의미이다. 사회적 의미란 노동이 개인의 사회적 지위를 향상시킴은 물론 공동체 사회를 유지시키는데 필수적임을 의미한다. 이러한 의미들은 결국 노동이 단순한 노동력 상품으로서의 가치만이 아니라 인격적이고도 신성한 가치를 지니고 있다고 본다.[85]

---

82 東山慧日 撰集, 『龍城禪師語錄』, 卷下(京城: 三藏譯會, 1941), p.39.

83 박경준, 『불교사회경제사상』, pp.249-250.

84 박경준, 『불교사회경제사상』, p.250.

85 박경준, 『불교사회경제사상』, p.254.

따라서 이제는 노동에 대한 노동자들의 인식도 달라져야 할 것이다. 노동은 단순히 돈을 벌기 위한 수단이 아니라는 점을 항상 명심해야 한다. 직업을 택할 때 임금을 기준으로 해서는 안 되며 자기 적성에 맞고 하고 싶은 일을 기준으로 하여 선택해야 한다. 또한 자신이 하는 일이 힘들더라도 인간생활에 반드시 필요하고, 사회적으로도 유익한 것이라면, 긍지와 사명감을 갖고 즐거운 마음으로 기꺼이 임해야 한다. 더 나아가서는 자신의 노동을 종교적 차원으로까지 끌어올려 '환멸문의 노동'이 될 수 있도록 노력해야 한다.[86]

86 박경준, 『불교사회경제사상』, pp.252-253.

부록2: 재가신자의 실천윤리

재가신자는 세속에 살면서 붓다의 가르침을 실천하는 사람들이다. 신들의 왕인 삭까(Sakka, 帝釋天)는 고결하고 성스러운 삶을 살고 있는 승려뿐만 아니라 칭찬할만한 행위를 하며, 올바르게 자기 가족을 부양하는 덕이 높은 재가신자에게도 예배한다고 밝히고 있다.[1] 경전에서는 올바른 재가신자의 삶에 대해 다음과 같이 설하고 있다.

> 여기 마을이나 성읍에 사는 여자나 남자가 붓다에게 귀의하고 법에 귀의하고 승가에 귀의한다. 그는 생명을 죽이는 것을 멀리 여의고, 주지 않은 것을 가지는 것을 멀리 여의고, 삿된 음행을 멀리 여의고, 거짓말하는 것을 멀리 여의고, 게으름의 근본이 되는 술과 중독성 물질을 멀리 여의고, 계행을 구족하고, 선한 성질을 가졌고, 손은 깨끗하고, 주는 것을 좋아하고, 요구하는 것에 반드시 부응하고, 보시하고 나누어 가지는 것을 좋아한다.[2]

이런 사람을 사문 · 바라문들은 사방에서 칭송한다. 마치 향기가 바람을 따라 가기도 하고 바람을 거슬러 가기도 하는 것

---

1 SN.I.234.

2 AN.I.226.

과 같다. 이와 같이 붓다는 "믿음을 가진 선남자는 많은 사람들과 비구들과 비구니들과 청신사들과 청신녀들에게 의지처가 된다"[3]고 칭찬했다.

재가신자의 생활윤리에 관한 붓다의 교설은 초기경전의 여러 곳에서 발견할 수 있다. 그 중에서 가장 대표적인 경전이「시갈로와다-숫따(Sigālovāda-sutta, 敎授尸迦羅越經)」(DN:31)[4]이다. 그래서 이 경은 재가자를 위한 대표적인 교설로 알려져 있으며, 또한 예로부터 재가자의 율장으로 여겨졌다. 이 경은 붓다가 '시갈라(Sigāla, 善生)'라는 청년에게 설한 것이지만, 모든 재가신자에게 해당되는 귀중한 가르침이다. 이 경에는 인간관계의 윤리를 비롯한 재가신자가 실천해야 할 덕목들을 자세히 다루고 있다. 따라서 이 경은 재가신자의 생활윤리를 논함에 있어서 빼놓을 수 없는 귀중한 자료이다. 현존하는 빨리어로 기록된「시갈로와다-숫따」(DN:31)와 네 가지 한역본은 다음과 같다.

(1)「시갈로와다-숫따(Sigālovāda-sutta)」[5]
(2)「佛說尸迦羅越六方禮經」[6]
(3)「佛說善生子經」[7]

---

3 AN.III.43, "saddho kulaputto bahuno janassa paṭisaraṇaṃ hoti bhikkhūnaṃ bhikkhunīnaṃ upāsakānaṃ upāsikānan ti."

4 PTS本에는「Siṅgālovāda-sutta」로 되어 있지만, 스리랑카 필사본(Siṅhalese manuscript)에는「Sigālovāda-sutta」로 되어 있다. 여기서는「Sigālovāda-sutta」로 표기한다. 한편 월폴라 라훌라는 그의 저서에서 이 경을「Sigāla-sutta」로 표기했다. W. Rahula, *What the Buddha taught*, p.78 참조.

5 DN.III.180-193;『長部』제31경(『南傳』제8권, pp.237-258).

6 安世高譯『佛說尸迦羅越六方禮經』(T 1, pp.250c-252b). 흔히「六方禮經」이라고 함.

7 支法度譯,『佛說善生子經』((T 1, pp.252b-255a). 흔히「善生子經」이라고 함.

(4)『長阿含經』권11, 제16「善生經」[8]

(5)『中阿含經』권33, 제135「善生經」[9]

이러한 경들의 내용은 거의 비슷하다. 그 중에서 빨리본「시갈로와다-숫따」와「불설시가라월육방예경」의 내용이 다른 경전에 비해 비교적 자세하게 기술되어 있다. 한편 후대에 성립된「우바새계경(優婆塞戒經)」[10]에서는 이러한 내용이 모두 재가보살의 계율로 제정되어 있다.[11] 이 경은 "빨리본「시갈로와다-숫따」를 확대하여 대승적으로 개작한 것이다. … 또한 대승계(大乘戒)가 설해져 있다는 점에서 중국에서는 중요시되었다."[12] 이처럼「우바새계경」은 초기경전인「육방예경(六方禮經)」의 내용을 대승불교적으로 재해석한 것이라고 할 수 있다.

붓다가「시갈로와다-숫따」를 설하게 된 배경은 대략 다음과 같다. 붓다가 라자가하(Rājagaha, 王舍城) 근처의 대나무 숲속에 머물고 있을 때, 장자의 아들 '시갈라(Sigāla)'라는 청년이 아침 일찍 일어나 목욕재계하고, 동 · 서 · 남 · 북 · 상 · 하의 육방(六方)을 향해 예배하고 있었다. 붓다는 그것을 보고 그 청년에게 예배하는 이유에 대해 물었다. 그러나 그는 부친의 유언에 따라 육방에 예배할 뿐, 그 의미에 대해서는 알지 못한다고 대답했다.

붓다시대에는 베다의 전통에 따라 관습적으로 육방에 대해

---

8 佛陀耶舍 · 竺佛念 共譯,『長阿含經』卷11, 제16「善生經」(T 1, pp.70a-72c).

9 瞿曇僧伽提婆 譯,『中阿含經』제33권 제135「善生經」(T 1, pp.638c-642a).

10 曇無讖 譯,『優婆塞戒經』(T 24, pp.1034a-1075c).

11 이 경은 현재『大正藏』의 律部에 편찬되어 있다.

12 鄭承碩 編,『佛典解說事典』(서울: 민족사, 1989), p.249.

예배를 행하고 있었다. 이것은 외부 세계의 여러 부분에는 힘이 센 정령이나 신들이 거주하고 있다고 믿어 그들을 부르고 보호를 바라면서 예배드리는 것이었다. 이것은 베다 전통에 따른 오래된 관습이었다.

붓다는 이와 같은 고루한 미신적 관행을 바로잡기 위해 '시갈라'라는 청년에게 육방에 예배드리는 의미에 대해 알려주었다. 이른바 동쪽은 부모를 상징하고, 남쪽은 스승을 상징하며, 서쪽은 아내와 자식을 상징하고, 북쪽은 친구를 상징하며, 아래쪽은 하인을 상징하고, 위쪽은 수행자를 상징한다. 그러므로 여섯 방위에 반드시 예배를 드려야 한다는 것이다.

붓다는 '예배(namasseya)'라는 말에 큰 의미를 부여했다. 예배란 성스러운 것, 영예와 존경의 가치를 가진 것이기 때문이다. 그러면 어떻게 예배해야 하는가? 붓다는 여섯 방위가 상징하고 있는 대상에 대하여 의무를 다하는 것이야말로 진정한 의미의 예배라고 일깨워주었다.[13]

이것은 여섯 방위가 상징하는 인간관계의 윤리를 말한 것이다. 즉 동쪽은 부모와 자식과의 관계, 즉 부자관계(父子關係)이고, 남쪽은 스승과 제자와의 관계, 즉 사제관계(師弟關係)이며, 서쪽은 남편과 아내와의 관계, 즉 부부관계(夫婦關係)이고, 북쪽은 친구간의 관계, 즉 붕우관계(朋友關係)이다. 또한 아래쪽은 고용주와 고용인의 관계, 즉 주종관계(主從關係)이고, 위쪽은 출가자와 재가자의 관계, 즉 승속관계(僧俗關係)이다.

---

13 W. Rahula, *What the Buddha taught*, p.78.

이러한 여섯 부류의 인간관계에는 상호 지켜야 할 의무가 있다. 이것이 바로 재가신자의 생활윤리이다. 이것은 재가신자가 가정과 사회에서 생활하면서 부딪치는 인간관계의 윤리를 말한 것이다. 이를테면 부자관계와 부부관계는 재가신자의 가정윤리에 해당되고, 사제관계 · 붕우관계 · 주종관계 · 승속관계는 재가신자의 사회윤리에 해당된다. 이러한 것을 붓다는 '시갈라'라는 청년에게 구체적으로 하나하나 설명해 주었다.

「시갈로와다-숫따」에 언급된 내용들은 모두 재가자가 올바른 생활을 영위하기 위해 지켜야 할 준수 사항이다. 비록 붓다가 '시갈라'라는 한 청년에게 일러준 법문이지만, 모든 재가신자들에게 해당되는 가르침이다. 붓다의 가르침은 시대가 변해도 그 가치는 조금도 퇴색되지 않는다.

여기서는 「시갈로와다-숫따」를 중심으로 재가신자의 생활윤리에 대해 좀 더 자세히 살펴보기로 한다.

가정은 삶의 보금자리인 동시에 가족으로 구성된 혈연 공동체이다. 다시 말해서 가족은 부모 · 자식 · 부부 등의 관계로 맺어진 생활 공동체이다. 가족은 인류의 발생과 거의 때를 같이 하여 발생된 가장 오랜 집단이며, 어떤 사회 · 시대에나 존재하는 가장 기본적인 단위이다. 이 같은 보편성과 영구성에도 불구하고 가족은 그 형태나 기능면에서 다양성을 보여주고 있다. 특히 현대는 급격한 사회변화로 인해 점차 가정이 파괴되어 가고 있다.

붓다시대 인도의 가정생활은 씨족(氏族)을 중심으로 형성된 전통적인 사회였다. 붓다는 당시의 계급제도에 대해서는 정면으로 반대했으나, 종래의 가족제도 그 자체를 비판하거나 개혁하려고 하지 않았다. 붓다 이후에도 그런 시도는 없었다.[14] 「빱바따라자-숫따(Pabbataraja-sutta, 山王經)」(AN3:48)에 다음과 같은 대목이 나온다. "비구들이여, 이와 마찬가지로 신심 있는 가장을 의지해서 사는 가족들은 세 가지 방법으로 증장한다. 어떤 것이 셋인가? 그들은 신심이 증장하고, 계가 증장하고, 지혜가 증장한다. 비구들이여, 신심 있는 가장을 의지해서 사는 가족들은 세 가지 방법으로 증장한다."[15]

이와 같이 당시의 가족제도는 가장을 중심으로 구성되어 있었음을 알 수 있다. 따라서 "신심 있는 가장을 의지해서 사는 가족들은 다섯 가지 방법으로 증장한다. 어떤 것이 다섯인가? 그들은 신심이 증장하고, 계가 증장하고, 배움이 증장하고, 보시가 증장하고, 지혜가 증장한다. 비구들이여, 신심 있는 가장을 의지해서 사는 가족들은 이러한 다섯 가지 방법으로 증장한다."[16] 또한 이러한 가족의 구성원들이 행복하기를 붓다는 진정으로 바랬다. 이를테면 "그들은 붓다의 교법에서 이익을 얻고 행복하고 향상하기 마련이네. 부디 그들은 모든 가족들과 함께 건강하고 행복하기를!"[17]이라고 축복하고 있다.

---

14 中村元, 鄭泰爀 옮김, 『原始佛敎: 그 思想과 生活』(서울: 東文選, 1993), p.241.

15 AN.I.152, "evam eva kho bhikkhave saddhaṃ kulapatiṃ nissāya antijano tīhi vaḍḍhīhi vaḍḍhati. katamehi tīhi? saddāya vaḍḍhati sīlena vaḍḍati paññaya vaḍḍhati. saddhaṃ bhikkhave kulapatiṃ nissāya antijano imāhi tīhi vaḍḍhīhi vaḍḍhatī ti."

16 AN.III.44.

17 AN.I.294, "te atthaladdhā sukhitā virūḷhā buddhasāsane, ārogā sukhitā hotha saha sabhehi ñātibhī ti."

Ⅰ. 부모와 자식의 윤리[父子關係]

인간관계에서 가장 중요한 것은 부모와 자식 간의 관계이다. 붓다는 '부모는 브라흐마라고 불린다'(Brahmāti mātāpitaro)고 했다. 브라흐마(Brahma)라는 용어는 인도사상에서 지고의 가장 성스러운 개념이며, 붓다는 그 개념 안에 부모를 포함시켰다. 그래서 지금도 훌륭한 불교 가정에서는 자녀들이 말 그대로 매일 조석으로 부모에게 예배한다.[18]

먼저 자식이 부모에게 지켜야 할 덕목에 대해 「시갈로와다-숫따」에서는 다음과 같이 설하고 있다. "장자의 아들이여, 아들은 다음의 다섯 가지 경우로 동쪽 방향인 부모를 섬겨야 한다. '나는 그분들을 잘 봉양할 것이다. 그분들에게 의무를 다할 것이다. 가문의 대를 확고하게 할 것이다. 유산인 [부모의 훈육대로] 잘 실천할 것이다. 부모가 돌아가시면 그분들을 위해서 보시를 잘할 것이다'라고. 장자의 아들이여, 이와 같이 아들은 동쪽 방향인 부모를 섬긴다."[19]

요컨대 자식은 부모에게 다섯 가지 의무를 다해야 한다는 것이다. 이른바 ①옛날에는 부모가 나를 길러 주셨으므로 이제는 내가 부모를 부양하겠다. ②부모의 일을 내가 대신하겠다. ③혈통과 전통을 이어가겠다. ④부모의 유산을 잘 지키겠다. ⑤부모를 위해 널리 보시하여 공덕을 쌓겠다. 이러한 다섯 가지 의무를

---

18 W. Rahula, *What the Buddha taught*, p.78.

19 DN.III.189; 각묵 옮김, 『디가 니까야』 제3권(울산: 초기불전연구원, 2011), p.326.

다함으로써 부모의 은혜에 보답하게 되는 것이다.

예전에 부모가 나를 길러주었으므로 부모로부터 가르침을 배운 대로 나중에 자식은 부모를 부양한다. 부모를 잘 부양한다는 것은 가문의 전통이 끊어지지 않게 하는 것도 포함된다. 이것은 당시 인도인들의 가치관이었다.

다음은 부모가 자식에게 베풀어야 할 덕목에 대해「시갈로와다-숫따」에서는 다음과 같이 설하고 있다. 즉 "그러면 부모는 다시 다음의 다섯 가지 경우로 아들을 사랑으로 돌본다. 악함으로부터 멀리하게 한다. 선(善)[20]에 들어가게 한다. 기술을 배우게 한다. 어울리는 아내와 맺어준다. 적당한 때 유산을 물려준다."[21]

위 내용을 요약하면, 부모는 자식을 가르치고 보살필 의무를 지니고 있다. 이 경에서는 그 덕목을 다섯 가지로 꼽고 있다. 이른바 ①악을 행하지 않게 하며, ②선행을 하도록 간곡히 타이르며, ③기술을 익혀 직업을 갖게 하고, ④적합한 여자와 결혼을 시키고, ⑤적당한 때에 가산을 상속시킨다. 이 경에서 다섯 번째 '적당한 때에 가산을 상속시킨다'는 대목을 오늘날에 적용하면, 사회적 비난의 대상이 될 수도 있다. 이를테면 재벌이 재산을 사회에 환원하지 않고 자식에게 상속시키는 것은 국민들의 정서에 맞지 않는 부분이다. 따라서 이 대목은 새로운 해석이 요구된다.

자녀에 대한 부모의 이러한 윤리적 임무의 교설에서 우리는

---

20 여기서 선(善)은 '좋은, 선한'이라는 일반적인 뜻을 가진 kalyāṇa의 역어이다. 그래서 kalyāṇa- mitta는 선우(善友)로 옮겨지며 중국에서는 선지식(善知識)으로도 옮겼다.

21 DN.III.189; 각묵 옮김,『디가 니까야』 제3권, pp.326-327.

붓다의 자녀관 · 아동관을 엿볼 수 있다. 이른바 부모에게는 미성숙의 자녀에 대해서 도덕 · 학문 · 종교[22] 등에 대한 계도의 책임이 있으며, 아울러 혼인과 경제적 뒷받침을 주선하여 출가시켜야 할 책임이 있다. 따라서 아동은 자유방임되어야 할 존재가 아니며 그 아동에 대한 교도적(教導的) 책임은 일차적으로 부모에게 있다는 것이다.[23] 아울러 부모에 대하여 사섭법(四攝法)의 덕목까지 의무 지움으로써 부모와 자녀는 보은을 바탕으로 권리와 의무를 동시에 함께 가지고 있는 상호 화합적 관계라고 할 수 있다.[24]

당시 인도사회는 가부장적 제도를 이루고 있었다. 그러나 붓다는 부모와 자식관계를 의무와 복종관계로 파악한 것이 아니라 서로 간에 사랑과 믿음으로써 자발적인 자신의 역할을 다하는 관계라고 인식하고 있었다. 다시 말해서 불교에서 말하는 부모와 자식과의 관계는 수직적인 관계가 아니라 수평적인 관계임을 알 수 있다.

II. 남편과 아내의 윤리[夫婦關係]

붓다는 출가자에게는 엄격한 금욕생활을 요구했다. 하지만

22 『佛說尸迦羅越六方禮經』(T 16, p.251b)에 "父母親子亦有五事, 一者當念令去惡就善, 二者當教計書疏, 三者當教持經戒, 四者當早舉娶婦, 五者家中所有當舉之."라 하여 제3항에 종교적 가르침의 의무도 부과하고 있다.

23 朴先榮, 『佛教의 教育思想』(서울: 同和出版公社, 1981), pp.157-158.

24 崔昌植, 「原始佛教의 社會倫理思想 硏究」, p.61.

재가자에게는 정상적인 부부생활을 인정하고 있다. 가족은 사회 구성의 기본단위이기 때문이다. 다만 건전한 부부관계를 벗어난 부정한 남녀관계는 잘못된 것이라고 지적했다. 즉 "양식 있는 사람이라면 타오르는 불구덩이를 피하듯, 순결하지 못한 행위를 삼가라. 만일 순결을 닦을 수가 없더라도, 남의 아내를 범해서는 안 된다."[25]

이와 같이 붓다는 올바른 성(性)의 윤리를 실천하라고 가르쳤다. 왜냐하면 배우자 외의 부정한 관계와 방탕한 생활은 '파멸의 문'이기 때문이다.

> 자기 아내로 만족하지 않고, 매춘부와 놀아나고, 남의 아내와 어울린다면, 그것이야말로 파멸의 문이다.[26]
>
> 젊은 시절을 지난 남자가 띰바루(timbaru) 열매 같은 가슴의 젊은 여인을 유인하여 그녀를 질투하는 일로 잠 못 이룬다면, 그것이야말로 파멸의 문이다.[27]
>
> 술에 취하고 재물을 낭비하는 여자나 그와 같은 남자에게, 실권을 맡긴다면, 그것이야말로 파멸의 문이다.[28]

그러면 초기경전에서는 부부 사이의 윤리에 대해 어떻게 설

---

25 Sn. 396, "abrahmacariyaṃ parivajjayeyya, aṅgārakāsuṃ jalitaṃ va viññū, asam bhuṇanto pana brahmacariyaṃ, parassa dāraṃ nātikkameyya."; 전재성 역주, 『숫타니파타』, p.179.

26 Sn.108, "sehi dārehi asantuṭṭho, vesiyāsu padissati, dissati paradāresu, taṃ parābhavato mukhaṃ."; 전재성 역주, 『숫타니파타』, p.104.

27 Sn.110, "atītayobbano poso, āneti timbarutthaniṃ, tassā issā na supati, taṃ parābhavato mukhaṃ."; 전재성 역주, 『숫타니파타』, p.104.

28 Sn.112, "itthiṃ soṇḍiṃ vikiraṇiṃ, purisaṃ vāpi tādisaṃ, issariyasmiṃ ṭhāpeti,

하고 있는가? 먼저 부부는 친하고 화목하지 않으면 안 된다. 『상윳따-니까야』(SN1: 54)에 다음과 같은 내용이 있다. "무엇이 인간들의 의지처이며, 무엇이 최고의 친구입니까? 땅에 의지해서 사는 생명들은 무엇으로 목숨을 연명합니까? 아들들이 인간들의 의지처이며, 아내가 최고의 친구이다. 땅에 의지해서 사는 생명들은 비[雨]로 목숨을 연명한다."[29]

이 경은 천신(天神)의 물음에 붓다가 답변하는 형식으로 되어 있다. "무엇이 최고의 친구입니까?"에 대한 붓다의 답변은 "아내가 최고의 친구"라고 답변했다. 주석서(SA I, p.93)에 의하면, "노년이 되면 아들들이 그들을 돌보아주기(patijaggana) 때문에 '아들들은 의지처이다(puttā vatthu)' 남들에게 말할 수 없는 비밀(guhya)을 다 털어놓을 수 있기 때문에(kathetabba-yuttatā) '아내는 최고의 친구이다(paramo sakhā)"[30]라고 했다. 결혼생활을 유지하기 위해서는 부부 사이에 귀의와 같은 믿음이 전제되어야 한다. 그리고 부부 사이에는 각각 다른 의무가 있다. 남편은 아내에 대하여, 또한 아내는 남편에 대하여 해야 할 의무가 초기경전에 설해져 있다.

먼저 남편이 아내에게 지켜야 할 덕목에 대해 「시갈로와다-숫따」에서는 다음과 같이 설하고 있다. "장자의 아들이여, 남편은 다음의 다섯 가지 경우로 서쪽 방향인 아내를 섬겨야 한다. 아내

---

taṃ parābhavato mukhaṃ."; 전재성 역주, 『숫타니파타』, p.105.

29 SN.I.37, "kiṃsu vatthu manussānaṃ, kiṃsu-dha paramā sakhā, kiṃsu bhūtā upajīvanti, ye pāṇā pathaviṃ sitā ti. puttā vatthu manussānaṃ, bhariyā ca paramā sakhā, vuṭṭhibhūtā upajīvanti, ye pāṇā pathaviṃ sitā ti."

30 각묵 옮김, 『상윳따 니까야』 제1권(울산: 초기불전연구원, 2009), p.239 참조.

를 존경한다. 존중하고, 얕보지 않고, 바람피우지 않고, 권한을 넘겨주고, 장신구를 사준다. 장자의 아들이여, 이와 같이 남편은 서쪽 방향인 아내를 섬긴다."[31]

위 내용을 요약하면 ①남편은 아내를 존중한다. ②남편은 아내를 경멸하지 않는다. ③남편은 외도를 하지 않는다. ④남편은 아내에게 권위를 부여한다. ⑤남편은 아내에게 장식품을 제공한다. 이와 같이 남편은 아내를 예의로써 대해야 한다. 남편은 아내를 사랑하고 아내에게 충실해야 한다. 남편은 아내로서의 위치와 안락을 보장해 주어야 한다. 또한 남편은 아내에게 의복과 보석 같은 것을 선물하여 즐겁게 해주어야 한다. 이러한 경전의 내용을 붓다고사는 다음과 같이 주석했다.

첫째, '존경'이란 "신들을 존숭하고 여러 방각(傍刻)을 존숭하듯이, 존경하여 담화를 한다"는 뜻이다. 신들에게 대하는 것과 같이 아내를 존경하라고 한 것은 가부장적인 사회에서는 매우 파격적이다.[32]

둘째, '경멸하지 않는 것'이란 "노복 · 고용인 등은 남을 괴롭히는 말을 하지만, 그와 같이 욕지거리로 경멸하여 말하지 말 것"이라는 뜻이라고 한다. 곧 아내에 대해서도 예의를 지켜야 한다.[33]

셋째, '진리에 어긋나지 않는 것'이란 "밖에 나가서 다른 여인과 걸어 다니면서 일탈하지 않는다"고 하는 뜻이다. 근대의 번역

---

31 DN.III.190.

32 中村元,『原始佛教: 그 思想과 生活』, p.229.

33 中村元,『原始佛教: 그 思想과 生活』, p.229.

자들은 '길을 잘못 걷지 말 것'을 '간음하지 않는 것'이라고 해석한다. 그러나 이것은 간음을 포함해서 남자의 마음이 아내 이외의 다른 여자에게 옮겨가는 것을 금하는 것이다. 그러므로 아내 이외의 다른 여인과 걸어 다니는 것도 악덕이라고 해석된다. '자기 아내에 만족한다'는 것은 바라문교에서도 설하고 있는 것인데, 이것을 불교가 받아들인 것으로 보인다.[34]

넷째, '권한을 부여한다'고 할 경우의 권한 혹은 권위란 '주권', '지배권', '우월적 입장'을 뜻하는 말(흔히 한역에서는 自在)이지만, 그것은 "실로 부인은 큰 덩굴풀과도 같은 옷을 얻어도, 음식물을 지배하지 않으면 노한다." 곧 인도의 부인은 사리를 입고 있으므로, 몸을 휘감고 있는 점으로 보아 의상은 마치 큰 덩굴풀에 비유되나, 식사에 관한 실권이 부여되지 않으면 노하고 만다. 그리하여 "주걱을 손에 갖게 하고, '당신 마음에 들게 하라'고 하여, 식사와 가사를 맡겨서 전권을 위임한다." 이것은 남편은 사회적으로 가정 밖에서 활동하는 것이므로, 가정 내부의 일들에 대해서는 아내에게 권위를 부여하여 맡겨야 한다는 것이다.[35]

다섯째, '장식품을 제공하라'고 하는 것은, 세상의 남성들에게는 위협적인 발언이지만, 자신의 재력에 따라 장식품을 제공하라는 뜻이다. 경제적인 측면에서는 귀금속 장식품을 아내에게 사주는 것은 예금과 같기 때문이다.[36]

오늘날의 시각에서 보더라도, 가정의 화목과 평화를 위해 남

---

34 中村元,『原始佛教: 그 思想과 生活』, p.229.

35 中村元,『原始佛教: 그 思想과 生活』, p.230.

36 中村元,『原始佛教: 그 思想과 生活』, p.230.

편이 아내에게 많은 것을 양보하고 베풀어야 한다.

다음은 아내가 남편에게 지켜야 할 덕목에 대해 「시갈로와다숫따」에서는 다음과 같이 설하고 있다. "그러면 아내는 다시 다음의 다섯 가지 경우로 남편을 사랑으로 돌본다. 맡은 일을 잘 처리하고, 주위 사람들은 잘 챙기고, 바람피우지 않고, 가산을 잘 보호하고, 모든 맡은 일에 숙련되고 게으르지 않는다."[37]

요컨대 아내는 ①일을 잘 처리한다. ②권속을 잘 대우한다. ③길을 잘못 밟는 일이 없다. ④모은 재물을 보호한다. ⑤해야 할 모든 일에 대하여 재주가 있고 또한 근면(勤勉)한다. 이러한 경전의 내용을 붓다고사는 다음과 같이 주석했다.

첫째, '일을 잘 처리한다'는 것은, 아내가 집안일을 잘 처리하고 정돈한다는 뜻이다. 그래야 남편이 밖에서 안심하고 활동할 수 있다. 아내가 집안일을 잘 처리한다는 것은 곧 남편을 돕는 일이기 때문이다.[38]

둘째, '권속을 잘 대우한다'고 하는 것은, 권속을 존중하고, 또한 선물을 주든지 하여 잘 대우하는 것이다. '권속이란 주인과 자기와의 친족이다'라고 말한다. '잘 대우한다'고 하는 말의 원어가 '잘 챙겨서 장악한다'고 하는 뜻도 포함하고 있어서 매우 깊은 뜻이 있다. 주부가 한 집의 중심이 되어 통솔해 가고 있는 것을 말한다. 이것은 남성인 주인보다도 더 주부로서 명심해야 할 일이다.[39]

---

37 DN.III.190.; 각묵 옮김, 『디가 니까야』 제3권, pp.327-328.

38 中村元, 『原始佛教: 그 思想과 生活』, p.233.

39 中村元, 『原始佛教: 그 思想과 生活』,p.233.

셋째, '길을 잘못 밟았다'고 하는 것은, "주인 이외의 다른 남자를, 마음속에 두지 않는다"고 하는 뜻이다. 매우 정신적인 뜻으로 해석하고 있다. 근대의 번역자들은 '간음하지 않는 것'이라고 해석한다. 그러나 아내의 간음 · 밀통(密通)이라고 하는 것은 최근에는 결코 기이한 것이 아니다. 하지만 인도에서는 최근에 이르기까지 매우 드문 일이다. 여러 불교국가에서도 이와 별로 차이가 없다. 여기에서 뜻하고 있는 것은, 간음까지도 포함하여 아내의 마음이 다른 남자에게 옮겨가는 것을 금하는 것이다.[40] 대부분의 가정불화는 부부의 도를 지키지 않기 때문에 일어난다. 붓다는 기회가 있을 때마다 재가자들에게 다섯 가지 계율[五戒]를 지킬 것을 당부했다.

넷째, '모아 놓은 재물'이라는 것은, '농경 · 상업 등을 통해 모은 재산'을 말한다. 재산을 모으기는 어려우나 흩어 버리기는 쉽기 때문에 그것을 방지하기 위한 것이다.[41]

다섯째, '재주가 있다'고 한 것은, "죽이나 음식물을 만드는 일에 재주가 있다"는 뜻이다. 아내가 남편의 수입을 가지고 잘 꾸려 나가는 것은 지극히 힘든 일이다. 아내는 수입의 범위 안에서 무리 없이 적절히 일을 잘 처리해야 한다. 또한 '근면(勤勉)'이란 "게으르지 않는 것이다. 부인이 앉아 있는 장소에서는 앉아 있고, 서 있는 장소에서는 서 있는 것이 아니라, 억센 마음으로 일체의 해야 할 일을 실현하는 것"[42]이라고 말한다.

---

40 中村元,『原始佛教: 그 思想과 生活』,p.233.

41 中村元,『原始佛教: 그 思想과 生活』,p.233.

42 中村元,『原始佛教: 그 思想과 生活』,pp.233-234.

앞에서 살펴본 「시갈로와다-숫따」의 내용을 요약하면, 아내는 가사를 감독하고 돌보며, 손님 · 내방객 · 친구 · 친척 및 고용인 등을 잘 접대해야 하며, 남편을 사랑하고 남편에게 충실해야 하며, 남편의 수입을 보호해야 하고, 모든 활동에서 현명하고 활기차야 한다.

「시갈로와다-숫따」에 의하면 부부관계는 수직적이고 봉건적인 의무와 복종의 관계가 아니라 수평적이고 상호적인 관계에 바탕을 두고 있다. 또한 서로가 감사하고 봉사하는 호혜적이고 합리적인 관계의 윤리이다. 남녀가 평등한 오늘날에도 그대로 적용되는 가르침이다. 이 땅의 모든 남편과 아내들이 서로에게 각자의 의무, 즉 부부의 도를 다한다면, 그 가정은 분명히 행복이 가득한 보금자리가 될 것이다.

이상에서 살펴본 바와 같이, 가정의 중심축은 남편과 아내이다. 훌륭한 가정이 되기 위해서는 부부가 서로 신뢰하고 존경하며 헌신적이어야 한다. 불교에서는 부부 사이의 사랑은 거의 종교적이거나 성스러운 것으로 간주한다. 그래서 '성스러운 가정생활'이라고 일컫는다. 최고의 존중심이 이 관계에 바쳐진 것이다.[43]

모든 사람들이 바라는 것은 가정의 행복이다. 그런데 가정의 행복은 특별한 것이 아니라 평범한 일상 그 자체임을 알아야 한다. 붓다는 "부모를 섬기고, 아내와 자식을 돌보고, 일을 함에 혼란스럽지 않으니, 이것이야말로 더 없는 행복"[44]이라고 말했다.

---

43 W. Rahula, *What the Buddha taught*, p.78.

44 Sn.262, "mātāpitū upaṭṭhānaṃ, puttadārassa saṅgaho, anākulā ca kammantā, etaṃ maṅgalamuttamaṃ."; 전재성 역주, 『숫타니파타』, p.146.

우리는 불행을 만났을 때 비로소 과거의 평범한 일상들이 행복이었음을 뒤늦게 깨닫게 된다.

사회 구성원의 기본단위인 각 가정이 행복할 때, 이 사회는 저절로 밝아진다. 가정이 화목하지 못하면 사회적으로 아무런 일도 할 수가 없다. 비록 사회적으로 성공한 사람이라 할지라도 가정이 파괴되었다면 실패한 인생에 불과하다. 사회적 성공은 행복한 가정을 이루기 위한 하나의 수단에 불과하기 때문이다.

부부가 힘써 지켜야 하는 것 가운데 쌍방 모두에게 요구되는 것은 삿된 성관계를 갖지 말라는 것이다. 이것은 부부 사이의 중요한 덕목으로, 재가신자가 지켜야할 오계 가운데서도 불사음계로 규정되어 있다. 성도덕을 지키는 것은 초기불교에 나타나는 일상생활의 윤리 가운데 특히 강조되는 것이다. 출가 수행자에게는 이성과의 성적 관계를 완전히 끊도록 규정하고 있으며, 재가자에 대해서는 그만큼의 청정행을 권하고 있다.[45]

또한 붓다는 「바리야-숫따(Bhariyā-sutta, 아내경)」(AN7:59)에서 급고독장자의 며느리인 수자따(Sujāta)가 친정이 부유함을 믿고서 아내로서의 도리를 다하지 않음에 일곱 부류의 아내에 대해서 설법하여 참된 부덕을 가르쳤다. 일곱 부류의 아내란 다음과 같다. "수자따여, 사람에게는 일곱 부류의 아내가 있다. 무엇이 일곱인가? 살인자와 같은 아내, 도둑과 같은 아내, [악덕] 안주인과 같은 아내, 어머니와 같은 아내, 누이와 같은 아내, 친구와 같은 아내, 하녀와 같은 아내이다."[46]

---

45 崔昌植, 「原始佛教의 社會倫理思想 硏究」, p.54.

46 AN.IV.92, "satta kho imā Sujāta purisa bhariyā. katamā satta? vadhakasamā,

붓다는 이러한 일곱 부류의 아내를 소개한 뒤 시부모와 남편을 대하는 윤리적 실천에 대해 설했다. 초기경전에 나타난 붓다의 부부에 대한 생각은 남녀평등에 기초한 사랑과 존경의 인간관계이다. 붓다는 아내를 인생의 반려자 혹은 벗에 비유하고 있다. "상인(商人)의 길잡이는 객지의 좋은 벗이요, 정숙하고 어진 아내는 집안의 좋은 벗이다. 서로 친한 친척들은 재물의 좋은 벗이요, 스스로 닦은 공덕은 후세의 좋은 벗이다."[47]

이와 같이 붓다는 '정숙하고 어진 아내는 집안의 좋은 벗'이라고 했다. 그런데 초기경전에서는 화목한 가정생활의 윤리를 주장함과 동시에 다른 한편으로는 끊임없이 출가를 권장하고 있고 처자에 대한 애정에서 벗어날 것을 설하고 있다. 다시 말해서 초기경전에서는 처자를 사랑해야 한다는 가르침과 처자에 대한 애착에서 벗어나 출가해야 한다는 가르침을 동시에 설하고 있다. 이것은 분명히 모순처럼 보인다. 당시의 인도 관습은 재가생활과 출가생활이 같이 행해지고 있었으므로,[48] 초기불교에서는 각각 다른 생활을 실천하는 사람들 각자에게 적당한 가르침을 설했던 것이다. 그러나 초기경전의 전반적 흐름은 집에 있으면서 가족을 사랑한다는 세속적 실천보다는, 출가수행의 출세간적 실천 쪽을 중요하게 여겨 보다 높이 평가한 것이 사실이다.[49]

---

corīsamā, ayyasamā, mātusamā, bhaginīsamā, sakhīsamā, dāsīsamā."

47 『잡아함경』 제36권 제1000경(T 2, p.262b), "商人之導師, 遊行善知識, 貞祥賢良妻, 居家善知識, 宗親相習近, 通財善知識, 自所修功德, 後世善知識."

48 길희성, 『인도철학사』 신장판(서울: 민음사, 2009), p.87.

49 崔昌植, 「原始佛教의 社會倫理思想 研究」, p.56.

III. 스승과 제자의 윤리[師弟關係]

스승에 대한 제자의 의무에 대해 「시갈로와다-숫따」에서는 다음과 같이 설하고 있다. "장자의 아들이여, 제자는 다음의 다섯 가지 경우로 남쪽 방향인 스승들을 섬겨야 한다. 일어나서 맞이하고 섬기고 배우려 하고 개인적으로 시봉하고 기술을 잘 배운다. 장자의 아들이여, 이와 같이 제자는 남쪽 방향인 스승들을 섬긴다."[50]

「시갈로와다-숫따」에 의하면, 제자는 다섯 가지 일로 스승을 섬겨야 한다고 했다. 즉 제자는 스승에게 최상의 존경의 예를 표해야 한다. 제자는 스승을 잘 받들어 모셔야 한다. 제자는 스승의 가르침을 열심히 배워야 한다. 제자는 스승의 일을 적극적으로 도와 드려야 한다. 제자는 존경하는 마음으로 스승의 가르침을 받아야 한다.

제자에 대한 스승의 의무에 대해 「시갈로와다-숫따」에서는 다음과 같이 설해져 있다. "그러면 스승은 다시 다음의 다섯 가지 경우로 제자를 사랑으로 돌본다. 잘 훈육되도록 훈육한다. 잘 이해하도록 가르친다. 기술을 배우도록 잘 가르친다. 친구와 동료에게 소개시켜 준다. 모든 곳에서 안전하게 보호해 준다."[51]

이와 같이 스승은 제자를 잘 훈련시켜야 한다. 스승은 제자가 잘 이해할 수 있도록 가르쳐 주어야 한다. 스승은 자신이 알고 있는 것을 남김없이 제자에게 가르쳐 주어야 한다. 스승은 자기

---

50 DN.III.189; 각묵 옮김, 『디가 니까야』 제3권, p.327.

51 DN.III.189; 각묵 옮김, 『디가 니까야』 제3권, p327.

의 제자를 다른 사람에게 소개시켜 주어야 한다. 스승은 제자를 언제 어디서나 잘 보호하고 가르쳐야 한다.

여기서 스승은 제자를 다른 사람에게 소개시켜 주어야 한다는 것은 자신이 가르친 제자가 그 능력을 발휘할 수 있도록 널리 추천해 주어야 한다는 뜻이다. 즉 좋은 직장에서 일할 수 있도록 지도교수가 백방으로 수소문하여 직장을 알선해 주고 추천해 주는 것과 같다.

붓다는 「시갈로와다-숫따」에서 스승은 스승다워야 하고, 제자는 제자다워야 한다고 가르치고 있다. 스승과 제자의 관계도 부모와 자식 간의 관계와 같이 각자의 의무를 다해야 한다. 또한 스승과 제자 사이의 관계는 단지 지식을 가르치고 배우는 단순한 관계가 아니라 인격적인 만남에 의해서 맺어지는 사제 관계가 되어야 한다. 또한 스승과 제자의 바람직한 관계는 사회 · 국가적으로도 매우 중요한 의의를 지닌다.[52]

IV. 친구와 동료의 윤리[朋友關係]

재가신자가 사회생활을 함에 있어서 인간관계는 매우 중요하다. 특히 좋은 친구와의 교제는 성공의 지름길이다. 왜냐하면 좋은 친구와 사귐은 물질적인 측면뿐만 아니라 정신적인 발전에도 크게 도움이 된다. 따라서 좋은 친구는 자신의 삶에 있어서

---

52 박경준, 『불교사회경제사상』(서울: 동국대학교출판부, 2010), p.156.

전부라고 해도 과언이 아니다. 붓다는 「시갈로와다-숫따」에서 친구 간의 윤리에 대해 다음과 같이 설하고 있다. "장자의 아들이여, 선남자는 다음의 다섯 가지 경우로 북쪽 방향인 친구와 동료들을 섬겨야 한다. 베풀고, 친절하게 말하고, 그들에게 이익이 되도록 행하고, 자기 자신에게 하듯이 대하고, 언약을 어기지 않는다."[53]

위 경전의 내용을 요약하면, 친구를 대할 때 아낌없이 베풀어 주고, 친절하게 말하고, 이익이 되도록 하고, 자신의 일처럼 대하고, 언약을 어기지 않는다는 것이다. 이러한 다섯 가지 덕목 중에서 앞의 네 가지는 사섭법(四攝法)을 말한 것이다. 이른바 보시(布施)·애어(愛語)·이행(利行)·동사(同事)이다. 여기에 '약속을 어기지 않는다'는 덕목이 추가되었다.

이와 같이 친구로부터 도움을 받았으면 반대로 그 친구에게 보답해야 한다. 친구는 서로 도움을 주고받는 호혜(互惠)의 관계이기 때문이다. 붓다는 「시갈로와다-숫따」에서 다음과 같이 설하고 있다. "그러면 친구와 동료들은 다시 다음의 다섯 가지 경우로 선남자를 사랑으로 돌본다. 취해 있을 때 보호해 주고, 취해 있을 때 소지품을 보호해 주고, 두려워할 때 의지처가 되어 주고, 재난에 처했을 때 떠나지 않고, 그의 자녀들을 존중한다."[54]

위 경전의 내용은 한마디로 친구가 어려움에 처했을 때에는

---

53 DN.III.190, "pañcahi kho gahapati-putta, ṭhānehi kula-puttena uttarā disā mittāmaccā paccupaṭṭhātabbā: dānena, peyya-vajjena, attha-cariyāya, samānattatāya, avisaṃvādana- tāya."; 각묵 옮김, 『디가 니까야』 제3권, p.328.

54 DN.III.190, "pamattaṃ rakkhanti, pamattassa sāpateyyaṃ rakkhanti, bhītassa saraṇaṃ honti, āpadāsu na vijahanti, apara-pajaṃ ca pi'ssa paṭipūjenti."; 각묵 옮

조건 없이 도와주어야 한다는 것이다. 이를테면 친구가 잘못되었을 때에는 보호해 주고, 친구가 재산을 지킬 수 없을 때에는 대신 재산을 지켜주고, 친구가 두려움에 떨고 있을 때에는 의지처가 되어 주고, 친구가 곤경에 처했을 때에는 저버리지 않고, 친구의 자녀까지 돌보아 주어야 한다는 것이다.

한편 붓다는 「시갈로와다-숫따」에서 '시갈라'라는 청년에게 좋은 친구와 나쁜 친구를 구별하는 방법에 대해 자세히 일러주었다. 이 경전에 의하면, 붓다는 친구인 척하지만 친구가 아닌 네 가지 경우에 대해 다음과 같이 말했다. "[가져오지 않았으면서도] 분명히 가져왔다고 하는 친구, 말만 최고로 하는 친구, 듣기 좋은 말만 하는 친구, 나쁜 짓을 할 때의 친구, 이들 넷은 친구가 아니라고 잘 알고서, 현자는 두렵기만 한 이러한 길을 멀리 피해야 한다."[55]

왜 붓다는 이와 같은 네 가지 종류의 친구는 친구인 척하지만 친구가 아니라고 했는가? 「시갈로와다-숫따」에서는 이렇게 설명하고 있다.

첫째, 가져오지도 않았으면서도 분명히 가져왔다고 하는 친구는 좋은 친구가 아니다. 왜냐하면 적게 주고 많은 것을 원하고, 두려움 때문에 의무를 행하고, 자신의 이익만 챙기기 때문이다.[56]

둘째, 말만 최고로 하는 친구는 좋은 친구가 아니다. 왜냐하

김, 『디가 니까야』 제3권, p.328.

55 DN.III.186, "annadatthu-haro mitto, yo ca mitto vacī-paro, anuppiyañ ca yo āha, apāyesu ca yo sakhā, ete amitte cattāro iti viññāya paṇḍito ārakā parivajjeyya maggaṃ paṭibhayaṃ yathā ti."

56 DN.III.185-186.

면 과거에 [이렇게 하려 했다는 번지르르한 말에] 의지하고, 미래에 [이렇게 할 것이라는 번지르르한 말에] 의지하고, 아무 의미 없는 [말로] 호의를 얻으려 하고, 일이 생겼을 때는 문제가 생겨서 [도와줄 수 없다고] 하기 때문이다.[57]

셋째, 듣기 좋은 말만 하는 친구는 좋은 친구가 아니다. 왜냐하면 사악한 것에는 동의를 하고 좋은 것에는 동의를 하지 않으며, 면전에서는 칭송하는 말을 하고 등 뒤에서는 비난하는 말을 하기 때문이다.[58]

넷째, 나쁜 짓을 할 때의 친구는 좋은 친구가 아니다. 이를테면 방일하는 근본이 되는 술과 중독성 물질의 섭취에 몰두할 때에만 친구가 된다. 때 아닌 때에 길거리를 배회할 때에만 친구가 된다. 구경거리를 보러 다닐 때에만 친구가 된다. 방일의 근본이 되는 노름에 몰두할 때에만 친구가 된다.[59]

또한 붓다는 「시갈로와다-숫따」에서 나쁜 친구와 사귀는 여섯 가지 위험에 대해 다음과 같이 경고했다. "장자의 아들이여, 사악한 친구를 사귀기에 몰두하는 것에는 다음의 다섯 가지 위험이 있다. 노름꾼, 방탕한 자, 술꾼, 사기꾼, 협잡꾼, 싸움꾼들이 그의 친구와 동료가 된다. 장자의 아들이여, 이것이 사악한 친구를 사귀기에 몰두하는 여섯 가지 위험이다."[60]

이와 같이 나쁜 친구는 나쁜 일을 할 때에만 어울리게 된다. 이

---

57 DN.III.186.

58 DN.III.186.

59 DN.III.186.

60 DN.III.183, "cha kho 'me gahapai-putta adinava papa-mittanuyoge: ye dhuttā, ye soṇḍā, ye pipāsā, ye nekatikā, ye vañcanikā, ye sāhasikā, tyāssa mittā honti, te

러한 친구와 가까이 하면 자기 자신도 그러한 사람이 되고 만다.

또한 붓다는 「시갈로와다-숫따」에서 네 가지 종류의 좋은 친구에 대해 다음과 같이 말했다. "도움을 주는 친구, 즐거우나 괴로우나 한결같은 친구, 바른 것을 조언해 주는 친구, 연민하는 친구, 이들 넷이 친구라고 잘 알고서, 현자는 전적으로 그들을 섬겨야 하나니, 마치 어머니가 친자식에게 하듯이."[61]

왜 붓다는 이와 같은 네 가지 종류의 친구를 좋은 친구라고 했는가?

첫째, 도움을 주는 친구는 가슴을 나누는 좋은 친구이다. 왜냐하면 취해 있을 때 보호해 주고, 취한 자의 소지품을 보호해 주고, 두려울 때 의지처가 되어 주고, 해야 할 일이 생겼을 때 두 배로 필요한 물품을 보태어 주기 때문이다.[62]

둘째, 즐거우나 괴로우나 한결같은 친구는 가슴을 나누는 좋은 친구이다. 왜냐하면 비밀을 털어놓고, 비밀을 지켜 주고, 재난에 처했을 때 떠나지 않고, 목숨까지도 친구를 위해 바치기 때문이다.[63]

셋째, 바른 것을 조언해 주는 친구는 가슴을 나누는 좋은 친구이다. 왜냐하면 사악함으로부터 멀어지게 하고, 선(善)에 들어가게 하고, 배우지 못한 것을 배우게 하고, 천상의 길을 가르쳐 주

---

sahāyā. Ime kho gahapati-putta cha ādīnava pāpa-mittānuyoge."

61 DN.III.188, "upakāro ca yo mitto, yo ca mitto sukhe dukkhe, atth-akkhāyi ca yo mitto, yo ca mittānukampako, ete pi mitte cattāro iti viññāya paṇḍito sakkaccaṃ parirupāseyya, mātā puttaṃ va orasaṃ."; 각묵 옮김, 『디가 니까야』 제3권, p.325.

62 DN.III.187.

63 DN.III.187.

기 때문이다.[64]

넷째, 연민하는 친구는 가슴을 나누는 좋은 친구이다. 왜냐하면 친구의 불행에 대해서 기뻐하지 않고, 친구의 행운에 대해서 기뻐하며, 친구에 대해서 비난하는 자를 멀리하고, 친구에 대해서 칭송하는 자를 칭송하기 때문이다.[65]

붓다는 「사카-숫따(Sakha-sutta, 친구경)」(AN7:35)에서 일곱 가지 요소를 구족한 친구를 사귀어야 한다고 말했다. "일곱 가지란 무엇인가? 주기 어려운 것을 주고, 하기 어려운 것을 하고, 견디기 어려운 것을 견디고, 자기의 비밀을 털어놓고, 그의 비밀을 지켜주고, 재난에 처했을 때 버리지 않고, 망했더라도 멸시하지 않는다."[66]

이와 같이 일곱 가지 요소를 구족한 자가 진정한 친구라는 것이다. 그런데 똑같은 내용이 『사분율(四分律)』에도 기술되어 있다. "주기 어려운 것을 주고, 하기 어려운 일을 하고, 참기 어려운 것을 참으며, 비밀한 일을 서로 말하고, 잘못을 서로 덮어 주며, 괴로움을 만났을 때 버리지 않고, 빈천할 때 가벼이 여기지 않는다."[67]

이와 같이 좋은 친구를 갖고 있다는 것은 이 사회생활에서 성공한 것이나 다름없다. 그러므로 자기 자신이 다른 사람에게 좋은 친구가 되어야 한다.

---

64 DN.III.187.

65 DN.III.187.

66 AN.IV.31, "duddadaṃ dadāti, dukkaraṃ karoti, dukkhamaṃ khamati, guyhaṃ assa āvikaroti, guyhaṃ assa pariguyhati, āpadāsu na jahati, khīṇena nātimaññati."

67 『四分律』 제41권(T 22, p.861a), "何等七? 難與能與, 難作能作, 難忍能忍, 密事相語, 不相發露, 遭苦不捨, 貧賤不輕."

또한 붓다는 참다운 친구는 네 가지의 큰 특징을 갖추어야 한다고 말했다. 네 가지 특성이란 신심(信心) · 계행(戒行) · 시사(施捨) · 지혜(智慧)이다. 그리고 붓다는 좋은 친구를 네 가지 종류로 분류했다. 즉 도움을 주는 친구, 즐거움과 괴로움을 나누는 친구, 충고를 해주는 친구, 마음이 맞는 친구 등이다. 네 가지 중에서 일부만 가지고 있는 친구도 있고, 전부를 가지고 있는 친구도 있다. 그래서 우리는 친구를 선택하는데 있어 주의 깊게 관찰할 필요가 있다.

또한 벗에는 네 가지 종류가 있다고 한다. 꽃과 같은 벗[友如花], 저울과 같은 벗[友如秤], 산과 같은 벗[友如山], 땅과 같은 벗[友如地]이 그것이다. '꽃과 같은 벗'이란 마치 아름답게 핀 꽃을 보면 좋아하다가 시들면 버리는 것과 같이 부귀나 권세가 있을 적에는 사귀다가 빈천해지면 떨어져 나가는 벗을 말한다. '저울과 같은 벗'이란 마치 저울이 무거우면 내려가고 가벼우면 올라가듯 베풂이 있으면 공경하나, 주는 것이 없게 되면 깔보는 나쁜 벗을 말한다. '산과 같은 벗'이란 좋은 친구와 사귀면 그 영화(榮華)를 입어 함께 즐거움을 나누는 벗을 말한다. '땅과 같은 벗'이란 온갖 곡식과 열매를 땅이 길러주듯 벗과 사귐에서 은혜를 한껏 베푸는 벗을 말한다.

붓다는 한때 "참된 친구는 자기가 가지고 있지 않은 좋은 인격의 한 측면을 수련하는데 있어서 도와주는 사람이고, 그가 가지고 있는 나쁜 인격의 측면을 제거해 주는 사람이 참된 친구"[68] 라고 말했다.

---

68 Ud.4.1.

좋은 친구를 사귄다는 것은 도움을 받기 위해 의존하라는 것이 아니다. 자기 자신이 남에게 좋은 친구가 되기 위해 노력해야 한다는 뜻이다. 자기가 할 수 있는 모든 역량을 다해 친구를 돕고, 친구가 필요로 하는 것을 도와 줄 수 있는 사람이 되어야 한다.

V. 고용주와 고용인의 윤리[主從關係]

하인에 대한 주인의 의무에 대해 「시갈로와다-숫따」에서는 다음과 같이 설해져 있다. "장자의 아들이여, 주인은 다음의 다섯 가지 경우로 아래 방향인 하인과 고용인들을 섬겨야 한다. 힘에 맞게 일거리를 배당해주고, 음식과 임금을 지급하고, 병이 들면 치료해 주고, 특별히 맛있는 것을 같이 나누고, 적당한 때에 쉬게 한다. 장자의 아들이여, 이와 같이 주인은 아래 방향인 하인과 고용인들을 섬긴다."[69]

위 내용은 신분제도가 엄격했던 당시 인도의 주종관계이지만, 오늘날의 노사관계(勞使關係)에 해당된다. 봉건사회에서는 신분에 따라 주종의 관계가 형성되었지만, 오늘날에는 재화와 용역에 따라 주종의 관계가 바뀌었다.

주인(고용주)과 하인(고용인) 혹은 사용자(employer)와 사용인(employee) 간에는 다음과 같은 윤리가 존재한다. 즉 주인은 하인에게 다섯 가지 의무를 지켜야 한다. 첫째는 능력에 따라 일을

---

69 DN.III.191; 각묵 옮김, 『디가 니까야』 제3권, p.329.

맡긴다. 둘째는 음식물과 급료를 제공해 준다. 셋째는 병이 났을 때는 간호해 준다. 넷째는 때때로 연회를 베풀어 준다. 다섯째는 때때로 휴가를 준다.

주인에 대한 하인의 의무에 대해 「시갈로와다-숫따」에서는 다음과 같이 설해져 있다. "하인과 고용인들은 다시 다음의 다섯 가지 경우로 주인을 사랑으로 돌본다. 먼저 일어나고, 나중에 자고, 주어진 것에 만족하고, 일을 아주 잘 처리하고, [주인]에 대한 명성과 칭송을 달고 다닌다."[70]

이와 같이 하인은 주인에게 다섯 가지 의무를 지켜야 한다. 첫째는 주인보다 먼저 일어난다. 둘째는 주인보다 늦게 취침한다. 셋째는 주인이 주는 것에 만족한다. 넷째는 자신의 일을 잘 처리한다. 다섯째는 주인의 명예를 칭송해야 한다.

붓다가 제시한 주종관계의 윤리는 오늘날에도 그대로 유용하다. 그런데 오늘날의 노사갈등은 노동자와 사용자 각자가 자기의 역할을 다하지 않았기 때문에 일어나는 것이다. 먼저 고용주는 고용인에게 그 사람의 능력에 따라 일을 시키고, 그에 상응하는 대가(代價)를 지불해야 한다. 그리고 업무상 얻은 질병을 치료해 주어야 하고, 정해진 급료 외에도 때때로 상여금이나 휴가 등을 보장해 주어야 한다.

반면 고용인은 고용주에게 다음과 같이 보답해야 한다. 즉 정해진 시간보다 일찍 출근하고 늦게까지 일하며, 자신이 맡은 업무를 완벽하게 처리해야 한다. 그리고 자신이 일한 대가보다 많

70 DN.III.191; 각묵 옮김, 『디가 니까야』 제3권, p.329.

은 급료를 요구해서도 안 되며, 회사의 명예를 손상시키는 행동을 해서도 안 된다.

다시 말해서 고용인은 최소한 고용주에게 자신의 급료보다 두 배 혹은 세 배 이상의 이익을 가져다주어야 한다. 고용주는 회사에 이익을 가져다주는 사람을 해고시키지는 않을 것이다. 반대로 회사에서 해고된 사람은 고용주에게 불만을 토로하기 전에 자기가 받은 급료만큼 충실하게 일했는가를 반성해 볼 필요가 있다. 만일 노사양측이 붓다가 제시한 주종관계의 윤리를 준수한다면 처음부터 노사갈등은 발생하지도 않을 것이다.

이와 같이 주종의 관계는 수직적 상하관계가 아니라 수평적 상호관계이다. 서로 신뢰와 봉사를 중시하는 이러한 붓다의 가르침은 노사문제를 근본적으로 해결할 수 있는 방안이다.

VI. 출가자와 재가자의 윤리[僧俗關係]

어느 사회나 종교의 역할과 기능도 중요한 몫을 차지하고 있다. 종교의 자유가 주어진 오늘날에도 한 사회의 건전한 발전을 위해서는 종교단체를 구성하는 사람들의 상호관계가 건전하게 이루어져야 한다.[71]

위 내용은 여섯 방위 중 위 방위가 상징하는 사문(沙門, samaṇa)이나 바라문(婆羅門, brāhmaṇa)과 재가신자와의 관계에 대해 붓다

71 박경준, 『불교사회경제사상』, p.159.

가 '시갈라'라는 청년에게 설명한 부분이다. 붓다는 '시갈라'라는 청년에게 재가신자들이 사문이나 바라문을 어떻게 섬겨야 하며, 반대로 사문이나 바라문은 재가신자를 어떻게 대해야 하는가를 일러주고 있다.

사문이나 바라문은 당시 인도사회의 정신적 영역을 담당한 종교인이었다. 오늘날의 성직자 혹은 수행자가 이에 해당될 것이다. 그러므로 이 부분은 성직자와 평신도의 관계 혹은 출가자와 재가자의 관계[僧俗關係]에 대한 윤리라고 할 수 있다.

출가자에 대한 재가자의 의무에 대해 「시갈로와다-숫따」에서는 다음과 같이 설하고 있다. "장자의 아들이여, 선남자는 다음의 다섯 가지 경우로 위 방향인 사문과 바라문을 섬겨야 한다. 자애로운 몸의 업으로 대하고, 자애로운 말의 업으로 대하고, 자애로운 마음의 업으로 대하고, 대문을 항상 열어두고, 일용품을 공급한다. 장자의 아들이여, 이와 같이 선남자는 위 방향인 사문 · 바라문들을 섬긴다."[72]

먼저 재가자는 몸과 입과 뜻으로 출가자를 받들어 모시고, 자기 집에 언제라도 방문할 수 있도록 문호를 개방하고, 필요한 물품을 공급해 주어야 한다는 것이다. 요컨대 재가자는 물질로써 출가자를 공양하고, 출가자는 진리로써 재가자를 일깨워주어야 한다. 이른바 재시(財施)와 법시(法施)의 관계이다. 이 관계가 잘 유지됨으로써 지금까지 불교교단은 그 명맥이 끊어지지 않고 지속 되었던 것이다.

---

72 DN.III.191.

재가자에 대한 출가자의 의무에 대해 「시갈로와다-숫따」에서는 다음과 같이 설하고 있다. "그러면 사문과 바라문은 다시 다음의 다섯 가지 경우로 선남자를 사랑으로 돌본다. 사악함으로부터 멀리하게 하고, 선(善)에 들어가게 하고, 선한 마음으로 자애롭게 돌보며, 배우지 못한 것을 가르쳐 주고, 배운 것을 깨끗하게 해 주고, 천상으로 가는 길을 가르쳐 준다."[73]

위 내용에 의하면, 출가자는 재가자들이 나쁜 길로 빠지지 않게 막아주고, 바른 길로 나아갈 수 있도록 인도해 줄 의무가 있다. 그리고 자신이 배운 진리를 가르쳐 주고, 공덕을 지어 내세에 좋은 곳에 태어날 수 있도록 이끌어 주어야 한다.

간혹 출가자와 재가자 사이의 갈등과 불협화음이 밖으로 표출되는 경우가 있다. 이것은 각자의 의무를 다하지 않았기 때문에 생긴다. 훌륭한 재가자들이 많이 모인 집단에서는 훌륭한 출가자가 많이 배출될 수밖에 없다. 또한 출가자가 모범적인 삶을 재가자에게 보여주지 못할 때, 재가자는 몸과 입과 마음에서 우러난 존경의 예를 표하지 않게 된다. 그러면 그 단체를 구성하고 있는 사람들의 상호관계가 무너지고 만다. 출가자와 재가자는 서로 부족한 부분을 채워주는 상호보완의 관계임을 잊어서는 안 된다.

사람들은 사회생활을 영위해 가면서 여러 가지 인간관계를 맺기 마련이다. 그 최소 단위는 역시 가족으로서 부부간의 관계, 부모와 자식 간의 관계, 형제 · 자매 사이의 관계가 원만하게 이

---

73 DN.III.191.

루어져야만 그 가정은 평화와 행복을 누릴 수 있다. 더 나아가 스승과 제자의 관계, 친구와의 관계, 고용주와 고용인의 관계, 출가자와 재가자와의 관계 등 모든 인간관계가 원만하고 올곧게 정립될 때 사회 전체는 평화와 질서를 유지할 수 있다.

이상에서 살펴본 바와 같이 「시갈로와다-숫따」에 설해져 있는 여러 인간관계의 윤리는 오늘날의 상황에서도 거의 그대로 적용 가능한 가르침이다. 특히 이 경전에서는 부자(父子), 부부(夫婦), 사제(師弟) 등의 모든 인간관계가 수직적이고 봉건적인 의무·복종의 관계가 아니라 수평적이고 상호적인 관계에 바탕을 두고 있다. 서로가 감사하고 봉사하는 호혜적이고 합리적인 관계의 윤리가 제시되어 있다.[74]

---

74 박경준, 『불교사회경제사상』, pp.159-160.

약어표

AA.	Aṅguttara Nikāya Aṭṭhakathā(增支部 註釋書)
AN.	Aṅguttara Nikāya(增支部)
DA.	Dīgha Nikāya Aṭṭhakathā(長部 註釋書)
Dhp.	Dhammapada(法句經)
DhpA.	Dhammapada Aṭṭhakathā(法句經 註釋書)
DN.	Dīgha Nikāya(長部)
DPPN.	Dictionary of Pali Proper Names, by G. P. Malalasekera
MN.	Majjhima Nikāya(中部)
PTS	Pali Test Society
SA.	Saṃyutta Nikāya Aṭṭhakathā(相應部 註釋書)
SK.	Sanskrit(梵語)
Sn.	Suttanipāta(經集)
T.	大正新修大藏經
Thig.	Therīgāthā(長老尼偈)
ThigA.	Therīgāthā Aṭṭhakathā(長老尼偈 註釋書)
Ud.	Udāna(自說經)
Vin.	Vinaya Piṭaka(律藏)
Vism.	Visuddhimagga(清淨道論)
南傳	南傳大藏經
大正藏	大正新修大藏經

참고문헌

1. 원전 및 번역

Aṅguttara Nikāya, ed. R. Morris and E. Hardy, 5 volumes, London, PTS, 1885-1910.

Dhammapada, ed. O. von Hinüber and K. R. Norman, London, PTS, 1914.

Dhammapada Aṭṭhakathā, 4 volumes, London, PTS, 1906-1914.

Dīgha Nikāya, ed. T. W. Rhys Davids & J. E. Carpenter, 3 volumes, London, PTS, 1890-1911.

Dīghanikāya Aṭṭhakathā (Sumaṅgalavilāsinī), ed. W. Stede, 3 volumes, London, PTS, 1886-1932.

Majjhima-nikāya, ed. V. Trenckner and R. Chaimers, 3 volumes, London, PTS, 1888-1902.

Saṃyutta-nikāya, ed. L. Feer, 5 volumes, London, PTS, 1884-1904.

Suttanipāta. ed. Dines Andersen & Helmer Smith, London, PTS, 1913.

Udāna, London, PTS, 1885.

Vinaya Piṭakaṃ, ed. H. Oldenberg, 5 volumes, London, PTS, 1879-1883(1969).

Visuddhimagga of Buddhaghosa, ed. C.A.F. Rhys Davids, 2 volumes, PTS, 1920-1921. reprinted in one volume, London, PTS,

1975.

Horner, I. B. tr. *The Book of the Discipline (Vinayapiṭaka)*, London: PTS, 1982.

求那跋陀羅譯, 『過去現在因果經』(大正藏 3).

求那跋陀羅譯, 『雜阿含經』(大正藏 2).

瞿曇僧伽提婆譯, 『中阿含經』(大正藏 1).

瞿曇僧伽提婆譯, 『增壹阿含經』(大正藏 2).

曇無讖譯, 『優婆塞戒經』(大正藏 24).

普光述, 『俱舍論記』(大正藏 41).

弗若多羅共羅什譯, 『十誦律』(大正藏 23).

佛陀跋陀羅共法顯譯, 『摩訶僧祇律』(大正藏 22).

佛陀耶舍共竺佛念等譯, 『四分律』(大正藏 22).

佛陀耶舍共竺佛念等譯, 『長阿含經』(大正藏 1).

佛陀什共竺道生等譯, 『彌沙塞部和醯五分律』(大正藏 22).

世友菩薩造, 玄奘譯, 『異部宗輪論』(大正藏 49).

失譯, 『別譯雜阿含經』(大正藏 2).

安世高譯『佛說尸迦羅越六方禮經』(大正藏 1).

安世高譯, 『佛說尸迦羅越六方禮經』(大正藏 1).

龍樹菩薩造, 鳩摩羅什譯, 『大智度論』(大正藏 25).

義淨譯, 『根本說一切有部毘奈耶』(大正藏 23).

支法度譯, 『佛說善生子經』(大正藏 1).

『百丈懷海禪師語錄』(卍續藏 69)

각묵 옮김,『디가 니까야』, 울산: 초기불전연구원, 2006.
각묵 옮김,『상윳따 니까야』, 울산: 초기불전연구원, 2009.
대림 옮김,『맛지마 니까야』, 울산: 초기불전연구원, 2012.
대림 옮김,『앙굿따라 니까야』, 울산: 초기불전연구원, 2006.
대림 옮김,『청정도론』, 울산: 초기불전연구원, 2012.
譯經委員會 編, 『長阿含經』, 서울: 東國譯經院, 1993.
전재성 역주,『숫타니파타』, 서울: 한국빠알리성전협회, 2013.
전재성 역주,『앙굿따라 니까야』, 서울: 한국빠알리성전협회, 2007.

2. 단행본

Ananda, K. K., *Indian Philosophy (The Concept of Karma)*, Delhi: Bharatiya Vidya Prakasan, 1982.

Bapat, P. V., *2500 Years of Buddhism*, Delhi: Publication Division, Minisry of Information and Broadcasting, Government of India, 1959.

Basham, A. L., *History and Doctrines of the ājīvikas: a vanished Indian Religion*, London: Luzac and Co. Ltd. 1951.

Conze, E., *Buddhist Thought in India*, London: George Allen & Unwin, 1962.

Dasgupta, Surendra, *A History of Indian Philosophy*, London: Cambridge University Press, 1932.

Dissanayake, Piyasena, *The Political Thought of the Buddha*, Colombo: The Department of Cultural Affairs, 1977.

Dutt, S., *Early Buddhist Monachism*, New Delhi: Munshiram Manoharlal Publishers, 1996.

Formm, Erich, *The Revolution of Hope*, New York: Harper & Row, 1968.

Frauwallner, E., *History of Indian Philosophy*, tr., V. M. Bedekar, Delhi: Motilal Banarsidass, 1973.

Gokhale, B.G., *Indian Thought through the Ages: A study of some dominant concepts*, London: Asia Publishimg House, 1961.

Gombrich, Richard, *Buddhist Precept and Practice: Traditional Buddhism in the Rural Highlands of Ceylon*, Second edition, Delhi: Motilal Banarsidass, 1991.

Hazra, K. L., *Constitution of Buddhist Sangha*, Delhi: B.R. Publishing co., 1988.

Hutton, J. H., *Cast in India*, 4th edition, Bombay: Oxford University Press, 1963.

Jayatilleke, K. N., *Early Buddhist Theory of Knowledge*, London: George Allen & Unwin, 1963.

Junjirō, Takakusu, *The Essentials of Buddhist Philosophy*, Delhi: Motilal Banarsidass, 1975.

Kalupahana, D. J., *A History of Buddhist Philosophy: Continuities and Discontinuities*, Indian edition, Delhi: Motilal Banarsidass, 1994.

Kalupahana, D. J., *Buddhist Philosophy: A Historical Analysis*, Honolulu: The University of Hawaii Press, 1976.

Kern, H., *The Manual of Indian Buddhism*, Stassburg: Grundriss d.IA Phil, 1896.

Lamotte, Étienn, *History of Indian Buddhism*, Louvain: Peeters Press, 1988.

Matilal, B. K., *Logic, Language and Reality*, Delhi: Motilal Banarsidass, 1985.

Radhakrishnan, S., *Hindu View of Life*, London: Unwin Books, 1974.

Radhakrishnan, S., *The Principal Upaniṣads*, London: Geoge Allen & Unwin, 1968.

Rahula, W. *What the Buddha taught*, London: Gordon Fraser, 1959.

Rhys Davids, T. W. *Buddhist India*, New Delhi: Motilal Banarsidass, 1971.

Stcherbasky, Th., *The Central Conception of Buddhism and the Meaning of the Word 'Dharma'*, London: RAS, 1923; Reprint Delhi: Motilal Banarsidass, 1974.

Ulrich Timme Kragh, *Early Buddhist Theories of Action and Result: A Study of Karmaphalasambandha Candrakīrti's Prasannapadā, Verses 17.1-20*, Wien: Arbeitskreis Für Tibetische und Buddhistsche Studien Universität Wien, 2006.

Verdu, A., *Early Buddhist Philosophy*, Delhi: Motilal Banarsidass, 1985.

金岡秀友,『根本佛教』, 東京: 佼成出版社, 1976.

姉崎正治,『根本佛教』, 東京: 博文館, 1910.

木村泰賢,『原始佛教思想論』, 東京: 丙午出版社, 1922.

森章司 編,『戒律の研究』, 東京: 溪水社, 1993.

三枝充悳,『初期佛教の思想』, 東京: 東洋哲學研究所, 1978.

西義雄,『原始佛教に於ける般若の研究』, 大倉山文化科學研究所, 1953.

水野弘元,『原始佛教』, 京都, 平樂寺書店, 1956.

宇井伯壽,『印度哲學研究』 第二卷, 東京: 岩波書店, 1926.

赤沼智善,『原始佛教之研究』, 名古屋: 破塵閣書房, 1939.

舟橋一哉,『原始佛教思想の研究』, 京都: 法藏館, 1952.

增谷文雄,『根本佛教と大乘佛教』, 東京: 佼成出版社, 1989.

平川彰,『二百五十戒の研究』, 동경: 春秋社, 1993.

和辻哲郎,『原始佛教の實踐哲學』, 東京: 岩波書店, 1927(4쇄 1973).

Chatterjee, S. C. · Datta, D. M., 김형준 옮김,『학파로 보는 인도 사상』, 서울: 예로서원, 1999.

각묵 스님,『초기불교이해』, 울산: 초기불전연구원, 2010.

金東華,『原始佛教思想』, 서울: 宣文出版社, 1983.

吉熙星,『印度哲學史』, 신장판, 서울: 민음사, 2009. 초판 1984.

김재영,『초기불교의 사회적 실천』, 서울: 민족사, 2012.

김종호,『노동과 인간』, 서울: 이문출판사, 1990.

나라 야스아키, 정호영 옮김,『인도불교』, 서울: 민족사, 1990.

나카무라 하지메, 金知見 譯, 『佛陀의 世界』, 서울: 김영사, 1984.
냐나틸로카 역음, 김재성 옮김, 『붓다의 말씀』, 서울: 고요한 소리, 2002.
大野信三, 박경준 · 이영준 옮김, 『불교사회경제학』, 서울: 불교시대사, 1992.
東山慧日 撰集, 『龍城禪師語錄』, 京城: 三藏譯會, 1941.
라다크리슈난, 이거룡 옮김, 『인도철학사(1)』, 서울: 한길사, 1996.
리처드 곰브리치 지음, 김현구 외 옮김, 『불교는 어떻게 시작되었는가?』, 서울: 씨아이알, 2017.
마성, 『불교신행공덕』, 서울: 불광출판사, 2004.
마성, 『사캬무니 붓다』, 서울: 대숲바람, 2010.
마성, 『왕초보 초기불교 박사 되다』, 서울: 민족사, 2012.
마성, 『잡아함경』, 고양: 인북스, 2018.
마스타니 후미오, 이원섭 옮김, 『불교개론』 개정2판, 서울: 현암사, 2001.
木村泰賢, 朴京俊 譯, 『原始佛教 思想論』, 서울: 경서원, 1992.
박경준, 『불교사회경제사상』, 서울: 동국대학교출판부, 2010.
朴先榮, 『佛教의 教育思想』, 서울: 同和出版公社, 1981.
불교교재편찬위원회 편, 『불교사상의 이해』, 서울: 불교시대사, 1997.
와타나베 쇼코, 법정 옮김, 『불타 석가모니』, 서울: 동쪽나라, 2002.
와타나베 후미마로, 김한상 옮김, 『니까야와 아비담아의 철학과 그 전개』, 서울: 동국대학교출판부, 2014.
元義範, 『印度哲學思想』, 서울: 集文堂, 1977.
元義範, 『現代佛教思想』, 서울: 集文堂, 1982.
율장연구회 편, 『출가자의 계율정신』, 서울: 토방, 2010.
이중표, 『아함의 중도체계』, 서울: 불광출판부, 1991.
이태원, 『초기불교 교단생활』, 서울: 운주사, 2000.
임승택, 『초기불교: 94가지 주제로 풀다』, 서울: 종이거울, 2013.
전기호, 『신노동경제학』, 서울: 무역경영사, 1995.
정승석, 『윤회의 자아와 무아』, 합천: 장경각, 1999.
제레미 리프킨, 이영호 역, 『노동의 종말』, 서울: 민음사, 1996.
佐々木教悟 外, 권오민 역, 『인도불교사』, 서울: 경서원, 1985.
中村元, 金知見 譯, 『佛陀의 世界』, 서울: 김영사, 1984.
中村元, 鄭泰爀 옮김, 『原始佛教: 그 思想과 生活』, 서울: 東文選, 1993.
칼루파하나 지음, 김종욱 옮김, 『불교철학사: 연속과 불연속』서울: 시공사, 1996.
콘즈 지음, 한형조 옮김, 『한글세대를 위한 불교』, 서울: 世界社, 1990.
退翁 性徹, 『百日法門』, 합천: 장경각, 1992.
평천창, 박용길 역, 『율장 연구』, 서울: 土房, 1995.
平川彰, 석혜능 옮김, 『원시불교의 연구』, 서울: 민족사, 2003.
平川彰, 李浩根 옮김, 『印度佛教의 歷史(上)』, 서울: 민족사, 1989.
한국철학사상연구회 편, 『삶, 사회 그리고 과학』, 서울: 동녘, 1994.

호진,『무아 · 윤회 문제의 연구』, 서울: 불광출판사, 2015.
후지타 코타츠 外, 권오민 옮김,『초기 · 부파불교의 역사』, 서울: 민족사. 1989.

3. 논문

Malalasekera, G. P., (ed) *Encyclopaedia of Buddhism*, Vol. Ⅰ, Fascicle 4 (Colombo: The Government of Ceylon, 1961): 567-576.
姜明嬉,「『雜阿含經』에 나타난 識에 관한 研究」,『白蓮佛教論集』 제5 · 6합집(白蓮佛教文化財團, 1996): 145-146.
高翊晉,「三法印 補說」,『東國思想』 제7집(동국대 불교대학, 1974): 55-62.
高翊晉,「阿含法相의 體系性 研究」, 석사학위논문, 동국대학교 대학원, 1970.
金宰晟(正圓),「일본의 초기불교 및 남방상좌부 불교 연구의 역사와 현황」, 한국유학생인도학불교학연구회 편,『일본의 인도철학 · 불교학 연구』, 서울: 아세아 문화사, 1996.
朴京俊,「原始佛教의 社會 · 經濟思想 研究」, 博士學位論文, 東國大大學院, 1992.
박경준,「자본주의와 빈공, 그리고 무소유」,『불교평론』 제19호 (2004년 여름): 32-52.
呂凱文,「對比 · 詮釋與典範轉移(2): 以兩種『善生經』探究佛教倫理的詮釋學轉向問題」,『正觀』 第35期(2005. 12): 19-23.

윤병식, 「佛教思想에 있어서의 勞動哲學의 意味發見」, 『哲學思想의 諸問題』, 성남: 한국정신문화연구원, 1985.

李箕永, 「佛身에 관한 研究」, 『佛教學報』 제3 · 4합집(동국대 불교문화연구원, 1966): 205-279.

이수창(마성), 「四種諍事와 七滅諍法의 意義」, 불교교단사연구소 편, 『僧伽和合과 曹溪宗의 未來』(서울: 도서출판 혜민기획, 2014): 167-212.

이수창(마성), 「三法印說의 起源과 展開에 관한 研究」, 博士學位論文, 東方文化大學院大學校, 2015.

이수창(마성), 「초기경전에 나타난 경제사상」, 『불교문화연구』 제5집(동국대학교 불교사회문화연구원, 2004): 29-59.

이수창(마성), 「初期佛教의 五蘊說에 관한 考察」, 『불교문화연구』 제10집(불교사회문화연구원, 2009): 39-74.

이수창(마성), 「한국불교 수행법, 무엇이 문제인가」, 『불교평론』 제48호(2011 · 가을): 224-248.

이지수, 「세친의 『五蘊論』」, 『普照思想』 제5 · 6합집(보조사상연구원, 1992): 253-290.

전재성, 「독일의 주요 불교용어의 번역례에 관하여」, 『팔리대장경 우리말 옮김』 논문모음 Ⅱ(서울: 경전읽기모임, 1993): 49-56.

조준호, 「석가모니 붓다는 수정주의(修定主義)를 버렸는가」, 『韓國禪學』 제11호(한국선학회, 2005): 193-238.

최종남, 「유가행파 문헌에 있어서 열반의 종류에 관한 연구」, 『불교학연구』 제32호(불교학연구회, 2012.8): 7-49.

崔昌植, 「原始佛教의 社會倫理思想」, 『한국불교학』 제14호(한국불교학회, 1989): 27-74.

4. 사전류

Buddhadatta, A. P., *Concise Pali-English Dictionary*, Delhi: Banarsidass, 1989.

Malalasekera, G. P. ed. *Encyclopaedia of Buddhism*, Colombo: The Government of Ceylon, 1965.

Malalasekera, G. P., *Dictionary of Pali Proper Names*, New Delhi: Munshiram Manoharlal, 1937.

Rhys Davids, T. W. and Stede, William, *The Pali Text Society's Pali-English Dictionary*, London: PTS, 1921-1925.

곽철환 편, 『시공 불교사전』, 서울: 시공사, 2003.

水野弘元, 『パーリ語辭典』, 二訂版, 東京: 春秋社, 1981.

鄭承碩 編, 『佛典解說事典』, 서울: 민족사, 1989.

찾아보기

ㄱ

ㅇ

260, 262
정근(定根, samādhi) 349
정념(正念) 206, 260, 262, 348, 355, 357
정념정지구족(正念正知具足) 354, 355
정명(正命) 206, 260, 262, 355, 357
정사유(正思惟) 206, 226, 260, 262, 355, 361
정정진(正精進) 206, 221, 260, 262, 355
정지(正知) 357, 361
정진각지(精進覺支, viriya) 349
정진근(精進根, viriya) 349
정진여의족(精進如意足, viriya) 348
정학(定學) 227, 357
정해탈(正解脫, sammā-vimutti) 361
제법무아(諸法無我) 117, 118, 126
제사선(第四禪) 224, 301, 354, 358, 359, 383
제재갈마(制裁羯磨) 406
제행무상(諸行無常) 117, 118, 120, 164
존우화작인설(尊祐化作因說) 102
존재에 대한 갈애(bhava-taṇhā, 有愛) 176, 200
종(種, saṃgati) 91
종자(種子, bīja) 316
중도(中道, majjhimā-paṭipadā) 205, 206, 227, 261
증명중도(證明中道) 277
지계(持戒, sīla) 340
지관겸수(止觀兼修) 382
지도자(指導者, nāyaka) 395
지옥(niraya) 302
지와(jīva, 靈魂) 286, 320, 331
지율론(持律論, vinayavāda) 85
지자(智者, viññū) 30
지혜(智慧, paññā) 227, 340
짐(bhāra) 311
짐꾼(bhārahāra) 311, 312
징벌갈마(懲罰羯磨) 405
짜르와까(Cārvāka, 唯物論) 57, 93, 142, 285, 320
쩨띠(Cetī, 支提) 71

ㅊ

찰나(刹那, kṣaṇika) 158
참괴구족(慚愧具足) 354
참회갈마(懺悔羯磨) 406
천상(deva) 302, 330
천안지(天眼智) 359, 361
천화(天化) 420
촉(觸, phassa) 173
최고선(最高善, summum bounm) 333

지은이 **마성**

저자의 속명은 이수창(李秀昌)이고, 법명은 마성(摩聖)이며, 법호는 해불(解佛)이다. 스리랑카팔리불교대학교 불교사회철학과를 졸업했으며, 동 대학원에서 철학석사(M.Phil.) 학위를 받았다. 태국 마하출라롱콘라자위댜라야대학교에서 박사과정을 수학했다. 동방문화대학원대학교에서 「삼법인설의 기원과 전개에 관한 연구」로 철학박사(Ph.D) 학위를 받았다. 동국대학교 겸임교수를 역임했으며, 현재는 팔리문헌연구소 소장으로 재직 중이다. 저서로는 『불교신행공덕』(불광출판부, 2004), 『마음 비움에 대한 사색』(민족사, 2007), 『사캬무니 붓다』(대숲바람, 2010), 『왕초보 초기불교 박사되다』(민족사, 2012), 『잡아함경 강의』(인북스, 2019) 등이 있으며, 50여 편의 논문을 발표했다.

초기불교사상

1판 1쇄 2021년 3월 2일

지은이 마성

펴낸곳 도서출판 팔리문헌연구소
출판등록 2000년 9월 29일 제2010-200003호
주소 51276 경남 창원시 마산합포구 교방동7길 14(교방동)
전화 055-285-9383
전자우편 ripl@daum.net
홈페이지 http://www.ripl.or.kr

디자인 뮤트스튜디오
인쇄 까치원색

ISBN 979-11-967398-1-2 03220

값 30,000원